Thomas Mann Jahrbuch · Band 18

THOMAS MANN JAHRBUCH
Band 18
2005

Begründet von
Eckhard Heftrich und Hans Wysling

Herausgegeben von
Thomas Sprecher und Ruprecht Wimmer

VITTORIO KLOSTERMANN · FRANKFURT AM MAIN

Herausgegeben in Verbindung mit der Deutschen Thomas-Mann-Gesellschaft
Sitz Lübeck e.V. und der Thomas Mann Gesellschaft Zürich

Redaktion:
Monika Raml und Ruprecht Wimmer
Register: Monika Raml

© Vittorio Klostermann GmbH Frankfurt am Main 2005

Gedruckt auf alterungsbeständigem Papier ⊗ISO 9706
Satz: Fotosatz L. Huhn, Maintal
Druck: Hanf Buch- und Mediendruck, Pfungstadt
Printed in Germany
ISSN 0935-6983
ISBN 3-465-03395-7

Inhalt

Vorwort

Die Deutsche Thomas-Mann-Gesellschaft und das Heinrich-und-Thomas-Mann-Zentrum veranstalteten vom 16. bis 19. September 2004 im Bürgerschaftssaal des Rathauses zu Lübeck ein internationales Kolloquium zum Thema *„Felix Krull Schelm – Hochstapler – Künstler"*. Wir danken den Autorinnen und Autoren für die Erlaubnis zum Abdruck ihrer Vorträge im Jahrbuch.

Außerdem enthält der vorliegende Band Abhandlungen von Stefan Keppler über *Literatur als Exorzismus* zu Angelologie und Gebet im *Doktor Faustus,* von Sylvia Peuckert über das Verhältnis Thomas Manns zum *Ägyptenbild der Zwischenkriegszeit* und von Holger Rudloff *Ocean Steamships, Hansa, Titanic* über die drei Ozeandampfer im *Zauberberg.* Herbert Lehnerts überschauender Artikel zu *Thomas Manns Modernität* und Christian Bennes Beitrag über *Thomas Manns Schillervariationen „An die Freude"? Miszelle zum Felix Krull* beschließen den Band.

Die Herausgeber

Julia Schöll

„Verkleidet also war ich in jedem Fall"

Zur Identitätskonstruktion in *Joseph und seine Brüder*
und *Bekenntnisse des Hochstaplers Felix Krull*

Im Zuge der Postmoderne, des Poststrukturalismus und der Dekonstruktion
sind das Subjekt und seine Identität zu bezweifelbaren und verhandelbaren
Größen geworden. Seit Descartes ins Zentrum der Weltbetrachtung gerückt,
sieht sich das Ich im 20. Jahrhundert zunehmend damit konfrontiert, nicht nur
über die Beschaffenheit der Welt, sondern auch über den Zustand der eigenen
Existenz letztlich keine Gewissheit mehr erlangen zu können. Das Medium,
in dem diese Prozesse bevorzugt verhandelt werden, ist das der Literatur. Sie
ist Spiegel und Schnittstelle des Diskurses über das Subjekt und seine Identität, der bis heute fortgeführt wird. Dies gilt in besonderem Maße, so wird
zu zeigen sein, für die Literatur der klassischen Moderne und speziell für die
Erzähltexte Thomas Manns.

Die Geschichte des Subjekts, seiner Inthronisation und anschließenden
Entmachtung ausführlich nachzuvollziehen, käme dem Versuch gleich, eine
Geschichte der modernen Philosophie schreiben zu wollen.[1] Im Folgenden sollen daher nur einige zentrale Positionen und Entwicklungen innerhalb dieses
Feldes in Erinnerung gerufen werden, denen im Zusammenhang mit der Analyse der beiden fiktiven Helden Thomas Manns, die hier im Zentrum stehen
sollen, Joseph und Felix Krull, besondere Bedeutung zukommt. Der Schwerpunkt soll dabei nicht auf den vielfach diskutierten Topoi der Dekonstruktion
im Sinne Derridas oder Deleuzes liegen, sondern auf den weniger beachteten
psychologischen Ausprägungen des Subjekt-Diskurses. Eine Psychologie, die
sich als anthropologische Hermeneutik begreift[2] und sich explizit mit narrativen Strukturen – nicht nur, aber auch in literarischen Texten – auseinander

---

[1] Roland Hagenbüchle: Subjektivität. Eine historisch-systematische Hinführung. In: Reto
Luzius Fetz/Roland Hagenbüchle/Peter Schulz (Hg.): Geschichte und Vorgeschichte der modernen Subjektivität. Band 1, Berlin: de Gruyter 1998, S. 1–80, hier S. 4. Siehe hierzu auch die Einleitung der Dissertation von Daniela Langer: Wie man wird, was man schreibt. Sprache, Subjekt und
Autobiographie bei Nietzsche und Barthes, die 2005 im Wilhelm Fink Verlag erscheint (die Arbeit
lag bei Redaktionsschluss nur in Manuskriptform vor).

[2] Siehe hierzu etwa Mark Freeman: Rewriting the self. History, memory, narrative, London/
New York: Routledge 1993, S. 16 ff.

setzt, bietet gerade für die Literaturwissenschaft fruchtbare Anknüpfungspunkte. Die hier nur kurz skizzierten Ergebnisse der so genannten Narrativen Psychologie[3] sollen im Anschluss als Grundlage der Lektüre der Romane
Joseph und seine Brüder und *Felix Krull* dienen. Ausgehend von der Annahme,
dass den beiden Protagonisten im Hinblick auf ihren Subjektstatus und ihre
Identität eine Sonderrolle im Werk Thomas Manns zukommt, zeichnen sich
die auf den ersten Blick so verschiedenen Helden durch eine zentrale Gemeinsamkeit aus: ihren ungewöhnlich bewussten und kreativen Umgang mit der
eigenen Identität.

Subjektbegriff und Identität

Der Begriff der Identität ist notwendig gebunden an den des Subjekts, denn es
ist das menschliche Subjekt, das denkende und erkennende Ich, das mit sich
selbst identisch gedacht werden kann, dem folglich Identität zukommt. Die
Idee eines vernunftbegabten Subjekts ist Grundlage und Kerngedanke des
modernen Idealismus, der, seit René Descartes, an die Stelle einer objektivier-
baren Welt der reinen Formen eine vorher in diesem Ausmaß nicht gekannte
Introspektion des Subjekts setzt und auf diese Weise das Kriterium der Wahrheit in das Individuum verlegt.[4] Kant wird dem erkennenden Subjekt zudem
den göttlichen Auftraggeber nehmen, an den es bei Descartes noch rückgebun-
den war, sein transzendentales Subjekt bedarf keiner transzendenten Instanz
mehr, um fundierte Aussagen über die Welt treffen zu können. Mit seinem
Diktum: „Das: Ich denke muß alle meine Vorstellungen begleiten können"[5]
verlegt Kants Transzendentalphilosophie noch konsequenter die Grundlage
und Möglichkeit unserer Erkenntnis von der empirisch gegebenen Welt in
das Individuum und begründet so eine Weltsicht, in der sich die menschliche
Erkenntnis nicht länger nach dem Gegenstand, sondern der Gegenstand nach
der Erkenntnis richtet.[6]

---

[3] Ausführlicher habe ich die Ergebnisse der Narrativen Psychologie in meiner Dissertation verhandelt (Julia Schöll: Joseph im Exil. Zur Identitätskonstruktion in Thomas Manns Exil-Tagebüchern und -Briefen sowie im Roman „Joseph und seine Brüder", Würzburg 2004).

[4] Diese Apotheose des Subjekts geht jedoch zugleich einher mit einer drastischen Einschränkung,
kann doch alle Erkenntnis des Individuums – so wird vor allem Kant betonen – nur relativ sein
angesichts ihrer Abhängigkeit von den transzendentalen Kategorien Raum, Zeit und Kausalität.

[5] Immanuel Kant: Kritik der reinen Vernunft I. Hg. von Wilhelm Weischedel, Frankfurt/Main:
Suhrkamp 1992, S. 136/B132 f.

[6] Zur Geschichte des philosophischen Identitätsbegriffs siehe u.a. Paul Ricœur: Das Selbst als ein
Anderer, München: Fink 1996, S. 155 ff. Außerdem Peter V. Zima: Theorie des Subjekts. Subjektivität
und Identität zwischen Moderne und Postmoderne, Tübingen/Basel: Francke 2000, besonders S. 91 ff.

Entscheidend im vorliegenden Zusammenhang ist, dass dies weit reichende Folgen für den Begriff der Identität hat, benötigen doch sowohl Descartes als auch Kant die Idee des mit sich selbst identischen Ich als Grundlage der von ihnen installierten Autonomie des Subjekts. Die Vorstellung eines erkenntnis- und vernunftbegabten Subjekts setzt voraus, dass dieses von sich selbst als Ich spricht und dabei eindeutig klar ist, wer dieses Ich ist. Alle Aussagen, die über die objektive Welt getroffen werden, sind grundsätzlich anzweifelbar. Nicht in Zweifel gezogen wird jedoch das Subjekt selbst, das – in den Mittelpunkt der Welt gerückt – als eine stimmige, in sich geschlossene Instanz gedacht wird. Es liegt dem Idealismus die Vorstellung eines Subjekts zugrunde, dem Substanz-Charakter zukommt.

Ziehen die Philosophen der frühen Moderne eine objektiv erkennbare Welt radikal in Zweifel, so wird im Folgenden das Subjekt selbst in Frage gestellt. Schopenhauer, den Thomas Mann später als Vorläufer Freuds rühmen wird, folgt Kant zwar mit seiner Idee der „Welt als Vorstellung", doch er erschüttert zugleich die Fundamente eines vernunftbegabten Subjekts, indem er das Primat des „Willens" proklamiert und auf diese Weise den dunklen, unbewussten und triebgesteuerten Anteil des menschlichen Daseins in den Vordergrund rückt.[7]

Die Theoretiker der Zeit um 1900 werden darauf zurückgreifen: Nietzsche beschreibt das Subjekt als zerrissene, heterogene Instanz, die am Rande des Zerfalls agiert.[8] Freuds Trieblehre geht davon aus, dass die Identität des Menschen ein zu eruierendes, kein a priori gegebenes Faktum ist. Das „Ich" ist nurmehr *eine* zwischen Es und Über-Ich agierende Instanz, wenn ihm mit der Psychoanalyse auch noch ein aufklärerisches Mittel an die Hand gegeben wird, um Licht in das triebhafte Dunkel des Unbewussten zu bringen. Freuds von Thomas Mann später auch politisch gedeutetes Diktum „Wo Es war soll Ich werden" lässt sich als einer der letzten verzweifelten Versuche lesen, die

---

[7] Das erkennende Bewusstsein, auf welches der Idealismus die Identität des Subjekts gründen wollte, wird von Schopenhauer zur bloßen Erscheinung, der Intellekt zu einer „Funktion des Gehirns" erklärt. Als Hirnfunktion ist das Bewusstsein nur physisch, metaphysisch ist allein der Wille. Somit kann bei Schopenhauer die Identität des Individuums nicht mehr aus seinem Bewusstsein abgeleitet werden, sondern beruht auf der Tatsache, dass es Teil des „Willens" ist, dessen dunkler Triebhaftigkeit allein Identität zukommt. Siehe hierzu u.a. das Kapitel 19 „Vom Primat des Willens im Selbstbewußtsein" in Arthur Schopenhauer: Die Welt als Wille und Vorstellung. Bd. II. Hg. von Wolfgang Frhr. von Löhneysen, Frankfurt/Main: Suhrkamp 1986, S. 259 ff.

[8] Moral kann entsprechend nicht mehr – wie es noch bei Kant der Fall war – als Produkt des vernunftbegabten Intellekts, des Subjektstatus des Menschen betrachtet werden. Sittlichkeit ist kein aufklärerisch-imperatives Programm mehr, sondern erscheint bei Nietzsche nurmehr als Versuch, das triebhafte und dionysische Wesen Mensch durch gesellschaftliche Regeln zu zähmen – der „Zustand der Sittlichkeit" als „Zustand der Unterwerfung, der Zähmung und Entmündigung", wie Peter V. Zima es formuliert (Zima, S. 133). Siehe hierzu vor allem ausführlich Langer (siehe Fußnote 1).

Erkenntniskräfte des Menschen unter der Einheit eines Ich zu bündeln und auf diese Weise den Subjektstatus des vernunftbegabten Menschen gegen die Macht des Irrationalen zu verteidigen. Dies erscheint umso dringlicher in einer Zeit, in der der Mensch vornehmlich als zerrissenes, selbstentfremdetes und fragmentarisches Wesen, das Subjekt nicht mehr als Substanz, sondern als zerfallende Substanz verstanden wird.

Postmoderne Identitätstheorien und Narrative Psychologie

Die Vorstellung des Subjekts als einer zerfallenden Einheit setzt jedoch noch immer die Idee eben jener Einheit voraus, die Idee der Auflösung impliziert einen dem Zerfall vorausgehenden Zustand der Substanzialität. Diese Reste einer Vorstellung des Ich als Substanz werden in den Theorien der Postmoderne schließlich endgültig verabschiedet. Konstruierte bei Descartes und Kant das Subjekt die Welt, so wird dieses nun selbst als ein Konstrukt betrachtet.

Als ein wichtiger Ausgangspunkt der postmodernen Identitätstheorien in ihrer psychologischen Ausprägung gilt die Theorie des Persönlichkeitspsychologen und Psychoanalytikers Erik Erikson. Seine Ideen bewegen sich zwar noch im Rahmen des spätmodernen Denkens, doch bereitet er den postmodernen Theorien insofern den Weg, als er einen Grundgedanken ins Zentrum seiner Psychologie stellt: die unauflösbare Spannung zwischen einem vom Subjekt wahrgenommenen inneren Wesenskern auf der einen Seite und der sozialen Verhandelbarkeit von Identität auf der anderen Seite.[9] Freud, so Erikson, habe noch nicht konsequent zwischen dem „Ich" und dem „Selbst" differenziert. Demgegenüber schlägt er eine Zweiteilung des Subjekts vor, wobei er dafür plädiert, mit dem Begriff „Ich" das Subjekt, mit „Selbst" hingegen das Objekt zu bezeichnen. Das „Ich" übernimmt in Eriksons Theorie die Funktion einer organisierenden Zentralinstanz, der das flexible „Selbst" gegenübersteht, das sich im Laufe des Lebens wandelt und sich den jeweils verschiedenen Gegebenheiten anpasst. Das Streben jedes Individuums, so Erikson, sei die Übereinstimmung von Ich und Selbst, von stabilem Wesenskern und dem veränderlichen, dynamischen Teil der Persönlichkeit. Dem Ich kommt dabei die Aufgabe zu, das jeweils aktuelle Selbst mit den anderen, früher konstruierten und durchaus im Plural zu denkenden „Selbsten" in Übereinstimmung

---

[9] Siehe zum Folgenden besonders die Aufsatzsammlung: Erik H. Erikson: Identität und Lebenszyklus, Frankfurt/Main: Suhrkamp 1973. Eriksons Identitätstheorie kommentiert zudem ausführlich Wolfgang Kraus: Das erzählte Selbst. Die narrative Konstruktion von Identität in der Spätmoderne, Pfaffenweiler: Centaurus 1996, besonders S. 13 ff.

zu bringen. Gelingt diese Syntheseleistung, wäre ein Kohärenzgefühl, eine stabile Identität das Ergebnis, misslingt das Unterfangen, kann dies eine Identitätskrise zur Folge haben. Das Scheitern der Synthese beschreibt Erikson als „Identitätsdiffusion"[10], womit er die vorübergehende oder dauerhafte Unfähigkeit des Ich zur Bildung einer Identität bezeichnet.

Eriksons Konzept ist insofern modern zu nennen, als es noch von einem Wesenskern des Individuums ausgeht und damit zumindest von der Möglichkeit der Konstruktion einer stabilen Identität. Doch indem Erikson Identität – zumindest teilweise – als etwas Verhandelbares und Wählbares beschreibt, bietet er Anknüpfungspunkte für die psychologischen Theorien der Postmoderne, die die Idee der Veränderlichkeit des Ich zum Ausgangspunkt ihrer Überlegungen machen. Der stabile Wesenskern eines mit sich selbst identischen Ich wird dabei immer stärker in Zweifel gezogen oder gar geleugnet.[11] Dem Subjekt wird der Substanzcharakter endgültig aberkannt, Identität und die damit einhergehende Kohärenz der eigenen Person werden als bloße Illusionen entlarvt. Die Postmoderne betrachtet nicht nur einen Teil der Persönlichkeit, sondern die Person als Ganzes als dynamisch und veränderlich, als einen Gegenstand ständiger Konstruktion und Rekonstruktion – das Ich wird in der Postmoderne zum Prozess.

Was die psychologischen Subjekt- und Identitätstheorien für die Literaturwissenschaft besonders interessant macht, ist die Tatsache, dass sie die Strategien des Individuums bei der Bildung seiner Identität in den Mittelpunkt ihres Interesses stellen. Die so genannte Narrative Psychologie[12] sucht die Antwort auf die Frage nach der Identitätskonstruktion im Vorgang des Erzählens. Stuart Hall stellt die These auf, dass unser subjektives Empfinden von Kohärenz und Stimmigkeit nichts anderes sei als Selbsttäuschung.[13] Wenn wir dennoch das Gefühl einer geschlossenen Identität von der Geburt bis zum Tod hätten, dann lediglich, weil wir eine Geschichte erfänden, die uns Trost spendet. Der Mensch konstruiert eine stimmige Erzählung seiner selbst, eine stabile und kohärente Identität ist somit das Produkt seiner Phantasie.

---

[10] Erikson, u.a. S. 144 ff.

[11] Nicht gelöst ist damit natürlich das oft zitierte Problem, dass, wenn das Selbst vollständig als Konstrukt betrachtet wird, die Frage zu stellen bliebe, *wer* denn konstruiere (siehe hierzu etwa die Essaysammlung von Manfred Frank: Selbstbewußtsein und Selbsterkenntnis. Essays zur analytischen Philosophie der Subjektivität, Stuttgart: Reclam 1991). Das Problem, für das immer wieder nur vorläufige Lösungen in Sicht sind, muss auch hier als ein „kreatives Paradox" (so Heinrich Detering im Gespräch) stehen bleiben.

[12] Einen Überblick über das Feld der Narrativen Psychologie bietet etwa Donald E. Polkinghorne: Narrative Psychologie und Geschichtsbewußtsein. Beziehungen und Perspektiven. In: Jürgen Straub (Hg.): Erzählung, Identität und historisches Bewußtsein. Die psychologische Konstruktion von Zeit und Geschichte (= Erinnerung, Geschichte, Identität I), Frankfurt/Main: Suhrkamp 1998, S. 12–45.

[13] Stuart Hall: Modernity and its futures, Cambridge: Polity Press u.a. 1996.

Die Narrative Psychologie geht also – vor allem in Anlehnung an den Philosophen Paul Ricœur[14] – davon aus, dass das Ich seinen Gehalt vornehmlich über narrative Konstruktionen erhält. Das Selbst wird nicht mehr als fest umgrenzte und a priori gegebene Entität und Substanz betrachtet, wie Mark Freeman feststellt: „The self [...] is not a thing; it is not a substance, a material entity that we somehow can grab hold of and place before our eyes."[15] Identität wird vielmehr im narrativen Prozess erst produziert und bezeichnet dann, laut Anthony Kerby, den Glauben an das Selbst, die Erfahrung von Kohärenz über einen gewissen Zeitraum hinweg.[16] Unter diesen Voraussetzungen kann das Ich nicht mehr, wie in der Tradition des Idealismus geschehen, als Fixpunkt und Zentrum der Weltbetrachtung dienen, sondern wird nun als Produkt von Erzählung und Sprache betrachtet, als Ergebnis „diskursiver Praxis". Das Subjekt, so betont Anthony Kerby, beschreibt sich nicht nur selbst in narrativen Akten, sondern wird durch diesen Prozess überhaupt erst konstituiert, es gewinnt durch die Selbst-Erzählung erst Realität: „Accordingly, what is offered [...] is a model of the human subject that takes acts of *self-narration* not only as descriptive of the self but, more importantly, as *fundamental to the emergence and reality of that subject*."[17]

Auch der Kommunikationswissenschaftler Jürgen Straub beschreibt die Identitätskonstruktion als kreatives Verfahren:

Die Einsicht, daß kein Mensch Identität einfach hat, sondern daß Identität gebildet und im Lichte neuer Erfahrungen und Erwartungen durch Umstrukturierung bewahrt werden muß, besagt nicht zuletzt, daß die Identität einer Person ein *Konstrukt* ist. Auf der Suche nach Identität kann nichts gefunden werden, was bereits ‚da' ist, irgendwo im verborgenen schlicht gegeben und auf seine Entdeckung wartend. Wer Erfolg hat bei der ‚Suche' nach seiner Identität, hat in kreativen Akten geschaffen, wonach er suchte. Identität ist ein immer nur vorläufiges Resultat kreativer und konstruktiver Akte [...].[18]

Selbst-Bewusstsein ist nach diesem Entwurf kein intuitives Wissen oder Ergebnis von Introspektion, sondern das Produkt des kreativen Produktionsprozes-

---

[14] Siehe hierzu etwa Norbert Meuter: Narrative Identität. Das Problem der personalen Identität im Anschluß an Ernst Tugendhat, Niklas Luhmann und Paul Ricœur, Stuttgart: M & P/Verlag für Wissenschaft und Forschung 1995, vor allem S. 122 ff.

[15] Freeman, S. 8.

[16] Anthony P. Kerby: Narrative and the Self, Bloomington u.a.: Indiana University Press 1991, S. 4.

[17] Ebd.

[18] Jürgen Straub: Personale und kollektive Identität. Zur Analyse eines theoretischen Begriffs. In: Aleida Assmann/Heidrun Friese (Hg.): Identitäten (= Erinnerung, Geschichte, Identität III), Frankfurt/Main: Suhrkamp 1998, S. 73–104, hier S. 93.

ses der *self-narration*, der vor allem als sprachlicher Akt zu verstehen ist.[19] Auch Kenneth Gergen betrachtet Identität als „diskursive Errungenschaft", die erst in Sprache verwirklicht werden muss, bevor sie wirksam werden kann.[20]

Das Ich wird in einem narrativen Prozess entworfen, spätere narrative Akte können diesen Selbstentwurf dann bestätigen und festigen oder aber neu gestalten, je nach den Anforderungen der Situation und der jeweils aktuellen Rolle. Donald Polkinghorne weist darauf hin, dass physiologische und kognitive Veränderungen sowie neue soziale Anforderungen auch neue Selbstkonzepte notwendig machen: „Der Fluß der Zeit höhlt die narrativ konstruierte Identität einer Person aus und macht es erforderlich, sie immer wieder neu zu re-konstruieren."[21] Das Individuum gelangt im Verlauf seiner Entwicklung nicht zu *einer* Identität, wie noch Erikson annahm, sondern konstruiert verschiedene Identitäten über die Zeit hinweg. Anthony Kerby weist in diesem Zusammenhang darauf hin, dass es oft Krisensituationen sind, etwa Migrationserfahrungen, in denen das Individuum die eigene Identität in Frage stellt und Akte der Selbst(neu)bewertung nötig werden[22] – eine These, die gerade im Zusammenhang mit den beiden Romanhelden Joseph und Felix Krull von besonderem Interesse ist.

Narrative Identitätskonstruktionen bei Thomas Mann

Die Tatsache, dass die Narrative Psychologie den Akt des Erzählens zur Grundlage des Identitätskonstruktionsprozesses erklärt, legt einen Transfer ihrer Theoreme in die Literaturwissenschaft nahe. Gerade Thomas Manns Werk, so wird im Folgenden zu zeigen sein, erweist sich als besonders geeignet für diesen Versuch, ist sich der Autor als Rezipient Schopenhauers, Nietzsches und Freuds der Brüchigkeit personaler Identität doch stets bewusst. Und mehr als das: Obwohl Thomas Manns Denken ein durch und durch modernes ist, finden sich unter seinen Helden doch Beispiele, die voraus weisen auf die postmoderne Idee, Identität nicht als Substanz, sondern als konstruktiven Prozess zu begreifen.

[19] „Persons only ‚know' themselves after the fact of expression", konstatiert Anthony Kerby (Kerby, S. 5).

[20] Kenneth J. Gergen: Erzählung, moralische Identität und historisches Bewußtsein. Eine sozialkonstruktionistische Darstellung. In: Straub (Hg.): Erzählung, Identität und historisches Bewußtsein, S. 170–202.

[21] Polkinghorne, S. 33.

[22] Kerby, S. 6 f.

Schon die dualistische Anlage der Figurenkonstellation im Frühwerk Thomas Manns verweist auf das Problem der Identität: Der Bürger auf der einen Seite, blond und blauäugig im realen wie übertragenen Sinne, führt sein Leben – zumindest *vor* dem Erlebnis der Schopenhauer-Lektüre – ohne tiefere Erkenntnis oder Skepsis gegenüber dem Dasein und der eigenen Existenz. Seine Identität scheint eine fest umgrenzte Substanz zu sein, deren Einheit nicht in Zweifel gezogen wird. Die Künstlerfiguren, die Sensiblen und Besonderen, auf der anderen Seite hadern mit ihrer Identität. Von der Sphäre der Bürgerlichkeit zugleich angezogen und abgestoßen, sind sie auf der Suche nach der eigenen gesellschaftlichen Rolle und Position. Sie zeichnen sich durch Bewusstheit und Intellektualität aus, aber auch dadurch, dass ihre Identität keine fest bestimmbare, sondern eine höchst zweifelhafte Größe darstellt, die sie selbst immer wieder in Frage stellen und deren Unbestimmtheit sie in existentielle Krisen stürzt. Unter diesen Letztgenannten, den literarischen Künstlerfiguren Thomas Manns, finden sich jedoch wiederum Ausnahmeerscheinungen, fiktive Helden, die noch etwas bewusster agieren im Bezug auf ihr Selbst. Auch sie wissen um die Instabilität und Relativität ihrer Identität, doch verfallen sie angesichts dieser Erkenntnis nicht in grüblerische Hoffnungslosigkeit oder tragische Schwermut, sondern nehmen sich vielmehr die Freiheit, Identität als Spiel zu betrachten. Sie begreifen sich selbst nicht als Opfer des Schicksals, sondern als kreative Konstrukteure der eigenen Identität.

Die beiden jugendlichen Helden Joseph und Felix Krull sind exemplarisch für diese Art von Figuren, die sich schreibend, erzählend und handelnd immer wieder neu entwerfen und sich dabei als Meister der Identitätskonstruktion erweisen.

Als Ich-Erzähler konstruiert Felix Krull seine Existenz im eigentlichen Wortsinne *narrativ*, denn er schreibt seine Memoiren. Erzählend präsentiert er dem Leser sein Leben in Form einer Lebensbeichte, eines „Geständnisse[s]" (VII, 265), wie er es nennt. In *On Myself* – selbst Paradebeispiel eines narrativen Identitätsentwurfes[23] – wird Thomas Mann diesen Prozess folgendermaßen beschreiben:

---

[23] So weist Thomas Mann eingangs darauf hin, dass er die Aufgabe, das eigene Künstlertum zu beschreiben, in narrativer Form, „als Erzähler" lösen werde. Indem er diese Tätigkeit nicht nur als die eines „Erzähler[s]", sondern auch als die eines „Epiker[s]" beschreibt, ordnet er schon in den ersten Sätzen der eigenen Person einen entsprechenden künstlerischen Rang zu. Folgerichtig wird er diesen Entwurf seiner Identität als Künstler mit dem Verweis auf Goethe enden, wobei er wiederum bescheiden beginnt, indem er die Arbeit an *Joseph und seine Brüder* als „imitatio Goethe's" bezeichnet, nur, um sofort im Anschluss daran einen höheren Rang für die eigene Person zu beanspruchen und von seiner „Identifizierung" und „unio mystica" mit Goethe zu sprechen (XIII, S. 127–169, hier S. 127 und S. 169).

Was mich aber stilistisch reizte, war die noch nicht geübte autobiographische Direktheit der Form, und ein phantastischer geistiger Reiz ging aus von der Gelegenheit, die großen Autobiographien des achtzehnten Jahrhunderts einschließlich Goethe's ,Dichtung und Wahrheit' zu *parodieren*. (XIII, 147)

Schon bei der vorgeblich realen Autobiographie – zumal wenn sie, wie im Fall von *Dichtung und Wahrheit*, das Fiktive bereits in den Titel stellt – sind Autor und Erzähler zu differenzieren.[24] Im Fall der ausschließlich fiktiven Autobiographie, so auch im Fall der *Bekenntnisse des Hochstaplers Felix Krull*, wird diese Zweidimensionalität durch eine dritte Ebene ergänzt:[25] Ein fiktives narratives Ich, Felix Krull, erzählt seine Lebensgeschichte, in der er zum einen agierendes Subjekt ist, zum anderen jedoch auch als Metaerzähler auftritt, der den Vorgang des Erzählens erläutert, ironisiert, in Zweifel zieht und auf diese Weise immer wieder auktorial kommentierend aus dem Erzählvorgang heraustritt. Felix Krull entwirft erzählend das eigene Ich und reflektiert zugleich über diesen Vorgang.[26] Schon in Anlage und Ausgangssituation des Romans hat der Leser es also mit zwei Identitäten Krulls zu tun, denen im Verlauf des Erzählvorgangs weitere folgen werden.

Bereits in Krulls Schilderung seiner Kindheit und seiner Herkunft aus „feinbürgerlichem, wenn auch liederlichem Hause" wird deutlich, dass man hier nicht von einer geschlossenen Identität ausgehen kann. Der verwöhnte Spross des Schaumweinfabrikanten übt sich bereits als Kind in imaginativen Rollenspielen, in denen er sich als „Vorzugskind des Himmels" (VII, 271), als künstlerisches „Wunderkind" (VII, 281) oder gar als Kaiser entwirft (VII, 271 f.). „Ein phantastisches Kind" (VII, 271) sei er gewesen, berichtet Krull, und betrachtet man Identität als Produkt der Phantasie, so deutet diese Bemerkung bereits voraus auf den kreativen Umgang mit der eigenen Identität, den Krull zeit seines Lebens pflegen wird. Der Konkurs der väterlichen Firma und der folgende Selbstmord des Vaters schließen die frühe Phase der Verwöhntheit und Selbstgefälligkeit zunächst ab, doch sie beenden keineswegs Krulls

---

[24] Der Unterschied zwischen realer und fiktiver Autobiographie wird vollends hinfällig, wenn man Autobiographie nicht als „Gattung oder Textsorte", sondern als „Lese- und Verstehensfigur" auffasst, „... die in gewissem Maße in allen Texten auftritt", wie dies Paul de Man in seiner dekonstruktiven Lesart der Autobiographie vorschlägt (Paul de Man: Die Ideologie des Ästhetischen. Hg. von Christoph Menke, Frankfurt/Main: Suhrkamp 1993, S. 134).

[25] Siehe hierzu u.a. Kerstin Schulz: Identitätsfindung und Rollenspiel in Thomas Manns Romanen „Joseph und seine Brüder" und „Bekenntnisse des Hochstaplers Felix Krull", Frankfurt/Main: Peter Lang 2000, S. 426 ff.

[26] Etwa, wenn er sich als Erzähler selbst zur Ordnung ruft („Aber ich verfalle in meinen alten Fehler des Voraneilens"; VII, 271), in der direkten Ansprache des Lesers („Unbekannter Leser!"; VII, 311) oder wenn er als Erzähler über den eigenen Stil und seine Wirkung reflektiert (VII, 322 f.).

Identitätsspiele. Parallel zu seiner Existenz als Hotelpage kreiert sich Krull in Paris das Leben eines gut gekleideten und kulturell interessierten Gentlemans und Lebemanns. Schließt man seine geheimen Amouren mit ein, so führt Krull schließlich mehrere Existenzen nebeneinander, bei denen nicht mehr unterscheidbar ist, welches als sein *wahres* Dasein zu betrachten ist. Seine besondere Fähigkeit, in all seinen Identitäten restlos aufzugehen, verschafft ihm schließlich den entscheidenden Karrieresprung seiner Hochstaplerexistenz: Als der Graf Venosta ihn in der Rolle seines Doppelgängers auf Weltreise schickt, schlüpft Krull vollständig in die fremde Identität, er *wird* der Graf Venosta und gestaltet zugleich diese Identität nach seinen eigenen Vorstellungen. Bereits nach kurzer Zeit ist er *mehr* Graf, als das Original es je vermocht hätte, wobei es nun Krull ist, der definiert, was als gräfliches Verhalten zu gelten hat – wofür er offenbar größeres Talent besitzt als Venosta selbst.

Der junge Held aus *Joseph und seine Brüder* zeichnet sich ebenfalls durch einen auffällig bewussten Umgang mit der eigenen Identität aus. Zwar wird Josephs Geschichte nicht aus der Ich-Perspektive erzählt, sondern von einem durchaus distanzierten Er-Erzähler berichtet, doch verfügt dieser über eine ausreichend differenzierte Innensicht des Protagonisten, um dessen Identitätskonstruktionen präzise beschreiben und zudem erläutern zu können, auf welch wirkungsvolle Weise Joseph die verschiedenen Entwürfe seines Selbst narrativ kommuniziert.

Auch Josephs Kindheit und Jugend werden geschildert als Existenz eines verwöhnten Kindes, das ohne Vorbehalte von der eigenen Besonderheit überzeugt ist. Einen „Träumer von Träumen" nennen ihn die Brüder, denn im Traum imaginiert Joseph sich selbst als Nachfolger des Vaters in der Rolle des Segensträgers und als zukünftigen Heilsbringer, träumend entwirft sich Joseph als eine Messias-Gestalt. Von entscheidender Bedeutung ist dabei, dass Joseph nicht nur ein Träumer von Träumen, sondern vor allem auch ein *Erzähler* von Träumen ist, muss das imaginierte Selbstbild doch erst kommuniziert werden, um gesellschaftlich wirksam werden zu können. Wie Felix Krull durch Konkurs und Tod des Vaters, so wird Joseph durch den gewaltsamen Racheakt der Brüder und den anschließenden Verkauf als Sklave recht unsanft aus seinen narzisstischen Träumen geweckt. Der Sturz in die „Grube" und die damit verbundene gesellschaftliche Deklassierung stimmen den narzisstischen Träumer zwar nachdenklich, doch ebenso wie im Fall Krulls ist die fortwährende Neukonstruktion der eigenen Identität damit keineswegs beendet, im Gegenteil: Auf den „Grubensturz" folgt das Leben im Exil, und wie bei Felix Krull so machen auch in Josephs Fall die Migrationserfahrung, die fremde Umgebung, der neue soziale Kontext und die neue gesellschaftliche Rolle als Diener die Konstruktion einer neuen Identität notwendig. Nach der spirituell-religiösen

Karriere im kulturellen und familiären Kontext der Heimat startet Joseph in der Fremde eine weltliche Karriere, die ihn schließlich zum wichtigsten Mann im Hause Potiphars befördert. Sein erneuter „Grubensturz" am Ende des dritten Bandes eröffnet ihm, ebenso wie der erste, nur eine noch glanzvollere Karriere, indem Joseph in den unmittelbaren Machtbereich Pharaos vordringt. Auch im vierten Band der Tetralogie entwirft sich Joseph noch einmal neu: Als persönlicher Berater Pharaos und ägyptischer Wirtschafts- und Ernährungsminister kreiert er für sich die Rolle des „Ernährers" und damit eine sozial und politisch verantwortungsvolle Identität.

Die Selbstentwürfe Josephs und Felix Krulls werden als bewusste Prozesse vorgeführt, bei denen beide Helden, wie im Folgenden zu zeigen sein wird, auf jeweils ähnliche Strategien und Topoi zurückgreifen.

Inszenierung und *performance*

Joseph und Felix Krull zeichnen sich dadurch aus, dass sie sich ihrer sozialen und gesellschaftlichen Identitäten bewusster sind als ihre Mitmenschen und diese als flexible und veränderbare Größen auffassen. Während Josephs Brüder passiv die Rollen akzeptieren, die das familiäre Sozialgefüge ihnen zuweist, weiß Joseph um die Veränderbarkeit von Selbstentwürfen. Auch Krull vertritt die Ansicht, dass die Rolle, die der Mensch im gesellschaftlichen Kontext spielt, keine festgeschriebene, sondern eine verhandelbare ist:

Ich kann mein inneres Verhalten zur Welt, oder zur Gesellschaft, nicht anders als widerspruchsvoll bezeichnen. Bei allem Verlangen nach Liebesaustausch mit ihr eignete ihm nicht selten eine sinnende Kühle, eine Neigung zu abschätzender Betrachtung, die mich selbst in Erstaunen setzte. Ein Beispiel dafür ist der Gedanke, der mich zuweilen beschäftigte, wenn ich gerade im Speisesaal oder in der Halle [...] einige Minuten müßig stand und die [...] Hotelgesellschaft überblickte. Es war der Gedanke der *Vertauschbarkeit*. Den Anzug, die Aufmachung gewechselt, hätten sehr vielfach die Bedienenden ebensogut Herrschaft sein und hätte so mancher, welche, die Zigarette im Mundwinkel, in den tiefen Korbstühlen sich rekelte – den Kellner abgeben können. Es war der reine Zufall, daß es sich umgekehrt verhielt – der Zufall des Reichtums; denn Aristokratie des Geldes ist eine vertauschbare Zufallsaristokratie. (VII, 491 f.)

Felix Krull weiß um die Äußerlichkeit gesellschaftlicher Rollen und ist sich zugleich der Wichtigkeit dieser Äußerlichkeiten – des Anzugs, der Aufmachung, der lässigen Zigarette im Mundwinkel – bewusst. Wie Joseph kennt er die Macht der *performance*, und wie dieser achtet er daher mit großer Sorgfalt darauf, in welchem Kostüm, welcher Maske er sich der Umwelt präsentiert. Die Kleidung ist essentieller Bestandteil seiner Selbstinszenierung und seines Habitus'. Schon bei Krulls früher Selbststilisierung zum musikalischen Wunderkind trägt das „hübsche[] Matrosenhabit" nicht unwesentlich zur beabsichtigten Wirkung bei, unterstrichen von einer „Welle Haares", die dem schönen Knaben theatralisch das Gesicht rahmt (VII, 281). Sobald er in Paris zu Geld gekommen ist, investiert Krull in die elegante Garderobe eines Gentlemans und mietet gar eigens eine Wohnung, in der er die Kleidung seines anderen Ich aufbewahrt und in der er den Identitätswandel durch Kleiderwechsel zelebrieren kann. Für Felix Krull, der schon seit frühester Kindheit vom Theater fasziniert ist, wird diese Wohnung zur Künstlergarderobe. Was ihn jedoch vom Schauspieler unterscheidet, ist die Tatsache, dass es sich in seinem Fall nicht um oberflächliches Rollenspiel handelt, sondern tatsächlich um einen Wechsel der Identität, bei dem letztendlich nicht mehr unterscheidbar ist, welche Person den *wahren* Krull repräsentiert:

Verkleidet also war ich in jedem Fall, und die unmaskierte Wirklichkeit zwischen den beiden Erscheinungsformen, das Ich-selber-Sein, war nicht bestimmbar, weil nicht vorhanden. (VII, 498)

Ein Ich mit einer stabilen Identität scheint nicht mehr zu existieren, vielmehr tritt an die Stelle des Wesenskerns die Inszenierung. Statt um eine Substanz handelt es sich bei Krulls Identität um einen performativen Akt.

Ebenso wie Krull weiß auch Joseph um die Wichtigkeit der äußeren Erscheinung, des Auftretens und der Inszenierung. Er schmeichelt dem Vater so lange, bis dieser ihm den prächtigen Brautschleier Rahels und Leas überlässt, der dem Segensträger vorbehalten ist, und inszeniert sich in dieser Aufmachung vor den Brüdern, um seinen Anspruch auf die Position des Erwählten zu untermauern (IV, 470 ff.). Er präsentiert seine Segensträgerschaft im performativen Akt als vollendete Tatsache, im Wissen darum, dass, wer das Gewand des Gesegneten trägt, der Gesegnete *ist* – selbst wenn sich später, wie im Fall Josephs, herausstellen sollte, dass es sich um eine Segnung ganz anderer Art handelt, als ursprünglich angenommen.

Auch in Ägypten wird Joseph besonderen Wert auf seine Kleidung legen. Indem sich der Exilant an die Gepflogenheiten der Fremde anpasst und sich vollständig ägyptisch kleidet, schminkt und frisiert, erscheint er am Ende ‚ägyptischer' als mancher Einheimische. Doch wie im Fall Krulls handelt es sich nicht um ein oberflächliches Rollenspiel, vielmehr zieht die äußere Assimilation eine innere nach sich, als würde die fremde Kleidung auf den Leib übergreifen und der Habitus sich schließlich körperlich manifestieren:

... von dem Stoffe des Jaakobssohnes [...] war nun im Lebenswechsel wirklich gar nichts mehr übrig; er trug, sozusagen, einen ganz neuen Leibrock, [...] an dem keine Faser mehr von dem alten war [...]: einen aus ägyptischen Zutaten gewobenen [...]. (V, 975)

Auch hier ist nicht mehr von einem substantiellen Persönlichkeitskern auszugehen, denn der „Stoff" der vorherigen Gestalt Josephs hat sich aufgelöst und einem vollständig neuen, sich auch körperlich manifestierenden Selbst Platz gemacht, einer in performativen Akten eingeübten und verfestigten Identität. Dass es sich hierbei nicht um das Erfüllen einer Rolle, sondern um eine neue Identität handelt, zeigt der mit der Veränderung einhergehende Wechsel des Namens, dieses mit der Identität so eng verknüpften Attributs: Im heimischen Kontext tritt Joseph unter seinem ursprünglichen Namen auf, als Exilant in Ägypten wandelt er sich zu Osarsiph, um am Ende vollständig zum „Ernährer" zu werden. Auch der Erzähler der *Bekenntnisse* wechselt mit den Identitäten den Namen: Aus Felix wird der Page Armand und aus diesem wiederum der Graf Venosta, wobei der Namenswechsel jeweils völlig problemlos, ja sogar mit Vergnügen vollzogen wird.[27]

Selbststilisierung zum Besonderen und Auserwählten

Grundlage der gelingenden Identitätswechsel beider Helden ist eine ausgeprägte Selbstliebe. Joseph und Krull glauben fest daran, dass es mit ihnen etwas Besonderes auf sich hat, dass sie Erwählte sind, die vom Schicksal bevorzugt werden. Joseph ist, besonders in jungen Jahren, der festen Überzeugung, sein Wesen sei so gewinnend, dass nicht nur alle Welt ihn lieben müsse, sondern die Liebe seiner Mitmenschen zu ihm sogar deren Selbstliebe überwiegen müsse.[28] Zwar wird Josephs narzisstischer Überschwang durch die Erfahrung der „Grube" etwas gedämpft, doch auch in Ägypten wird sein Glaube, dass Gott etwas Besonderes mit ihm vorhabe, wieder den ehrgeizigen Ausgangspunkt seiner Karriere bilden.[29]

[27] Als ihm der Direktor des Saint James and Albany den Namen Armand zuweist, betont der neu Benannte beflissen: „Es macht mir die größte Freude, Herr Generaldirektor, meinen Namen zu wechseln." (VII, 416) Den zweiten Namenswechsel schildert der Erzähler geradezu als dringliche Notwendigkeit für den Bezeichneten: „Es kostete mich einige Selbstüberwindung, [...] meinen abgetragenen, mir längst schon widrig gewordenen Namen anzugeben, und nur der Gedanke half mir darüber hinweg, daß ich mich zum letzten Mal mit ihm zu bezeichnen hatte." (VII, 524)

[28] Auch im Bezug auf den Vater ist Joseph überzeugt, dass dieser ihn mehr liebe als sich selbst (V, 675).

[29] Die Überzeugung von der eigenen Auserwähltheit bildet auch insofern die Basis seiner Exil-Karriere, als sie ihn vor der „Versuchung" bewahrt, sich an den heimischen Herd Jaakobs zurückzuflüchten, die weltliche Karriere in Ägypten also gar nicht erst zu beginnen (V, 703 f.).

Krull erwähnt die Tatsache, als Sonntagskind geboren zu sein, nur beiläufig („einem Sonntage übrigens"), doch indem die Bemerkung in Parenthese gesetzt ist, wird sie nur umso wirkungsvoller kommuniziert (VII, 269). Auch ihn wird die unerschütterliche Selbstliebe, deren Wurzeln in der Kindheit liegen, als Erwachsener nicht mehr verlassen.[30] Jenseits aller „Zufallsaristokratie" betrachten sich Joseph und Krull als Angehörige eines wahren, da geistigen Adels, und allein durch diese Überzeugung werden – im Sinne der Macht der *performance* – bereits Tatsachen geschaffen: Auserwählt ist, wer denkt, fühlt, spricht und handelt, als ob er es wäre. Anschauliches Beispiel hierfür sind die jeweiligen Entrücktheitszustände der jungen Helden. Wenn Joseph dem Vater das Wetter prophezeit, gerät er in einen tranceähnlichen Zustand mit zitterndem Körper und verdrehten Augäpfeln, dessen Ausnahmecharakter seinen eher trivialen Vorhersagen den Anschein des Besonderen gibt (IV, 112 f.). Auch wenn Joseph auf seinem Weg nach Schekem den Dorfbewohnern ihre Träume deutet, ist es sein Auftreten, das seinen Auslegungen Gewicht verleiht (IV, 533 f.). Allein die trockenen Kommentare des Erzählers deuten jeweils an, dass manch anderer vielleicht auf weniger theatralischem Wege zu diesen Botschaften gelangt wäre.

Am Beispiel von Felix Krulls Entrücktheitszuständen wird deutlich, worin die Überzeugungskraft solch theatralischer Inszenierungen liegt, gelingt es dem Helden doch, sich zunächst einmal selbst von seiner *performance* zu überzeugen. Wenn er als Kind eine Krankheit vortäuscht, um nicht zur Schule gehen zu müssen, versetzt ihn die „inbrünstige Vertiefung" in seine Rolle in eine „Trunkenheit", die schließlich zu einer reellen Erhöhung der Körpertemperatur führt (VII, 305). Auch beim Vortäuschen des epileptischen Anfalls während der Musterung wird Krull sich mit dem eigenen Spiel so überzeugen, dass er schließlich tatsächlich „ohne Besinnung" ist (VII, 367).

Bei aller Ernsthaftigkeit und Inbrunst wissen jedoch beide Helden um den spielerischen Charakter solcher Rollenwechsel. Deutlich wird dies an beider Selbststilisierung im Hinblick auf das gleiche mythologische Muster, das der Hermesfigur. Zwar liegt etwas narzisstisch Vermessenes in dieser Selbststilisierung zu einem Gott, doch ist diese Vermessenheit gepaart mit Selbstironie, denn es ist eben der zweideutige „Gott-Schalk" (V, 1421), der Gott der Schelme und Diebe, an dessen Vorbild die beiden Helden ihr mythologisches Hochstaplertum ausrichten.[31]

---

[30] So wird Krull etwa seine Freude über den gerade verabredeten Rollentausch mit Venosta folgendermaßen kommentieren: „Mitfühlender Leser! Ich war sehr glücklich. Ich war mir kostbar und liebte mich [...]." (VII, 523)

[31] Krull erfüllt hierbei nur die leichte, unbeschwerte Seite des mythologischen Hermes-Musters, wohingegen Josephs Erfüllung des Schemas differenzierter und umfassender ist, also auch die Komponente des Psychopompos impliziert. Siehe hierzu Schöll, S. 321 f.

Talent und Künstlertum

Eine weitere Basis für Josephs und Krulls Identitätswechsel – und zugleich eng verbunden mit der Idee der *performance* – ist die Zugehörigkeit beider Helden zum Künstlerstand. Zwar sind beide keine Künstler im eigentlichen Sinne: Von Joseph wird berichtet, dass er sich eher auf den Gebieten der Wissenschaften und der Mythologie hervortut, und Krull verfügt als Schulabbrecher weder über eine wissenschaftliche noch über eine künstlerische Ausbildung. Dennoch teilen Joseph und Krull eine außergewöhnliche Begabung für das Schauspielerische und die Kunst der Inszenierung, die sie an allen Stationen ihrer Karriere nutzen,[32] sowie ein ungewöhnliches Talent für Sprache. Da Selbstentwürfe vornehmlich über Sprache kommuniziert werden, erweist sich Josephs und Krulls Eloquenz in ihrer Muttersprache wie auch ihr Talent für Fremdsprachen als entscheidender Vorteil für die Konstruktion jeweils neuer Identitäten. Doch wären beide Helden wiederum keine Künstler, wenn sie sich auf die nominalen Kenntnisse der fremden Sprachen verließen und diese nicht auch noch entsprechend zu inszenieren wüssten, indem sie etwa gezielt umgangssprachliche Wendungen in ihre Rede einbauen und Intonation und Klang der Sprache ebenso mühelos beherrschen wie Vokabular und Grammatik. Auch hier ist die theatralische Inszenierung des eigenen Könnens entscheidend.[33]

Krull und Joseph werden präsentiert als Lebenskünstler, die die ganze Welt zur Bühne erklären und mit ihrer optimistischen Weltsicht und ihrem stetigen Erfolg im deutlichen Gegensatz zu tragischen Künstlerfiguren wie Gustav Aschenbach oder Adrian Leverkühn stehen. Krull und Joseph fehlt jede Anlage zur Tragik, denn sie scheitern nicht – zum einen, weil sie fest an ihre

---

[32] Auch Krull nutzt seine Fähigkeiten und Talente für jeweils bestimmte Zwecke, sei es zur Vermeidung des Schulbesuchs oder des Militärdienstes oder zum Erklimmen der gesellschaftlichen Leiter, wie im Falle des Identitätstausches mit Venosta. Krulls Schauspielkunst ist also keineswegs, wie Michael Nerlich behauptet, reiner Selbstzweck und l'art pour l'art (Michael Nerlich: Kunst, Politik und Schelmerei. Die Rückkehr des Künstlers und des Intellektuellen in die Gesellschaft des zwanzigsten Jahrhunderts dargestellt an Werken von Charles de Coster, Romain Rolland, André Gide, Heinrich Mann und Thomas Mann, Frankfurt/Main und Bonn: Athenäum 1969, S. 113). Was als l'art pour l'art zu bezeichnen wäre, ist lediglich Krulls Hang, die Inszenierungen über den jeweiligen Zweck hinaus als ästhetische Perfektion zu gestalten – einen Hang, den er durchaus mit Joseph teilt.

[33] So heißt es von Joseph auf dem Weg nach Schekem: „Er ließ Sprachkenntnisse glänzen, die er mit Hilfe Eliezers erworben, und redete unterm Tore chettitisch mit einem Manne aus Chatti, mitanisch mit einem aus dem Norden und einige Worte ägyptisch mit einem Viehhändler aus dem Delta. Es war nicht viel, was er wusste, aber ein Gescheiter redet mit zehn Worten besser als ein Dummer mit hundert, und er verstand es, wenn nicht dem Unterredner, so doch denen, die zuhörten, den Eindruck wunderbar polyglottischer Beliebigkeit zu erwecken." (IV, 534) Felix Krull nimmt unter anderem den französischen Zöllner dadurch für sich ein, dass er dessen Muttersprache kunstvoll zu inszenieren versteht (VII, 388 f.).

Besonderheit und ihr Können glauben und ihr jeweiliges Selbstbild vollständig internalisieren, zum anderen, weil sie flexibel sind und auf Veränderungen in der Umwelt und die Unwägbarkeiten des Schicksals mit einem jeweils neuen Identitätskonzept antworten können. Damit stehen sie nicht in der Tradition der dunklen Künstlergestalten Thomas Manns, sondern in der Tradition der literarischen Schelme.[34]

Körperlichkeit und Sexualität

Joseph und Felix Krull verbinden ein gesundes Selbstbewusstsein mit tatsächlicher Begabung, immer in dem Bewusstsein, dass das Talent, mit dem die Natur sie ausgestattet hat, nicht ausreicht, wenn sie es nicht auszubilden und zu nutzen wissen. Gleiches gilt für die körperlichen Vorzüge, die beiden naturgegeben sind, die sie aber bewusst pflegen und durch entsprechende Inszenierung für ihre Selbststilisierung einsetzen. Beide Helden sind ungewöhnlich schön: Der Erzähler des Josephsromans gerät stets ins Schwärmen, sobald von Josephs schöner Hülle die Rede ist.[35] Was die Schönheit des Ich-Erzählers Krull betrifft, muss sich der Leser auf dessen Selbstbeschreibungen verlassen: „... denn ich war göttergleich gewachsen, schlank, weich und doch kräftig von Gliedern, goldig von Haut und ohne Tadel in Hinsicht auf schönes Ebenmaß." (VII, 284) Gegenüber dem Leser seiner „Bekenntnisse" gelingt Felix Krull, was auch sonst seinen Lebensstil auszeichnet: allein durch die Inszenierung, hier den poetischen Akt des Erzählens, den gewünschten Effekt zu erzielen, nämlich als eine Ausnahmeerscheinung wahrgenommen zu werden.

Beide jungen Männer wissen auch um die sexuelle Anziehungskraft, die von ihrer Erscheinung ausgeht. Josephs ägyptische Herrin, Mut-em-enet, kann sich seiner Attraktivität nicht entziehen und verfällt dem schönen Sklaven bis zur Selbsterniedrigung. Ihren Freundinnen, die sie belächeln, muss sie Joseph nur vor Augen führen, um sie von der Unheilbarkeit ihrer Leidenschaft zu überzeugen (V, 1213 ff.) – Josephs Anziehungskraft erklärt sich im performativen Akt gleichsam von selbst. Joseph besticht also durch seine natürliche Schönheit und inszeniert diese gleichzeitig, um seine Ziele zu erreichen, sei es vor dem Vater mit dem Brautschleier, vor Potiphar als philosophierender Gärtner oder später als Hermesfigur in der Audienz bei Pharao.

---

[34] Zur Einordnung in die Tradition des Schelmenromans siehe etwa Klaus Hermsdorf: Thomas Manns Schelme. Figuren und Strukturen des Komischen, Berlin: Rütten & Loening 1968. Zu *Felix Krull* siehe außerdem Schulz, S. 653 ff.

[35] Am deutlichsten wohl zu Beginn des zweiten Bandes, *Der junge Joseph* (IV, 393 ff.).

Als Beobachter der erotischen Spiele in seinem Elternhaus, der Intimität zwischen Mutter und Tochter (VII, 277) oder der pubertären Anzüglichkeiten der elterlichen Gesellschaften (VII, 278ff.) wächst Felix Krull bereits in einer sexuell aufgeladenen Atmosphäre auf. Später in Paris kann er sich, trotz seiner Armut und seiner Zugehörigkeit zum Dienerstand, der Damen kaum erwehren. Das sexuelle Begehren, das er auslöst, nutzt Krull ebenso bewusst wie Joseph für sein gesellschaftliches Fortkommen: zunächst für seine Ausbildung zum professionellen Liebhaber, anschließend finanziell, indem er Profit aus seinen Verhältnissen mit den reichen Damen der Hotelgesellschaft schlägt. Die sexuelle Selbstinszenierung ist also Teil seines Karriereplans.

Auffallend ist, dass sowohl Josephs als auch Felix Krulls Schönheit sich durch eine stark androgyne Komponente auszeichnet, die auf ihre Verwandtschaft mit Hermaphroditus verweist, jenes Produkt der Verbindung von Hermes und Aphrodite, von männlichem und weiblichem Prinzip.[36] In beiden Fällen hat wiederum die Natur die Voraussetzungen geschaffen. Felix Krulls Körper weist männliche wie weibliche Attribute auf, was er in seiner Funktion als Erzähler wiederum narrativ zu inszenieren versteht:

Ich [...] besaß seidenweiches Haar, wie man es nur selten beim männlichen Geschlechte findet, und welches, da es blond war, zusammen mit graublauen Augen, einen fesselnden Gegensatz zu der goldigen Bräune meiner Haut bildete: so, daß es gewissermaßen unbestimmt blieb, ob ich nun eigentlich blond oder brünett von Erscheinung sei, und man mich mit gleichem Rechte für beides ansprechen konnte. (VII, 273)

In Josephs Fall ist es der Er-Erzähler, der die androgyne Schönheit des Jünglings wirkungsvoll inszeniert und Josephs ins Weibliche spielendes Äußeres in seiner Beschreibung mit gerade der rechten Anzahl kleiner Schönheitsfehler versieht, um sie nicht ins „Weibische" abgleiten zu lassen (IV, 63ff.). Er gelangt schließlich zu dem Schluss:

Mit siebzehn [...] kann einer schöner sein als Weib und Mann, schön wie Weib und Mann, schön von beiden Seiten her und auf alle Weise, hübsch und schön, daß es zum Gaffen und Sichvergaffen ist für Weib und Mann. (IV, 395)

Beide Helden unterstreichen auch diese natürliche Anlage durch ihr Auftreten, ihre Kleidung und ihren gesamten Habitus. Joseph benutzt Färbungen mit Henna, ziert sich mit Schmuck und trägt den Brautschleier der Mutter, der ja eigentlich nicht für den Segensträger selbst, sondern für dessen zukünftige

---

[36] Siehe hierzu etwa Donald E. Nelson: Portrait of the Artist as Hermes. A Study of Myth and Psychology in Thomas Manns's „Felix Krull", Chapel Hill: University of North Carolina Press 1971, S. 21ff.

Gattin bestimmt ist. Der junge Felix Krull ist begeistert von Juwelieren, Blumenhändlern, Parfümerien und Friseuren (VII, 343 f.), er legt äußersten Wert auf sein gepflegtes Äußeres (VII, 497 f.) und philosophiert wiederholt über die Vorzüge zweideutiger Geschlechtlichkeit.[37]

Obwohl die zwei Helden ihr tatsächliches Liebesleben auf heterosexuelle Kontakte beschränken, wirken sie auf beide Geschlechter anziehend. In Josephs Verhältnis zu seinen männlichen Mentoren und Karriereförderern spielt immer auch eine erotische Komponente hinein, sei es, dass er den Karawanenführer, der ihn nach Ägypten bringt, oder später Mont-kaw mit seinen Schlafsprüchen – zumindest poetisch – ins Bett begleitet, sei es, dass er Potiphar mit seinen philosophischen Ideen zur Zweigeschlechtlichkeit schmeichelt.[38] Selbst die Beziehung zu seinem leiblichen Vater ist nicht frei von einer homoerotischen Anziehung, die Joseph wiederholt geschickt für seine Zwecke zu nutzen versteht.

Auch Felix Krulls Verhältnis zu seinem väterlichen Mentor Schimmelpreester ist geprägt von einer homoerotischen Komponente, nicht zuletzt, weil der Knabe dem als Maler dilettierenden Paten als Aktmodell dient, zudem ausgerechnet für ein griechisches Motiv (VII, 284). In Paris wirkt Krull nicht nur auf die weiblichen Hotelgäste erotisierend, sondern zieht auch die Männer in seinen Bann, wobei er sich der homosexuellen Ausprägung seiner Ausstrahlung durchaus bewusst ist:

Die Frau bemerkt nur den ‚Herrn' [...]. Ganz anders nun aber verhält es sich mit gewissen abseits wandelnden Herren, Schwärmern, welche nicht die Frau suchen, aber auch nicht den Mann, sondern etwas Wunderbares dazwischen. Und das Wunderbare war ich. (VII, 374)

Krull nimmt zwar keines der Angebote von männlicher Seite an, enthält sich zugleich jedoch explizit jeglichen moralischen Urteils über Homosexualität (VII, 374). Vielmehr integriert er auch die gleichgeschlechtlichen Annäherungen affirmativ in sein Selbstbild.

Ihre Gestaltung als androgyne, zwischen Männlichkeit und Weiblichkeit changierende Schönheiten trägt entscheidend zur Vieldeutigkeit beider Helden bei. Nicht einmal körperlich lassen sie sich eindeutig einer Identität zuordnen, auch auf der Ebene des Körpers und der Sexualität bleiben sie, als Hermesfiguren, flexibel und ambivalent.

---

[37] Etwa im Fall der zwei hübschen Kinder, die er beobachtet (VII, 346) oder im Fall der Artistin Andromache (VII, 460).

[38] Seinem ägyptischen Herrn tritt Joseph erstmals gegenüber, als er in seiner Funktion als Gärtner einen sexuellen Akt vornimmt, den er vor Potiphar auch als solchen benennt: „Ich ließ Blüten reiten, mein Herr." (V, 893)

Herkunft und familiäre Wurzeln

Was Joseph und Felix Krull bei aller Vieldeutigkeit und allem Wechsel der Identität dennoch Bodenhaftung verleiht, sind ihre familiären Wurzeln, und nicht zufällig sind es die männlichen Mitglieder ihrer Familie, die dabei ihren Bezugspunkt bilden.

Krull zeichnet sich durch eine enge Bindung an den Vater aus, mit dem er die Liebe zur Inszenierung und zum Theater teilt, während er über Mutter und Schwester stets abfällig spricht. Auch sein Verhältnis zu Schimmelpreester passt in das Schema: Trotz aller homoerotischen Zweideutigkeiten ist es der Pate, der Krull mit väterlichen Ermahnungen in die Welt entlässt, die den jungen Mann vor Abwegen bewahren und die Funktion eines Über-Ich erfüllen. Noch ausgeprägter ist die Vaterbindung bei Joseph, dem Patriarchensohn. Im Familienclan spielt er die Rolle des verwöhnten Vatersöhnchens, dessen selbstherrliche Träume vom Vater noch unterstützt werden. Auch bei Joseph bleibt die Vaterfigur präsent, nachdem er die Heimat verlassen hat, und wirkt in Form einer moralischen Instanz: Konfrontiert mit den Versuchungen der Fremde – sei es die Anziehungskraft der Sphinx oder die seiner Herrin Mut-em-enet –, ist es das imaginierte Bild des Vaters, das Joseph vor der Gefahr rettet.[39] Krull wie Joseph sind in der Vaterwelt fest verwurzelt, erst auf dieser sicheren Basis können sich ihre Identitätsentwürfe frei entfalten.

Felix Krull und Joseph brauchen die Väter als Bezugspunkt und moralische Instanz, doch wären sie wiederum nicht die kreativen Meister ihrer eigenen Identität, wenn sie sich die väterlichen Ratschläge nicht bevorzugt dann zu eigen machten, wenn es sich für die eigenen Pläne als dienlich erweist. Joseph weiß, dass dem Verlangen seiner Herrin nachzugeben nicht nur ein Verstoß gegen das vaterweltliche Sittlichkeitsgebot, sondern auch eine Versündigung an den eigenen ehrgeizigen Karriereplänen wäre (V, 1133). Krull ruft sich die Ermahnungen seines Paten in dem Moment in Erinnerung, als er der Versuchung zu erliegen droht, sich auf dem kleinen Vermögen auszuruhen, das er gerade durch das Verhältnis mit Madame Houpflé erworben hat. Krull entscheidet sich für die vernünftige Lösung, bringt das Geld zur Bank und bleibt zunächst Liftboy, doch nicht, weil er seine vom Paten für ihn vorgesehene Karriere nicht gefährden will. Als „Oberkellner, Concierge oder auch Empfangsherr" zu enden, entspricht vielmehr nicht seinen eigenen, viel höher greifenden

---

[39] Im Falle der Verführungsversuche Mut-em-enets enthält das Bild des Vaters, das Joseph zu seiner Rettung imaginiert, nicht nur die Züge Jaakobs, sondern auch die der anderen, weltlich orientierten Vaterfiguren der neuen Heimat Josephs (V, 1256). Parallel zu Josephs Entwicklung zum Ägypter, seinem Entwurf einer neuen Identität, wird die Autoritätsfigur der alten Heimat durch die väterlichen Instanzen der neuen Heimat abgelöst.

Plänen (VII, 452), doch kommt ihm die Erinnerung an die Mahnungen seines Mentors gerade recht, um den eigenen Entschluss zu bestärken. Seine Kreativität als Konstrukteur der eigenen Identität ist, ebenso wie die Josephs, so raffiniert, dass er selbst die Über-Ich-Instanzen darin integrieren kann.

Narzissmus und Selbstironie

Zu fragen bliebe, ob es sich bei Joseph und Felix Krull also lediglich um zwei narzisstische Künstlerfiguren handelt, die die Welt rücksichtslos nach ihren Vorstellungen modellieren. Was ihre Kindheit betrifft, wäre diese Einschätzung wohl zutreffend, denn beide Helden werden als selbstverliebte Kinder geschildert, die ihre Fähigkeiten dazu nutzen, ihre Umwelt zu manipulieren. Krulls Spiele sind oberflächlicher und weniger symbolisch aufgeladen und richten entsprechend weniger Schaden an. Doch Joseph macht sich in seiner Jugend insofern schuldig, als er nicht bereit ist wahrzunehmen, dass er mit seinen mythologischen Selbstinszenierungen nicht nur die Gefühle, sondern auch die Rechte seiner Brüder verletzt. Vielmehr benutzt er seine Ausstrahlung und geistige Überlegenheit gezielt, um sich die Rolle des Segensträgers zu sichern, für die er innerhalb der familiären Hierarchie nicht vorgesehen ist.

Was jedoch mit dem Älterwerden und Reifen bei beiden Helden den rein auf die Bedürfnisse des Ich ausgerichteten Narzissmus relativiert, ist der hohe Grad an Bewusstheit, mit der sie ihre Identitäten konstruieren. Beide Helden handeln nach der Schopenhauerschen Maxime „Die Welt ist meine Vorstellung", doch sie wissen darum. Joseph erteilt einem der Sklavenhändler, die ihn nach Ägypten bringen, gar Unterricht in Sachen moderner Subjektivität:

Aber siehe, die Welt hat viele Mitten, eine für jedes Wesen, und um ein jedes liegt sie in eigenem Kreise. Du stehst nur eine halbe Elle von mir, aber ein Weltkreis liegt um dich her, deren [sic] Mitte nicht ich bin, sondern du bist's. Ich aber bin die Mitte von meinem. Darum ist beides wahr, wie man redet, von dir aus oder von mir. (V, 671)

Joseph ist nach der Erfahrung der „Grube" erstmals bereit, auch die Perspektive des anderen in seine Überlegungen einzubeziehen. Auch Krull, der darüber philosophiert, ob es zuträglicher sei, die Welt als klein oder als groß zu betrachten, offenbart damit zwar seine Überzeugung, die Welt nach seiner Vorstellung einrichten zu können, doch die Sicht seiner Mitmenschen spielt dabei eine nicht unerhebliche Rolle (VII, 274 f.). Ebenso verweisen die Bedenken, die er im Gespräch mit Venosta äußert und die nicht nur die eigene Person, sondern auch sein Gegenüber betreffen, auf sein hohes Reflexionsniveau. Venostas Vorschlag des Identitätstausches erwidert er mit der Frage:

‚Haben Sie sich das überlegt, wie es überlegt zu werden verdient?'
‚Wo ich wirklich bin, bleibe ich ja, der ich bin.'
‚Aber in der Welt draußen sind Sie ein anderer, nämlich ich. Man sieht Sie in mir. Sie treten mir ihre Person ab für die Augen der Welt. ›Wo ich wirklich bin‹, sagen Sie. Aber wo wären Sie wirklich? Würde das nicht etwas ungewiß, wie für mich so für Sie? Und wenn diese Ungewißheit mir recht sein könnte, wäre sie es auch Ihnen? Wäre es Ihnen nicht unbehaglich, nur sehr lokal Sie selbst zu sein, in der übrigen Welt aber, also überwiegend, als ich, durch mich, in mir zu existieren?' (VII, 513 f.)

Krulls Antwort zeigt nicht nur – und dies verbindet ihn mit Joseph –, wie bewusst er mit dem Thema Identität umgeht, sondern auch, dass er durchaus auf die Befindlichkeiten seiner Umwelt Rücksicht zu nehmen bereit ist.

Joseph und Krull konstruieren ihre Welt und sie konstruieren sich selbst in dieser Welt. Es ist der Grad der Bewusstheit und Reflexion, den sie dabei an den Tag legen, der beide von der Naivität des klassischen Narziss unterscheidet, der sich im Mythos gerade dadurch auszeichnet, dass er sein Spiegelbild nicht als solches erkennt und daher nicht begreift, dass er sich in sich selbst verliebt hat. Ihm fehlt die Erkenntnis über die eigene Identität, die Krull und Joseph besonders auszeichnet. Vor dem Hintergrund der Subjekttheorie der Narrativen Psychologie betrachtet, sind die wechselnden Identitäten der beiden Helden nicht im Sinne einer Unentschlossenheit oder gar „Identitätsdiffusion" zu verstehen,[40] sondern lassen sich im Gegenteil als ein ungewöhnlich kreativer Umgang mit dem eigenen Selbst jenseits aller Illusion lesen.

---

[40] Diese Behauptung wird vor allem immer wieder im Hinblick auf Felix Krull aufgestellt, so etwas von Guido Stein: Thomas Mann. „Bekenntnisse des Hochstaplers Felix Krull". Künstler und Komödiant, München/Wien/Zürich: Schöningh 1984, S. 42 ff., aber auch noch bei Schulz, die Joseph und Krull dadurch voneinander abgrenzt, dass bei Krull die „Identitätsdiffusion" (im Sinne Eriksons) anhalte, Joseph hingegen zu einer „stabilen und konsistenten Identität" finde (Schulz, u.a. S. 623 und 637, Zitat S. 697).

Ruprecht Wimmer

Krull I – Doktor Faustus – Krull II

Drei Masken des Autobiographischen

I.

„Im Ganzen hege ich große Scheu vor dem direkt Autobiographischen, das mir als schwierigste, fast unlösbar schwierige Aufgabe für den literarischen Takt erscheint."[1] Wer das sagt, schreibt natürlich keine Memoiren.[2] Trotzdem – es ist bekannt und erforscht, auf wie verschiedene Weise Thomas Mann der inneren Notwendigkeit gefolgt ist, sich mitzuteilen, sich nicht nur vor sich selbst Rechenschaft zu geben, sondern auch die Welt an dieser Rechenschaftsablage teilhaben zu lassen. Es begann, wenn wir bei den dichterischen Texten bleiben, mit den Ablegern des eigenen Ich in den frühen Erzählungen und in *Buddenbrooks*, es setzte sich fort in der Märchenparabel von *Königliche Hoheit*, mit Gustav Aschenbach im *Tod in Venedig* – der Autor vermachte diesem sogar seine eigenen unausgeführten Werkpläne – , es folgten Erzählungen und Idyllen, die man treffend als Bestandteile einer „Sinfonia domestica" bezeichnet hat: *Gesang vom Kindchen, Herr und Hund, Unordnung und frühes Leid, Mario und der Zauberer.*

In den letztgenannten Texten sagt Thomas Mann meistens ohne Scheu „Ich", doch steht dieses Ich am Rande des Geschehens. Wenn immer es um ihn selbst ging, sprach er von sich – oder eher von seinesgleichen – in der dritten Person, vom jugendlich auftrumpfenden Weltekel des *Bajazzo* einmal abgesehen. Und es ging da immer um Wendepunkte, nicht um Biographien.

„Ich" im strengeren autobiographischen Wortverstand sagt er eigentlich nur dreimal, denn nur dreimal tritt er an, ein ganzes Leben aufzuzeichnen, das mit dem seinen eine Menge zu tun hat.[3] Zweimal in den *Bekenntnissen des Hochstaplers Felix Krull* – zunächst in der ersten Hälfte, begonnen 1910,

---

[1] Brief vom 19. 1. 1952 an A. M. Frey (Briefe III, 240).

[2] Kurze Texte wie *Lebensabriß* und *Im Spiegel* umspielen das Memoirenmuster fragmentarisch-ironisch; die späte Entstehung des *Doktor Faustus* geht auf das spezielle Motiv zurück, Theodor Adorno zu beruhigen.

[3] Zu den verschiedenen Spiel- und Variationsformen des indirekt Autobiographischen vgl. Hans Wysling: Narzissmus und illusionäre Existenzform. Zu den Bekenntnissen des Hochstaplers Felix Krull. Bern/München: Francke 1982, S. 56–66.

dann in der Wiederaufnahme Anfang der fünfziger Jahre – und einmal, dazwischen, im *Doktor Faustus* (1943–1947). Die Untertitel sind bezeichnend. Krulls *Bekenntnisse* verweisen auf die entsprechenden Bekenntnisschriften Augustins und Rousseaus; und *Das Leben des deutschen Tonsetzers, erzählt von einem Freunde* enthält die ins Deutsche übertragenen Bestandteile der Gattung „Biographie" – Lebensaufzeichnung, Lebenserzählung. Freilich könnte man zu bedenken geben, daß dieses Leben *von einem Freunde* aufgezeichnet wird – daß kein direktes „Ich" wie in den beiden *Krulls* vorliegt. Und doch ist dieses Ich kaum weniger direkt, wenn wir das Verhältnis des Biographen Zeitblom und seines „Gegenstandes" Adrian Leverkühn ins Auge fassen. Doch davon an seinem Ort.

Der Versuch scheint legitim, diese drei eindeutigsten Maskentexte des Autobiographischen zusammen zu betrachten – am besten, sie hintereinander zu lesen und die Frage zu stellen, wie sie sich zueinander verhalten, konkret: wie die einzelnen Texte miteinander in den Dialog treten.

Vorauszusetzen sind natürlich die Ergebnisse der grundlegenden Studie von Hans Wysling über den *Krull*: das Ineinander der Nietzsche'schen Künstlerkritik, der Glückskind- und Narzißsilhouetten, des Musters der Hochstaplermemoiren im ersten Teil, dann das Hinzukommen der Imitatio Goethes, der Freudschen Tiefenpsychologie und der Mythologie Kerényis, speziell des Hermes-Modells, im zweiten.[4]

II.

Einmal zur „Lebensbeschreibung" entschlossen, mußte der Autor bei seinem Widerwillen gegen das blank Autobiographische auch die Maske wählen, die dieses Autobiographische verbarg. Was lag näher, als „lachend die Wahrheit zu sagen", sich abzubilden und zugleich zu verstecken in einem komischen oder wenigstens halbkomischen Helden. Freilich waren die genaueren Leser schon gewarnt: der Typus des Schauspielers, des Nachahmers und Vortäuschers hatte spätestens seit Nietzsches Wagnerpolemik nur allzuviel mit dem Künstler zu tun[5], und Thomas Mann hatte lange vorher den *Bajazzo* geschrieben. Und spätestens seit dem *Tonio Kröger* überschnitt sich für ihn der Bezirk des Kriminellen ebenfalls mit demjenigen des Künstlerischen.[6] Das scheinbar Gegenbildhafte bot also reichlich Gelegenheit, Eigenstes mitzuteilen.

---

[4] Vgl. Anm. 3.
[5] Wysling (oben Anm. 3), S. 20–34.
[6] Ders. S. 25–29.

Der erste *Krull* beginnt mit geradezu provozierender, mit tänzelnder Leichtigkeit: der Erzähler ist zwar „müde, sehr müde", faßt aber sein Vorhaben selbstbewußt, ja selbstgefällig ins Auge. Sein Bedenken, dem Stoff nicht gewachsen zu sein, ist nur „flüchtig", er beherrscht ihn, da es sich um eigene Erlebnisse handelt, „vollkommen", und bringt auch die „natürliche Begabung" mit, ihn vorzustellen. (VII, 265 f.) Seine Handschrift ist „sauber und gefällig" (VII, 265), und wiederholt wird er im folgenden von seiner „geläufigen Feder" (VII, 311) sprechen. Daß er nicht einfach aufzeichnet, sondern zu „komponieren" gewillt ist, wird immer wieder deutlich; er beklagt – rein rhetorisch natürlich – seinen „Fehler des Vorauseilens" (VII, 269, 271) und gesteht, bei seinem Schreiben, gewissermaßen „aus dem Augenwinkel" (VII, 322) dem Publikum einige Aufmerksamkeit zuzuwenden. Wichtig ist ihm dessen Unterhaltung, die Vermeidung von Längen und Abgeschmacktheiten – und wichtig ist ihm auch die „Reinlichkeit des Stiles" und „die edle Wahrhaftigkeit" des Dargestellten. (VII, 266)

Das hat etwas von parodierender Umkehrung, wenn man Thomas Manns Arbeitsweise, sein langsames Vorankommen, seine quälenden Zweifel an sich selbst und an seinem jeweiligen Stoff, und seine Scheu vor eindeutigen, vor unironisch präsentierten Wirklichkeiten im Auge hat. Doch daß all das *ex contrario* verstanden werden will, erhellt sich aus den hie und da eingestreuten direkten Autobiographismen: der Lust am Schlaf, der Unlust an der Schule, der Flucht in die Märchenexistenz eines Prinzen Karl.[7]

Umkehrung bzw. halbe Umkehrung sind wieder Krulls Katholizismus und seine Determiniertheit durch seine Heimat.

Wie leicht, wie ungeduldig, geringschätzig und unbewegt läßt der ins Weite stürmende Jüngling die kleine Heimat in seinem Rücken, ohne sich nach ihrem Turme, nach ihren Rebenhügeln auch nur noch einmal umzusehen! Und doch, wie sehr er ihr auch entwachsen sein und ferner entwachsen möge, doch bleibt ihr lächerlich-übervertrautes Bild in den Hintergründen seines Bewußtseins stehen. (VII, 335)

Das ist natürlich nicht das protestantische Lübeck mit „seinen Türmen", sondern das katholische Rheingaustädtchen mit seinem Turm, in dem Felix vor kurzem seinen Vater beerdigen mußte, der durch Selbstmord geendet hatte. Es war ihm ein Leichtes, den geistlichen Rat Chateau, einen „eleganten Priester" zur Abhaltung der Exequien zu veranlassen; der gab sich nämlich den „weltmännischen Anschein, als ob er [s]einen Angaben Glauben schenke". – Anlaß genug für den Erzähler, den „Adel und Glanz" der römischen Kirche zu prei-

---

[7] Vgl. VII, 270, 272 und 294 f. mit: *Süßer Schlaf*, XI, 333–339, *Lebensabriß* XI, 98–144, 99 und *Kinderspiele* XI, 327–329, 328.

sen, sein Faible einzugestehen für das katholische Verfahren, in hierarchischer Abstufung den Blick auf das Übersinnliche durch das Sinnliche zu öffnen. (VII, 324 f.)

Welches Bild hat nun der Autobiograph, welches Bild gibt er von sich selbst? Ein einschränkungslos und penetrant positives. Seine Vorzüge liegen für ihn auf der Hand: er ist aus feinerem Stoff gemacht als alle anderen, diese äußeren, aber auch seine sonstigen Vorzüge sind angeboren. (VII, 273) Von frühester Jugend an ist er gewohnt, sie einzusetzen – und zwar in der Imitation, im Anderssein. Sei es in verschiedenen Verkleidungen als Modell für seinen Paten, den Maler Schimmelpreester, sei es als Pseudo-Wunderkind mit der Geige in Bad Langenschwalbach – und sei es schließlich als begnadeter Simulant. Seine Rekapitulation einer einschlägigen Leistung – er hat sich durch brillantes Vortäuschen einer Krankheit vor der Schule gedrückt –, ist aufschlußreich, und das nicht nur für sein Selbstbewußtsein:

...wer je aus dem Nichts, aus der bloßen inneren Kenntnis und Anschauung der Dinge, kurz: aus der Phantasie, unter kühner Einsetzung seiner Person eine zwingende, wirksame Wirklichkeit zu schaffen vermochte, der kennt die wundersame und träumerische Zufriedenheit, mit der ich damals von meiner Schöpfung ausruhte. (VII, 302)

Er ruht aus wie Gott am siebenten Tage von seinem Schöpfungswerk – doch von welcher Art Werk? Vom Werk der Imitation, der Simulation, von einem Werk, das vergeht, das keinen Bestand hat, und das dann in der simulierenden „Schöpfung" eines ausschweifend-läppischen Epileptikers in der Musterungsszene vorerst gipfeln wird.

Eine Künstlerparodie, die uns einen Künstler ohne Werk im herkömmlichen Sinn vorführt – wenn wir nicht das autobiographische Vorhaben hinzunehmen, das ja seine künstlerischen Ambitionen nicht verleugnet hat. Werfen wir jetzt einen Blick auf die Haltung und Führung, die hinter diesen halbkriminellen kreativen Flüchtigkeiten steht.

Schon als vorgetäuschtes Wunderkind in Bad Langenschwalbach begeistert der junge Felix durch Imitation – doch seine eigene Begeisterung gilt nicht der Musik (die es in diesem Falle gar nicht gibt), ja sie ist gar keine Begeisterung im strengen Sinn, sondern Freude und Genugtuung, andere irreführend begeistert zu haben. (VII, 279–281) Daß dies in der Jugend noch spielerisch gelingt, liegt nahe, doch sehr rasch zeigt sich die Einsicht, daß das Erzeugen von Begeisterung mit Professionalität, mit harter Arbeit verbunden ist. Das wird von Felix ein erstes Mal erkannt, als er den Operettensänger Müller-Rosé zunächst im „Gefälligkeitszauber" seiner Rolle, dann als ratzekahlen, berechnenden und den Beifall wie Münze einheimsenden Profi erlebt. Er fragt sich: „was den abgeschmackten Witzbold trieb, diese abendliche Verklärung seiner selbst <u>zu</u> <u>erlernen</u>."[8] Er selbst wird dann seinerseits lernen, wird hart arbeiten, wird sich anhand von Fachliteratur kundig machen und wird üben, um als Epileptiker zu überzeugen – um ein anderer zu werden, als er eigentlich ist.

Mag es um Werke gehen, die so ganz anders sind als die eigenen: Thomas Mann präsentiert uns hier die nur halb travestierte Kennzeichnung seiner produktiven Strenge.

Professionell „begeistern, ohne begeistert zu sein": hier ist ein Wort zum Liebes-Exkurs des ersten Buches, des *Buches der Kindheit,* notwendig. Krull bekennt sich emphatisch zur Geschlechterliebe als einer Variante der sog. „Großen Freude", er weist bei der Behandlung des Gegenstandes jede Leserhoffnung auf Frivolität zurück und widmet sich diesem Gegenstand mit „jener Mäßigung und jenem Ernst, den Moral und Schicklichkeit diktieren". (VII, 311 f.) Niemand wundert es, daß er sich selbst wieder den höchsten Grad von Liebesbegabung und Genußfähigkeit bescheinigt. Und doch können wir – diesmal unsererseits und nicht ohne Absicht vorgreifend – die Frage stellen, die im *Doktor Faustus* Leverkühn gilt: „Wen hätte dieser Mann geliebt?". (VI, 13) Krull liebt bei all seiner erotischen und sexuellen Sensibilität niemanden. Er wird vielmehr in die Kunst des Liebhabers eingewiesen, er erlernt sie, in einer Art Grundkurs, von der Zofe Genovefa, und dann – dies aber erst in der späten Fortsetzung – auf höchstem Niveau von der Prostituierten Rosza. Doch wird er sich nicht verlieren, er bleibt auf Distanz:

Oft bin ich ausgeschweift, denn mein Fleisch war schwach, und ich fand die Welt nur allzu bereit, mir buhlerisch entgegenzukommen. Letzten Endes jedoch, und im Ganzen genommen, war meine Sinnesart ernst und männlich, und aus erschlaffender Wollust verlangte mich baldigst in eine strenge und angespannte Führung zurück. (VII, 315)

Er wird hinfort das Erlernte einsetzen, um zu begeistern, er sucht auch in der Liebe sein Publikum. „Wen hätte dieser Mann geliebt"? Keinen Menschen, denn er muß bei seinem Begeisterungsgeschäft „bei sich" bleiben. Und doch liebt Felix – wenn schon keinen Menschen, dann sein Publikum und zugleich den Stoff, mit dem er es begeistern möchte. Das aber ist in beiden Fällen die Welt als Ganzes, und das sind Erscheinungen, die auf diese Ganzheit hindeuten – ich erinnere hier nur an das Zwillingspärchen auf dem Frankfurter Balkon. (VII, 344 f.) Felix liebt die beiden als Ganzes, nicht als Individuen. Später wird es ihm mit Tochter und Mutter Kuckuck ebenso ergehen.

[8] VII, 295 (Hervorhebung von TM).

III.

Ein stilistisch und motivlich hochdiffiziles Ineinander von halben biographischen Reminiszenzen, von halben und ganzen Umkehrungen des Eigenen, die aber allesamt als Brechungen dieses Eigenen verstanden sein wollten – wie sollte es weiter gehen? Felix Krull schreibt seine Memoiren als müder, abgekämpfter Mann, der überdies auf eine längere Zuchthausstrafe zurückblickt. Was an Romangeschehen, was an Romanbotschaften war nötig, um das beschriebene Leben in die Situation des altgewordenen, müden Autobiographen folgerichtig münden zu lassen?

Thomas Mann hat nach der Musterungsszene, also noch deutlich vor Krulls Reise nach Paris, mit den *Bekenntnissen* für längere Zeit innegehalten, nachdem er sie schon vorher zweimal beiseitegelegt hatte: einmal zugunsten des *Tod in Venedig*, dann zugunsten des *Zauberberg*. Er hat sich selbst unterbrochen, aber „ohne daß er sich innerlich" vom vorerst Beiseitegelegten „getrennt hätte".[9] Gründe hierfür sind vom Autor selbst benannt worden: die Schwierigkeit, den „Memoirenton, ein heikelstes Balancekunststück, lange festzuhalten", dann das Nur-Individuelle, das spielerisch Unpolitische, und damit das Unzeitgemäße des Versuchs in den Jahren der allgemeinen Politisierung. Hans Wysling führt noch an: den Überdruß am „unanständigen Psychologismus der Zeit" und schließlich den Zweifel des Autors, ob die Transposition der Künstlerthematik ins Komisch-Kriminelle nicht mißverstanden würde, ob nicht sein hoher Anspruch an sich selbst und seine Kunst – wie er im *Tod in Venedig* literarische Gestalt wurde – davon überspielt und übertönt würde.[10]

Wie immer: festzuhalten bleibt, daß Thomas Mann sich von seinem Hochstapler in der Tat nicht „innerlich getrennt hat". Denn fast bei jedem neuen Werkplan wandert der Blick hinüber zum *Krull*-Fragment, stellt sich die Frage, ob nicht doch jetzt... Das wiederholt sich bei der Annäherung an den *Faustus*. In der *Entstehung des Doktor Faustus* berichtet der Autor, daß vor dem schweren Entschluss, an den radikal bilanzierenden Roman zu gehen, sich der Gedanke gemeldet habe: „Erst lieber noch etwas anderes!", daß wieder der *Krull* ins Blickfeld geraten und daß eine innere Verwandtschaft beider Stoffe – durch das Einsamkeits-Motiv[11] sofort ins Auge fallend – zunächst den *Faustus* als aufschiebbar hatte erscheinen lassen. (XI, 157)

Er geht dann 1943 doch an den *Faustus* und (noch) nicht wieder an den *Krull*, und sieht sich vor ganz andere künstlerische Notwendigkeiten gestellt

---

[9] So schon die Schlußbemerkung des 1923 erschienenen ersten Teils: *Bekenntnisse des Hochstaplers Felix Krull. Buch der Kindheit.* Stuttgart/Berlin/Leipzig: Deutsche Verlagsanstalt 1923.
[10] Vgl. für die angeführten Zitate insges. Wysling (Anm. 3), S. 191.
[11] Vgl. Wysling (Anm. 3), S. 193.

als anno 1910. Das individuell Spielerische, das artifiziell Persiflierende und Travestierende hatten endgültiger ausgedient, als das in den Jahren vor dem Ersten Weltkrieg überhaupt denkbar schien; der soziale wie der politische Kontext hatten sich dramatisch verändert. Es galt nun, in der Emigration, auf ganz andere Weise „Ich" zu sagen – mit grundsätzlich prüfendem Blick nämlich auf das eigene kulturelle Herkommen und das eigene Schaffen. Das mußte Hand in Hand gehen mit der Kritik an einem Deutschland, das nicht nur das entgleiste Deutschland der Nationalsozialisten war, sondern auch auch das Land der eigenen geistigen Herkunft. Damit war notwendigerweise die Abwägung verbunden, welche Zukunft – und ob überhaupt eine Zukunft für das bislang Getane – für das eigene Werk, die eigene Kunst vorstellbar sei.

Das „Ich" des *Faustus* ist nun, wir wissen es, ein vorgeschobenes: nicht der Tonsetzer erzählt – wie vordem der Hochstapler – sein Leben, sondern sein Jugendfreund Serenus Zeitblom. Wie wenig dieses vorgeschobene Ich sich indessen zu emanzipieren vermag vom Ich des Helden, wie wenig auch der Autor will, daß es sich emanzipiert, das wird im bekannten Wort Thomas Manns deutlich, daß Leverkühn und Zeitblom viel zu verbergen hätten, vor allem das „Geheimnis ihrer Identität". [12] Der eine ist also der andere – nicht auf realistischer Ebene, aber als Ableger, als Projektion des Autors.

Erlauben Sie mir hier einen kurzen Einschub, der klarmachen soll, daß die Trennung der beiden nicht einmal auf realistischer Ebene funktioniert. Bekanntermaßen schickt im *Faustus* Leverkühn seinen neuen Duzfreund Schwerdtfeger zur jungen französischen Bühnenbildnerin Marie Godeau, um bei ihr für ihn zu werben. Dieses Handlungsmuster – der Held beauftragt seinen Freund mit der Werbung, dieser wirbt dann für sich selbst und wird erhört – kommt von weit her: in der *Entstehung* verrät Thomas Mann, daß nicht nur Details aus der Biographie Nietzsches, sondern auch und vor allem Dreieckskonstellationen dieser Art aus den Sonetten sowie aus drei Komödien Shakespeares Pate gestanden hätten – und Zeitblom merke davon „ebensowenig wie der Leser." (XI, 166) Nun ist aber jenes Gespräch, in dem Leverkühn Schwerdtfeger um den Freundesdienst bittet und bei dem Zeitblom eingestandenermaßen nicht zugegen war, gespickt mit wörtlichen Anspielungen auf die Texte der Shakespearekomödien – auf *Was ihr wollt*, auf *Viel Lärm um Nichts*, und auf *Die beiden Veroneser*. Wie konnte Zeitblom, dessen Teilnahme nicht

---

[12] Vgl *Entstehung*, XI, 204 und 164 f.: „Zu welchem Zeitpunkt ich den Beschluß faßte, das Medium des ‚Freundes' zwischen mich und den Gegenstand zu schalten, also das Leben Adrian Leverkühns nicht selbst zu erzählen, sondern es erzählen zu lassen, folglich keinen Roman, sondern eine Biographie mit allen Charakteristiken einer solchen zu schreiben, geht aus den Aufzeichnungen von damals nicht hervor. Gewiß hatte die Erinnerung an die parodistische Autobiographie Felix Krulls dabei mitgewirkt..."

wirklich, sondern nur eine „seelische Tatsache" (VI, 176) war, und der, nach Auskunft des Autors selbst, nichts gemerkt haben soll, diese Zitate und Halbzitate wörtlich protokollieren? Hier stimmt etwas nicht, und daß etwas nicht stimmt, ist bedeutsam: der da „Ich" sagt, ist vom „erzählten" Freund nicht zu trennen. Daß man den *Faustus* eine in Anlehnung an seinen Autor, der in ihm ein „radikales Bekenntnis"[13] sah, eine „radikale Autobiographie" genannt hat, ist mehr als legitim.[14]

Diese Autobiographie blickt trotz der fundamental veränderten Ausgangslage durchaus zurück auf die frühere – und erscheint in vielem als bezeichnende Kontrafaktur. Dem geläufigen Schreiben Krulls steht nunmehr das beschwerte Schreiben Zeitbloms gegenüber. Diese „Unruhe und Beschwertheit des Atemzugs" (VI, 9) wird immer wieder apostrophiert; sie erklärt sich zum einen aus der Ungeheuerlichkeit des zu Beschreibenden, des Teufelspaktes und des furchtbaren Endes des Tonsetzers, zum anderen aus der aktuellen Situation – aus der sich anbahnenden deutschen Katastrophe. Auch hier treffen wir auf den kompositionellen Gesichtspunkt, auf das Motiv des Vorgreifens – doch dominiert nunmehr nicht wie im ersten *Krull* der artistische, scheinbare Fehler konzedierende kompositorische Genuss, sondern die Bedrängtheit des Schreibenden, der angesichts seines Vorhabens kompositionelle Verfahren grundsätzlich in Frage stellt:

Für einen Menschen wie mich ist es sehr schwer und mutet ihn fast wie Frivolität an, zu einem Gegenstand, der ihm lebensteuer ist und ihm auf den Nägeln brennt wie dieser, den Standpunkt des komponierenden Künstlers einzunehmen und ihn mit der spielenden Besonnenheit eines solchen zu bewirtschaften. (VI, 11)

Existentiell ist die Situation des Schreibenden wie auch diejenige seines Gegenstandes – und da geht es nun weiß Gott um anderes als eine gefällige Handschrift. So hält Zeitblom vor der Aufzeichnung des Teufelsgesprächs fest:

...ich fürchte, kein Rütteln ferner Explosionen an meiner Klause wird nötig sein, um meine Hand zittern und meine Buchstaben ausfahren zu lassen beim Schreiben. (VI, 296)

Diese existentielle Grundverfassung rückt das fiktional Biographische deutlich näher an die autobiographische Realität heran; hier geht es nicht mehr um artistisch-ironische Brechung eines Eigenen, sondern weit eher um dessen Steigerung.

---

[13] Vgl. Tb, [1944–1946], 295.

[14] Vgl. Eckhard Heftrich: Doktor Faustus. Die radikale Autobiographie. In: Thomas Mann 1875–1975. Vorträge in München – Zürich – Lübeck. Hrsg. von Beatrix Bludau, Eckhard Heftrich, Helmut Koopmann, Frankfurt/Main: S. Fischer 1977, S. 135–154.

Der Leser aber fungiert nicht mehr als jemand, der zu unterhalten, der durch Abwechslung bei Laune zu halten ist – ihm wird das Äußerste zugemutet, und gelegentliche Hinweise auf die Gliederung des zu Erzählenden sind immer motiviert durch das Bestreben, diese Zumutungen auf das gerade noch Erträgliche zu beschränken. (VI, 44)

Die autobiographischen Realdetails, die im ersten *Krull* eher im Hintergrund gehalten sind, erscheinen im *Faustus* nun in bedrängender Dichte und Direktheit. Der Protagonist wird in München geradezu an die Stelle des Autors gesetzt – er erscheint umgeben von dessen Bekannten, Freunden, Verwandten, ja sogar die eigene Mutter tritt auf – wenig „literarisiert", eher kalt porträtiert.[15] Und schließlich wird sogar der eigene Enkel geopfert. Nicht mehr um Brechung, Literarisierung geht es, sondern um schmerzliche Steigerung, ja um ein opferndes Darangeben des Autobiographischen.

Auch Krulls Katholizismus, seine katholische Heimat werden widerrufen, bzw. bleiben als eher humanistisches Residuum im Biographen Zeitblom gegenwärtig. Der Protestant Leverkühn selbst stammt aus der lutherischen Mitte Deutschlands, und Kaisersaschern trägt in vielem die Züge Lübecks.[16]

Hier soll Ihnen nun rückblickend klar werden, warum die oben vielleicht überflüssig wirkende kurze Skizze von Krulls Gespräch mit dem „eleganten" katholischen Priester, dem Geistlichen Rat Chateau, gegeben wurde.

Es gibt nämlich dazu im *Faustus* ein lutherisches Pendant. Während der Geistliche Rat dem jungen Felix die Lügengeschichte vom tödlichen Unglücksfall des Vaters zu glauben scheint, – „denn die Kirche muß in so schlechten Zeiten wohl froh sein, wenn man sich, sei es auch lügnerischerweise, um ihre Gaben bewirbt" (VII, 325) – treten sein lutherischer Amtsbruder und der brave Zeitblom in eine ganz andere Art von Dialog ein, als dieser in München bei ihm vorspricht, um für Clarissa Rodde, die ebenfalls durch Selbstmord geendet hatte, ein kirchliches Begräbnis zu erwirken.

Nicht allzu diplomatisch fing ich das an, indem ich von vornherein naiv-vertrauensvoll die Tatsache einbekannte, daß Clarissa den Tod einem Leben in Unehre vorgezogen habe, wovon doch der Geistliche, ein robuster Gottesmann von echt lutherischem Typ, nichts wissen wollte. Ich gestehe, daß es eine Weile dauerte, bis ich begriff, daß zwar einerseits die Kirche sich nicht inaktiviert zu sehen wünschte, daß sie aber nicht bereit

---

[15] Vgl. Hermann Kurzke: Thomas Mann. Das Leben als Kunstwerk, München: Beck 1999, S. 500 ff.

[16] Daß Thomas Mann in seinem 1945 gehaltenen Vortrag *Deutschland und die Deutschen* (XI, 1126–1148) Teile der Schilderung Kaisersaschern für die Kennzeichnung Lübecks verwendet (vgl. A. a. O. S. 1129 f.), wurde von der Forschung rasch bemerkt, zuerst von Hans Mayer: Thomas Mann, Werk und Entwicklung, Berlin 1950, S. 332 ff.

war, den erklärten, wenn auch noch so ehrenhaften Selbstmord einzusegnen – kurzum, daß der kräftige Mann nichts anderes wollte, als daß ich löge. (VI, 510 f.)

Dies nur, um zu zeigen, daß bestimmte Gegenbilder auch auf niederer, halb-komischer Ebene funktionieren. Natürlich sind Leverkühns lutherische Her-kunft und Heimat nicht nur wieder autobiographisch, sie sind konstitutiv für Deutschtum und deutsches Künstlertum im Roman.

Hat Kaisersaschern ihn jemals freigegeben? Hat er es nicht mit sich genommen, wohin immer er ging? [...] wenn es sehr kühne Musik war, die er schrieb, – war es etwa „freie" Musik, Allerweltsmusik? Das war es nicht. Es war die Musik eines nie Entkommenen [...] Musik von Kaisersaschern. (VI, 113)

Das ist von Thomas Mann natürlich wieder gesagt in eigener Sache – es genügt, den Titel seines Vortrags *Lübeck als geistige Lebensform* zu zitieren, um das in Erinnerung zu rufen. Auch hier ist er gewissermaßen vom travestierenden Gestus des ersten *Krull*, der ja ebenfalls die Determiniertheit von seinem Hei-matstädtchen bekannt hatte, zu gesteigert Eigenem zurückgekehrt.

Leverkühn schreibt Musik, „Musik von Kaisersaschern". Das ist etwas anderes als die auf den Augenblick berechneten bisherigen „Werke" Krulls, das will ein Œuvre sein, das dauert. Schon die Sorgfalt, die der Tonsetzer der Edition seiner frühen Brentano-Lieder zuwendet – es geht da, in Anlehnung an biographische Details der Hugo-Wolf-Biographie, um die Beschaffenheit des Papiers, um den Abstand der Noten voneinander (VI, 245) – ist ein Signal hierfür. Und wieder rückt Leverkühn damit näher an seinen Autor heran; er repräsentiert Thomas Manns eigene Hoffnungen, nicht ein matter Ausklang des großen 19. Jahrhunderts zu sein. Ja mehr noch: Leverkühns – und Thomas Manns – Lebenswerk sollen nicht nur dauern, sie sollen überdauern; sie sollen die generelle Krise der Kunst überwinden und „durchbrechen" – wie es im *Faustus,* vielleicht mit Blick auf das Motto Ulrich von Huttens, heißt.[17] Durch-brechen in die neuen Dimensionen einer Kunst der Zukunft. Das aber wird nicht durch eine „geläufige Feder" erreicht – hierfür bedarf es des Opfers, im Falle Leverkühns des Selbstopfers, erscheinend als willentliche Infektion mit der steigernden Syphilis, als Teufelspakt.

Doch werden dieser Kunst der Zukunft zwei Qualitäten zudiktiert: einmal

---

[17] Vgl. zur Thematik insgesamt: Jens Rieckmann: Zum Problem des ‚Durchbruchs' in Thomas Manns „Doktor Faustus". In: Wirkendes Wort 29, 1979, Heft 2, S. 114–128. Hinter dem Motiv steht einmal die Vorstellung des Schmetterlings, der sich aus der Puppe befreit (VI, 408), außer-dem aber wohl auch das Motto Ulrichs von Hutten, das Thomas Mann in einer seiner wichtigen Quellen, der Huttenmonographie von David Friedrich Strauß (1930) finden konnte (lat. und dt., S. 355 und 411).

die Qualität des Avantgardistischen, des Überholenden und Überwindenden, dann, damit schwer vereinbar, die Qualität einer neuen Volkstümlichkeit, des „Heiter-Bescheideneren", mit „der Menschheit auf du und du" Stehenden. (VI, 429) Leverkühn setzt sich beides zum Ziel – daß er sich mit seinem großen Endwerk, der *Weheklag Doktor Fausti,* auf dem Weg dorthin befindet, ist zumindest nicht ausgeschlossen: die avantgardistische Zwölftonkonstruktion wird durch die teuflische Inspiration zum Glühen gebracht – dadurch aber wird der allen zu Herzen gehende „Seelenlaut" der Klage möglich. (VI, 643 f.)

Welten scheinen also Leverkühns auf Zukunft und Erlösung ausgerichtete Werke von Krulls Augenblicksartefakten zu trennen. Und doch stellt sich die Frage: Haben beide Œuvres denn gar nichts miteinander zu tun? Erscheint in diesem Fall die Kontrafaktur ohne Kontakt zum Früheren? Nein, beide Lebenswerke haben etwas miteinander zu tun – denn beiden eignet eine grundsätzliche, tiefe Fragwürdigkeit. Krull bringt mit bestimmten Mitteln ein Etwas hervor, das mit diesen Mitteln primär nichts zu tun hat; sein Publikum begeistert sich für das Resultat einer Geigenpantomime, für Musik, die es nicht gibt, es entsetzt sich aufgrund virtuos vorgetäuschter Symptome vor einem epileptischen Anfall, der keiner ist, es bewundert Masken, hinter denen ein so ganz Anderer steht. Krulls Hervorbringungen bestehen in einem Hervorrufen von Eindrücken.

Und Leverkühn? Die Verwandtschaft seines Œuvres mit demjenigen Krulls zu fassen, scheint nun wirklich „ein heikelstes Beginnen". Fangen wir an mit den Jugendeindrücken, die ihn geprägt haben: mit den Experimenten seines Vaters und den Vorträgen seines späteren Lehrers Wendell Kretzschmar. Schon hier werden jeweils Erscheinungen hervorgerufen bzw. analysiert, die sich Mechanismen verdanken, die nichts mit dem Endprodukt zu tun haben – respektive nichts zu tun haben mit den Eindrücken, die dieses Endprodukt hervorruft. Erinnert sei nur an das Zustandekommen des Himmelsblaus, der osmotischen Gewächse, der Eisblumen – und an die Musik von Ephrata.[18] „Nennst du das Himmelsblau Trug?" fragt Vater Leverkühn seine Frau und beansprucht damit für das so fragwürdig „Zustandgekommene" trotz allem Respekt und Bewunderung.

Adrian selbst nun verwendet für seine Kunst, die Musik, konsequent die Metapher der Alchimie. Die Alchimisten und ihre Adepten schaffen aber Gold aus Materialien, die mit dem Endprodukt nichts zu tun haben – und schaffen sie denn echtes Gold? Im *Hexenhammer,* einer der wichtigen Quellen des *Faustus,* ist die Frage erörtert, ob das Gold der Alchimisten echt sei – und Thomas Mann hat in seinem Exemplar die Stelle markiert![19] Leverkühns Musik „kommt

---

[18] VI, 23, 28 f., 30–32.
[19] Die markierte Stelle findet sich im Exemplar des TMA, d.h. der dt. Übs. von J. W. R. Schmidt, 1. Teil (Berlin: Barsdorf 1906), auf S. 19 f.

zustande" – durch die Zwölftontechnik, und das heißt durch Praktiken und Objektivationen, die ihren Absichten entgegenzustehen scheinen, – sie erreicht aber ihre Absichten dennoch – und zwar durch die toxische Befeuerung. Jedenfalls nach Meinung des Biographen, der ja mit dem Tonsetzer einiges gemein hat. Die Fragwürdigkeit des Werkes der Zukunft setzt dessen Größe nicht herab – vielleicht trägt sie sogar dazu bei.

Wie verhält sich derjenige, der so komponiert, zum Simulanten – wie sehen ihre Lebensführungen aus? Adrian – dem sein Gymnasialdirektor beim Abschied übrigens „angeborene Verdienste" (VI, 114) bescheinigt, was eine Goethesche Variante der angeborenen Vorzüge Krulls darstellt –, handelt eingestandenermaßen nach dem Wort des Apostels. „Wer schwere Dinge tut, dem wird es schwer" (VI, 665); sein nur von Phasen der Krankheit unterbrochenes selbstverleugnendes Arbeiten steht ganz im Dienst des genialen Lebenswerks.

Dementsprechend verhält er sich zur Welt. Es heißt von Leverkühn: „Um ihn war <u>Kälte</u>"[20]. Er macht sich mit niemand gemein, er hat Mühe, die Mitglieder der Studentenvereinigung *Winfried* zu duzen:

[Er] war noch nach Jahr und Tag mit dem siebzig Köpfe zählenden Verbindungsvolk so wenig auf den frère-et-cochon-Fuß gekommen, daß selbst das brüderliche Du im Verkehr mit ihnen ihm deutlich unnatürlich war. (VI, 151).

Kälte ist etwas mehr als Krulls immer wieder sichtbar werdendes Einzelgängertum, sie ist die Atmosphäre des Teufels. Dementsprechend verlagern sich die Gewichte: Krulls Weltliebe und Weltzugewandtheit treten beim Tonsetzer so nicht in Erscheinung, und was die Liebe zu einzelnen Menschen anbetrifft, wird dieser vom Teufel mit einem generellen Liebesverbot belegt. Was Leverkühn verbleibt, ist – aus seiner selbstauferlegten Einsamkeit heraus – die <u>Sehnsucht</u> nach der Welt im ganzen und nach ihren Menschen: dreimal versucht er das Liebesverbot zu durchbrechen und scheitert jedesmal. Generell aber äußert sich diese seine Weltsehnsucht in seiner Vision von einer „heiter-bescheideneren" Kunst der Zukunft.

Was für den Krull des ersten Teils schon feststand, die Reise nach Paris – Leverkühn wird sie, trotz zweifacher Einladung, niemals antreten; er bleibt in seinem asketischen Pfeifferinger Refugium.

Die Welt sucht ihn dort mehrfach auf und will ihn für sich gewinnen – ohne Erfolg. Trotzdem hält er Verbindung mit ihr – auf recht geheimnisvolle Weise. Seine Gönnerin, Frau von Tolna, begleitet ihn ungesehen und unerkannt und sie macht ihm das „Huldigungsgeschenk eines Ringes", in dessen Stein, „ein

---

[20] VI, 13 (Hervorhebung von TM).

großflächig geschnittenes Prachtexemplar des hellgrünen Ural-Smaragd", zwei griechische Verse eingraviert sind, die zusammen mit den Symbolen der Schlange und des Pfeiles Bezug nehmen auf die toxische Inspiration, auf die Leverkühns künstlerische Steigerung zurückzuführen ist. Adrian freut sich über dieses Kleinod „kindlich" und übt „den Ritus, es für die Stunden der Arbeit anzulegen". Zeitblom fügt an, dass er in „dem kostbaren Glied einer unsichtbaren Kette, das er zum Komponieren an den Finger steckte, nichts weiter [sah] als die Verbindung seiner Einsamkeit mit der Welt." (VI, 521 f.)

IV.

Leverkühn gibt sein Leben, theologisch sogar sein „Heil" daran, um die Kunst zu retten und dadurch – vielleicht – Erlösung zu finden. Weiter konnte ein Künstler nicht gehen, und der Autor, der sein Grundproblem in dieser Künstlerfigur abbildet, auch nicht.

Was war zum eigenen Künstlertum darüber hinaus noch zu sagen? Thomas Manns quälende Zweifel, ob wirklich noch etwas zu sagen war, sind bekannt. Der *Faustus* galt ihm nicht nur als sein „wildestes Buch"[21], er sah in ihm immer wieder auch den Gipfel seines Lebenswerkes, seinen „Parsifal"[22].

Doch der *Faustus* blieb nicht sein letztes Werk. Zweierlei hat Thomas Mann nach diesem Opus maximum ständig beschäftigt: die Möglichkeit, auf das lastend Schwere noch Leichtes, wenn auch nicht Leichtgewichtiges, folgen zu lassen – und die Möglichkeit des insgeheimen Überbietens. Beim *Erwählten* – dessen Erzähler übrigens auch „Ich" sagt, aber mit ganz anderen Absichten – tritt das deutlich zutage: mit banger Koketterie wird die Gregoriusgeschichte wiederholt als „Romänchen"[23] bezeichnet, und die Erleichterung ist unendlich groß, als das Publikum – zuerst die Familie – die Neuartigkeit des Geschaffenen bestätigt. Die Epitheta „neu", „neuartig", „merkwürdig" begegnen dann in Thomas Manns Kennzeichnungen der Werke der Nach-*Faustus*-Zeit immer wieder, selbst bezogen auf *Die Betrogene*, die späte Erzählung, die er an anderer Stelle doch schonungslos preisgab.[24]

[21] Vgl. *Entstehung*, XI, 148.
[22] Ebda, 157.
[23] Vgl. hierzu Ruprecht Wimmer: Die altdeutschen Quellen im Spätwerk Thomas Manns. In: Thomas Mann und seine Quellen. Festschrift für Hans Wysling. Frankfurt/Main: Klostermann 1991, S. 272–299, S. 286 f.
[24] Hierzu Ruprecht Wimmer. ‚And my ending is despair'. Thomas Manns Krankheit des Alterns. In: TMS 23 (2000), S. 31–46.

Wie auch immer er dann die Wiederaufnahme der Hochstapler-Bekenntnisse offiziell begründet hat – mit dem Wunsch nach Kontinuität, nach der Rundung des Lebenswerks, nach der Hinzunahme so vieler neuer Dimensionen und Erfahrungen: auch das andere mag einen guten Teil zu seinem Entschluss beigetragen haben: die mögliche Überbietung des *Faustus* durch ein „Leichtes", die denkbare Ergänzung der Tragödie durch das Komödien-„Capriccio", das „vor Alters abgebrochene"[25] – und vielleicht die Chance, sich der Vision Leverkühns von der heiter-bescheideneren Kunst der Zukunft experimentell anzunähern.

Und so geht Krull dann endlich nach Paris – wohin Leverkühn nie gegangen war. Vorher freilich wird er schon im zweiten Frankfurtkapitel, das an die Musterung anschließt, als komödiantischer Nachfahre Leverkühns charakterisiert. Er bleibt nämlich vorerst ganz auf sich gestellt, demonstrativ allein:

> Denn eine innere Stimme hatte mir früh verkündigt, daß Anschluß, Freundschaft und wärmende Gemeinschaft mein Teil nicht seien, sondern daß ich allein, auf mich selbst gestellt und streng verschlossen meinen besonderen Weg zu machen unnachsichtig gehalten sei. (VII, 372)

Denn Gemeinschaft – das heißt zu „schmollieren" und sich mit seinesgleichen auf den „frère-et-cochon-Fuß" zu stellen – würde, so fürchtet er, die „Spannkräfte [s]eines Wesens aufs schädlichste schwächen und herabsetzen." (VII, 372 f.) Ohne Zweifel: eine bis ins Wörtliche gehende Variante des Verhaltens von Adrian in der Studentenvereinigung *Winfried*.

Und dann ist da noch die ungarische Prostituierte Rosza, die Felix in den letzten Frankfurter Wochen zu Höchstleistungen in der Liebe inspiriert, der Liebe, die zu den spezifischen „Werken" des Hochstaplers gehört. Sie ist der „anrüchigen Schwesternschaft" zugehörig, die sich desselben Lockrufs wie der sog. „Totenvogel", das sog. „Leichenhühnchen" bedient: „Komm mit!'" (VII, 375) Adrian hatte sich die inspirierende, letzlich tödliche Infektion zu seinen Werken vom Freudenmädchen Hetaera Esmeralda in Preßburg geholt, dessen ungarische Bezeichnung Thomas Mann mit höchster Bewußtheit verwendet hatte: er hatte noch im Manuskript geschrieben: „Preßburg, tschechisch Bratislawa genannt", dies aber im ersten Typoskript handschriftlich geändert in: „Preßburg, ungarisch Pozsony genannt".

Oskar Seidlin hat die Bedeutung des Motivkomplexes ‚Ungarn' für den *Doktor Faustus* exemplarisch analysiert, eines Motivkomplexes, der nun, zu Beginn des zweiten Krull seine ins Halbhumoristische gewendete Reprise

---

[25] Vgl. TMS 1 (1967), S. 250, zit. auch bei Wysling (oben Anm. 3), S. 193.

erfährt.[26] Denn bei der Komödienvariante Krull geht es „nur" um Einweisung in die Liebe, zur Infektion kommt es nicht.

Dann die Fahrt nach Paris: die Welt öffnet sich, die im *Faustus* nur auf den Einsamen geheimnisvoll einwirkte, die von ihm nur – nur? – als musikalische Welttradition ins Werk hereingenommen worden war.

Leicht hatte es vor mehr als vierzig Jahren begonnen, leicht geht es weiter, mit der Zugfahrt, dem Französischgeplapper mit Kondukteur und Zöllner, dem glückhaften Zufallsdiebstahl, dem Fußfassen im Grand Hotel. Aber es ist eine neue Leichtigkeit, kein bloßes Zurückkehren zum „Balancekunsttück" des ersten Krull.

Wie der *Faustus* auf den ersten *Krull* reagiert, so der zweite *Krull* auf den *Faustus*. – Wir haben das bereits gesehen. Natürlich gibt es Wiederaufnahmen, Fortführungen des ersten Teils: das Beharren auf Einsamkeit gegenüber dem Kellnerkollegen Stanko, das Nebeneinander von „sinnender Kühle" und „Liebesaustausch mit der Welt" (VII, 491); und Krull, der jetzt natürlich auch noch in der mythischen Dimension des Diebes- und Verwandlungsgottes Hermes gesehen werden muß, ist immer noch einer, der mehr geliebt wird als er selber liebt. Doch dabei bleibt es eben nicht – der Blick zurück zur Tragödie ist unvermeidlich.

Drei Exempla von weiteren *Faustus*-Kontrafakturen bzw. -reminiszenzen möchte ich im Folgenden geben; hier die Stichworte:
– Liebesverbote
– Wirklichkeitsabstinenz, Weltbindung und das Kunstwerk des „zweiten Lebens"
– Schöpfungsvisionen.

Liebesverbote:
Bei Krulls Pariser Zirkusbesuchen handelt sich um einen scheinbar leichtgewichtigen Zeitvertreib unseres Helden, einen Zeitvertreib, wie er einem Kellner in seiner Freizeit gut ansteht. Einen Zeitvertreib mit Fonds, wie wir sehen werden. Wenn Krull festhält, er halte sich bei Zirkusdarbietungen innerlich fern von der Menge der Gaffenden, dann läßt das aufhorchen:

…ich aber, gewissermaßen, schloß mich aus von ihrem Gären und Gieren, kühl wie einer, der sich vom „Bau", vom Fach fühlt. Nicht vom circensischen Fach […] aber

---

[26] Vgl. die *Doktor Faustus*-Handschrift (TMA), Bl. 264 und das in Yale liegende Typoskript, S. 293. Dann Oskar Seidlin: Doktor Faustus reist nach Ungarn. Notiz zu Thomas Manns Altersroman. In: Heinrich-Mann-Jahrbuch 1, 1983/84, S. 187–204. Die These, daß Hetaera Esmeralda sich nach dem Treffen mit Adrian in die ungarische Magnatengattin Mme de Tolna gewandelt hat, wird von Seidlin (mit Blick auf die Ergebnisse früherer Forschung) aus guten Gründen in Frage gestellt, doch ist diese Streitfrage hier ohne Belang.

vom Fache im allgemeineren, vom Fach der Wirkung, der Menschenbeglückung und
-bezauberung. (VII, 463)

Also wieder der Künstler, der begeistern will, ohne begeistert zu sein. Was aber
hat er gesehen, was beobachtet? Zunächst die Clowns, die ihn faszinieren. Er
fragt sich, ob sie im Privatleben „im Bürgerlichen und Natürlichen unterzubringen" wären, ob sie „auch Menschen" seien, und beantwortet sich die Frage
selbst: „Nein, sie sind es nicht, sie sind ausgefallene [...] dem Leben nicht angehörige Mönche der Ungereimtheit". (VII, 457f.)

Heißt es zuviel spekulieren, wenn man die Einsamkeit der Clowns, ihr
nicht Teilhabenkönnen am Leben, als scheinbar „leichte" Komödienvariante
des hohen Künstlertums Leverkühns liest, der sich selbst „des Teufels Mönch"
(VI, 664) nennt?

Was sieht Krull noch? Er sieht Andromache, die Tochter der Luft, und er
sieht Mustafa, den Dompteur. Andromache, die Trapezkünstlerin hat es dem
Beobachter angetan, weil das , was sie tut, „nicht glaubwürdig, untunlich" ist
„und dennoch getan wird".[27] Und er stellt nochmals die Frage, ob denn dieses
Wesen menschlich sei. Auch sie ist für ihn nicht im Menschlichen unterzubringen, genauer: sie ist nicht vorstellbar als Liebende.

Sie sich als Gattin und Mutter vorzustellen war einfach läppisch; eine Gattin und Mutter, oder jemand auch nur, der es möglicherweise sein könnte, hängt nicht mit den Füßen
kopfab am Trapez [...] (VII, 460)

Andromache, die alles andere als beifallssüchtig ist, die nach vollbrachter
Unmöglichkeit den Arm „ein wenig zum Gruße" ausstreckt, ohne daß die
Augen „mitgrüßen"[28] – sie scheint mit einem Liebesverbot belegt wie Mustafa,
der Dompteur. Krull stellt sich die beiden einen Augenblick als Liebespaar vor,
korrigiert sich dann aber:

Kameraden in Todesnähe, das mochten sie sein, aber kein Liebespaar, nein, nein, es wäre
ihnen auch beiden schlecht bekommen! Die Löwen hätten es gemerkt, wenn er gebuhlt
hätte, und ihm den Gehorsam gekündigt. Und sie, sie hätte fehlgegriffen [...] und wäre
schmählich-tödlich zur Erde gestürzt. (VII, 463)

Sind das nicht wieder spielerische Varianten der Leverkühn-Tragödie? Auch er
befindet sich „hoch über der Menge", auch er kümmert sich um Beifall fast gar
nicht[29] – und auch er darf nicht lieben. Ist er doch ein Nachfahr des alten Magi-

---

[27] VII, 459.
[28] Ebd.
[29] Vgl. hierzu Adrians Brief an seinen Lehrer Wendell Kretzschmar, der ihn zum Musikstudium

ers Doktor Faust, der *sich* „ehelich verheiraten" will, dies dem Teufel eröffnet und gesagt bekommt, daß er dann „in kleine Stücke zerrissen" würde.[30] Das Gleiche würde wohl dem Dompteur Mustafa passieren...

All das leitet schon über zum zweiten Exempelbereich, zu Krulls Wirklichkeitsabstinenz:

Seine Artverwandten im Zirkus sehen sich im Interesse ihrer Kunst mit Liebesverboten belegt oder erlegen sie sich selbst auf, er nun geht der Liebe, die er provoziert, ausdrücklich deshalb aus dem Weg, weil sie ihn in die Wirklichkeit verbannen würde. Der rückblickende Erzähler flicht die beiden einschlägigen Episoden locker ineinander: die Geschichte mit der kleinen Eleanor Twentyman und dem einsamen Lord Kilmarnock. Im zweiten Fall bietet ihm der Liebende sogar die Adoption an, er könnte also wirklicher Lord werden. Er weist das von sich, einmal natürlich wegen der Mißlichkeit einer solchen Lordschaft, zum andern aber aus einem noch viel gewichtigerem Grund:

Die Hauptsache war, daß ein Instinkt, seiner selbst sehr sicher, Partei nahm in mir gegen eine mir präsentierte und obendrein schlackenhafte Wirklichkeit – zugunsten des freien Traumes und Spieles, selbstgeschaffen und von eigenen Gnaden, will sagen: von Gnaden der Phantasie [...] (VII, 489)

Nicht ein wirkliches neues Leben, das Kunstprojekt eines „Zweiten Lebens" wird ihn in Kürze herausfordern. Und er bekommt etwas mit auf den Weg. Als er dem Lord endgültig absagt, nimmt dieser

...einen sehr schönen Smaragd vom Finger – ich hatte ihn oft an seiner Hand bewundert und trage ihn diesen Augenblick, während ich die Zeilen hier verfasse. Nicht dass er ihn mir an den Finger steckte, er tat das nicht, sondern gab ihn mir eben nur und sagte sehr leise und abgebrochen. „Nehmen Sie den Ring. Ich wünsche es. Ich danke Ihnen. Leben Sie wohl." (VII, 491)

Wie ist diese eindeutige *Faustus*-Reminiszenz zu verstehen? Sicher ist jedenfalls, daß das Motiv des Smaragdringes für Thomas Mann eine hochpersönliche Qualität hat: noch im Februar 1955 gesteht er seiner amerikanischen Gönnerin Agnes E. Meyer brieflich den „kindlichen" Wunschtraum, von ihr einen Smaragdring zu erhalten, der dann das Glied einer Kette bilden könnte zwischen seiner letzten Heimat auf dem alten Kontinent und Washington in Übersee.[31]

---

bekehren will: Zum konzertierenden Musiker, so Adrian, gehörten Voraussetzungen, die ihm fehlten: „das Verlangen nach Liebesaustausch mit der Menge, nach Kränzen, nach Katzbuckelei und Kußhänden im Beifallsgeprassel."(VI, 176 f.)

[30] Vgl. Thomas Manns unmittelbare Quelle: *Das Volksbuch vom Doctor Faust. (Nach der ersten Ausgabe, 1587).* Zweite Aufl., hrsg. von Robert Petsch, Halle a. S.: Niemeyer 1911, S. 26.

[31] Brief vom 5. II. 1955 (Br III, S. 125).

Wie „wirtschaftet" er nun literarisch mit dem Motiv? Er läßt den Ring jedesmal als Geschenk an einen Künstler gelangen – und beide, Leverkühn wie Krull, tragen ihn bei der Arbeit, Krull allerdings erst am Ende seiner Laufbahn, als Memoirenschreiber. Doch die beiden Künstler sind auf bezeichnende Weise verschieden, und verschieden sind auch die Wege beider Ringe. Der asketische Eremit Leverkühn erhält ihn nach seinem eigenen Dafürhalten aus der Welt und betrachtet ihn als Verbindungsglied zu dieser Welt – der der Welt hingegebene Krull erhält ihn aus der Einsamkeit, wobei diese Einsamkeit in der Gestalt des schottischen Lords noch Züge Thomas Manns trägt. Eine kunstvoll variierende Anspielung der Hochstaplergeschichte auf die Tonsetzerbiographie, eine Anspielung überdies, die die Verwandtschaft und zugleich Eigenart der beiden Künstlerbrüder Leverkühn und Krull ins Relief treibt.

Krull findet nun sein Künstlerglück als falscher Marquis de Venosta, und er geht auf Weltreise. Der Roman und sein Held öffnen sich damit zur Welt hin so weit als irgend möglich. Doch ist Krull weit davon entfernt, das Umrunden dieser Welt als Vergnügungsreise eines schmarotzenden Hochstaplers zu sehen. Als der überglückliche Marquis ihn beglückwünscht und ihm viel Spaß voraussagt, erhält er zur Antwort:

„Ich bin gar nicht gewohnt, das Leben als einen Spaß aufzufassen, lieber Marquis. Leichtlebigkeit ist nicht meine Sache, gerade im Spaß nicht; denn es gibt Späße, die sehr ernst genommen werden wollen, oder es ist nichts damit. Ein guter Spaß kommt nur zustande, wenn man all seinen Ernst an ihn setzt." (VII, 516 f.)

Das „Zweite Leben" also wieder als erarbeitetes Kunstwerk, und zwar innerhalb der Krullschen Opusdimensionen von unüberbietbaren Ausmaßen. Die Rückbezüge auf den *Faustus* sind kompliziert, aber es gibt sie. Schon der eben zitierte Text kombiniert Spaß, bzw. Späße mit Ernst, und das zielt sicher wieder auf das Arbeitsethos des gewissenhaften Künstlers, mag er auch als Hochstapler vor uns hintreten. Es läßt aber auch ein Goethewort anklingen, das Thomas Mann öfter zitiert, wenn er auf den zweiten *Krull* zu sprechen kommt: er bezeichnet das Projekt dann als „diese Scherze" und „diese sehr ernsten Scherze". Genau so aber hat Goethe – den zweiten Teil seines Faust gekennzeichnet![32]

Thomas Mann liebäugelt offenbar mit der Vergleichbarkeit *Faust II – Krull II*; erscheinen doch beide als eine Art Weltbilderbogen und zugleich als Folgetexte einer „Tragödie". Und es ist nicht nur Sorge, wenn er mit dem Fortgang der Hochstaplermemoiren äußert, der Roman arte aus „ins Faustische".[33]

---

[32] Vgl. Heinz Gockel: Faust im Faustus. In: TMJb 1, 1988, S. 133–148, S. 148, und Wimmer (oben Anm. 23), S. 298.

[33] So im Brief vom 23. XII. 1951 an Paul Amann, vgl. Wimmer (oben Anm. 23), S. 298.

Vielleicht hat Krull nicht von ungefähr unmittelbar vor dem entscheidenden Gespräch mit Venosta die Absicht, Gounods *Faust* zu besuchen, eben jene
Oper, die – obwohl doch Kunstgestalt der Fausttragödie – im *Doktor Faustus*
die Unterhaltung über die ernstzunehmende Qualität des musikalisch „Leichten" in Gang gesetzt hatte. (VI, 546 ff.)

Mein letztes Beispiel für *Faustus*-Kontrafakturen betrifft, wie sollte es anders
sein, gerade die Partie des Romans, die von Thomas Mann als – vielleicht
positive – Ausartung empfunden wurde: das Gespräch Krulls mit Professor
Kuckuck. Schon als dieser von Erde und Menschen als „diesem Stern und
seiner gegenwärtigen Bewohnerschaft" spricht, überkommt seinen Zuhörer
„ein Gefühl bedeutsamer Weitläufigkeit" (VII, 531) – und in der Tat ordnet
Kuckuck – eine Mischung aus Schopenhauer und dem lieben Gott, könnte man
ironisch sagen[34] – die gesamte Schöpfung in eine kosmologische Folge ein; sie
ist ein Etwas zwischen zweimal Nichts, und ihre Erscheinungen sind die Folge
einer „Idee, die die Natur in anfänglichen Zeiten faßte und mit der zu arbeiten
sie bis hin zum Menschen nicht abgelassen hat." (VII, 539)
  Krull ist von dieser Schöpfungsgeschichte nicht von ungefähr gepackt, denn
er war ja Zeit seines bisherigen Lebens davon fasziniert, selbst „aus dem Nichts
[...] eine zwingende, wirksame Wirklichkeit zu schaffen." Er hatte – wir erinnern uns – schon im oben zitierten Text (VII, 302) aus dem *Buch der Kindheit*
in diesem Zusammenhang von „Schöpfung" gesprochen und sein Ausruhen
danach beschrieben. Was er also von Kuckuck vorgestellt bekommt, ist die
riesenhafteste, reichste Ausprägung von Weltschöpfung und Welt, von jener
Welt, die er stets geliebt und mit der er „künstlerisch" gearbeitet hat. Und das
spezifizierende, strukturierende Wirken der Natur erscheint als die ins größte
Format getriebene Analogie des künstlerischen Tuns.
  Ohne daß Thomas Mann darauf Bezug nimmt, darf man hier festhalten,
daß die Kunsttheorie von der Antike bis in die Moderne von der Differenz von
Welt und Nichtsein ausgeht, und aus dem „Zustandegekommensein" dieser
Welt ihre Sätze ableitet.[35]

Ist Kuckucks Genesisgeschichte eine Kontrafaktur zur Kunstdiskussion im
Faustus?[36] Natürlich kann man an Leverkühns kosmologische Symphonie den-

[34] Vgl. hierzu Hans Wysling: Wer ist Professor Kuckuck? Zu einem der letzten „großen Gespräche Thomas Manns". In: H. W.: Thomas Mann heute. Sieben Vorträge. Bern/München: Francke
1978, S. 44–63, 115–122.
[35] Vgl. hierzu Roland Hagenbüchle: Ersch. in: Identität und Differenz, hrsg. von Elke Ronne-
berger-Sibold/Kerstin Kazzazi.
[36] Wieviel die Details der Kuckuckschen Entwicklungsgeschichte indirekt mit der Genese des
Kunstwerks – so wie es im *Doktor Faustus* gesehen wird – zu tun haben, verraten weitere Einzel-

ken, die ähnliche Dimensionen augenblicksweise öffnet. Doch wesentlicher als mögliche Allusionen scheint mir hier der Versuch einer Überbietung, der sich in der verschämten Anspielung auf Goethes zweiten Faust bereits ankündigte. Im *Doktor Faustus* wurde die Rettung und Zukunft der Kunst verhandelt – und dies in unlöslicher Verbindung mit einer politischen Katastrophe. Es ging um Eigenstes, um die eigene Rechtfertigung, die eigene Rettung, die eigene Erlösung. Augenblicksweise tauchte da schon der Gedanke nicht nur an eine Kunst der Zukunft, sondern auch an eine „Weltkunst" auf. Hier nun im zweiten *Krull* wird Kunst im weitesten, grundsätzlichsten Sinn, Kunst als Schöpfung, als Weltschöpfung zu einer Vision des Helden.

Freilich ist Teil dieser Vision, davon war zu sprechen, das auf die Schöpfung folgende, das zweite Nichts. Handelt es sich hier um die Resignation eines alternden Künstlers, oder kann die oben beschworene Erlösung neben diesem Nichts bestehen bleiben, kann sie in ihm bestehen? Das ist schwer, ist wohl überhaupt nicht zu entscheiden.

Was konnte danach noch kommen? Sicher weitere Beispiele von Krulls Weltgestaltung, Weltliebe, „Allsympathie" (VII, 548). Seine „Doppellieben" in Lissabon und – nicht mehr ausgeführt – in Argentinien. Doch konnte alles Folgende im Grunde nur Illustration sein zur Weltvision im Schnellzug von Paris nach Lissabon. Leicht hatte der zweite *Krull* begonnen, hatte in spielerischen Ernst auch *Faustus*-Motive und -Gedanken ins Leichte gehoben. Mit der Schöpfungsgeschichte Kuckucks freilich war es damit zu Ende. Thomas Mann hat noch die Lissabonepisoden angefügt und dann innegehalten. Ich kenne das Manuskript nicht und weiß nicht, ob er nach dem Leidenschaftsausbruch von Madame Kuckuck einen Querstrich gezogen hat wie einst Hanno unter die letzte Eintragung in der Familienchronik. Wie auch immer: er wußte wohl auch, es käme nichts mehr.

---

motive, die auf Vater Leverkühns Spekulieren zurückverweisen, etwa die Illustrationen einer fließenden Grenze zwischen Anorganischem und Organischem. „Das urzeugerische Vermögen des Blattgrüns gebe uns also ein Beispiel von der Entstehung des Organischen aus dem Anorganischen [...] Immer, wenn die Natur uns gaukelnd im Unorganischen das Organische vortäusche, wie in den Schwefel-, den Eisblumen, wolle sie uns lehren, daß sie nur <u>eines</u> sei." (VII, 545, Hervorhebungen von TM).

Karin Tebben

„Du entkleidest mich, kühner Knecht?"

Felix Krull und die Frauen

5. Dezember 1903: Thomas Mann verfasst den sogenannten „Anti-Heinrich". Seine vernichtende Kritik am Rivalen entzündet sich an Heinrichs Roman *Die Jagd nach Liebe*. Darin, so ereifert er sich, herrsche ein „fortwährende[r] Fleischgeruch"[1], und obendrein sei die Darstellung der Ute misslungen.[2] Heinrich setzt sich zur Wehr, indem er die Zuständigkeit eines „Schriftsteller[s], in dessen Büchern ausschließlich die Männer – die sich auf den Einen reduciren – Interessen haben", schlichtweg leugnet.[3] Sogar aus der Konzeption der Toni Buddenbrook sei jede „sexuelle Energie [...] sauber herausgeschnitten".[4] Thomas, der ja Heinrich den blanken „Sexualismus"[5] vorgeworfen hatte, pflege eine „Vogel-Straußen-Keuschheit bei Behandlung der Frau", die „germanisch" sei, ein „Rassezeichen der Keuschheit".[6] „Die Gefahr", so warnt er seinen Bruder wörtlich, „besteht für Dich höchstens darin, daß Du allzu wohlig in die nationale Empfindungsweise untertauchst, daß das Leben (im Gegensatz zum Künstler) bei Dir gar zu heiter-formlos wird [...] und die Frauen bei Dir nur noch castrirt vorkommen".[7] Fünfzig Jahre später wird *Felix Krull* veröffentlicht, dessen Entstehungsgeschichte in die Zeit dieser ersten Bruderschelte reicht: Der Roman entkräftet den Vorwurf Heinrichs insofern, als in ihm die Frauengestalten mit einem beträchtlichen Maß sexueller Energie ausgestattet sind, sowohl jene, deren Konzeption in die erste Arbeitsperiode fällt, als auch jene, die fast fünfzig Jahre später entstanden sind.

Felix Krull und die Frauen – wer amouröse Bekenntnisse erwartet, sollte sich besser Casanovas Aufzeichnungen zuwenden. Thomas Mann stattdessen

---

[1] Thomas Mann/Heinrich Mann: Briefwechsel 1900–1949, hrsg. v. Hans Wysling, Frankfurt/Main: S. Fischer 1995, (fortan: BrHM), S. 89.

[2] BrHM, S. 83.

[3] Peter Paul Schneider: „...wo ich Deine Zuständigkeit leugnen muß..." Die bislang unbekannte Antwort Heinrich Manns auf Thomas Manns Abrechnungsbrief vom 5. Dezember 1903", in: „In Spuren gehen..." Festschrift für Helmut Koopmann, hrsg. von Andrea Bartl, Jürgen Eder, Harry Fröhlich, Klaus Dieter Post und Ursula Regener, Tübingen: Niemeyer 1998, S. 231–253, S. 240.

[4] Ebd., S. 241.

[5] BrHM, S. 86.

[6] Schneider, S. 241.

[7] Ebd., S. 243.

klärt in jeder Episode, in der eine Frau im Mittelpunkt steht, – besser noch „verklärt" im Sinne Fontanes – sein Kunst- und Künstlerverständnis. Er lässt Krull selbst Auskunft geben über dessen rasante Lebensfahrt als Hochstapler. Dabei sind die Parallelen zur Künstlerexistenz, wie sie Thomas Mann bereits früh beschrieben hat, nicht zu übersehen. Beide, Hochstapler und Künstler, haben sich das Bedürfnis der Welt, betrogen zu werden, zunutze gemacht. „Die Welt, diese geile und dumme Metze will geblendet sein – und das ist eine göttliche Einrichtung, denn das Leben selbst beruht auf Betrug *und Täuschung*, es würde versiegen ohne die Illusion. Beruf der Kunst"[8], heißt es in einer frühen Arbeitsnotiz. Diese Erkenntnis des „Mundus vult decipi" kann sich Krull zunutze machen, da er mit der Gabe ausgestattet ist, notfalls „Fortunen unter die Arme zu greifen".[9] Und schließlich offenbart die scheinbar sorglos-sonnige Suada des erfolgreichen Betrügers die Kehrseite einer solchen Lichtgestalt, die „Psychologie der unwirklich-illusionären Existenzform" (XI, 122), die den Hochstapler ebenfalls mit dem Künstler verbindet.

Am Ende des Romans steht die Figuration Krulls als Hermes, was heißt, die Überführung des (Lebens-)Künstlers in den mythischen Bereich. Dieser antike Heros ist nach der Deutung Hegels eine Gestalt, deren Tun allein unter dem Aspekt der göttlichen Bewährung zu bewerten ist, ein Heros „der unbefangen und frei und daher ohne Beschränktheit oder Mangel nur dieses eine ist, was er ist: ein Mensch seiner eigenen Art als subjektives Kunstwerk".[10] *Der Memoiren Erster Teil* endet, indem in der Hermesgestalt Kunst, Leben und Eros zu einer Einheit zusammenfinden. Diese Trias wiederum ist signifikant für die erotische Dichtung der Antike. Krulls Lebensweg – dem fragmentarischen Charakter des Romans zum Trotz – steht im Zeichen dieser angestrebten Erfüllung, und an ihr sind jene Frauen, von deren biographischer Bedeutung er erzählt, maßgeblich beteiligt. Strukturell wiederholt die Abfolge der erotischen Beziehungen ein literarisches Schema: *Typologisch* sind im *Krull* jene fünf Stufen der Liebeshandlung nachzuweisen, die aus der antiken erotischen Dichtung bekannt sind.[11]

Krulls Beziehung zur Welt gründet auf einem „erotische[n] Betrugsverhältnis[] auf Gegenseitigkeit".[12] Um so auffälliger ist: Wesentliches Kennzeichen

---

[8] Hans Wysling: Narzissmus und illusionäre Existenzform. Zu den Bekenntnissen des Hochstaplers Felix Krull, Bern/München: Francke 1982, S. 417 (hier kursiv: spätere Einfügung Thomas Manns).

[9] Wysling, Dokumente, S. 157.

[10] Georg Wilhelm Hegel: Ästhetik, 2. Bd., Frankfurt/Main o. J.: Europäische Verlagsanstalt, S. 478.

[11] Insofern ist ein dezidierter genetischer Nachweis, beispielsweise in Form einer Arbeitsnotiz, Tagebucheintragung etc. nicht notwendig.

[12] Wysling, Narzissmus, S. 417.

seines Verhältnisses zu Frauen ist, dass es sich gegenüber der „Metze" unterscheidet; es handelt sich hier um *kein* Betrugsverhältnis. Auch von Verliebtheit oder gar Liebe ist keine Rede, ausschließlich dominiert das sinnliche Begehren. Zudem ist die Vorraussetzung für eine gewinnbringende hochstaplerische Existenzform, nämlich die Gesetzmäßigkeiten des Betrügens und Betrogenwerdens zu durchschauen und selbst auf dem Welttheater Regie zu führen, nicht gegeben. Felix ist derjenige, der von den Frauen aufgefordert, mitgenommen, unterwiesen, beglückt und schließlich um eine Erfahrung reicher entlassen wird.

Felix Krull und die Frauen – damit sind Stationen einer Lebensfahrt unter der Herrschaft des Sexus benannt, die sich im erzählenden Bekennen jedoch jeder Offenbarung entziehen. In einer bereits 1903 im „Anti-Heinrich" vorgenommenen Differenzierung von „dem Sexuellen" im Sinne von Erotik und „Sexualismus" im Sinne von Pornographie heißt es:

Es bleibt die Erotik, will sagen: das Sexuelle. Denn Sexualismus ist nicht Erotik. Erotik ist Poesie, ist das, was aus der Tiefe redet, ist das Ungenannte, was allem seinen Schauder, seinen süßen Reiz und sein Geheimnis gibt. (BrHM, S. 36)

In der Darstellung erotischer Beziehungen das künstlerische Selbstverständnis zu klären, verweist auf ein Verfahren, das auf eine lange Tradition zurückgeht. Eros und Kunst kommen seit Platons *Gastmahl* einem Enklitikon gleich: Nach Diotimas Auslegung gehört die Liebe nicht schlechthin dem Schönen, sondern vielmehr der *Erzeugung* und *Hervorbringung* im Schönen, weil sie auf Unsterblichkeit gerichtet sei. Diotima weist dem Eros zwei *Wirkungsräume* zu: als Zeugungstrieb „nach Seiten des Körpers", der dem gewöhnlichen Menschen eignet; und als Zeugungskraft der Seele, die „alle die Künstler (besitzen), denen man eigene Erfindungskraft beimißt".[13] Im *Krull*, so könnte man sagen, spiegelt sich in dem einen Wirkungsraum der andere.

Die frühe Konzeption des *Krull* fällt zudem in einen Zeitraum, in dem die Diskussion über den Zusammenhang von Kunst und Sinnlichkeit hoch aktuell ist. Auch Eduard Fuchs, als Sammler erotischer Kunst wie als Autor einer dreibändigen Sittengeschichte Thomas Mann bekannt, stellt die Frage:

Was ist der Hauptinhalt der Kunst? Was erfüllt und belebt sie? In was besteht ihr Feuer? Welches Element ist es, das derart in der Kunst wirkt, daß nicht nur die Zeitgenossen davon elektrisiert und fortgerissen werden, sondern daß es seiner Form, in der es gebannt ist, ein wahrhaftig ewiges Leben zu verleihen vermag [...]. Unsere Antwort

---

[13] Platon: Das Gastmahl, übersetzt und erläutert von Otto Apelt, in zweiter Auflage mit gegenübergestelltem griechischem Text neubearbeitet von Annemarie Capelle, Hamburg: Meiner 1960, S. 103.

lautet: Dieser Hauptinhalt der Kunst, dieses Feuer, dieses Element, mit einem Wort, dieses Wesen der Kunst ist die Sinnlichkeit. [...] All dies zusammen begründet die innere Notwendigkeit des Erotischen.[14]

Und schließlich: Zu Beginn der zweiten Schaffensphase am *Krull* beschäftigt sich Thomas Mann mit den Gedichten Michelangelos. Geradezu enthusiastisch rühmt er im Essay *Die Erotik Michelangelos* dessen „Liebesgesänge" (XII, 1010), von denen er sagt, dass sie die „durchgehende Lebenstraurigkeit eines vom Himmel mit überwältigender Bildkraft begnadeten Schöpfers" (1010) zeigen. Der Künstler, „ganz an die Kunst verloren" (1008), beklagt den Verlust des eigenen Selbst: „,Wie kann's nur sein, dass ich mich selbst verlor?'" (1010) Doch der Beschämung, noch mit weißem Haar ein Narr zu sein, hält einzig die Liebeserfahrung die Waage. Sie entzündet den Funken, für die Kunst zu lodern „wie für Liebesmacht'" (1008) und so das fehlende Selbst zu ersetzen. In einem Punkt fällt Thomas Mann die Empathie jedoch schwer: Er betrifft Michelangelos „heilige[n] Glaube[n] an den Ewigkeitssinn seiner Leidenschaft" (1012). Stattdessen hält er fest an dem Gedanken, „es möchte gerade das rührendst Menschliche sein, seine Liebe bewußt an den unhaltbar schönen Augenblick des Seins zu verschenken, an das, was zum Schwinden bestimmt ist gleich unserer Liebe, die dennoch ein Erfahrungsschatz für den Rest des Lebens bleibt [...]."(1012)

Dem schönen Augenblick des Seins ein Erfahrungsmoment abgewinnen – oder auch: Felix Krull und die Frauen. Sie zu begehren, spiegelt das sinnliche Verlangen des Künstlers, seiner Kunst die innere Notwendigkeit des Erotischen zu verleihen. Sein lebenslanges Streben kommt damit einem Liebeswerben gleich, an dessen Ende die Erfüllung steht, seine Vergöttlichung. Den „Triumph des Narziss" hat Hans Wysling Krulls Figuration als Hermes genannt.[15] Beheimatet in der antiken Welt, folgt er in seinem Liebeswerben jenen Stufen der Liebeshandlung in der antiken erotischen Dichtung, wie sie schon früh theoretisch formuliert worden sind: „Quinque enim linea sunt amoris, scilicet visus, allocutio, tactus, osculum sive suavium, coitus." Die antike Poetik sieht vor, dass jeder dieser Schritte wiederum ein in sich geschlossenes Gedicht bilden kann, in dem auf einzelne der *lineae amoris* Bezug genommen wird.[16] Es

---

[14] Eduard Fuchs: Geschichte der erotischen Kunst, Bd. 1, München: Langen 1909, S. 60 f.

[15] Hans Wysling, Narzissmus, S. 299.

[16] „Jede einzelne der lineae kann zum Inhalt eines selbständigen Gedichts werden, dessen Ereignis [...] nicht Endgültigkeit beansprucht, sondern immer auf weitere Möglichkeiten verweist, die dann die nächsten Gedichte, z.B. im Zyklus von Elegien auch verwirklichen. Die quinque lineae geben somit den Rahmen ab, der den Ort der jeweils dargestellten Situation im ‚natürlichen' Gesamtablauf des erotischen Geschehens bestimmt." Heinz Schlaffer: Musa iocosa. Gattungspoetik und Gattungsgeschichte der erotischen Dichtung in Deutschland, Metzler: Stuttgart 1971, S. 77.

versteht sich von selbst, dass die *quinque lineae*, im Folgenden übertragen auf Krulls sinnliche Entwicklung, nur die Folie bilden können, vor der die Bedeutungen der erotischen Abenteuer im Hinblick auf Ausbildung des künstlerischen Selbstverständnisses in deutlicheren Konturen erscheinen.

In fünf Liebeshandlungen vollzieht sich auch im *Krull* die Klimax des Künstlers zum Heros. Und jeder einzelne Schritt wird initiiert von einer anderen Frau. Felix Krull und die Frauen – auch wenn er in wichtigtuerischer Aufschneiderei behauptet, es seien unzählige gewesen: Es sind fünf, die seinen Lebensweg prägen und die *ars amatoria* des Künstlers begründen. Der Lebens-Kreis schließt sich, indem am Ende des Romans eine Umarmung stattfindet, die gleichzeitig auf die Signifikanz jedes Anfangs verweist.

Nur an den beiden Polen menschlicher Verbindung, dort, wo es noch keine oder keine Worte mehr gibt, im Blick und in der Umarmung, ist eigentlich das Glück zu finden, denn nur dort ist Unbedingtheit, Freiheit, Geheimnis und tiefe Rücksichtslosigkeit. (VII, 348)

Wenden wir uns also dieser „wichtigsten und geheimnisvollsten Angelegenheit der Natur" zu, die laut Felix Krull nicht zu verwechseln ist mit dem, „worüber man die Leute so witzeln und jökeln hört" (VII, 311). Lange Zeit verbleibt Krull, so erzählt er, in einem „Zustand geistiger Unschuld, mit welchem die Lebhaftigkeit [s]einer Sinne so wenig übereinstimmte" (VII, 312), von ihm als „die große Freude" (VII, 312) benannt und als köstliches Geheimnis gehegt. Als Beweis seiner „inständigen Natur" (VII, 312) führt er die bereits im Säuglingsalter vorhandenen „eindeutigsten Zeichen von Gefühl" (VII, 312) an, um daraus – man kann es schwerlich anders sagen – das Recht zu hemmungsloser Potenzprotzerei abzuleiten: „In der Tat grenzte meine Begabung zur Liebeslust ans Wunderbare; sie übertraf, wie ich noch heute glaube, das gemeine Ausmaß bei weitem." (VII, 312)

Genovefa heißt jene Dame, die berufen ist, diese bis dahin noch im Unbewussten schlummernde ungewöhnliche Begabung in Krulls sechszehntem Lebensjahr zu erwecken und sich mehrere Jahre selbst daran zu erfreuen. Genovefas Bedeutung entspricht jener ersten Stufe der Liebeshandlung. Im übertragenen Sinne: Sie verkörpert den Moment der Begegnung, den *visus*, das Erblicken und Anschauen der Frau, die Manifestation der „großen Freude", die Verkörperung der eigenen sinnlichen Existenz. Im Augenblick des *visus* entscheidet sich in der antiken Dichtung die Frage, ob sich Liebe ereignet –

---

[17] Schlaffer, S. 78 ff.

oder nicht.[17] Das große Ereignis, das den Auftakt bildet zu Krulls sinnlicher Existenz, findet bezeichnender Weise nach einem Abend statt, an dem Felix sich wieder einmal als „Kostümkopf" (VII, 284) bewähren durfte. Die „Niedergeschlagenheit, jene unendliche Trübsal, Ernüchterung und Langeweile, die [s]ein Gemüt nach beendeter Maskerade zu befallen" (313f.) pflegt, endet an Genovefas weißer, wohlgenährter Brust und mündet in „markverzehrende[s], wahrhaft unerhörte[s] Vergnügen" (314). Erzeugt die Maskerade lediglich eine momentane Hochstimmung, der unweigerlich der psychische Absturz, der Ekel am Alltagsgewand folgt, ist das sexuelle Erleben mit Genovefa „eine Art Fortsetzung und Vollendung jener bunten Abendunterhaltung" und will dem Jüngling geradezu als „Ziel [s]einer Wanderung durch Pate Schimmelpreesters Maskengarderobe" (VII, 314) erscheinen. Mit der Initiation als Mann vollzieht sich die Initiation als Künstler. Die Lust des Verkleidens geht über in die Lust an der Frau. Erkannt wird in Genovefa die immerwährende Sinnlichkeit des Künstlers.

Dass der Liebeszauber für Schopenhauer Maskerade des Triebes ist, ändert daran nichts, für Krull bleibt das erotische Prinzip lebenslang die große Freude, aus der es kein Zurück in den Alltag gibt, keine Ernüchterung, keinen Absturz. Der Größenwahn, in den diese Erfahrung vom gegenseitigen Spenden und Empfangen von Lust mündet, – „Meine private Überzeugung jedoch, die ich damals gewann und die weder beweisbar noch widerlegbar ist, geht unerschütterlich dahin, dass bei mir der Liebesgenuß die doppelte Schärfe und Süßigkeit besaß als bei anderen" (VII, 314) –, dieser Größenwahn kann als Ausdruck der narzisstischen Künstlerpersönlichkeit gelesen werden. Und auch das, was im Anschluss an die Genovefa-Episode Gegenstand ausschweifender Reflexion ist, die sogenannte „fragliche Betätigung" (VII, 314), wird nicht nur aus Gründen der Schicklichkeit so benannt. Fraglich im wahren Wortsinn ist auch das immer neu zu rechtfertigende Verhältnis des Künstlers zu seiner Arbeit, zu seinem Werk. Aus dem Kontext genommen, beschreibt die folgende Darstellung nicht mehr nur die Mühsal der geschlechtlichen Liebe, sondern die Mühsal des Schaffensprozesses:

Denn während es, wie ich beobachtete, Leute gibt, denen die fragliche Betätigung nur eine Kleinigkeit ist, die sie obenhin abtun und von welcher sie, mir nichts, dir nichts, zu irgendwelchen Geschäften hinweggehen, als ob nichts geschehen wäre, brachte ich ungeheure Opfer dabei und stand völlig ausgeleert, ja vorderhand jedes Antriebes zum Liebesdienste beraubt, davon auf. Oft bin ich ausgeschweift, denn mein Fleisch war schwach, und ich fand die Welt nur allzu bereit, mir buhlerisch entgegenzukommen. Letzten Endes jedoch und im ganzen genommen war meine Sinnesart ernst und männlich, und aus erschlaffender Wollust verlangte mich baldigst in eine strenge und angespannte Führung zurück. (VII, 315)

Und auch die anschließende Betrachtung kann ohne weiteres als Liebesdienst am Werk gelesen werden:

Ich für meinen Teil kenne viele feinere, köstlichere, verflüchtigtere Arten der Genugtuung als die derbe Handlung, die zuletzt doch nur eine beschränkte und trügerische Abspeisung des Verlangens bedeutet, und ich meine, dass derjenige sich wenig auf das Glück versteht, dessen Trachten nur geradewegs auf das Ziel gerichtet ist. (VII, 315)

Nach dieser Erkenntnis der „großen Freude" ist ein Leben vorgezeichnet, das eroserleuchtet ist. Voraussetzung ist die Verfeinerung der „Gabe des Schauens" (VII, 344), die es Felix ermöglicht, „gierig die Bilder der Welt in sich auf[zu]nehmen", das „Gute, das Teuere, das Herrschaftliche" (VII, 341) mit „den Augen zu verschlingen" (VII, 344). Seine „Lust- und Studienfahrten" (VII, 340) gipfeln in der Betrachtung von Edelsteinen, um ihren Wert abzuschätzen. Die spätere „verläßliche Kennerschaft" (VII, 343), die sich hier vorbereitet, rückt den Schriftsteller in die Nähe des Diebes. Das gierige Aneignen der Schätze der Welt ist Voraussetzung, sie im schöpferischen Prozess in die Realität des Kunstwerkes zu verwandeln. Es ist die Metapher des Edelsteins, die die erotische Dimension von Diebstahl und Kunst noch einmal unterstreicht. Über die Vollendung eines Werkes berichtet Thomas Mann: „Hier schoß, im eigentlich kristallinischen Sinn des Wortes, vieles zusammen [...]" (XII, 123).

Die Geschichte von Krulls „persönliche[r] Liebeserziehung" (VII, 374) wird in Frankfurt fortgesetzt, wie ohnehin jede neue Liebeserfahrung an einen Ortswechsel gebunden ist und insofern dem Motiv der Lebensreise folgt. Es bleibt nicht aus, dass sich „die Achtsamkeit des sich bildenden Jünglings" (VII, 375) auf seinen nächtlichen Streifzügen auf die lockenden Wesen richtet, auf jene Spezies von Frauen, die „unter Laternen hinstreichend, die Männer frech und heimlich zur Wollust" (VII, 375) einladen. Mit ihnen steht er auf gutem Fuße, wenngleich die Furcht vor Sittenpolizei und rohen Kavalieren verbietet, sich ihrer „außerberuflichen Zärtlichkeit" (VII, 376) zu erfreuen. Deutlich ist die grundsätzliche Affinität des Künstlers zur Prostituierten in Krulls Reflexionen über die nächtlichen „Leichenhühnchen" (VII, 375) herauszuhören, die Dialektik von Locken und Sich-verkaufen, der beide ausgeliefert sind, die Nähe von Eros und Thanatos, in der beide sich aufhalten, und die berufsmäßige Ausübung der großen Freude, die beide auszeichnet:

Wer nämlich der menschlichen Sehnsucht berufsmäßig dient und seinen Unterhalt daraus zieht, ist darum keineswegs über eben diese der Menschennatur tief eingeborene Schwäche erhaben; denn er würde sich ihrer Pflege, ihrer Erweckung und Befriedigung nicht so gänzlich gewidmet haben und sich weniger trefflich auf sie verstehen, wenn sie nicht in ihm besonders lebendig, ja, wenn er nicht für seine Person ein rechtes Kind der Sehnsucht wäre. (VII, 377)

Dieses Kind der Sehnsucht nimmt nun die ungarische Schöne bei der Hand, jene mit Zirkusgenen ausgestattete „fremde Braut" (VII, 380) mit vielfältiger Erfahrung in ihrem Gewerbe. Sie verkörpert den zweiten Schritt der antiken Erotik, die *allocutio*, die Ansprache. Die *allocutio* kann der Lehre zufolge – im Widerspruch zur Bezeichnung – auch ohne wörtliche Ansprache geschehen und sich der Zeichensprache bedienen.[18] Das verleiht auch Krulls zweitem Schritt auf dem Wege zum Künstler die notwendige Elastizität: Nachdem Einverständnis signalisierende Blicke getauscht werden, gibt die vom Erzähler als Venuspriesterin, Nymphe oder Phryne (VII, 375) bezeichnete und auf diese Weise mit göttlichem Beiklang versehene Dame Felix Krull einen Wink, den er beantwortet, indem er „in pantomimischer Absicht" (VII, 379) das Futter seiner Taschen nach außen kehrt. Ein Kopfschütteln verneint daraufhin das ökonomische Interesse und „ungesäumt" (VII, 379) folgt der junge Mann der lockenden Frau. Die kundige Rosza erkennt sofort, dass der „noch unausgebildete Jüngling" (VII, 381) zum „Liebesdienste geschaffen und ausgezeichnet" ist, ja, der „Welt und sich selbst viel Lust und Freude bereiten würde, wenn [er] einem so präzisen Berufe Folge leisten und [s]ein Leben gänzlich auf diesem Grund errichten würde" (VII, 381). Wiederum ist eine Parallele zur antiken Poetik auffallend: Die *allocutio* kann spezifisch gestaltet werden, als erotische *persuasio*, also als Überzeugungsrede oder als Lehrgedicht, in jedem Fall hält sie gute Gründe bereit, die zur Liebe überzeugen.

Die Voraussetzungen für eine glückliche Ausbildung Krulls schafft die „gestrenge Geliebte", indem sie sich im „Verkehre [...] auf die sachlichsten Anweisungen und Verabredungen" (VII, 383) beschränkt und gegenüber dem Lernwilligen als gute Pädagogin – deren Vokabular freilich dem „Ausdrucksbereich der Cirkusmanege" (VII, 383) entstammt –, mit Lob nicht spart. Überträgt man die rhetorischen Möglichkeiten des antiken Verständnisses von *allocutio* auf die spezifische Ausgestaltung im *Krull*, so schöpft sie die Bandbreite der Handlungsgestaltung aus: neben Ansprache und Überzeugsrede enthält sie eine Bedeutung im Sinne von Zuspruch.[19] Daran lässt es Rosza ihrem begabten wie lernbegierigen Schüler nicht fehlen.

Auf die Entwicklung zum Künstler bezogen, bedeutet dieser Schritt: Krull, zur Liebe berufen, erlernt das Handwerk, ohne das kein Werk gelingen kann. Er lernt wie im Traum, „wo unser Ich mit Schatten ohne gültiges Eigenleben,

---

[18] Schlaffer, S. 81.
[19] In der antiken Liebes-Dichtung will ein Mann die Geliebte erobern. Dagegen verhilft Rozsa dem Geliebten dazu, zu sich selbst, bzw. zur eigenen sinnlichen Bestimmung zu finden.

mit Erzeugnissen seiner Selbst verkehrt". Mit freudiger Leichtigkeit tut es Felix der Geliebten nach, „wundersam ungehemmt, kühn und fessellos, wie Gedanken der Einsamkeit es sind" (VII, 380). Wiederum finden wir hier den Hinweis darauf, dass jede Frau nur das in Krull wecken kann, was bereits in ihm angelegt ist.[20]

Krulls abschließenden Reflexionen, nicht *in* der Liebe, sondern *durch* die Liebe gebildet worden zu sein (VII, 384), ja durch die „entnervende" Tätigkeit „benervt" (VII, 385) und zur Feinheit und Eleganz der späteren „Stückchen [s]eines Lebens" (VII, 385) erzogen worden zu sein, offenbart jenes Selbstverständnis Thomas Manns, das ihn mit Fontane verbindet: „Nichts ist seltener als die Inspiration. Als Regel gilt: alles Tüchtige will errungen sein."[21]

Die erste Schaffensperiode am *Krull* endet mit der Aufzeichnung dieser Erkenntnis. Noch Jahre später wird Thomas Mann seine Arbeitsweise als Synthese von Talent und erworbenen Fertigkeiten charakterisieren, wie es bereits im *Krull* vorgegeben ist: „Gleichwie das Schiff der Sandlast, so bedarf das Talent notwendig der Kenntnisse, aber ebenso gewiß ist, daß wir uns nur solche Kenntnisse wahrhaft einverleiben, ja, daß wir nur auf solche eigentlich ein Anrecht haben, nach denen unser Talent im brennenden Einzelfalle verlangt und die es hungrig an sich rafft, um sich die nötige Erdenschwere und solide Wirklichkeit daraus zu schaffen." Dass Krull Rozsa, der „wilden Blüte des Ostens" (VII, 384) bei der beruflichen Ausübung ihrer Liebeskünste aus dem Versteck ohne jede Eifersucht zusehen kann, verwundert kaum. Konkurrenzdenken ist die Sache des Erwählten nicht. Und dass er an dem verdient, was andere wollen, gesteht er gerne ein, wenngleich er das wüste Wort, mit dem derartige Gesellen versehen werden, in seiner Sphäre für deplaziert hält.

Gelegenheit, seine erworbenen Fertigkeiten unter Beweis zu stellen und sie mit großem ökonomischem Nutzen zu verbinden, findet sich bald. Deutlich wird in der Gestaltung des Liebesabenteuers mit Diane Houpflé, warum Thomas Mann auf die in der Figuration des Krull immerhin angelegten Möglichkeit eines zukünftigen Lebens als Heiratsschwindler verzichtete;[22] eine Ausgestaltung dieses Typus hätte schwerlich eine Verbindung mit dem Künstler erlaubt, ganz gewiss aber keine mit dem Heros. So lässt er ihn lieben – und stehlen.

---

[20] Insofern ist Youn-Ock Kim zuzustimmen, wenn sie von Krulls „Projizierung seiner selbst in seine Geliebten-Figuren" spricht. Youn-Ock Kim: Das weibliche Ich und das Frauenbild als lebens- und werkkonstituierende Elemente bei Thomas Mann, Frankfurt/Main u.a.: Lang 1997, S. 283.

[21] Fontane in einer Rezension über Karl August Heigels „Ohne Gewissen", zit. nach Hans-Heinrich Reuter: Fontane. 2. Bd., Berlin: Aufbau 1968 (Neu hrsg. und mit einem Nachwort sowie einer Ergänzungsbibliographie versehen von Peter Görlich, Berlin: Verlag der Nation 1995), Bd. 2, S. 615.

[22] Notizblatt 415, vgl. Wysling, Narzissmus, S. 415.

Jene „erotische Vermischung"[23] von Diebstahl und Liebeskunst – wie es in einer weiteren Notiz heißt –, erlebt Krull geradezu schicksalhaft. Diane Houpflés Schmuckkästchen gleitet „unversehens" in sein Gepäck. Ohne ihr Wissen ist damit die erotische Brücke geschlagen. Der begehrende Blick des Mannes wird dabei lediglich von ihrer nervösen Eigenart, die goldenen Augen ohne jede Veranlassung „immerfort so unerfreulich" aufzureißen, gestört. Wiederum begegnet uns hier der Blick, ohne die keine Liebeshandlung beginnt. Es entsteht in Krull der Vorsatz, ihr „diese Gewohnheit gütlich ausreden zu sollen" (VII, 419). Er redet es ihr aus – indem sie ihm die Augen öffnet über seine Identität als Hermes-Gestalt.

Ohne Recht zu wissen, wie ihm geschieht, ist Krull Akteur in jener göttlichen Veranstaltung, die mit einem bezeichnenden Dialog beginnt: „‚Der neue Armand, wenn ich nicht irre?' ‚Zu Diensten, Madame.'" (VII, 437) Eilfertig bietet er an, sie von ihrer Last befreien zu wollen, wozu, wie sich auf dem Hotelzimmer herausstellt, auch der Pelzmantel gehört. Aufgefordert, ihr aus ihm heraus zu helfen, macht sich Armand „ans Werk" und wird mit jenen Worten belohnt, die ihn nachhaltig beschäftigen sollen: „‚Du entkleidest mich, kühner Knecht?' Eine unglaubliche Frau und sehr ausdrucksvoll! Verblüfft, aber gefasst" – und mit beeindruckender Reaktionsschnelligkeit ordnet Krull darauf seine Worte wie folgt: „‚Wollte Gott, Madame, meine Zeit erlaubte mir, den Dingen diese Deutung zu geben und in einer so reizenden Beschäftigung nach Belieben fortzufahren!'" (VII, 438) Der daraufhin verabreichte Kuss als „ungewöhnlich bindendes Unterpfand" lässt Krull die sechs Stunden bis zum Wiedersehen in grüblerischer Erwartungshaltung seinen Tagesfron versehen.

‚Kühner Knecht' hatte sie mich genannt – eine Frau von Poesie! ‚Du entkleidest mich, kühner Knecht?' Das packende Wort lag mir den ganzen Abend im Sinn [...]. (VII, 439)

Gemischte Gefühle beherrschen ihn. Denn der im Wort „Knecht" liegende Verweis auf seine soziale Stellung kränkt. Sich seiner Hermes-Rolle nicht bewusst, kann Krull nicht ahnen, dass „die Knechtsgestalt [über]leitet [...] zur eigentlichen Epiphanie des halbgöttlichen Heros".[24] Die ihm – wie Krull meint, einfach unterstellte und zudiktierte – Kühnheit jedoch erfüllt ihn mit Stolz. Nachhaltige Verstimmtheit über die „wiederholte Erwähnung und Betonung [s]eines niedrigen Standes" (VII, 441) kennzeichnet auch das nächtliche Wiedersehen. Festzustellen ist, dass diese Gereiztheit und Verärgerung bis zum Geständnis des Diebstahls virulent bleibt, ja, gleichsam die Energie dazu lie-

---

[23] Notizblatt 587, vgl. Wysling, Narzissmus, S. 419.
[24] Wysling, Narzissmus, S. 262.

fert, sich zu offenbaren. Das ist einzigartig im Roman. Die dem Sonntagskind eigene Fähigkeit zur Illusionierung der Wirklichkeit und damit mögliche Distanzierung versagt hier. Die narzisstische Kränkung über die Verkennung wird zum Movens, als Göttlicher, als Hermes zu erscheinen.

Damit kehren wir zur antiken Poetik – und einer möglichen Parallele in den Liebesdarstellungen – zurück. Vorausgeschickt sei, dass die Antike sich zur Darstellung erotischer Vorgänge häufig Metaphern bedient, die aus anderen Disziplinen stammen, dem Krieg, dem *bellum amorosum*, dem Sport, wie beispielsweise Reiten Fechten, Ringen – und der Jagd. Es ist Diana, die Hermes erkennt. Sie ist, das ist im Kontext bedeutsamer, auch Göttin der Geburt und des Lichts. Legt man die Folie der *quinque lineae* an, folgt nun die *tertia linea*, die Berührung: sie ist das Zeichen des Erwählens und Erwählt-Werdens. In der antiken Erotik bildet die Abfolge des *tactus,* dort, wo er ausführlicher dargestellt ist, die Abfolge der fünf Stufen insgesamt ab, indem er nacheinander auf die Körperstellen verweist, auf die sich die anderen *lineae amoris* beziehen, also Blick, Anrede, Berührung, Küssen, Beischlaf.

Im *Krull* strukturiert diese Abfolge die Dramaturgie der Szene. Der *visus:* „Die kühne Bewohnerin [...] erblickte mein rasch die Umstände erforschendes Auge im Bette" (VII, 440). Dann kommt die Ansprache, die sich über den Besucher in beeindruckender Eloquenz ergießt. Ihr folgt die Berührung und der anschließende „noch weitgehender ausgestaltete Kuss" (VII, 441). Das alles führt dazu, dass Krulls „Männlichkeit, wie ihr nicht entgehen konnte, in den bedrängendsten Aufstand geriet" (VII, 441 f.). In dieser humorvollen Umschreibung seines Zustandes verbirgt sich mehr als der Hinweis auf die notwendige Voraussetzung für das angestrebte Ziel der Liebeshandlung. Es ist der Moment in der antiken Erotik, von dem es beispielsweise heißt: „und in der blühenden Pracht ward ich beseligt zum Gott".[25]

Krulls Eitelkeit in Anbetracht der wortgewaltig gepriesenen Götterglieder tut ihr Übriges. „Nie gab es eine ausdrucksvollere Frau!" (VII, 442) Und nie gab es – jedenfalls nicht in der Literatur – einen Mann, der in seinem anschließenden Tun nicht von den prasselnden Wortkaskaden irritiert worden wäre:

Er machte sie sehr glücklich und durfte hören, dass er's tat: ‚O Süßester! O Engel du der Liebe, Ausgeburt der Lust! Ah, ah, du junger Teufel, glatter Knabe, wie du das kannst! Mein Mann kann gar nichts, überhaupt nichts, musst du wissen. O du Beseliger, du tötest mich! Die Wonne raubt mir den Atem, bricht mein Herz, ich werde sterben an deiner Liebe!' Sie biß mich in die Lippe, in den Hals. ‚Nenne mich du!' stöhnte sie plötzlich, nahe dem Gipfel. ‚Duze mich derb zu meiner Erniedrigung! [...] Sie verging. Wir vergingen. Ich hatte ihr mein Bestes geben, hatte genießend, wahrlich abgezahlt. (VII, 442)

---

[25] Zit. n. Schlaffer, S. 84.

Man ist angesichts dieser hemmungslos ins Komische abgleitenden Szene versucht, die Frage zu stellen, die Thomas Mann im Hinblick auf die Arbeit am *Krull* am 20. Mai 1951 an seine Tochter Erika richtet: „Was soll der Unsinn?‟ (Br III, 206 f.) Diane beantwortet in ihrer schier unglaublichen Geschwätzigkeit das Bedürfnis zur Demütigung des Liebesdieners mit dem Bedürfnis nach Selbsterniedrigung. „Der Geist ist wonnegierig nach dem Nicht-Geistigen, dem Lebendig-Schönen.‟ (VII, 443) Das ist nun in der Tat eine Parodie auf das bekannte Tonio-Kröger- und Aschenbach-Schicksal. Dianes Überlegungen gehen allerdings weiter und werden, das begründet ja die Abfolge der Liebesabenteuer, Krulls Erfahrungsschatz anreichern und ihn zum Künstler reifen lassen. Zwei wesentliche Erkenntnisse Dianes werden Felix zuteil.

Erstens: Diane begründet ihre Vorliebe für ganz junge Männer mit einer grundsätzlich bestehenden „Verkehrtheit‟ der Liebe, dass der Knabe die Mutter, die Frau den Sohn begehre. Für Krull ist diese Lehre von geringem Wert, ja, man kann sagen, sie ist verkehrt, also falsch. Sein erotisches Begehren ist nicht mit einem psychoanalytischen Lehrsatz zu verstehen. „Die Psychoanalyse will wissen, dass sich die Liebe aus lauter Perversitäten zusammensetzt. Darum bleibt sie doch die Liebe, das göttlichste Phänomen der Welt‟, heißt es in einem Wagner-Essay Thomas Manns. Als Erkenntnismittel literarischer Phänomene ist für Thomas Mann, wie er am 6. Dezember 1947 an Alfred von Winterstein schreibt, die psychoanalytische Methode von zweifelhaftem Wert: „Ich möchte die Tiefenpsychologie nicht als allein seligmachend auf alle großen Erscheinungen der Literatur angewandt sehen [...].‟ (Br II, 574)

Zweitens: „Alle Schönheit ist dumm‟, belehrt Diane die Wohlgestalt an ihrer Seite, „weil sie ganz einfach ein Sein ist, Gegenstand der Verherrlichung durch den Geist‟ (VII, 444). Dieses Sein der Schönheit – die Krull bis ins Detail verkörpert – ist Schiller zufolge aber allein ein Werk der Natur, und nur der Sinn ist ihr kompetenter Richter: „Ein glückliches Verhältnis der Glieder, fließende Umrisse, ein lieblicher Teint, eine zarte Haut, ein feiner und freier Wuchs, eine wohlklingende Stimme usf. sind Vorzüge, die man bloß der Natur und dem Glück zu verdanken hat‟.[26] Nicht der Ideenwelt ist die architektonische Schönheit des menschlichen Körpers zuzurechnen, sondern allein der Sinnenwelt und wendet sich auch nur an das sinnliche Erkenntnisvermögen. Dennoch ist es nach Schiller denkbar, dass Erscheinungen Objekte der Vernunft werden und Ideen ausdrücken können. Das geschieht, indem entweder

---

[26] Friedrich Schiller: Über die ästhetische Erziehung des Menschen, in einer Reihe von Briefen, in: Schillers Werke (Nationalausgabe), Bd. XX: Philosophische Schriften, 2. Teil, Weimar: Böhlau 1963, S. 309–412, hier S. 256.

die Vernunft die Idee aus den Erscheinungen herauszieht, was mit dem Begriff der Vollkommenheit zu benennen wäre, oder die Idee in die Erscheinung hineinlegt, also „etwas bloß sinnliches übersinnlich behandelt".[27] Damit wird das, was objektiv für einen bloßen Effekt der Sinnenwelt zu erklären ist, subjektiv in die intelligible Welt versetzt. Die Schönheit, so Schiller, erlangt auf diese Weise in der Vernunftwelt das Bürgerrecht. Zu bedenken ist dennoch: „In der Vernunft selbst muß also der Grund liegen, warum sie ausschließlich nur mit einer <u>gewissen</u> Erscheinungsart der Dinge eine bestimmte Idee verknüpft, und in dem Objekte muß wieder der Grund liegen, warum es ausschließlich <u>diese</u> Idee und keine andere hervorruft."[28]

Krulls Hermes-Beine sind es, die Dianes Gedanken in diese Richtung lenken. „Willst du mir glauben, Geliebter, dass ich nur dich, immer nur dich geliebt habe, seit ich empfinde. Will sagen, nicht dich, doch die Idee von dir, den holden Anblick, den du verkörperst?" (VII, 445) Es folgt, wie wir wissen, Dianes Hermes-Assoziation und Krulls Selbstoffenbarung als Dieb. Beantwortet wird damit Schillers Frage nach der Dialektik von Erscheinung und Idee. Nach der Entdeckung des erotischen Prinzips der Kunst in den Armen Genovefas, nach der sinnlichen Lehre des Handwerks bei Rosza, erfolgt nun unter Anleitung von Diane die geistige Erweckung des Künstlers. Jenes Künstlers also, der, wie es im *Schopenhauer*-Essay heißt,

sich lustvoll sinnlich und sündig der Welt der Erscheinungen, der Welt der Abbilder verhaftet fühlen darf, da er sich zugleich der Welt der Idee und des Geistes zugehörig weiß, als der Magier, der die Erscheinung für diese durchsichtig macht. Die vermittelnde Aufgabe des Künstlers, seine <u>hermetisch-zauberhafte</u> Rolle als Mittler zwischen oberer und unterer Welt, zwischen Idee und Escheinung, Geist und Sinnlichkeit kommt hier zum Vorschein. (IX, 534)[29]

Die Episode endet mit der Initiation jenes Gottes, der mit seinem Diebstahl ein erotisches Spiel inszeniert. Wer über Geist verfügt und selbst göttergleich ist, – wer, wie es bei Eichendorff über den Leser heißt, die Himmelsleiter erklimmen kann – der verfolgt den Diebstahl mit großer Lust wie Diane Houpflé. Und der Dieb? Im Notizbuch heißt es:

---

[27] Ebd., 259f.
[28] Ebd., 260f. Hervorheb. i. Original.
[29] Sommerhage weist daraufhin, dass für Thomas Mann „die Umkehrung von Schopenhauers sexualpessimistischer Metaphysik in eine erotisch-affirmative Ästhetik" bereits in diesem Essay vollzogen ist. Claus Sommerhage: Eros und Poesis. Über das Erotische im Werk Thomas Manns, Bonn: Bouvier 1983, S. 212. Felix wird allerdings erst in seiner Rede im Kreuzgang diese Erkenntnis verbalisieren können.

Künstlertum. Das Stehlen ist Passion, erotische Bethätigung und Beglückung. Der große Gewinn dabei ein angenehmes Accidenz, wie der Reichtum eines erfolgreichen Künstlers".[30]

Die Essenz dieser frühen Arbeitsnotiz erscheint im Krull gestaltet in der „Tochter der Lüfte", in der Andromache. Sie ist keine begehrenswerte Frau und verkörpert insofern auch keine der fünf Stufen der Liebeshandlung. Vielmehr spiegelt sich in ihr der Preis, den der Künstler auf dem Wege zur Vergöttlichung zu zahlen hat.

„Sie war kein Weib; aber ein Mann war sie auch nicht und also kein Mensch" (VII, 460). Ihre Hochtrapez-Arbeit tut sie – sensationell und einmalig in der Zirkusgeschichte, wie der mit hermaphroditischen Zügen[31] ausgestattete Zuschauer Krull meint – „ohne ein unten ausgespanntes Sicherheits- und Fangnetz", aber zusammen mit einem Partner, der ihr bei persönlicher Zurückhaltung die Hand bietet zur Ausführung ihrer „Evolutionen im Luftraum" (VII, 458). Nun, sensationell und einmalig ist der Beruf des Schriftstellers ohne bürgerliche Sicherheit, wie Thomas Mann ihn ausübte, nicht, mag er es auch so empfunden haben. Und welch ein wunderbares Bild ist hier in der im Luftraum atemberaubend kühn und in wunderbarer Vollendung fliegenden Andromache gefunden, die ein Liebäugeln mit dem Publikum verschmäht, aber dennoch der helfenden Hand eines im Hintergrund bleibenden, auf sicherem Boden stehenden Partners bedarf, um ihre Kunst ausüben zu können!

Nicht Liebe, sondern Verehrung ringt Andromache ihren Zuschauern ab, „Schauer der Begeisterung", die kalt ans Herz treten. Die Kluft zwischen der „Tochter der Lüfte" und dem Volk, ihrem Publikum, das ihren „waghalsigen Unternehmungen und Vollbringungen" (459 f.) ebenso fasziniert wie verständnislos folgt, ist unüberwindbar. Das Bild einer im Luftraum beheimateten und auf das Geschick der Hände angewiesenen Kunst kann eindringlicher nicht verkörpert werden als in der Figur der Andromache. Ihren Zauber gewinnt sie durch den Schein der Leichtigkeit des Fliegens – ein in Wahrheit nur mit äußerster Disziplin und Präzision aufrecht zu haltender Schein, denn „griffen ihre herrlichen Hände ins Leere, so stürzte sie – stürzte sie vielleicht kopfüber aus ihrem Kunstelement, der Luft, hinab in den gemeinen Grund, der der Tod

---

[30]   Notizblatt 597, in: Wysling, Narzissmus, S. 597.

[31]   Die „hermaphroditische Doppeldeutigkeit von Felix' sexueller Identität" spiegelt sich im „bipolaren Begehren seiner Mitmenschen". In einer früheren Fassung ist dem Liebesbegehren der Frauen das von drei Männern zur Seite gestellt. Die Entscheidung Manns, den Anteil Krulls an „homosexueller Triebenergie" herabzusetzen, erfolgt Härle zufolge im Wesentlichen aus Gründen mangelnder Praktikabilität. Gerhard Härle: Simulation der Wahrheit. Körpersprache und sexuelle Identität im *Zauberberg* und im *Felix Krull*, in: „Heimsuchung und süßes Gift". Erotik und Poetik bei Thomas Mann, hrsg. von Gerhard Härle, Frankfurt/Main: Fischer 1992, S. 63–86, hier 70.

war." (VII, 460) Diese stets drohende, abgrundtiefe Gefahr lässt Krull erbeben
– und lebenslang auch seinen Schöpfer. Muss noch darauf hingewiesen werden,
dass Krull sich Andromache als bürgerliche Gattin und Mutter nicht vorzustellen vermag, weil er weiß, dass vollkommene Transzendierung der eigenen
Sinnlichkeit zu Kunst erfordert, dass „dieser strenge Körper das, was andere
der Liebe geben, an seine abenteuerliche Kunstleistung verausgabte"? (VII,
460) Krull, so scheint es, ist der einzige unter den Zuschauern, der Androma-
ches Wesen „[s]chmerzlich zugleich und erhebend" (VII, 460) erlebt.

Krulls vorgeschriebener Lebenslauf macht verständlich, dass er das Angebot von Miss Twentyman ablehnen muss. Ihre Liebesbeteuerungen gipfeln
im Vorschlag durchzubrennen und ein Kind zu zeugen, um mit dieser vollendeten Tatsache den Vater nachträglich das Einverständnis abzuringen. Aus
Krulls Entgegnung spricht das blanke Entsetzen: „Und das wilde Kind tat
wahrhaftig, als wolle sie gleich hier auf der Stelle ein Kind von mir empfangen." (VII, 487) Nein, in des „Zickleins" (VII, 475) Wunschgedanken findet
keine „Emanzipation des Erotischen vom Nützlichkeits- und Fortpflan-
zungsdenken" (X, 196 f.) statt, wie es in Thomas Manns Essay *Über die Ehe*
heißt, hier regiert im Schopenhauerschen Sinne „das Interesse der Natur also,
für welchen die Liebesillusion nur ein Trick der Verführung, ein Mittel zu
ihren fertilen Zwecken ist" (X, 197). Diese Spielart des Eros ist Krulls Sache
nicht. Und ebenso verhält es sich mit dem Ansinnen des Lord Kilmarnock:
Er bietet Krull ein Leben als scheinbarer Kammerdiener oder scheinbarer
Adoptivsohn. Nicht, dass das Leben im Scheinbaren für Krull problematisch
wäre, aber es ist das Leben in Abhängigkeit, das ihn fliehen lässt. Man darf
das wörtlich nehmen: Er möchte nicht einem hohen Herrn in der Kammer
dienen – eine Anspielung auf Goethe –, er möchte nicht das väterliche Erbe
antreten an Sohnes statt.[32] Er verzichtet „zugunsten des freien Traumes und
Spieles, selbstgeschaffen und von eignen Gnaden, will sagen: von Gnaden
der Phantasie" (VII, 489). Der Weg des Zauberers ist damit endgültig einge-
schlagen.

Durch die Bekanntschaft mit Professor Kuckuck erlangt Krull schließlich
den panerotischen Blick, die Fähigkeit zur Allsympathie. Wysling hat die
Bedeutung dieses Gesprächs herausgestellt und virtuos als Summe naturphi-
losophischer Überzeugungen Thomas Manns nachgewiesen. Ebenso konnte
Wysling überzeugend zeigen, dass Krulls Eintritt in die Kuckuckfamilie einer
Aufnahme in die Götterfamilie gleichkommt; hoch über Lissabon auf olympischen Höhen wird der Gott der Blender und Diebe freundlich aufgenom-

---

[32] Koopmann erkennt in der Szene „die Befreiung vom Schema der familiären Beziehungen
und vom Rollenspiel zwischen Vater und Sohn". Helmut Koopmann: Thomas Mann. Konstanten
seines literarischen Werks, Göttingen: Vandenhoeck & Ruprecht 1975, S. 80.

men bei Zeus, Hera und Kore. Und auch über den Ursprung jenes reizenden Doppelbildes, Demeter und ihre Tochter Persephone, sind wir belehrt: Sie sind als eine Doppelgestalt aufzufassen, deren eine Hälfte die andere ideenmäßig ergänzt und begründet.[33] Krull bestätigt das durch sein Tun: Während er der reifen, herben Schönheit die Hand küsst, blickt er mit einem Lächeln zur Tochter, sagt er dieser eine Artigkeit, sucht sein Blick Dona Maria Pia. Bereits hier deutet sich an, dass der Roman keineswegs ein unfreiwilliges Fragment bleibt, sondern sich mit und in der Umarmung Maria Pias auf eine Weise vollendet, die eine Fortführung schwerlich gestattet hätte.[34]

Erstens, weil das Begehren Maria Pias mit den Blicken auf sie während des Stierkampfes beginnt und mit ihrer Umarmung endet. Zweitens, weil die Lebensbahn als Künstler mit dem Schauen beginnt und das Lebenswerk, mit der Umarmung endet. Blick und Umarmung:

Nur an den beiden Polen menschlicher Verbindung, dort, wo es noch keine oder keine Worte mehr gibt, im Blick und in der Umarmung, ist eigentlich das Glück zu finden, denn nur dort ist Unbedingtheit, Freiheit, Geheimnis und tiefe Rücksichtslosigkeit. (VII, 348)

Die daran anschließende Passage enthält bereits die Begründung, warum die Begegnung mit Zouzou, die den Blick abwendet und die Rede sucht, ein unvollendetes Zwischenspiel bleibt:

Alles, was an Verkehr und Austausch dazwischenliegt, ist flau und lau, ist durch Förmlichkeit und bürgerliche Übereinkunft bestimmt, bedingt und beschränkt. Hier herrscht das Wort, – dies matte und kühle Mittel, dies erste Erzeugnis zahmer, mäßiger Gesittung, so wesensfremd der heißen und stummen Sphäre der Natur, daß man sagen könnte, jedes Wort sei an und für sich und als solches bereits eine Phrase. Das sage ich, der, begriffen in dem Bildungswerk meiner Lebensbeschreibung, einem belletristischen Ausdruck gewiß die erdenklichste Sorgfalt zuwendet. Und doch ist mein Element die wörtliche Mitteilung nicht; mein wahrstes Interesse [Hervorhebung K. T.] ist nicht bei ihr. Dieses vielmehr gilt den äußersten, schweigsamen Regionen menschlicher Beziehung; jener zuerst, wo Fremdheit und bürgerliche Bezugslosigkeit noch einen freien Urzustand aufrechterhalten und die Blicke unverantwortlich, in traumhafter Unkeuschheit sich vermählen; dann aber der anderen, wo die möglichste Vereinigung,

---

[33] Hans Wysling: Wer ist Professor Kuckuck? Zu einem der letzten „großen Gespräche" Thomas Manns (1976), in: Ausgewählte Aufsätze 1963–1995, hrsg. von Thomas Sprecher und Cornelia Bernini, Frankfurt/Main: Klostermann 1996, S. 285–309.

[34] Thomas Mann hat eine Fortsetzung des Romans zwar suggeriert, aber nie ernsthaft erwogen. Den gesamten *Krull* als „ersten Teil" zu deklarieren, gehört zum Plan, das Publikum zu täuschen. So heißt es am 6. September an Emil Praetorius: „So gebe ich jetzt das zum Roman-Band erweiterte Fragment des ‚Felix Krull' heraus, als ‚Ersten Teil' des Ganzen, und tue, als ob die Fortsetzung dieser Scherze unterwegs wäre, während doch von Weiterem noch kein Wort auf dem Papier steht und ich im Grunde weiß, dass ich das Unding nie zu Ende führen werde." (Br III, S. 356 f.).

Vertraulichkeit und Vermischung jenen wortlosen Urzustand auf das Vollkommenste wiederherstellt. (VII, 348 f.)

In eloquenter Rede – hier herrscht das durch bürgerliche Übereinkunft bestimmte Wort – soll Zouzou das Wesen der Liebe beigebracht werden – mit dem Ziel, sie zu küssen. Mit der Episode „Zouzou" ließe sich also die vierte Stufe der Liebeshandlung: *osculum sive suavium*, das Küssen, in Beziehung setzen. Doch die junge Dame hat ihre eigenen Ansichten über die Liebe, vielmehr, sie hat eigentlich gar keine eigenen, weil sie lediglich Schopenhauers *Metaphysik der Geschlechtsliebe* paraphrasiert, – und das durchkreuzt Krulls handfeste Absichten. „Courschneiderei" nennt sie das Liebeswerben, bei dem es nur darum gehe, von etwas „unsagbar Lächerliche[m], Absurde[m] und Kindisch-Unappetitliche[m]" (VII, 631) abzulenken. Krull bietet – übrigens pantomimisch begleitet, also bereits auf den trügerischen Schein seiner Rede verweisend – sein gesamtes poetisches Vokabular auf, um Zouzou von der Poesie der Liebe zu überzeugen. Seine Rhetorik nutzt den schönen Schein der Poesie, um die sexuelle Begierde zu vertuschen: „was galt hier das Gesicht" (VII, 659), heißt es angesichts der Aktzeichnungen sogar in aller Deutlichkeit. Um Zouzou von ihrem Schopenhauer-Einfluss zu befreien, macht sich Krull mit Wortgewalt damit gerade das zu eigen, was in der *Metaphysik der Geschlechtsliebe* ebenfalls nachzulesen ist, nämlich, dass auch poetische Kreativität das geeignete Mittel zum Zweck sein kann. Das muss schief gehen und sorgt darum für eine „gewisse eindringliche Komik"[35].

Patatípatatá! machte sie. Umsponnen und verwoben und der liebliche Blumenkuß! Alles nur Süßholzgeraspel, um uns in euere Bubenlasterhaftigkeit hineinzuschwatzen! [...] [W]orauf ihr aus seid, das ist, mit uns nackt zu liegen, Haut an Haut, und uns das absurde Vergnügen zu lehren, wie ein armer Mensch des anderen dunstige Oberfläche abkostet mit Lippen und Händen, ohne dass sie sich schämten der kläglichen Lächerlichkeit ihres Treibens und dabei bedächten, was ihnen gleich das Spiel verdürbe und was ich einmal als Verschen gelesen habe in einem geistlichen Buch:
›Der Mensch, wie schön er ist, wie schmuck und blank,
Ist innen doch Gekrös' nur und Gestank‹. (VII, 633)

Krull muss nun, um erfolgreich in der Liebeshandlung zu sein und zum gewünschten Küssen zu gelangen, einen ganz anderen Weg als den von Schopenhauer vorgegebenen beschreiten: In seiner sprudelnden Suada im Kreuzgang bezweifelt er die Achtbarkeit und Schönheit des anorganischen Seins ohne

---

[35] Am 27. Januar 1954 an Erika: „Es quält mich, dass die Leute sich so darauf spitzen. Ist ja doch dummes Zeug, und gefallen tut mir daran eigentlich nur Felixens Rede im Kreuzgang. Das hat eine gewisse eindringliche Komik." (Ebd., S. 324).

Zutun des Menschen und hält es mit jenen, die „die Wahrheit erblickten in Form und Schein und Oberfläche und sich zu deren Priester machten und auch sehr oft Professor dafür wurden." (VII, 634)[36] Das ist ein Plädoyer für Schiller, der in den *Briefen über die ästhetische Erziehung des Menschen* formuliert:

Durch die Schönheit wird der sinnliche Mensch zur Form und zum Denken geleitet. Durch die Schönheit wird der geistige Mensch zur Materie zurückgeführt und der Sinnenwelt wiedergegeben.[37]

In der Schönheit, die gleichzeitig dem Reich der Sinne und dem der Ideen angehört, soll der betrachtete Gegenstand als Symbol der Bestimmung des Menschen erkannt werden. Es ist der eigentümlichste Gedanke des großen Essays, den ästhetischen Zustand, in dem allein das möglich ist, als Spiel zu bezeichnen: „[D]er Mensch spielt nur, wo er in voller Bedeutung des Worts Mensch ist, und *er ist nur da ganz Mensch, wo er spielt.*"[38] Und es ist einer der eigentümlichsten Einfälle Thomas Manns, Zouzou durch Krull mit den Worten zurechtzuweisen, sie sei „spielverderberisch", ja, sie verderbe dem Leben das Spiel.

Zouzous endgültige Belehrung über die Faszination alles Lebendigen durch Eros findet im Kreuzgang statt. Die allumfassende Pan-Erotik, die Krull hier – nun selbst am Kreuzweg stehend – beschwört, erlöst die Liebe von ihrer Auslegung im Schopenhauerschen Sinne und führt sie gleichsam zu Platon zurück, indem Krull nun – im Sinne Diotimas – Eros als produktive Kraft versteht, als „Zeugungskraft der Seele", die „alle die Künstler [eignet], denen man eigene Erfindungskraft beimisst". Krull wird mit dem Kuss belohnt.[39]

Zouzou <u>kann</u> nicht die letzte Geliebte sein, weil es eines fünften Schrittes, einer fünften Frau bedarf, damit sich das Begehren des Künstlers, die innere Notwendigkeit des Erotischen der Kunst, erfüllt. Jäh wird das Paar von Zouzous Mutter aus der Umarmung gerissen. „Stumm, gleichwie auf die eben noch innig vereinten Lippen geschlagen, blickten wir auf zu der Hehren [...]. Vielmehr: nur ich blickte auf zu ihr." (VII, 660) Neben die Faszination alles Lebendigen ist die Erotik des Todes getreten. Neben Eros tritt Thanatos. Ein letztes Mal sei zur Konturierung der Liebesbeziehung zu Maria Pia die antike

---

[36]   Rölleke verweist auf den Interpretationsstreit zwischen Heidegger und Staiger als mögliche Quelle. Heinz Rölleke: „Will sagen: schön in sich selbst". Zu einem ästhetischen Urteil in Thomas Manns „Bekenntnisse des Hochstaplers Felix Krull", in: „Weil ich finde, dass man sich nicht ‚entziehen‘ soll. Gesammelte Aufsätze zu Thomas Mann und seinem Werk, hrsg. von Lothar Bluhm und Heinz Rölleke, Trier: Wissenschaftlicher Verlag, S. 201–202.

[37]   Schiller, S. 365.

[38]   Ebd., S. 359.

[39]   Vgl. zur Schopenhauer-Rezeption auch Sommerhage (Anm. 29). Ferner: Dietmar Krug: Eros im Dreigestirn. Zur Gestaltung des Erotischen im Frühwerk Thomas Manns, Frankfurt/Main u.a.: Lang 1997, S. 210 ff.

Poetik als Folie aufgelegt. Dem fünften Schritt der Liebeshandlung, Maria Pias Umarmung, gehen jene Blicke Krulls voraus, die ihrem wogenden Busen gelten. Und der wogt, weil sie lustvoll dass grausame Blutspiel betrachtet. An Genovefas „weißer und wohlgenährter Brust" (VII, 314), jener Frau, die ja auch zu berichten weiß, dass Krulls Begabung sich bereits an der Ammenbrust zeigte, begann die Liebeshandlung, an Dona Marias wogendem Busen endet sie. Genovefa lässt sich also assoziieren mit dem Lebensanfang des Menschen, Maria Pia – aufgrund ihres Status als Göttin Hera – mit seiner Rückkehr in den Schoß der Mutter Erde.

Doch nein, Krull kehrt in seiner letzten Liebesbeziehung nicht in das „Wunderreich der Nacht" ein, im Gegenteil, der „Wirbelsturm urtümlicher Kräfte", der ihn „ins Reich der Wonne" (VII, 661) trägt, ereignet sich am Nachmittag, in „frühherbstlicher milder Sonnigkeit" (VII, 657). Aber die Blicke, die das Begehren Krulls von Maria Pia verraten, entzünden sich an der Erregung, in die sie der Blick auf den „Zeuge- und Mordgott" (VII, 652) versetzt. Insofern können Kuckucks Erläuterungen, die den rituellen Umgang mit Opferblut betreffen und damit bereits eine gesellschaftliche Auslegung erfahren, nicht eigentlich das Interesse Krulls wecken:

Ich hörte alldem nur mit halbem Ohre zu, nur soweit es mich nicht störte im Anschauen der Frau, deren Bild und Wesen [Hervorhebung K. T.] durch das Volksfest so sehr gehoben und gleichsam zu sich selbst gebracht, zum Anschauen reif gemacht worden war. (VII, 656 f.)

Es ist die Erkenntnis einer Einheit von Bild und Wesen, Erscheinung und Idee, die erst im Zeichen von Eros und Thanatos gleichsam zu sich selbst gebracht ist. Dem Anschauen, der passiven Erkenntnis, folgt die Umarmung. Denn der dieser Aussage folgende parodistische Nachsatz: „Ihr Busen war jetzt zur Ruhe gekommen. Mich verlangte danach, ihn wieder wogen zu sehen." (VII, 657), lassen keinen Zweifel daran, wer der Verursacher solcher Bewegung sein wird. In seiner „hermetisch-zauberhafte[n] Rolle als Mittler von oberer und unterer Welt" wird der Künstler den Busen wieder zum Wogen bringen und damit Wesen und Bild zum Anschauen reif machen.

Felix Krull wird damit zum „Sprecher der Kunstauffassung Thomas Manns",[40] gerade, weil diese im Roman in eine humoristische Verpackung gekleidet ist. Dieses „herzaufquellende Lachen", nach dem es den betagten Autor verlangt, übertönt die Klage des Erwählten, die auch im *Krull* noch leise

---

[40] Klaus Hermsdorf: „Bekenntnisse des Hochstaplers Felix Krull. Der Memoiren Erster Teil", in: Das erzählerische Werk Thomas Manns. Entstehungsgeschichte. Quellen. Wirkung, Berlin, Weimar: Aufbau 1976, S. 398–430, hier S. 430.

zu hören ist. „Aus der Zeitflut weggerissen, schweben / Sie gerettet auf des Pindus Höhn; / Was unsterblich im Gesang soll leben, / Muß im Leben untergehn", heißt es in Schillers *Götter Griechenlands*.

Es ist ein erschriebenes, ein geträumtes Leben, das sich uns im *Krull* offenbart, gewiss.[41] Als „Kind und Träumer" (VII, 315) bezeichnet sich ja auch Felix selbst. Am Ende aber ist jene große Sehnsucht nach einer Einheit von Kunst, Leben und Eros, wie sie nur in der antiken Dichtung verwirklicht ist, gestillt. In den Armen Maria Pias vollendet sich die Liebeshandlung des Künstlers. Hier gelingt die Rückkehr in jenen wortlosen „freien Urzustand" (VII, 349), in dem das eigentliche Glück zu finden ist.

---

[41] Hermsdorf verweist auf den während der Arbeit am Krull entstandenen Essay *Der Künstler und die Gesellschaft* (1952), in dem es heißt, die Kunst sei keine „Macht" sondern allenfalls ein „Trost". Krull stellt in diesem Sinne ein „Sinnbild des Kunstschönen, das sich rechtfertigt, indem es Stimulans des Lebens, ein Ferment des Humanen wird" (429).

Michael Neumann

Der Reiz des Verwechselbaren

Von der Attraktivität des Hochstaplers im späten 19. Jahrhundert

Der folgende Beitrag streift durch Gefilde der Literaturgeschichte, in denen Thomas Mann-Forscher sich sonst kaum je herumtreiben. Von den *Bekenntnissen des Hochstaplers Felix Krull* wird dabei nur kurz die Rede sein, ein wenig zu Anfang und ein wenig am Ende. Aber ich hoffe, daß am Schluß dennoch etwas Licht auf diesen Roman gefallen ist – auf alle Fälle ein ungewohntes, vielleicht ja sogar ein erhellendes.

Felix Krull ist nicht die erste Thomas Mann-Figur, die mit schauspielerischen Mitteln einen Schein erzeugt, der durch das Sein hinter Maske und Kostüm nicht recht gedeckt ist. Christian Buddenbrook etwa hat in seinen Londoner Jahren als Kaufmann nicht gerade Erfolge gefeiert, aber als er nach seinem südamerikanischen Abenteuer nach Hause zurückkommt, vermag er doch mit seltsamer Eindrücklichkeit als englischer Kaufmann aufzutreten:

> Es lag etwas davon in dem bequemen Schnitt und dem wolligen, durablen Stoff seines Anzuges, in der breiten und soliden Eleganz seiner Stiefel und in der Art, wie sein rotblonder, starker Schnurrbart mit etwas säuerlichem Ausdruck ihm über den Mund hing. Ja selbst seine Hände, die von jenem matten und porösen Weiß waren, wie die Hitze es hervorbringt, machten mit ihren rund und kurzgeschnittenen sauberen Nägeln aus irgendwelchen Gründen einen englischen Eindruck. (GKFA 1.1, 285)

Nicht daß Christian direkt ein Hochstapler wäre, aber er weiß sich durch eine Fülle von Details, die im Einzelnen manchmal gar nicht leicht genau zu fassen sind, das Ansehen einer englischen Solidität zu verschaffen, von der sein Charakter gar nichts weiß.

Nun mag man bei dem Taugenichts Christian durch die Präponderanz des Scheins über das Sein nicht weiter überrascht werden. Aber auch sein höchst ernsthafter Bruder Thomas steigert mit dem Fortschreiten des Romans die exzessive und teure Eleganz seines Äußeren in genau dem Maße, in dem seine Geschäfte schlechter gehen. Je weniger er sich in seinem Inneren als erfolgreicher Kaufmann fühlt, desto hemmungsloser demonstriert sein Äußeres den großen Herrn. Auf wieder andere Art übernimmt, in *König-*

liche Hoheit, Prinz Heinrich seine öffentliche Existenz als eine Rolle, zu der die Pflicht ihn bedingt, so wenig seine angeborene Disposition auch danach drängt.

Die Beispiele ließen sich vermehren: Rollenspiel und Schauspielerei, wohin man schaut in den Werken des jungen Thomas Mann. Der Sachverhalt ist auffällig, und die Thomas Mann-Forschung hat ihn denn auch ausgiebig und gründlich untersucht. Die rollenspielenden Figuren wurden eingereiht in den schon deutlich älteren literarischen Typus des Dilettanten, der eine Existenzform – meist ist es die des Künstlers – zu agieren versucht, der seine Fähigkeiten nicht gewachsen sind. Einschlägig ist auch die Vermengung von Kunst und Leben, die seit der Romantik die Literatur kontinuierlich beschäftigt hat. Eine direkte Verbindung führt ferner zum décadent, bei dem das Leben nicht mehr im Ganzen liegt, sondern im Einzelnen, so daß sich hinter seinen einzelnen Äußerungen und Ausdrucksformen keine Einheit eines zugrundeliegenden Wesens mehr findet. Paul Bourget hat diese literarische Zentralfigur des ausgehenden 19. Jahrhunderts analysiert. Friedrich Nietzsche hat seine Dekadenz-Analyse fortgeführt und zur Entlarvung oder Denunziation Richard Wagners genutzt: als die Heraufkunft des Schauspielers in der Musik. Historisch läßt sich die intensive Präsenz von Dilettanten und décadents in der Literatur dieser Zeit interpretieren als eine Auseinandersetzung mit der Angst, dem modernen Menschen könne die Einheit seines Ich, die Herrschaft seines Willens, die Identifizierbarkeit als individuelles Subjekt abhanden kommen. Thomas Mann hat an dieser Auseinandersetzung erzählend teilgenommen und dabei auch von den Analysen Bourgets und Nietzsches ausführlich profitiert.

I.

Das alles ist, wie gesagt, für die Thomas Mann-Forschung terra cognita: wohl erforscht und wohl dokumentiert. Wenn ich die Figur des Hochstaplers heute probeweise in einen anderen Kontext rücke, so möchte ich nichts von den Ergebnissen dieser Forschung in Frage stellen. Nicht um Widerspruch geht es mir, sondern um Experiment und Ergänzung. Auch sollen nicht neue Quellen vorgelegt werden. Ich möchte nur vorführen, daß der Krull-Roman durch das Hochstapler-Motiv auch in ein literarisches Feld paßt, das Thomas Mann auf den ersten Blick fern zu liegen scheint.

Nun hat Hans Wysling dem „Hochstapler- und Dandymotiv in der zeitgenössischen Literatur" bereits eine sorgfältige Untersuchung gewidmet.[1] Er vergleicht Felix Krull darin mit Figuren von Heinrich Mann, Frank Wedekind, Herman Bang, Otto Julius Bierbaum, Richard von Schaukal und Carl Sternheim. Einige dieser Figuren bleiben weitgehend in den oben skizzierten Traditionslinien: Herman Bangs feiner, schöner Franz Pander (in *Exzentrische Novellen*, 1905) ist ein décadent, an dem die Liebe zum Schönen als Sehnsucht nach Luxus daherkommt; Bierbaums *Stilpe* (1897) ist ein Dilettant, der im Leben nie einholen kann, was seine Phantasie ihm vorausentwirft. Auch bei den anderen Figuren finden wir Züge des Ästhetizismus und des Rollenspiels, doch liegt der Schwerpunkt hier entschieden auf der skrupellosen Energie zu sozialem Aufstieg. Das gilt gleichermaßen für Andreas Zumsee in Heinrich Manns Roman *Im Schlaraffenland* (1900) wie für Wedekinds *Marquis von Keith* (1900), über den Thomas Mann übrigens einen Aufsatz geschrieben hat;[2] für Otto Julius Bierbaums Millionenerben *Prinz Kuckuck* (1907/08) wie für Sternheims neureichen Christian Maske (*Der Snob*, 1914).

Wysling sieht den sozialhistorischen Wurzelgrund für die Beliebtheit dieses Themas in der zeitgenössischen wilhelminischen Protz- und Parvenu-Gesellschaft, verweist aber auch allgemeiner auf die europäische belle époque mit ihrer Vergötterung von Reichtum und Luxus.[3] Zweifellos liegt hier ein Thema, das bereits die Literatur des 19. Jahrhunderts mit steigender Intensität bearbeitet hat. Wysling nennt als eine Anregung für Heinrich Manns *Schlaraffenland*-Roman den *Bel Ami* von Maupassant. Aber hinter Maupassant erhebt sich das weitgestreckte französische Massiv des realistischen und naturalistischen Romans. Man mag hier zunächst an den skrupellosen Aufsteiger Lucien de Rubempré aus Balzacs *Verlorenen Illusionen* (1837–44) denken. Doch die Gewalt eines bedingungslosen jugendlichen Aufstiegsstrebens führt durch die Landschaft des französischen Romans als ein mächtiger Gebirgszug von Stendhals *Rot und Schwarz* (1830) über Flauberts *L'Éducation sentimentale* (1869) bis eben zu Maupassants *Bel Ami* (1885). Und die Thematik eines so zynischen wie hasardeurhaften Raubtier- und Glücksspiel-Kapitalismus durchzieht Balzacs gesamte *Comédie humaine* wie Zolas Großwerk über die Familie Rougon-Macquart. Es ist das eine Literatur, der die deutsche im 19. Jahrhundert nichts an die Seite zu setzen hatte. Ein wesentlicher Grund dafür

---

[1] Hans Wysling: Narzissmus und illusionäre Existenzform. Zu den Bekenntnissen des Hochstaplers Felix Krull, Frankfurt/Main: Klostermann 1995² (Thomas-Mann-Studien V), S. 34–56. Weitere Hochstapler und „Schelme" in zeitgenössischer Literatur nennt Klaus Hermsdorf: Thomas Manns Schelme. Figuren und Strukturen des Komischen, Berlin [Ost]: Rütten & Loening 1968, S. 15–17 u. 343, Anm. 32.

[2] Über Frank Wedekind (1914): GKFA 14.1, S. 400–406.

[3] Wysling, S. 34 f.

dürfte in der Sozialhistorie liegen: Der Lebensraum all dieser Aufsteiger und Großkapitalisten ist Paris – nicht nur eine Großstadt, sondern eine neuartige Metropole, der sich sonst nur noch London vergleichen kann. Sie bietet einen Erfahrungsraum, über den die deutschen Autoren nicht verfügen, der uns im Folgenden aber noch beschäftigen wird.

Stellt man diese Aufsteiger-Figuren – die schmächtigen à la Sternheim oder Heinrich Mann wie die größer dimensionierten à la Balzac – nun aber neben Felix Krull, so hält sich die Ähnlichkeit doch in Grenzen. Um es schlicht zu formulieren: Felix Krull wirkt neben ihnen sehr viel sympathischer, allerdings auch sehr viel harmloser. Dafür gibt es verschiedene Gründe. Ich erinnere nur daran, daß all die genannten Romane, von Balzac bis Heinrich Mann, die Gesellschaft ihrer Zeit porträtieren, analysieren und kritisieren wollen. Die Dimension der Skrupellosigkeit, mit der sich die Helden durch das Haifischbecken der sozialen Verhältnisse bewegen, muß dem Ausmaß der Verkommenheit entsprechen, die an dieser Gesellschaft aufgedeckt werden soll. Wer sich viel Mühe gibt, kann zwar auch im Krull-Roman gesellschaftskritische Züge entdecken, aber im Zentrum von Thomas Manns Interesse stand derlei bekanntlich zu keiner Zeit.

Allerdings besitzt Felix Krull nun doch eine Eigenheit, die den andren Rollenspielern Thomas Manns – Christian Buddenbrook, Thomas Buddenbrook, Prinz Heinrich und all ihren Verwandten – ziemlich vollständig fehlt: Er zeigt eine starke Tendenz zum unumwunden Kriminellen. Schon in kindlichem Alter fälscht er Unterschriften und stiehlt im Delikatessengeschäft; er betrügt die Einberufungskommission und agiert als Zuhälter; und einen geplanten Hauptteil des Romans kennzeichnen frühe Entwürfe mit dem Stichwort „Hôteldieb".[4] Widmet man diesem Charakterzug größere Aufmerksamkeit, so gerät Felix Krull in eine bemerkenswerte Nachbarschaft.

Die Idee zu dem Roman kam Thomas Mann ja möglicherweise, als er die Autobiographie eines wirklichen Hochstaplers las (XI, 122): des berüchtigten Georges Manolescu, dessen Erinnerungen 1905 unter dem vielsagenden Titel *Ein Fürst der Diebe* in deutscher Übersetzung auf den Markt kamen. Dieses seltsame Opus, in dem ein Dieb und Hochstapler es darauf anlegt, durch die renommistische Schilderung seiner kriminellen Unternehmungen ein großes Lesepublikum zu erobern, und das auch tatsächlich schafft,[5] – dieses seltsame

[4] In: Wysling, S. 405; vgl. ebd. 410–413 u. 422.

[5] Binnen eines Jahres brachte es das Buch auf fünf Auflagen und ein Fortsetzungsband wurde noch im selben Jahr nachgeschoben. Zu Manolescus Buch als Quelle für Thomas Mann s. Eva Schiffer: Manolescu's Memoirs: The Beginnings of Felix Krull?, in: Monatshefte 52, 1960, S. 283–292; Wysling, S. 153–170; und Eric Downing: Artificial I's. The Self as Artwork in Ovid, Kierkegaard, and Thomas Mann, Tübingen: Niemeyer 1993, S. 128–145.

Opus ist durchaus kein Solitär in der Literatur der Zeit. Berühmtheit erlangten etwa 1909 die Memoiren von Wilhelm Voigt, dem „Hauptmann von Köpenick". Ein Jahr zuvor hatte Rudolf Borchardt einen Aufsatz über den Hochstapler Veltheim herausgebracht.[6] Der mit Thomas Mann befreundete Kurt Martens bezog den Handlungskern seiner Hochstapler-Novelle *Das Ehepaar Kuminsky* aus einem Abenteuer Manolescus, das öffentlichen Skandal gemacht hatte; Thomas Mann hat die Novelle Ende 1901 gelesen.[7] Vielleicht ist er durch Martens sogar auf Manolescu aufmerksam geworden.[8]

Überhaupt war das öffentliche Interesse an derlei schillernden Existenzen ungeheuer, wie allein schon das Konvolut von Zeitungsausschnitten in Thomas Manns Materialien-Sammlung für den Krull-Roman demonstriert. Laut Hans Wysling sammelte er „alle Zeitungsberichte über den Millionendieb Carlsson, über den Wechselhandel des ‚Prinzen von Braganza', über den ‚Grafen de Passy' alias ‚Major Schiemangk', den russischen Hochstapler ‚von Tschernatieff' und das ‚schwarze Hotel-Gespenst', den ‚Grafen Ostrowski'";[9] die im Züricher Archiv aufbewahrten Mappen enthalten noch weiteres einschlägiges Material – die Journale der Zeit waren für dieses Thema ungemein ergiebig.[10]

So kann es nicht erstaunen, daß sich seiner auch die zeitgenössische Populärliteratur annahm. 1899 setzte der Engländer E.W. Hornung die Figur von Raffles, dem Dieb, in die Welt. Der literarische Erfolg blieb ihr über mehrere weitere Romane hinweg treu, ja die Figur wurde in England, wie George Orwell 1944 bezeugte, geradezu redensartlich.[11] Seinen kriminellen Erfolg verdankte Raffles nicht zum wenigsten seiner Fähigkeit zu Verstellung, Rollenspiel und Hochstapelei. Während der Inkubationszeit von Felix Krull machte sich ferner der französische Meisterdieb Arsène Lupin ans Werk, ebenfalls ein höchst fähiger Hochstapler. Sein Autor, Maurice Leblanc, hat ihn 1907 erstmals dem Publikum vorgestellt; in den folgenden zwanzig Jahren erschienen elf weitere

---

[6] Vgl. Wysling, S. 344, Anm. 11. Wysling nennt aus späterer Zeit noch: Ich, der Hochstapler Ignatz Straßnoff (Berlin 1926) und Der falsche Prinz. Leben und Abenteuer von Harry Domela. Im Gefängnis zu Köln von ihm selbst geschrieben (Berlin 1927).

[7] Brief an Kurt Martens vom 30.11.1901 (Selbstkommentare: *Königliche Hoheit* und *Bekenntnisse des Hochstaplers Felix Krull*, hg. v. Hans Wysling u. Marianne Eich-Fischer, Frankfurt/Main: S. Fischer, S. 57). Die Novelle war am 21. und 22. November 1901 in den Münchner Neuesten Nachrichten zum ersten Mal publiziert worden; 1904 erschien sie dann in Martens' Novellenband *Katastrophen*.

[8] Peter de Mendelssohn: Der Zauberer. Das Leben des deutschen Schriftstellers Thomas Mann, [1975] Erweiterte Neuausgabe hg. v. Christine Klostermann, 3 Bde., Frankfurt/Main: S. Fischer 1996, S. 1151 f.

[9] Wysling, S. 161.

[10] Wysling, S. 479–81.

[11] George Orwell: Raffles und Miss Blandish [1944], in: G.O., Rache ist sauer. Essays, Zürich: Diogenes 1975, S. 53–70, hier S. 53.

Bände mit Lupin-Abenteuern. Zwei davon wurden übrigens auch in die Reihe
‚Romane der Welt‘ aufgenommen, die der Verlag Th. Knaur seit 1927 her-
ausbrachte.[12] Als deren Herausgeber zeichneten Thomas Mann und Herman
Georg Scheffauer. Über Thomas Manns Leblanc-Kenntnis besagt das freilich
nicht viel, denn aus seinen öffentlichen Äußerungen wie aus seinen Briefen an
Scheffauer[13] geht ziemlich deutlich hervor, daß er für dieses Unternehmen nur
ein Geleitwort (X, 673–677) und seinen berühmten Namen bereitstellte, die
Auswahl der sehr zahlreichen Autoren und Werke aber – jede Woche wurde
ein neuer Band auf den Markt geworfen! – ganz dem zweiten Herausgeber
überließ. Immerhin, das Geleitwort bringt eine nachdrückliche Verteidigung
guter Unterhaltungsliteratur.[14]

Raffles und Lupin sind nur die bekanntesten Fälle eines neuen Typs von
Helden, der sich in der populären Literatur des beginnenden Jahrhunderts aus-
breitet und – in Gestalt des kriminellen Verwandlungskünstlers Fantômas – ab
1913 auch die Kino-Leinwände erobert. Diese Helden verbindet mit Felix Krull,
daß sie – obwohl unzweifelhaft praktizierende Kriminelle – dem Leser Sympathie abnötigen. Dabei sind sie durchaus nicht mit dem viel älteren Helden-
Typ von der Art des Robin Hood zu verwechseln: dem romantischen Räuber,
der den Reichen nimmt und den Armen gibt. Ein derartiges soziales Gewissen
ist Raffles und Lupin ebenso fremd wie Felix Krull. Gemeinsam mit Robin
Hood haben sie allerdings ihre entschiedene Vorliebe, Erfolge lieber durch List
als durch Gewalt zu erringen. Darin erweisen sie sich allesamt als Variationen
auf jene Helden der alten Schwänke, die ihre Unterlegenheit an körperlicher
Kraft, materiellem Reichtum oder sozialem Rang durch List und Klugheit aus-
zugleichen verstehen. Ich nenne als Beispiele nur die weltgewandten Diener in
den Komödien von Plautus bis Goldoni, deren schlagfertige Intelligenz ihre
Herren immer wieder aus der Patsche zieht; jene Bauern, Studenten und kleinen Pfäfflein, welche die Geschichtensammlungen des Spätmittelalters bis hin
zu Boccaccios *Decamerone* unsicher machen; oder den altbekannten Reineke
Fuchs aus der Tierfabel.

---

[12] Die Dame mit den grünen Augen im April 1927 und Die Insel der dreißig Särge im Mai
1927.

[13] XI, 757–761; Regesten: 26/17, 26/19, 26/176, 27/90.

[14] Teile der Kritik haben es Thomas Mann damals offensichtlich recht übel genommen, daß
er hier bereit war, „für Geld" die reinen Sphären der hohen Literatur zu verlassen. Dazu hat er
selbst das Nötige geschrieben. Aus heutiger Sicht fällt auf, daß Scheffauer diese nach Preis wie
Aufmachung „populäre" Reihe ganz offenkundig bewußt dafür nutzte, auch bedeutende auslän-
dische Werke einem breiteren deutschen Publikum zugänglich zu machen. Neben ohnehin auch in
Deutschland berühmten Namen wie Shaw und Galsworthy finden sich immerhin auch Autoren
wie Herman Melville (mehrere Titel, darunter Moby Dick!), Pio Baroja, Hilaire Belloc, Arnold
Bennett oder Sinclair Lewis (s. das Verzeichnis in Georg Potempa: Thomas Mann-Bibliographie.
Das Werk, Morsum/Sylt: Cicero-Presse 1992, S. 759–761).

Die Dominanz von Schlauheit und überlegener Intelligenz verleiht, wie den alten Schwänken, auch den Geschichten von Raffles, Lupin und Krull eine Heiterkeit, die den gesellschaftskritischen Aufsteiger-Romanen von Balzac bis Heinrich Mann ziemlich fremd ist. Manches spricht also dafür, die Geschichten der genannten Hochstapler als neuere Ausprägungen einer uralten, universal verbreiteten erzählerischen Grundform zu nehmen: der Grundform des Schwankes. Warum nimmt der Schwank-Held um 1900 nun freilich gerade die Gestalt des eleganten, aber kriminellen Hochstaplers an? Um diese Frage zu beantworten, muß ich einen Schritt zurück in die Vorgeschichte tun. Daß Dieb und Hochstapler um 1900 zum Helden aufsteigen, ist ziemlich neu. Die Gattung, die sie dadurch variieren, ist dagegen schon etliche Jahrzehnte alt: ich spreche von der Detektivgeschichte.

II.

Auf den ersten Blick könnte es als passender erscheinen, hier lieber von ‚Kriminalgeschichte' zu sprechen. Detektiv- und Hochstapler-Geschichten fänden darin einen bequemen Oberbegriff. Rein begrifflich ist das richtig. Literarhistorisch bleibt der Zusammenhang aber zu ungenau. Die Geschichte der Kriminalerzählung reicht weit zurück, mindestens bis ins 18. Jahrhundert; doch läßt sich unter diesem Titel all zu Unterschiedliches versammeln. Sucht man nach dem, was das Spezifische der Hochstapler-Geschichten um 1900 ausmacht, so setzt man besser bei den Detektiv-Erzählungen des 19. Jahrhunderts an.

1841 ließ Edgar Allan Poe seinen Meisterdetektiv Dupin erstmals auftreten. Dupin ist ein sogenannter „armchair detective": er sitzt zu Hause, läßt sich durch Zeitungen, Freunde und andere Quellen von allen erreichbaren Fakten unterrichten, die mit einem Verbrechen irgendwie zusammenhängen, und löst den Fall dann durch die Kraft seines von keinen Vorurteilen getrübten, mit messerscharfer Logik unaufhaltsam arbeitenden Verstandes. Den Tatort sucht er erst nach vollbrachtem Denken auf, um seine vorgängigen Schlüsse dort zu bestätigen. Dupin ist ein Prachtstück jener allmächtigen menschlichen Rationalität, deren Verehrung im 19. Jahrhundert auf die Spitze getrieben wurde. Menschlich gesehen, trägt er eher unheimliche Züge. Einsam, fast weltlos, wohnt er inmitten der Riesenstadt Paris. Seine geringe Meinung von der menschlichen Gattung paßt zu seiner radikalen Einsamkeit.

Nur einen einzigen Menschen läßt er ein klein wenig näher an sich heran: den Erzähler seiner geistigen Abenteuer, der aus seiner staunenden Bewunderung für den gewaltigen Geist seines großen Freundes nie ein Hehl macht.

Diese Kombination aus genialem Detektiv und intellektuell etwas sparsamer ausgestattetem Freund und Erzähler hat dann Conan Doyle zu seinen Dioskuren Sherlock Holmes und Doktor Watson ausgebaut. Er erst verlieh dem schlichten, aber unbeirrbaren Freund individuellere menschliche Konturen.[15] Thomas Mann hat später seinen *Doktor Faustus* auf einer ganz verwandten Figuren-Konstellation errichtet. Ob er von Conan Doyles Erzählungen freilich mehr kannte als die Figur des großen Detektives, die ja in die Popular-Mythologie der Moderne eingegangen ist, darüber wissen wir nichts.[16]

Die Figur des „armchair detective" ist in der Folge zwar noch gelegentlich aufgegriffen worden, wirklich Schule machen konnte sie aber nicht. Der Grund dafür wird sichtbar an einer Parodie, die Conan Doyle dieser Figur gewidmet hat: Er setzt seinem Sherlock Holmes einen Bruder Mycroft an die Seite.[17] Dessen intellektuelle Kapazitäten stellen den großen Sherlock noch weit in den Schatten, aber sein völliger Mangel an Energie und Aktivität machen ihn völlig ungeeignet zum detektivischen Geschäft. Gewaltige Denkkraft und kühle Vorurteilslosigkeit reichen nicht aus, um ein großer Detektiv zu werden. Weitere Fähigkeiten müssen hinzu treten.

In den Jahrzehnten um die Jahrhundertmitte blühte die populäre Kriminalliteratur vor allem auf dem weiten, schwer überschaubaren Feld der Zeitungen und Zeitschriften. Was sich dort in endlosen Fortsetzungen drängte, reichte von der schieren Kolportage-Literatur über Alexandre Dumas und Eugène Sue bis hin zu Charles Dickens und Honoré de Balzac. Es dauerte aber über zwanzig Jahre, bis wieder nennenswerte Detektive hervortraten. Im Feuilleton der Boulevard-Zeitung Le Pays erschien 1863 *Die Affäre Lerouge* von Émile

---

[15] Doyle, obwohl ein großer Bewunderer von Edgar Allan Poe (Through the Magic Door, London: Smith, Elder & Co. 1907, S. 108 ff., und The Uncollected Sherlock Holmes, compiled by Richard Lancelyn Green, Harmondsworth: Penguin 1983, S. 162 f.), ist auf die Konstellation von Held und bewunderndem Biographen wohl durch Boswells berühmte Biographie über Samuel Johnson gebracht worden. An ihr hat er auch studiert, wie viel von der Lebendigkeit, mit welcher er vor der Nachwelt steht, der große Klassiker Johnson der mitreißenden Bewunderung seines Biographen verdankt (Through the Magic Door, S. 47–50). Der Kniff sollte helfen, auch seinen Sherlock Holmes zu glaubwürdigem Leben zu erwecken.

[16] Von Poe allerdings hat er wohl mindestens den *Untergang des Hauses Usher* gekannt: In *Buddenbrooks* liest der kleine Kai Graf Mölln darin (GKFA 1.1, S. 789; zunächst war die Lektüre Christian Buddenbrook zugedacht gewesen: Nb I, S. 55 f., 81). Dem Namen des Amerikaners ist er auch bei Nietzsche begegnet (s. GKFA 15.1, S. 580), der ihn unter die „großen Dichter" reiht (Jenseits von Gut und Böse, Aph. 269). Im Winter 1904/05 notierte Mann sich eine Poe-Ausgabe zur Anschaffung; der Eintrag ist – als erledigt? – durchgestrichen (Nb II, S. 111). Aber schon in seiner Buddenbrooks-Rezension spricht der alte Schulfreund Otto Grautoff über einen „wichtigen Einfluß [...] von Poe und Gorki" auf Manns frühe Novellen (s. GKFA 1.2, S. 127). Die Kenntnis von Poes Erzählungen könnte damals also auch ausgedehnter gewesen sein.

[17] The Greek Interpreter (The Memoirs of Sherlock Holmes, hg.v. Christopher Roden, [1893] Oxford New York: Oxford University Press, S. 194 f.).

Gaboriau. Der Roman erregte zunächst kein Aufsehen; er ging in der Fülle vergleichbarer Opera unter. So konnte Gaboriau ihn ein zweites Mal fortsetzungsweise unterbringen: in der Zeitung Le Soleil. Und diesmal wurde die Sache ein Erfolg. 1866 kam der Roman als Buch heraus und gelangte zu außerordentlicher Popularität. Sherlock Holmes mag Gaboriaus Detektiv Lecoq ja „einen erbärmlicher Stümper"[18] nennen, sein Autor aber hat frei bekannt, daß er die Romane von Gaboriau gerne gelesen hat.[19]

Die Affäre Lerouge zeigt den literarischen Detektiv im Werden. Der junge, agile Inspektor Lecoq ist hier noch ganz Schüler des älteren Amateurdetektives Tabaret; in den späteren Romanen hat er dann ausgelernt und erringt seine Erfolge auf eigene Faust. Tabaret verfügt über eine ebenso scharfe Beobachtungs- wie Kombinationsgabe. Seine Untersuchung eines Tatortes und die Schlußfolgerungen, die er daran knüpft,[20] nehmen die schönsten Kunststücke eines Sherlock Holmes voraus. Zudem kennt er viele Geheimnisse aus dem Leben jener Aristokratie, zu welcher der schlichte Inspektor Lecoq keinen Zugang hat. Lecoq wiederum besitzt eine auffällige Fähigkeit zu Verkleidung und Rollenspiel. Das mag er seiner Herkunft verdanken: Er ist „ein ehemals Vorbestrafter, der sich mit dem Gesetz wieder ausgesöhnt hatte. Ein verschlagener Bursche, in seinem Metier äußerst geschickt".[21] Darin gleicht er dem berühmtesten aller wirklichen französischen Polizisten: jenem Eugène Vidocq, der als Verbrecher zu acht Jahren Galeere verurteilt worden war, dann aber nach Paris floh, dort unter Kriminellen lebte, sich der Polizei als Spitzel zur Verfügung stellte und schließlich bis zum Chef der Pariser Geheimpolizei aufstieg.

Auch Vidocq übrigens hat seine Memoiren geschrieben; sie erschienen bereits 1829, kurz nach Publikation des französischen Originals, auf Deutsch und ihr ausführlicher Titel gibt einen instruktiven Abriß ihres Inhalts: *Aus dem Leben und den Memoiren eines ehemaligen Galeerensclaven, (Vidocq), welcher, nachdem er Komödiant, Soldat, Seeoffizier, Räuber, Spieler, Schleichhändler und Galeerensclave war, endlich Chef der Pariser geheimen Polizei unter Napoleon sowohl als unter den Bourbonen bis zum Jahre 1827 wurde.* Der Mann war also, was man in der Literatur einen Abenteurer genannt hätte; aber seine Karriere bei der Polizei gab diesem Leben doch eine einzigartige Wendung.

Vidocq wie Lecoq – die Assonanz der Namen muß kein Zufall sein – zei-

---

[18] A Study in Scarlet, hg.v. Owen Dudley Edwards, [1887] Oxford New York: Oxford University Press 1994, S. 21.

[19] Memories and Adventures, [1924] New York: Hodder & Stoughton 1930, S. 79.

[20] Émile Gaboriau: Die Affäre Lerouge, [1863] Frankfurt/Main: S. Fischer 1981, S. 25–32.

[21] Gaboriau, S. 12.

gen, daß die Grenze zwischen Detektiven und Kriminellen auch ihre porösen Zonen hatte. Die beiden Detektive profitierten von ihrem Vorleben jenseits dieser Grenze auf doppelte Weise. Zum einen hatten sie sich eine unvergleichlich reiche und intime Erfahrung auf jenem Gebiet angeeignet, das nun den Gegenstand ihrer polizeilichen Untersuchungen bildete. Die letzten beiden Bände seiner achtbändigen Autobiographie füllt Vidocq denn auch mit einer ausführlichen Schilderung all der Kenntnisse, die er im kriminellen Milieu erworben hat; darunter findet sich auch eine systematische Auflistung all der verschiedenen Gattungen und Untergattungen von Dieben mit genauer Charakterisierung sämtlicher einzelnen Typen. Zum anderen haben sich die Detektive in ihrer kriminellen Jugend Künste angeeignet, die ihnen später auch als Polizisten nützlich sind – darunter eben auch eine wahre Virtuosität in Verkleidung und Rollenspiel.

Was also macht den großen Detektiv aus? Zunächst der scharf kombinierende und schlußfolgernde Verstand. Er ist verbunden mit einer strengen Disziplin, die alle Vorurteile in der Beurteilung von Menschen und Verhältnissen sowie alle vorschnellen Assoziationen bei der Analyse eines neuen Falles unerbittlich von der Schwelle weist, um den logischen Fortgang des Folgerns nicht zu beschädigen. Hierin ist der Detektiv der Bruder des Naturwissenschaftlers, der durch die Klarheit seiner Methode und die Strenge seines Denkens die hergebrachten falschen Meinungen von dannen fegt und einer neuen, streng rationalen Weltsicht Bahn bricht – so zumindest das Pathos der Naturwissenschaften, die im 19. Jahrhundert nicht nur zur Leitwissenschaft aufgestiegen waren, sondern zum Kern des Selbstverständnisses der Moderne gehörten.

Der etwas beschränkte Chef der Kriminalpolizei in Gaboriaus Roman – Urvater zahlloser beschränkter Polizisten in tausenden von Detektivromanen – vergleicht den Amateurdetektiv Tabaret mit jenem „Wissenschaftler, der alle ausgestorbenen Tierarten nach einem einzigen aufgefundenen Knochen rekonstruieren wollte."[22] Der Oberpolizist meint das als Vorwurf, und deswegen übertreibt er ja auch ein wenig – kein Paläontologe hat je den Stammbaum vergangener Lebensformen aus einem einzigen Knochen rekonstruieren wollen. In Wahrheit ist dieser Vergleich aber das präziseste Kompliment, das sich denken läßt: Die ersten großen Detektive der Literatur leben aus einem ähnlichen Geist wie die zeitgenössischen Pioniere der Naturwissenschaften.

Wie bei diesen tritt auch bei den Detektiven neben die Kraft der Rationalität die Schärfe der Beobachtung. Diese ist notwendig, um das Unbekannte in einem begangenen Verbrechen aufzuspüren. Die Polizei neigt zur Routine. Sie versucht jeden neuen Fall nach dem Muster eines alten, bekannten Falles

---

[22] Gaboriau, S. 18.

aufzuklären und gerät so unweigerlich auf die falsche Bahn. Nun ist der Rückbezug auf die eigene Erfahrung freilich ein wesentlicher Bestandteil allen Wissens. Tatsächlich wird selbst Sherlock Holmes so manchen Fall lösen, indem er darin bezeichnende Züge eines bestimmten, wohlbekannten Verbrechens-Typus erkennt. Warum also der Abscheu der Detektiv-Geschichten vor diesem eigentlich wohlbegründeten Verfahren der Polizei? Lassen wir die rein erzähltechnischen Motive einmal beiseite: daß es einer gewissen Geistesnacht der Polizei bedarf, damit das Licht des Detektivs recht hell erstrahlt. Dann bleibt zunächst das Pathos des Neuen, das der Sturmlauf der Naturwissenschaften dem Jahrhundert eingeprägt hat. Diesem Ruf folgt auch der Detektiv. Ein weiteres, vielleicht sogar wichtigeres kommt jedoch hinzu: In der ständigen Konzentration des Detektivs auf das Neue liegt auch die Bereitschaft, im Unbekannten etwas Unerhörtes zu entdecken. Es liegt darin das Gespür für einen Erfahrungsraum, in dem die Menschheit noch viel zu wenig Gelegenheit hatte, Erfahrungen zu sammeln.

Bezeichnend ist die Art des Wissens, über welche die großen Detektive verfügen – denn natürlich kommen auch sie nicht ohne eine Fülle an Erfahrung aus. Von den kriminalistischen Kenntnissen im engeren Sinne ist anläßlich von Vidocq und Lecoq bereits die Rede gewesen. Aber aus welchen Welt-Sphären sammeln sie sonst noch Kenntnisse auf? Gaboriaus Detektive führen hier nicht viel weiter. Das Hintergrund-Wissen aus der chronique scandaleuse des französischen Adels, mit dem der erfahrene Tabaret den jungen Ledoq munitioniert, entspricht noch den Konventionen des älteren Geheimbund- und Schauerromans, der aus dem verborgenen Wirken unsichtbarer Mächte seine Verwirrungen und Ängste bezieht. Hier ist Sherlock Holmes unstreitig moderner.

Sein Wissen fällt zunächst durch seine Heterogenität auf: Er hat Monographien geschrieben über Tätowierung, über Geheimschriften,[23] über die Aschen der verschiedenen Tabaksorten, über das Fährtenlesen, über den Einfluß des Berufsstandes auf die Form der Hand[24] und über Schreibmaschinen.[25] Er hat ausgedehnte chemische Studien betrieben,[26] er kann 42 Abdrücke von Fahrradreifen aus dem Stegreif identifizieren[27] und vieles andere mehr. Die leicht

---

[23] The Adventure of the Dancing Men (The Original Illustrated ‚Strand‘ Sherlock Holmes. The Complete Facsimile Edition, Ware/Hertfordshire: Wordsworth 1989), Sp. 594b f.

[24] The Sign of Four, hg. v. Christopher Roden, [1890] Oxford New York: Oxford University Press 1994, S. 6 f., und A Study in Scarlet, S. 35; vgl. hier auch S. 123 f.: „There is no branch of detective science which is so important and so much neglected as the art of tracing footsteps. Happily, I have always laid great stress upon it, and much practice has made it second nature to me.“

[25] A Case of Identity (The Adventures of Sherlock Holmes, hg. v. Richard Lancelyn Green, [1892] Oxford New York: Oxford University Press 1998), S. 44.

[26] A Study in Scarlet, S. 7.

[27] The Adventure of the Priory School (The Original Illustrated ‚Strand‘ Sherlock Holmes. The Complete Facsimile Edition, Ware/Hertfordshire: Wordsworth 1989), Sp. 620b.

abstruse Vielseitigkeit dieser Kenntnisse entspricht der ins Unüberblickbare wachsenden Menge von Kleinigkeiten, die nach Entzifferung verlangen. Und die Heterogenität wie die Unüberblickbarkeit kennzeichnet den neuen Erfahrungsraum, der die literarischen Detektive hervorbringt: Es ist das noch nie dagewesene soziohistorische Phänomen der Metropole.

III.

Große Städte hatte es in der Alten Welt schon öfter gegeben. Aber die Metropolen, zu denen London und Paris während des 19. Jahrhunderts heranwuchsen, waren etwas Neues in der Geschichte der Menschheit. Zu dieser Neuheit trugen nicht nur ihre schiere Größe und die Geschwindigkeit ihrer Ausdehnung bei, sondern auch zeitgenössische Entwicklungen in Wirtschaft und Technik.[28]

Paris zählte am Ende des 18. Jahrhunderts 640.000 Einwohner. Das war zweifelsohne sehr viel, aber doch noch nicht überwältigend.[29] Hundert Jahre später verzeichnet die Statistik mehr als zweieinhalb Millionen Pariser: Die Stadt hatte sich binnen einem Jahrhundert vervierfacht und war damit in eine früher ungekannte Größe expandiert. Noch gewaltiger waren die Dimensionen von London. Um 1800 lebte in der englischen Hauptstadt bereits fast eine Million Menschen. London war damit ungefähr so groß wie die größte Stadt in der vorangegangenen europäischen Geschichte: das antike Rom zur Zeit seiner größten Ausdehnung. Gegen 1900 beherbergte das Stadtgebiet mehr als 4,2 Millionen Einwohner. London hatte sich während des 19. Jahrhunderts also

---

[28] Zu den folgenden Details findet man Material in einschlägigen Monographien: s. etwa Leonardo Benevolo: Die Geschichte der Stadt, [Rom/Bari 1975, ⁶1982] Frankfurt/Main: Campus 1983 (Kap. 12 u. 13), Lewis Mumford: Die Stadt. Geschichte und Ausblick, [1961] München: dtv 1979 (die letzten 4 Kapitel), Donald J. Olsen: Die Stadt als Kunstwerk. London Paris Wien, [1986] Frankfurt/Main New York: Campus 1988, Richard Sennett: Verfall und Ende des öffentlichen Lebens. Die Tyrannei der Intimität, [New York 1974] Frankfurt/Main: S. Fischer 1983, und Hans-Ulrich Wehler: Deutsche Gesellschaftsgeschichte, 3. Bd.: 1849–1914, München: C.H. Beck. 1995, S. 511–543. Ferner sei verwiesen auf die klassischen Studien von Werner Sombart (Der moderne Kapitalismus. Historisch-systematische Darstellung des gesamteuropäischen Wirtschaftslebens von seinen Anfängen bis zur Gegenwart, 3 Bde., [München/Leipzig 1916–1927] München: dtv 1987, bes. Bd. I, Kap 9, und Bd. 3, Kap. 25: III. 3) und Walter Benjamin (Paris, die Hauptstadt des XIX. Jahrhunderts [1935]; in: Das Passagen-Werk, hg.v. Rolf Tiedemann, Frankfurt/Main: Suhrkamp 1983, Bd. 1, S. 45–59, und Das Paris des Second Empire bei Baudelaire [1938]; in: Charles Baudelaire. Ein Lyriker im Zeitalter des Hochkapitalismus, hg.v. Rolf Tiedemann, Frankfurt/Main: Suhrkamp 1974, S. 7–100); vor allem aber auf die einschlägigen Romane und Erzählungen von Dickens und Balzac, Flaubert und Zola, Maupassant, Schnitzler und anderen mehr.

[29] Die folgenden statistischen Angaben größtenteils nach Meyers Konversations-Lexikon, 5. Auflage, Leipzig/Wien 1896–1897.

mehr als vervierfacht. Eine solche Bevölkerungskonzentration hatte die Erde noch nicht gesehen.

Begonnen hatte das alles damit, daß in Westeuropa seit dem späten 18. Jahrhundert die Kindersterblichkeit zurückging. Das ließ nicht nur die Gesamtbevölkerung kontinuierlich wachsen; es veränderte auch die Bevölkerungspyramide. Der Anteil der Jungen nahm zu. Und damit begannen die alten Mechanismen zu versagen, nach denen die Jungen allmählich an die Plätze der Alten treten konnten. So begann eine breite Suche nach neuen Arbeits- und Lebensmöglichkeiten. Diese Dynamik der wachsenden Bevölkerung stieß auf die andere Dynamik der soeben in Schwung kommenden Industrialisierung. Sie schuf tatsächlich ständig neue Arbeitsmöglichkeiten. Große Teile der Bevölkerung rissen sich von der Welt ihrer Herkunft los und strömten zu den neuen Fabriken. Die aber standen meist in der Nähe vorhandener Städte oder wurden zu Kristallisationspunkten neuer Städte. Das Bevölkerungswachstum des 19. Jahrhunderts beförderte fast ausnahmslos das Wachstum der Großstädte.

Wie finster diese neuen Industriestädte bald aussahen, kann man in Friedrich Engels' Schrift über *Die Lage der arbeitenden Klasse in England* (1845) nachlesen. Die Hauptstädte London und Paris aber konnten dieser düsteren Entwicklung stärkeren Widerstand entgegensetzen. Sie verfügten in ihrer Mitte über eine Vielzahl historischer Bauten und Anlagen und sie beherbergten – als Hauptstädte großer Staaten und zunehmend auch als Kapitalen weltumspannender Kolonialreiche – eine umfangreiche Elite. Diese besaß nicht nur das Interesse, sondern auch die Macht und die Mittel, um die Stadtkerne als Zentren lebendig zu erhalten und sogar repräsentativ auszugestalten. Im Zentrum lagen die Paläste von König oder Kaiser sowie die Parlaments- und Regierungsgebäude. Eine rasch wachsende Bürokratie schuf sich riesige Verwaltungsbauten. Die großen Banken, die expandierenden Versicherungen, die Geschäftssitze der alten wie der neuen Konzerne suchten die Nähe zur politischen Macht wie die wechselseitige Nachbarschaft. Und der aufblühende Kapitalismus beschaffte das Geld, um all diesen Bedürfnissen ihren erwünschten Raum zu verschaffen.

Die schwarze Kehrseite dieses Kapitalismus konnte man, wenn man denn wollte, an anderen Orten betrachten: in Manchester, Newcastle oder auch in manchen Vororten von London. Die Zentren der Metropolen aber präsentierten ein glänzendes und überaus lebendiges Gesicht. Es herrschte ein ungeheuerlicher Verkehr – mündete doch hier ein guter Teil jener gewaltigen neuen Mobilität, welche die ausgebauten Landstraßen und Kanäle, sowie die eben erfundenen Eisenbahnen und Dampfschiffe in Bewegung gesetzt hatten. Also reformierte man das Verkehrsnetz der Städte. Breite Zufahrts- und Ring-Straßen kanalisierten, was an Kutschen und Wagen herandrängte sowie

an neugeschaffenenen Pferde-Omnibussen und Droschken durcheinander-
eilte. In Paris ließ der Präfekt Haussmann von den 50er bis zu den 70er Jahren
etwa 95 Kilometer an neuen Boulevards durch die Stadtlandschaft brechen.
In Wien wurde 1857 das Areal der Stadtmauer mit ihrem weiten Vorfeld
zur Bebauung freigegeben. Dazwischen wuchsen riesige Bahnhöfe aus dem
Boden.

Im inneren Stadtbereich hielt man an den Straßenfronten das Erdgeschoß
vielfach für Läden frei. So entstanden schier endlose Inszenierungsfolgen aus
Schaufenstern. All die kostbaren oder seltenen oder exotischen Waren, die
man in kleineren Städten oder äußeren Vierteln vergeblich suchte, waren hier
zu finden. Die Konkurrenz der Auslagen befeuerte die Werbung: Schrifttafeln, spektakuläre Präsentationen, farbige Plakate. Am Rand der Zentren bildeten sich Märkte von gewaltigen Ausmaßen. Die neue Glas-Eisen-Architektur hüllte den Pariser Markt in große Hallen. Daneben baute man mächtige
Kaufhäuser. Dazwischen drängten sich überdachte Passagen. Das Einkaufen
wurde – für den, der es sich leisten konnte, – zu einem theatralischen Vergnügen. Und auch der, der es sich nicht leisten konnte, durfte hier, wann immer
er wollte und Zeit hatte, in eine eigentümliche, eine geradezu imaginäre Welt
jenseits der gewöhnlichen Lebenswirklichkeit eintauchen. Louis Aragon hat
die verzauberte Welt der Passagen 1926 in seinem *Paysan de Paris* berückend
beschworen.

Neben diese Räume des Handels traten öffentliche Räume, in denen man
sich traf und besprach, in denen man sich sah und gesehen wurde: Cafés und
Postgasthöfe und – für die feine Welt der reichen Herren – die Clubs; prächtige Opernhäuser und Theater; öffentliche Wintergärten und ausgedehnte
Stadtparks. Gaslaternen, später abgelöst von elektrischer Beleuchtung, sorgten
dafür, daß dieses große Theater auch nachts nicht all zu früh schließen mußte.

Die vierfache Dynamik von Bevölkerungswachstum, Industrialisierung,
kapitalistischem Wirtschaften und naturwissenschaftlichem Fortschritt beschleunigte die Veränderung der Lebensverhältnisse in ungeahnter Weise. Auch
früher hatte es Konjunkturen und Krisen, neue Märkte und neue Erfindungen
gegeben. Aber grundstürzende Umstrukturierungen brauchten doch mehrere Generationen. So blieb für die Lebensspanne des einzelnen Menschen
der Wandel eingebettet in eine Grunderfahrung von Stabilität. Mochte sich im
Detail vielerlei ändern, grundsätzlich blieb doch – im Ethischen wie im Praktischen – in Kraft, was man von Eltern, Großeltern, Meistern, Lehrern, kurz:
den Autoritäten der vorangegangenen Generationen sich angeeignet hatte. Im
19. Jahrhundert aber erreichten die Veränderungen der Lebensverhältnisse und
Lebensweisen vielerorts eine Geschwindigkeit, die ein solches Grundgefühl
der Stabilität nicht mehr zuließ.

Die neuen Metropolen verdichteten diese Erfahrung des Wandels. Zum einen war die große Mehrheit der Bewohner nicht in dieser Stadt geboren, sondern irgendwann aus gänzlich anderen Lebensbedingungen zugezogen; sie gehörte also zu jener neuen Masse von Menschen, die den Bruch mit den traditionalen Lebensformen am eigenen Leibe erlebten. Zum zweiten waren die Metropolen die großen Tauschbörsen für alle Bereiche des politischen, ökonomischen und intellektuellen Lebens. Nirgends sonst traf man auf eine solche Fülle von Verschiedenheit: verschiedene Menschen, Stände, Berufe, Nationalitäten, Rassen. Was klassen-, länder- und kontinenteübergreifende Mobilität bedeutet, konnte man hier erleben. Die neuen Metropolen brachten durch ihre unübersehbare Vielfalt und Geschwindigkeit gewissermaßen sinnlich zur Anschauung, was sonst als andrängende Moderne zwar spürbar war, vielfach als schmerzlich und gefährlich empfunden wurde, aber doch abstrakt und unanschaulich blieb. Sie wurden zur Verkörperung der Moderne.

Als solche forderten sie von ihren Bewohnern und Besuchern neue Strategien der Lebenskunst. Bis ins 19. Jahrhundert hinein hatten die meisten Menschen auch Westeuropas noch in sogenannten face-to-face-communities gelebt: Wohl gab es Staaten und Reiche, vereinzelt auch unübersehbar große Städte, aber das konkrete, alltägliche Leben spielte sich überwiegend bis ausschließlich in überschaubaren Gruppen ab, deren meiste Mitglieder man zumindest vom Sehen kannte. Selbst in den Metropolen versuchten die Menschen, sich nach diesem alten Muster einzurichten: Noch im 20. Jahrhundert soll es so manchen alten Pariser gegeben haben, der sein Wohnviertel höchstens ein oder zwei Mal im Leben verlassen hatte.

Zu dieser Vertrautheit der Individuen trat eine anschauliche Ordnung der Gruppen. Besonders deutlich wird das an den Kleiderordnungen, die durchgehend noch im frühen 18. Jahrhundert, in einzelnen Segmenten bis ins 19. Jahrhundert in Wirkung standen. Man sah auf den ersten Blick, wen man vor sich hatte. Der Schmied trug andere Kleider als der Kaufmann – wobei hier natürlich nicht von der Arbeits-, sondern von der „Zivil"-Kleidung die Rede ist –, der Meister andere Kleider als der Geselle, und auch für die jeweiligen Ehefrauen und Kinder galten strenge Vorschriften. Das 19. Jahrhundert fegte die letzten Reste dieser anschaulichen Zeichen-Ordnung hinweg.[30] Das neue Wirtschaften verdrängte die alten Zunftordnungen. Neue Berufe und Tätigkeiten ohne ererbte Regeln entstanden allerorten. Die gewaltige Mobilität ließ lokale und regionale Konventionen am Wege liegen. Und die neuen Fabriken konnten die Kleidungsstücke ohnehin nur in riesigen, identischen Serien pro-

---

[30] Genau genommen blieben doch noch einige Reste: vor allem die Uniformen der Soldaten, Polizisten, Post- und Bahnbeamten sowie das Habit der Priester, Mönche und Nonnen.

duzieren. So wurde das äußere Erscheinungsbild der Menschen zunehmend standardisiert und anomymisiert. Selbst die höheren Stände und reicheren Klassen blieben nicht unberührt von dem neuen Geist: Man wollte sich nun lieber durch teure Stoffe und kleine kostbare Details unterscheiden als durch eigene Kleidungsstücke und Trachten.

Wie die Kleidungsordnungen, so lockerten und vermischten sich auch andere Traditionen: die Rituale der Höflichkeit, die Künste der Konversation, die Zeichen von Mimik und Körpersprache. Es entstand eine noch nie dagewesene Unübersichtlichkeit der Begegnungen. In solcher Lage war es geraten, das eigene Verhalten an Zurückhaltung und Selbstbeherrschung auszurichten: Wenn die anderen schon schwer einzuordnen waren, so wollte man ihnen wenigstens nicht den Vorteil einräumen, von ihnen auch noch rasch durchschaut zu werden. Das verstärkte notwendig wiederum die Undurchdringlichkeit im wechselseitigen Umgang. „Die Städte des 19. Jahrhunderts", so schreibt der Soziologe Richard Sennett, wurden zu „Landschaften des Unbekannten." Man bedurfte völlig neuer Techniken, um sich in diesem neuen, rätselvollen Umfeld zu orientieren. Diese modernen Lebenstechniken verkörperten sich im Detektiv: mit seinem scharfen, analytischen Verstand; mit seinem seltsamen Sortiment heterogener Kenntnisse, das dem neuen, heterogenen Umfeld der Metropole entsprach; vor allem aber mit seiner fulminanten Beobachtungsgabe, die ihn befähigte, der Menge des heranbrandenden Neuen durch unermüdliches Entziffern standzuhalten.

Die detektivische Fähigkeit, sich in der Metropole durch scharfäugige Beobachtung und scharfsinnige Entzifferung zu behaupten, verdichtet sich symbolisch in der Kunst des Spurenlesens. Bezeichnenderweise taucht in den Großstadt-Romanen des 19. Jahrhunderts – von der Kolportage im Stile der *Mysterien von Paris* bis zu den Detektiv-Romanen à la Sherlock Holmes – immer wieder die Leitmetapher des Dschungels auf. Der Großstädter bewegt sich durch die Metropole mit der Wachsamkeit eines Trappers im Urwald. Viele Romanciers der Zeit waren begeisterte Leser von Coopers amerikanischen *Lederstrumpf*-Romanen. Und die Großstadt-Detektive der Moderne brachten die alte Jägerkunst des Spurenlesens zu neuer Blüte. Gaboriaus Privatdetektiv Tabaret vergleicht 1863 sein Metier mit der Jagd.[31] Sherlock Holmes eröffnet einen neuen Fall gelegentlich mit dem Jagdausdruck „The game is afoot" – das Wild ist auf;[32]

---

[31] Gaboriau, S. 37.
[32] So in The Abbey Grange (The Original Illustrated ‚Strand' Sherlock Holmes. The Complete Facsimile Edition, Ware/Hertfordshire: Wordsworth 1989), Sp. 711a. Genau genommen handelt es sich um ein Shakespeare-Zitat (Henry V: III 1, Vers 31f). A.W. Schlegel übersetzt: „Ich seh' euch stehn wie Jagdhund' an der Leine, Gerichtet auf den Sprung; das Wild ist auf".

der durch London streifende Verbrecher wird ihm zum Tiger im Dschungel,[33] seine eigene Arbeit zur Tigerjagd.[34]

Noch die winzigsten Spuren in Gesicht, Körper, Kleidung und Bewegung rekonstruiert der Detektiv als Abdrücke von Geschichten des inneren wie des äußeren Lebens. Solche Winzigkeiten entgehen der gewöhnlichen Aufmerksamkeit, weil sie als trivial verachtet werden. „Ich wage nichts trivial zu nennen", beteuert dagegen Sherlock Holmes.[35] Daß sein Klient „zu irgendeiner Zeit mit seinen Händen gearbeitet hat, [...] daß er Freimaurer ist, daß er in China war und daß er in der letzten Zeit sehr viel geschrieben hat," deduziert er etwa aus folgenden Details:

Ihre rechte Hand ist um einiges größer als Ihre linke. Sie haben mit ihr gearbeitet, und die Muskeln sind besser entwickelt. [... Sie tragen], wohl eher gegen die strikten Weisungen Ihres Ordens, eine Brosche mit Bogen und Zirkel [...] Ein Fisch, wie Sie ihn unmittelbar über dem rechten Handgelenk tätowiert tragen, kann nur in China verfertigt worden sein. Ich habe mich ein wenig mit Tätowierungen beschäftigt und sogar einen Beitrag zur Literatur über dieses Thema geleistet. Diese Art, die Fischschuppen zartrosa zu tönen, ist nur in China üblich. Wenn ich zusätzlich dazu eine chinesische Münze an Ihrer Uhrenkette hängen sehe, wird die Sache noch einfacher. [...] Was [außer Schreibarbeit] könnte es bedeuten, daß Ihr rechter Ärmelaufschlag bis fast fünf Zoll oberhalb des Handgelenks so glänzt und daß der linke Ärmel am Ellenbogen so glatt ist, wo Sie den Arm auf den Tisch stützen?[36]

Dabei hat sich nicht nur die schiere Menge der deutbaren Zeichen ins Ungeheure vermehrt, sondern auch ihre Dichte. In der Metropole ist alles Zeichen; es bleiben keine „bedeutungsfreien" Zwischenräume mehr: „Während die Natur ein Chaos unbewußter Kräfte ist," so schreibt Chesterton, der Erfinder von Father Brown, gibt es

keinen Pflasterstein auf der Straße, keinen Ziegel in der Mauer des Hauses, der nicht ein absichtlich geschaffenes Symbol wäre, eine Botschaft eines Menschen ebenso wie ein

---

[33] The Bruce-Partington Plans (Doyle: His Last Bow, hg.v. Owen Dudley Edwards, [1917] Oxford/New York: Oxford University Press 1994), S. 37: „The thief or the murderer could roam London on such a [foggy] day as the tiger does the jungle, unseen until he pounces, and then evident only to his victim."

[34] The Empty House (The Original Illustrated ‚Strand' Sherlock Holmes. The Complete Facsimile Edition, Ware/Hertfordshire: Wordsworth 1989), Sp. 564a. In The Naval Treaty (The Memoirs of Sherlock Holmes, S. 245) beschreibt Holmes das Lauern auf den Verbrecher: „Of course, it has the sort of excitement about it that the sportsman feels when he lies beside the water-course and waits for the big game."

[35] The Adventure of the Six Napoleons (The Original Illustrated ‚Strand' Sherlock Holmes. The Complete Facsimile Edition, Ware/Hertfordshire: Wordsworth 1989), Sp. 659a.

[36] The Red-Headed League (The Adventures of Sherlock Holmes), S. 51 f. (dt.v. Gisbert Haefs).

Telegramm oder eine Postkarte. Die schmalste Straße noch enthält in jeder Krümmung, jedem Winkel die Absicht und die Seele des Erbauers, der vielleicht schon längst begraben liegt. Auf jedem Backstein ist eine menschliche Hieroglyphe erkennbar, als sei er ein mit Schriftzeichen übersäter Backstein aus dem alten Babylon; jeder Schieferziegel auf dem Dach ist ein so lehrreiches Dokument wie eine Schiefertafel, auf der ein Kind Addieren und Subtrahieren geübt hat. Was immer – selbst in der phantastischen Form der von Sherlock Holmes entdeckten winzigen Spuren – diese Romantik der Details einer Zivilisation bekräftigt, was diesen unergründlich menschlichen Charakter von Stein und Dachziegel hervorhebt, ist gut und wichtig.[37]

So kann es nicht verwundern, daß die Technik, aus den Spuren der Oberfläche auf das zu schließen, was dahinter und darunter verborgen liegt, im letzten Drittel des 19. Jahrhundertes geradezu inflationär geübt wird. Wenn Sherlock Holmes seine Entzifferungskunst vor den Augen des allzeit staunenden Doktor Watson durch wahre Virtuosenstücke demonstriert, so ist er damit nur der auffälligste unter den Fährtenlesern, bei weitem aber nicht der einzige. In den Romanen von Balzac verstehen sich darauf vor allem jene Professionen, die auf das Durchschauen ihrer Mitmenschen besonders angewiesen sind: die Rechtsanwälte, die Mediziner und die Geldverleiher. Durch Spurenlesen gelingen dem Kunsthistoriker Giovanni Morelli in den 70er Jahren neue Zuschreibungen berühmter Gemälde: Indem er die Aufmerksamkeit auf Details richtete, die sonst niemanden interessieren – auf die Form der Ohrläppchen etwa oder der Fingernägel –, findet er Indizien, die mit erstaunlicher Sicherheit auf individuelle Maler zurückschließen lassen.[38] Spuren lesen in der Naturwissenschaft die Paläontologen, mit deren Arbeit in Gaboriaus frühem Roman das Vorgehen des Detektivs verglichen wird.[39] Und die Paläontologie besitzt in dieser Zeit eine Schlüsselstellung unter den Wissenschaften: Hat doch nicht zuletzt auf ihren Erkenntnissen Darwin seine revolutionäre Theorie der Evolution aufgebaut. Mit dem Spurenlesen des Detektivs hat Carlo Ginzburg[40] schließlich auch sicher zu Recht jene Achtung vor scheinbaren Trivialitäten und Nebensächlichkeiten verglichen, die Sigmund Freud dem Psychoanalytiker empfiehlt. Im neuen Zeichen-Universum der Metropole wird das Spurenlesen zur paradigmatisch modernen Kunst.

Und damit können wir zurückkehren zu unserem Ausgangsthema, dem

---

[37] Gilbert K. Chesterton: Verteidigung der Detektivgeschichte [1901] (G.K.C., Das Gold in der Gosse. Plädoyers, Stuttgart: Klett 1986, S. 99–103), S. 101.

[38] Carlo Ginzburg: Spurensicherung. Der Jäger entziffert die Fährte, Sherlock Holmes nimmt die Lupe, Freud liest Morelli – die Wissenschaft auf der Suche nach sich selbst [1979], in: C.G., Spurensicherungen. Über verborgene Geschichte, Kunst und soziales Gedächtnis, München: dtv 1988, S. 78–125.

[39] S. oben S. 80.

[40] Ginzburg, S. 82–87.

Hochstapler: Wo alle die genannten Professionen und Individuen damit beschäftigt sind, Spuren zu entziffern, ist es die ganze Kunst und Lust des Hochstaplers, Spuren zu fälschen und damit die Entzifferer in die Irre zu führen. Hochstapler hat es schon immer gegeben. Aber nie zuvor war ihre Tätigkeit so nahe an den Nerv der Zeit geraten. Eben darin – so dürfen wir vermuten – mag dann auch ein Reiz gelegen haben, der den Autor des *Felix Krull* zu seinem Stoff verführte.

Dementsprechend hat Thomas Mann seinen Hochstapler nicht nur das Manipulieren der zahllosen „Spuren" gelehrt, aus denen sich die Existenz eines Menschen ablesen läßt: die Mimik und die Gestik, die Haltung, die Sprechweise und die Schrift, die Kleidung und die Requisiten, durch welche ein Hochstapler sich verwechselbar macht; – er hat seine Laufbahn auch von früh an mit der modernen Metropole verbunden. In Paris sollte Felix Krull zum Kellner eines vornehmen Hotels avancieren (VII, 333 f.). In Paris sollte er als Hoteldieb praktizieren. Und wenn in dem frühen Fragment, das uns hier beschäftigt, Krulls Weg abbricht, noch bevor er diese Stadt betrit, so werden wir doch schon Zeuge, wie er in Frankfurt am Main für seinen großen Auftritt trainiert. Vor den verschwenderischen Auslagen teurer Geschäfte vertieft er sich in die Details seiner künftigen Sphäre. Vor Theaterfoyers und auf nächtlichen Bürgersteigen studiert er nicht nur die Vornehmen und Reichen, die zu täuschen er bald aufbrechen wird, – „alle Spielarten des Menschlichen" bietet „die große Stadt [s]einer Beobachtung dar" (VII, 374 f.). Mit „Lust und Inständigkeit" widmet er sich „dem Studium des städtischen Lebens" (VII, 378), und der Roman läßt keinen Zweifel daran aufkommen, daß es sich hier um ein höchst ernsthaftes und konzentriertes „Studium" handelt.

In den langen Jahren, in denen Thomas Mann nach *Buddenbrooks* darum kämpfte, ein weiteres Werk von vergleichbarem Rang hervorzubringen, setzte er sich bewußt und intensiv mit den Anforderungen der zeitgenössisch modernen Literatur auseinander. Den Roman seiner Jugend hatte er noch stark im Banne des 19. Jahrhunderts geschrieben. Nun wollte er seinen Anteil an der neuen Zeit gewinnen. Seine letztlich erfolglose Arbeit an dem literaturtheoretischen Essay *Geist und Kunst* zeugt davon ebenso wie der systematische Ausbau der Leitmotiv-Artistik im *Tod in Venedig*. *Königliche Hoheit* nimmt sich in dieser Umgebung auf den ersten Blick etwas seltsam aus, hat aber an diesem experimentierenden Schreiben durchaus seinen Teil: Das Buch zeigt, daß Thomas Mann auf der Suche nach dem modernen Roman selbst vor Anleihen bei jener populären Literatur nicht zurückschreckte, welche Kollegen und Kritiker als trivial verachteten.

Königliche Hoheit wird weithin nicht unter die geglückten Experimente dieser Phase gerechnet. Aber auch der höher geschätzte Roman um Felix Krull ist seinem Genre nach auf diesem anrüchig populären Feld angesiedelt. Den Felix Krull, der seine Memoiren schreibt, bekümmert die Nachbarschaft zu „Kriminalromanen und Detektivgeschichten" ganz ausdrücklich (VII, 322). Im Gegensatz zu *Königliche Hoheit* bringt das populäre Genre Thomas Mann diesmal tatsächlich etwas von jener Modernität ein, nach der er sucht. Das ist bislang nicht sonderlich aufgefallen, da Literaturhistoriker das Moderne meist in der Sphäre der Formen suchen. Die Modernität des *Felix Krull* ist zunächst eine Modernität des Stoffs: Die Figur des Hochstaplers bündelt wesentliche Momente jener Erfahrung von Moderne, welche der Jahrhundertwende von den großen Metropolen bereitet wurde.

Aber auch für die Seite der poetischen Form ist diese Erfahrung nicht ohne Interesse. Daß Thomas Mann mit Felix Krull sein altbekanntes Künstler-Thema ins leicht Kriminelle transponiert hat, ist geläufig. Aber es ist natürlich auch alles anderes als Zufall, *welch* einen Typus des Kriminellen er dabei wählte. Der Hochstapler weiß – wie kaum einer sonst – um die bezeichnende Kraft der kleinen Details und der winzigen Nebensächlichkeiten in der modernen Welt. In dieser Kunst können ihm nur zwei das Wasser reichen: der geniale Detektiv des Kriminalromans sowie der geniale Erzähler, der sein Schreiben auf die großen leitmotivischen Möglichkeiten der kleinen Details und der winzigen Nebensächlichkeiten baut.

Eckhard Heftrich

Der unvollendbare *Krull* – Die Krise der Selbstparodie

I.

Im folgenden wird der Hochstapler-Roman unter dem doppelten Aspekt betrachtet, den der Titel in die Formel faßt: Der unvollendbare *Krull* – Die Krise der Selbstparodie. Als Thomas Mann gegen Ende 1953 den Entschluß faßte, die gesamte Textmasse, d.h. die schon früher publizierten Partien und das seit der Wiederaufnahme im Dezember 1950 entstandene Manuskript in Druck zu geben, scheint er, trotz schwerer Zweifel, zumindest an die Möglichkeit einer Fortsetzung geglaubt zu haben. Denn immerhin wurde als Untertitel gewählt: *Der Memoiren erster Teil.* Das durfte man kurz nach Erscheinen des Buches noch als Ankündigung eines zweiten und vermutlich abschließenden Teils verstehen. Die Hoffnung auf eine Fortsetzung fand im folgenden Jahr mit dem Tod des Achtzigjährigen ihr Ende. Nun mußte man den Roman wegen des gegenüber allen Wünschbarkeiten bekanntlich tauben Schicksals für, leider, unvollendet halten. Angesichts der kruden Wirklichkeit des vorzeitigen Ablebens des Autors hätte vor einem halben Jahrhundert die Frage nach der generellen Möglichkeit der Vollendbarkeit des Romans leicht als absonderlich, spitzfindig, vielleicht gar pietätlos erscheinen können. Ist sie das nicht immer noch?

Das Bedauern darüber, dass die erregenden, der fortschreitenden Erfahrungen und Belehrungen des unzweifelhaft nicht einwandfreien Helden dienenden Abenteuer – Belehrungen übrigens, an denen teilzuhaben der geneigte Leser inständig angehalten ist, – das Bedauern also, dass weder Aventüren noch Belehrung ihre Fortsetzung gefunden haben, dieses „Schade, daß…" behält trotz der hier ja erst noch zu beweisenden Berechtigung der apriorischen Skepsis gegenüber der möglichen Vollendbarkeit Krullscher Memoiren seine eigene Berechtigung; und nicht nur, was die Leser von damals betrifft. Denn wie sollten wir, Leser von heute, Kritiker und Philologen eingeschlossen, nicht bedauern, dass wir nie erfahren werden, wie es genau und im Einzelnen – und darauf wäre es angekommen! – in Südamerika und anderswo, und wie immer, weitergegangen wäre. Wenn wir snobistischerweise uns das „Schade, daß…" nicht gestatten wollten, hätten wir allenfalls Professor Kuckucks kein Ende findende Rede im Speisewagen verdient, kaum noch den schottischen Lord, und schon gar nicht Mme. Houpflé oder Dona Maria Pia.

Indessen setzt das unbestrittene Anrecht auf einen von jeglicher philologischen Bevormundung ungetrübten naiven Leser-Genuß die kritische Skepsis nicht einfach ins Unrecht. Der fundamentale Zweifel gilt vor allem der Frage, ob denn die beiden zum Fragment vereinigten Partien des frühen und des späten *Krull* sich so stimmig zusammengefügt haben, wie manche Interpreten zu glauben geneigt sind. Sie können sich dabei auf Thomas Mann selbst berufen, der, wie meist, so auch in diesem Fall, das Muster der harmonisierenden Deutung vorgegeben hat.

Vor allem hat nachhaltig gewirkt, wie in der *Entstehung des Doktor Faustus* die Versuchung der Wiederaufnahme des *Krull* anno 1943 beschrieben wird:

Es hätte seinen Reiz, nach zweiunddreißig Jahren dort wieder anzuknüpfen, wo ich vor dem *Tod in Venedig* aufgehört, zu dessen Gunsten ich den *Krull* unterbrach. Alles Werk und Beiwerk seit damals erwiese sich als Einschaltung, ein Menschenalter beanspruchend, in das Unternehmen des Sechsunddreißigjährigen.- Vorteil, auf einer alten Grundlage weiterzubauen. (XI, 158)

In der *Entstehung des Doktor Faustus* wird das als wörtliches Zitat aus dem Tagebuch angeführt. Doch handelt es sich in Wirklichkeit um eine ganz verkürzte Zusammenfassung dessen, was im Tagebuch am 21. März 1943 notiert wurde, und übrigens zum größeren Teil auch noch in das ursprüngliche Manuskript der *Entstehung* übernommen, dann aber ausgeschieden worden war.[1] Der Verzicht geht wohl kaum darauf zurück, daß der Umfang der *Entstehung* in Grenzen gehalten werden sollte. Vielmehr wollte Thomas Mann suggerieren, dass die Versuchung, den *Krull* fortzuführen, anstatt das höchst ungewisse Wagnis des *Doktor Faustus* zu riskieren, nur ein Ausweichen und Hinausschieben der fälligen Aufgabe gewesen sei. Mit den Worten der *Entstehung*: „Das alles" – also die Überlegungen zur Wiederaufnahme des *Krull* – „heißt nur: ‚Lieber erst noch etwas anderes!'" (XI, 158)

So läuft in der *Entstehung* alles direkt auf den *Faustus* zu, und der erfahrene Erzähler, der dem Roman denjenigen seiner Entstehung hinterher schreibt, vergißt auch nicht, die Spannung durch ein kleines retardierendes Moment zu steigern. Nach 1 ½ Seiten, in denen kunterbunt die privaten kalifornischen Ereignisse mit den weltgeschichtlichen auf den europäischen Kriegsschauplätzen und der Aufzählung weiterer Lektüre aus dem Komplex: Faust, Musik, Nietzsche gemischt sind, heißt es nämlich:

Ein Tag brachte trotz allem die Auflösung der Materialpakete zum ‚Hochstapler', die Wiederlesung der Vorarbeiten – mit wunderlichem Ergebnis. Es war „Einsicht in die

---

[1] Abgedruckt in TMS 1 (1967), 230.

innere Verwandtschaft des Faust-Stoffes damit (beruhend auf dem *Einsamkeitsmotiv*, hier tragisch-mystisch, dort humoristisch-kriminell); doch scheint dieser, wenn gestaltungsfähig, der mir heute angemessenere, zeitnähere, dringendere..." Die Waage hatte ausgeschlagen. Dem *Joseph*-Theater sollte nicht ‚erst noch‘ der Schelmenroman folgen.(XI, 159)

„Ein Tag brachte trotz allem...": Die Aufklärung des etwas verschwommenen Ausdrucks bringt der Blick ins Tagebuch. Zwischen Katias Erinnerung an den *Krull* und der „Auflösung" des Materials, also der eingehenden Beschäftigung mit diesem, liegen nämlich zwei volle Wochen. Zwar dominiert die auf den *Faustus* zielende Lektüre, aber die Realisierungsmöglichkeit des Plans droht beständig zu entschwinden, anstatt näher zu rücken. Eben darum werden die jahrzehntelang mitgeschleppten Hochstapler-Materialien auf die Waage gelegt. Nun zwar als zu leicht befunden, wird dem *Krull* doch im Verabschieden bereits etwas von dem Gewicht mitgegeben, das ihm Thomas Mann im Jahrzehnt danach aufladen wird. Tags darauf wird nämlich festgehalten, woher der immer noch nicht geschwundene Zweifel an der Realisierungsmöglichkeit des *Faustus*, trotz der schon gesenkten Waagschale zu dessen Gunsten, rührt:

Was noch fast völlig fehlt, ist die menschenfigürliche Ausgestaltung des Buches, die Füllung mit prägnanten Umgebungsfiguren. Beim Zbg. war sie durch das Sanatoriumspersonal gegeben, beim Joseph durch die Bibel, deren Gestalten zu realisieren waren. Beim Krull hätte die Welt phantasmagorisch sein dürfen. Sie darf es bis zu einem gewissen Grade auch hier sein, doch bedarf es mehrfacher Voll-Realität, und da fehlt es an Anschauungsstütze. (Tb, 11.4.1943)

So gerät, unter der Hand, der Rückblick auf den schon preisgegebenen *Krull* zum Vorschein seiner zukünftigen Auferstehung.

II.

Am 25. November 1950 hält Thomas Mann die Überlegungen fest, welcher Arbeit er sich nun zuwenden solle, nachdem im Gefolge des *Faustus* der *Erwählte* auch endgültig fertig sei. „Der Augenblick wäre wieder gekommen, wo ich, wie schon im Mai 43 die Felix Krull-Papiere wieder hervorzog, nur um mich, nach flüchtiger Berührung damit, dann doch dem ‚Faustus‘ zuzuwenden." Als Alternative zum Krull wird „die Luther-Erasmus-Novelle" erwogen; doch es sei „derzeit unerfindlich" wie dieser Gegenstand „angegriffen werden und welche Neuheit ihm verliehen werden könnte". Hingegen:

Für den „Hochstapler" spricht der Reiz des Ausfüllens eines weit offen Gelassen[en] im Werk; des Bogen-Schlagens über 4 mit soviel anderem erfüllte Jahrzehnte hinweg. Das Jugend-Buch ist originell, komisch und mit Recht berühmt. Aber ich blieb stecken, war überdrüssig, auch wohl ratlos, als es weitergehen sollte und ich mich statt dessen zum „T.i.V." wandte. Wird es möglich sein, neu anzugreifen?

1943 hatte Thomas Mann, wie erwähnt, auch nach der bereits getroffenen Entscheidung für den *Faustus* die fehlende „Anschauungsstütze" des Tonsetzer-Romans für bedenklich gehalten und das Manko präzisiert:

Amerika ist Menschenfremde, die wenig haftende Eindrücke liefert. Irgendwie muß aus der Vergangenheit, aus Erinnerung, Bildern, Intuition schöpfen. Aber die Entourage ist erst zu erfinden und festzustellen. (Tb, 11.4.1943)

Siebeneinhalb Jahre später treibt ähnliche Sorge den Autor um im Hinblick auf den *Krull*, als er mit Erika im November 1950 über Plan und Idee der Fortsetzung und das vermeintlich „Faustische" des Krull-Stoffes sich berät. Man darf vermuten, daß Erika eine aktive, antreibende Rolle gespielt hat. Denn Thomas Mann fühlt sich an Schillers Drängen zur Weiterführung des *Faust* erinnert:

Das Insistieren Schillers bei Goethe, Faust müsse in die Welt geführt werden. Erweiterung des Schauplatzes nach Amerika? Erweiterung von Felix' Rollenfach ins Alles-Mögliche, denn in jeder Maske muß er überzeugend sein. (Tb., 25.11.1950)

Es scheint sich wirklich um eine genaue Wiederholung der Situation von 1943 zu handeln, diesmal allein mit dem Blick auf den *Krull:*

Ist genug Welt und Personal, sind genug Kenntnisse vorhanden; [...] Hat meine Isoliertheit genug Menschen-Erlebnis aufgefangen, daß es zu einem gesellschaftssatirischen Schelmenroman reicht?

Thomas Mann stellt sich die Frage angesichts seiner augenblicklichen Lektüre *The City and the Pillar* von Gore Vidal. Die darin preisgegebenen „Affairen mit den diversen Herren" sind Thomas Mann zwar „unbegreiflich. Wie kann man mit Herren schlafen." (Tb. 24.11.50) Aber der „homosexuelle Roman" von Gore Vidal interessiert ihn im Hinblick auf den *Krull*, „nicht zuletzt wegen der Welt- und Reise-Erfahrungen, die er bietet"[2]. Und eben daran, ob die eigenen Welt- und Reise-Erfahrungen hinreichen mögen, zweifelt Thomas Mann. Doch nun folgt im Tagebuch eine Reflexion, die enthüllt, warum es

---

[2] Im Kommentar zu der Tagebuchnotiz vom 25.11.1950 ist die Bezeichnung „homosexueller Roman" irrtümlich auf den *Krull* anstatt auf das am Vortag erwähnte Buch von Gore Vidal bezogen.

sich jetzt, 1950, denn doch nicht um die bloße Wiederholung der Situation von 1943 handelt. Damals ging es um die Entscheidung zwischen den beiden durch Jahrzehnte hin mitgetragenen Stoffen. Mit dem *Faustus* hatte Thomas Mann sich für jenes Werk entschieden, das er „im stillen", also schon früh, seinen „Parsifal" genannt hatte. (XI, 157) Jetzt, 1950 hingegen, muß der Versuch der Wiederanknüpfung an den frühen *Krull* allein gemacht werden, „um Beschäftigung", eine länger anhaltende „Aufgabe" zu finden.

Immer neu zu überwindende Zweifel haben auch die Entstehung der früheren Werke, vor allem die des *Faustus*, begleitet. Doch über die Mühsal um den späten *Krull* werden sich die Schatten legen, die noch schwärzer sind als jene, unter denen, über denen der *Joseph* fortgeführt und vollendet und der *Faustus* geschrieben wurde. Das läßt schon der Beginn der Wiederaufnahme des *Krull* ahnen. Denn fataler könnte die Wahl, die eben keine mehr ist, nicht begründet werden als in der Tagebuchnotiz vom 25. November 1950:

Ich habe sonst nichts; keine Novellen-Ideen, keinen Romangegenstand. Etwas wie der einst geplante „Friedrich" ist undenkbar; andere alte Pläne noch, wie „Maja" oder „Die Geliebten" sind aufgegangen und zernutzt, der Geschwister-Roman weitgehend im „Faustus" inkorporiert.

Der Roman über Friedrich von Preußen und „Maja" waren einst ja schon an Gustav von Aschenbach als dessen Hauptwerke dahingegeben worden.

III.

Die Tagebücher des letzten Jahrfünfts sind das bedrückende Protokoll der scharf beobachteten schleichenden Altersdepression. Zwar kennt man schon aus den älteren Aufzeichnungen all die kleineren, häufig die Ridikulität und Peinlichkeit tangierenden Kümmernisse wie auch die ähnlichen größeren Übel, die den von den Anforderungen des von aller Welt Heimgesuchten plagen. Doch ist mit den Jahren die Haut des an der Welt und an sich Leidenden noch dünner geworden. Das gilt für die privaten und familiären Angelegenheiten wie für die öffentlichen. Natürlich läßt ihn die Politik mit ihren gegenwärtigen und für die Zukunft befürchteten Folgen nie zur Ruhe kommen. Was 1914 mit *seinem* Leiden für *sein* Deutschland begann, um schließlich in ein wahrhaft begründetes Leiden *an* Deutschland zu münden, endet keineswegs mit dem Untergang des Dritten Reiches, verknotet sich vielmehr zuletzt mit dem immer erregteren Leiden an Amerika. Wie einst, so ist auch jetzt das Leiden eine Passion im Doppelsinn von Erleiden und Leidenschaft. Wir begegnen im Tagebuch nicht einem eingebildeten Kranken, sondern einem wahrhaft gequälten Menschen. Eben deshalb brauchen wir Thomas Mann auch in jenen Fällen unser Verständnis nicht zu verweigern, bei denen wir seine Urteile und Verurteilungen nicht teilen; und das sind nicht wenige Fälle.

„Leiden, Seelenqual, Grauen, Fluchttrieb." (Tb, 9.4.1951) So lautet eine der vielen Engfassungen des düsteren Leitmotivs, dessen Formel Shakespeare vorgegeben hat: „And my ending is despair". Unter der apokalyptischen Angstvision eines über dem Korea-Krieg drohenden Atombomben-Weltkrieges glaubt er die Vereinigten Staaten, angepeitscht vom antikommunistischen Hexenjäger McCarthy, auf dem unaufhaltsamen Marsch in einen neuen Faschismus. Worauf er allein noch für sich selber hofft, verraten gleich mehrere Notizen aus denselben Frühjahrs-Wochen. Es ist der „fast angstvolle" (Tb, 30.4.1951), auch „Sehnsucht" (Tb, 4.5.1951) genannte Wunsch, „nach den 4,5 Jahren in europäischem Boden (Schweiz) zu ruhen und nicht in dem hier". (Tb, 30.4.1951)

Ein Jahr darauf – zwischen den *Krull* hat sich gerade die letzte Erzählung, *Die Betrogene*, einzuschieben begonnen, – wird, noch immer in Kalifornien, im Tagebuch die Rückseite der versuchten Rettung durch die Kunst sichtbar: Der Entschluß, illusionslos den eigenen Verfall zu protokollieren. 17. Mai 1952:

Gefühl der Auflösung, der Ratlosigkeit, des Abstiegs und Ruins erschüttert mehr und mehr meinen Nervenzustand, – nicht des Todes, leider, da meine Physis aushält. Will jedenfalls in diesen Blättern die schwarze Entwicklung weiter verfolgen.

Hier ist nicht ein nach innen gewendeter destruktiver Zynismus am Werk. Denn schon bald heißt es doch wieder: „Gefühl, dass mir diese Aufzeichnungen seit 1933 nicht so notwendig waren". (Tb, 1.8.1952) Zwei Jahre später, und kurz bevor der noch als der Memoiren erster Teil bezeichnete *Krull* erscheint, heißt es zwar:

Ich sollte aufhören, dies nutzlose leere Tagebuch zu führen, aus Scham vor meiner gegenwärtigen elenden Existenz. (Tg, 21.6.1954)

Auch das hält nicht lange vor, und so fixiert das Journal immer weiter, wie es abwärts geht, über alle durchaus genossenen Triumphe und Schmeicheleien hinweg, die der Weltruhm noch zu bieten hat, hinweg auch über den goutierten enormen Erfolg des inzwischen erschienenen *Krull* – abwärts bis zum Sterbelager im Zürcher Kantonsspital, mit der als „schändlich, schändlich" empfundenen Auslieferung an das Elend der nackten, kranken, hilflos ausgelieferten Kreatur. „Plagen" so lautet das letzte Wort der letzten Aufzeichnung, zwei Wochen vor dem Tod datiert. Davor steht die enigmatische, vieldeutige Reflexion, in der sogar noch ein leises Echo der nun von aller parodistischen Verkleidung und Selbstverkleinerung befreiten Imitatio Goethes mitzuklingen scheint: „Lasse mir's im Unklaren, wie lange dies Dasein währen wird. Langsam wird es sich lichten." (Tb, 29.7.1955)

IV.

Krulls Besuch des Lissabonner Naturkunde-Museums nähert sich bereits dem Ende, als Thomas Mann, noch immer in Kalifornien, feststellt, es sei „merkwürdig, wie die Sorgen und Zweifel wegen der Umsiedlung nach Europa den Sorgen wegen des Romans entsprechen". (Tb, 22.4.1952) Von einer „Entsprechung" zwischen der seelisch-physischen Bedrückung und den nicht endenden Zweifeln am späten *Krull* darf man freilich für die ganze Zeit der Entstehung sprechen. Gerade vier Monate sind seit der Wiederaufnahme vergangen, als das Tagebuch festhält:

Immer wieder doch scheint mir das ganze keinen rechten Sinn zu haben, – höchstens dennoch wieder, wie in Leverkühns Fall, als übertragenes Abbild meines Lebens. (Tb, 25.4.1951)

„Immer wieder", – in der Tat. Die „nagenden" Zweifel am Sinn der Fortsetzung (Tb, 1.7.1951) rühren vor allem daher, dass es dem Gegenstand an „Würde" fehle. Gerade ein halbes Jahr ist seit der Wiederaufnahme vergangen, als Thomas Mann ein weiteres und nicht zum letzten Mal auch feststellt, dass dem *Krull* der geistige Hintergrund fehle, „bis auf das Künstlertum"; aber eben das ist, wie sofort hinzugefügt wird: „abgeschmackt". Wäre es nicht doch besser, sich dem „Novellen-Essay über einen Wendepunkt in Goethes Leben" zuzuwenden, oder dem „16. Jahrhundert"? Aber leider ist „das ,Ernste' und ,Würdige', der Erasmus-Luther-Hutten-Plan höchst nebelhaft". (Tb. 3.6. u. 1.7.51)
   Lesungen aus dem Manuskript im kleinen Kreis der Familie und der Freunde waren auch bei früheren Werken ein permanentes Stärkungsmittel. Doch ist die erwartete Zustimmung oder gar freudige Überraschung der Zuhörer nötiger als je zuvor. Die Aufmunterung hält freilich nie lange vor. Das „Schlimme", das ihn beständig quält, ist und bleibt „der Unglaube an die Krull-Memoiren und das Nicht wissen, was tun". (Tb, 11.8.1951) Und dies, obwohl nach dem ersten großen Höhepunkt die zu erwartende Erschlaffung ausgeblieben und die Fortführung nicht ins Stocken geraten war. Der Höhepunkt: die Liebes- und Die-

besnacht des Liftboys mit Madame Houpflé. Im Tagebuch wird die Episode das „erotische Kapitel" genannt, es geht um „die Apotheose des Jünglings"; und eben diese beschäftigt den Autor das Kapitel über „stark und drängend". (Tb, 22.3.1951) Die „erotische Spannung" hält an, die drei Tage hintereinander gebrauchte Formel lautet: „Arbeit sinnlich vertieft." (Tb, 26.-28.3.1951)

Vier Jahrzehnte zuvor hatte Krull seine ephebische Schönheit noch auf den von Goethe stammenden kurzen Beinen zu tragen gehabt. Freudig tauscht nun der alte Thomas Mann seine Parodie der berühmtesten Gehwerkzeuge der deutschen Literaturgeschichte gegen die längeren Hermesbeine, und so kann der Dichter nun, mit allen Sinnen der entflammten Diane, die von ihr so genannten „Göttergliedern" (VII, 442) genießen.

Immer, wenn es hoch hergeht bei Thomas Mann, wird als Ersatz für die opiatische Musik, die leider nur Wagner zu Diensten steht, im hohen Ton rhythmisierter Prosa oder in fremden Zungen gesungen. So im *Tod in Venedig*, im *Zauberberg*, im *Joseph*. Das wird nun überboten durch virtuose Selbstparodie in Gestalt des deutsch-französischen Wortrausches der korybantisch in Alexandrinern schwärmenden Diane. Mitten in der theatralischen Suada, mit der sie den ausdauernden Liebesakt kommentierend begleitet, wandelt sich ihre Stimme, und zwar in dem Augenblick, als sie laut darüber nachzudenken beginnt, ob ihre Leidenschaft für die Jünglingsknaben vielleicht „versetzte" Mutterliebe sei. Schon im *Zauberberg* hat Thomas Mann sein Sprachspiel bereichert, indem er gebräuchliche Termini, wie etwa Psychoanalyse, rückübersetzte – nicht aus einem, ihm ganz fremden, Eindeutschungszwang, sondern um solche Begriffe mit dem so gewonnenen zusätzlichen Reiz ganz seinem Erzählstil zu assimilieren. Eben das geschieht auch hier, wenn von Verkehrtheit die Rede ist, wo wir gewohnheitsmäßig Perversion erwarten. Tatsächlich klänge es nicht nur gröber und ärmlicher, wenn im folgenden Schlüsselsatz von pervers die Rede wäre.

Die Liebe ist verkehrt durch und durch, sie kann gar nicht anders sein als verkehrt. Setze die Sonde an bei ihr, wo du willst, so findest du sie verkehrt... (VII, 445)

Die Konfession des Autors, die damit bereits ihren Anfang genommen hat, bleibt zunächst noch in den freilich schon sehr durchsichtigen Sprachschleier der parodierten Theatersprache gehüllt:

Aber traurig ist es freilich und schmerzensreich für eine Frau, den Mann nur ganz, ganz jung, als Knaben nur zu lieben. C'est un amour tragique, irraisonable [...] (VII, 445 f.)

Was es mit der tragischen, unvernünftigen Liebe auf sich hat, faßt Mme. Houpflé in die Worte: diese Liebe sei „nicht anerkannt, nicht praktisch, nichts fürs

Leben, nichts für die Heirat". Hier ist auf den kurzen Nenner gebracht, was ein
Vierteljahrhundert zuvor von Thomas Mann in einem Traktat riskiert worden
war, der zwar den Titel *Über die Ehe* trug, aber zu einem nicht eben geringen
und gewichtigen Teil von der „Homoerotik" als dem „erotischen Ästhetizismus" des Künstlers gehandelt hatte. (X, 175)

Diane muß schon in jüngeren Jahren über jene Resolutheit verfügt haben,
von der jetzt der Liftboy profitiert. Man könne sich mit der Schönheit nicht
verheiraten, erklärt sie, und ferner, welche Schlußfolgerung sie einst aus dieser Erkenntnis gezogen hatte: „Ich, ich habe Houpflé geheiratet, einen reichen
Industriellen, damit ich im Schutze seines Reichtums meine Bücher schreiben
kann [...]". (VII, 446) Wenn Thomas Mann ihr dann auch noch in den Mund
legt, bezeichnenderweise aber auf Französisch, diese Bücher seien enorm intel-
ligent, dient das nicht nur der Komik. Natürlich zielt das auch auf des Autors
eigene Bücher. Aber es spräche für eine momentan geminderte auktoriale Intelligenz, wenn hier nur der eigenen Eitelkeit gefrönt worden wäre. Vielmehr
dient es auch dazu, ironisch das unverhüllt Autobiographische vorzubereiten.
Doch ehe Thomas Mann dann mit ganz unverstellter Stimme spricht, wird noch
etwas eingeschoben, was diese gewagteste Opera buffa-Szene des späten *Krull*
doch noch in die Nähe einer Offenbachiade zu treiben scheint. Diane nämlich,
nachdem sie die Intelligenz ihrer Werke gepriesen hat, fährt übergangslos fort:

Mein Mann kann gar nichts, wie ich dir sagte, wenigstens nicht bei mir. Il me trompe,
wie man das nennt, mit einer Demoiselle vom Theater. Vielleicht kann er was bei der
– ich möchte es bezweifeln. (VII, 446)

Wird hier nicht doch durch eine kaum variierte Wiederholung der Einfall
geschwächt, mit dem zuvor der jubelnde Lobpreis von Krulls enormer ars amatoria durch die Beglückte mit einem zusätzlichen Spaß gepfeffert worden war?
Unmittelbar, bevor die beiden zum ersten Mal „vergehen" – beim zweiten Mal
werden sie gar in unüberhörbarer *Tristan*-Parodie „ersterben" – unmittelbar
vor dem ersten Höhepunkt also hatte Diane ihren jugendlichen Könner nicht
nur als „Engel der Liebe", „Ausgeburt der Lust" und „Beseliger" gefeiert, sondern auch noch, obwohl ihr die Wonne schon den Atem raubte, dazwischen
gebracht: „Ah, ah, du junger Teufel, glatter Knabe, wie du das kannst! Mein
Mann kann gar nichts, überhaupt nichts, musst du wissen." (VII, 442)

„Das war Gesang, was sie von sich gab, nichts anderes!"(VII, 442) Da es in
diesem Roman nicht die Zwischeninstanz eines Erzählers gibt, liegt es am sich
erinnernden Krull, diese Feststellung zu treffen. Sie erinnert uns daran, dass
wir, die Leser dieses vermeintlich so spaßhaften Buches nicht als Voyeure vor
einer Kino-Leinwand sitzen, sondern Zuhörer eines hochartistischen, musi-

kanalogen Sprachkunstwerkes sind. Eben darum darf man in dem Spiel, das hier mit dem Können, das durch das kontrastive Nichtkönnen noch gesteigert wird, mehr und anderes vermuten als das mit dem Komödiantischen seit je verbundenen Vergnügen am gebrochenen Sexual-Tabu. Wirklich ist bei keinem anderen der Krullschen Abenteuer die Doppelbödigkeit der selbstparodistischen und also autobiographisch fundierten Komik so unheimlich wie in der Houplé-Episode. Es geht hier nicht allein um die Preisgabe der sogenannten Verkehrtheit. Sie war seit der venezianischen Novelle und dem *Zauberberg* ohnehin kein Geheimnis, nicht einmal mehr ein offenes, und sie hatte auch den biblischen Joseph in jenen ganz anderen verwandelt, in den schönsten Jüngling seiner Sphäre, der selbst abgebrühte Exemplare der weiblichen High-Society Ägyptens so zu verwirren vermochte, dass sich die Damen bei seinem Erscheinen ihre Finger zerschnitten, anstatt die goldenen Äpfel zu schälen.

Doch hören wir endlich Thomas Manns ureigenste Stimme. Es sei ihr auch „gleichviel", läßt Diane sich gerade vernehmen, also gleichgültig, wie es nun mit Houplé und der Demoiselle gehe, um dann fortzufahren:

.–. diese ganze Welt von Mann und Weib und Ehe und Betrug ist mir gleichviel. Ich lebe in meiner sogenannten Verkehrtheit, in meines Lebens Liebe, die allem zum Grunde liegt, was ich bin, in dem Glück und Elend dieses Enthusiasmus mit seinem teueren Schwur, daß nichts, nichts in dem ganzen Umkreis der Phänomene dem Reiz gleichkommt jugendlicher Früh-Männlichkeit, – in der Liebe zu euch, zu dir, du Wunschbild, dessen Schönheit ich küsse mit meines Geistes letzter Unterwürfigkeit! [...] Was ist das? [...] Du bist verwirrend. Ob du verwirrend bist! (VII, 446)

„[...] mit mir war's aus! Mit aller Bestimmtheit glaubte ich einen Gott zu sehen und wußte vor frommem Vergnügen nicht mehr den Ort der Erde, an dem ich mich befand." (V, 1220f) Nicht Diane schwärmt so, sondern eine der Ägypterinnen nach Josephs Erscheinen. Diane, dann wieder die Stimme des Dichters mit ihrer eigenen mischend, deklamiert aufs Neue in französischen und deutschen Alexandrinern, gar gereimt, wie sich's am Ende einer Szene gehört. Der letzte Doppelvers leitet schon zur Schlußszene des Diane-Aktes über, diesem theatralisch-parodistischen Glanzstück, das dem Dichter allein schon wegen seines literarischen Beziehungszaubers zum nicht mehr überbotenen Höhepunkt der ganzen Krull-Komödie geriet. Diane also, als Krull sich darüber wundert, wie seltsam sie spricht: „Tu ne connais pas donc le vers alexandrin – ni le dieu voleur, toi-même si divin?" (VII, 446)

Das bekommen wir alsbald nicht nur übersetzt, sondern es wird vorgeführt, was es damit auf sich hat. Zuvor hat Krull Gelegenheit, zu beweisen, daß er nicht nur seiner Körperbeschaffenheit nach si divin ist, sondern auch von feiner, vornehmer Gemütsart. Dianes Zumutung, er möge sie züchtigen, verweigert er sich nicht nur, sondern liefert einen weit subtileren Ersatz für ihren unbefriedigten Masochismus: es ist das Geständnis, dass er sie jüngst beim Zollübergang bestohlen hat. Daß der, mit dem sie jetzt im Bett liegt, nicht nur ein „Domestik" ist, sondern „ein ganz gemeiner Dieb", das findet sie „tout à fait excitante"[3]. Das sei geradezu ein Traum von Erniedrigung. Der Verlust des Schmuckes und dessen alsbaldiger noch üppigerer Ersatz wird natürlich ganz auf das Konto des zynischerweise hier noch einmal als Straßburger Klosettschüsselfabrikant erinnerten Houpflé gehen. Warum sollte der nicht bezahlen, was Hermes zu Dianens Lust gestohlen? Schließlich ist er geheiratet worden, um ihr die Voraussetzung für die poetischen Hervorbringungen zu schaffen, und dazu gehört, daß sie nur dort die nötige Regeneration findet, wo ihr Geist seinen Sitz im Leben hat. Abgesehen davon, daß es sich bei der oben erwähnten Ägypterin nicht ums Früh–Männliche handelt, könnte das Outing jener Dame auch als Muster für Diane gelten:

– ich sage es, wie es ist und nehme kein Blatt vor den Mund, denn dies ist die Stunde und sind die Umstände, wo Herz und Mund einem übergehen [...]. Ich bin eine Frau, die viel Sinn hat fürs Männliche, und da ihr's ohnedies wißt, so will ich nur einfach erwähnen, daß ich außer meinem Gemahl, dem Rinderdirektor, der in den besten Jahren steht, auch noch jenen Leiboffizier kenne sowie den jungen Betreter von Chonsu's Haus, der auch mein Haus betritt – ihr wißt es ja sowieso. Aber das alles hindert nicht, daß ich mich gegen das Männliche hin allezeit sozusagen auf dem Quivive befinde und mich leicht davon göttlich anmuten lasse, – besonders aber habe ich eine Schwäche für Schenken. Ein Schenke hat immer was Göttliches oder vom Götterliebling, [...] es liegt in seinem Amt und in seiner Gebärde. (V, 1220)

Und eben da bekommt sie Joseph als Ganymed[4] zu Gesicht. Diane ihrerseits: „Hermes! Er weiß nicht, wer das ist, und ist es selbst!" (VII, 448)

Die Schlußszene des Diane-Armand-Aktes ist ein so burleskes wie gespenstisches Finale, in dem der neue Hermes den „Liebeswunsch" der Frau erfüllt; von ihrer Rede geführt und begleitet, räumt er im Dunkeln das Zimmer von Schmuck und Geld leer. Die Taschen seiner Liftboy-Livree vollgestopft, wird er dann von Diane verabschiedet, wieder mit französischen und deutschen Alexandrinern. Wenn das Grab sie beide decke, werde er in ihren Versen und ihren schönen Romanen weiterleben: „Armand, tu vivras dans mes vers et dans

---

[3] In den Tagebüchern ist „Excitation" ein häufig gebrauchtes Wort für den sexuellen Erregungszustand.

[4] Der mythologische Bezug zu dem von Zeus geliebten Ganymed wird vom Autor erst ins Spiel gebracht, nachdem der Liftboy zum Kellner avanciert ist. Wie im Fall des Hermes wird auch bei der Übernahme der Ganymed-Rolle der Unterschied zwischen Joseph und Krull deutlich.

mes beaux romans", hören wir sie noch singen, – aber die Stimme des Dichters selbst flüstert den Antwort-Vers: „die von den Lippen euch – verrat der Welt es nie! – geküßt sind allesamt. Adieu, adieu, chéri..." (VII, 450)

V.

Nur einige wenige Hinweise auf das Anspielungswunder dieser Schlußszene konnten hier skizziert werden. Bei dem Spiel mit direkten und verdeckten Zitaten, motivischen Entsprechungen etc. geht es jedoch nicht um literarisches Zier- und Rankenwerk. Im Heraufrufen und im Echo eigener Texte oder solcher von anderen Autoren wird auch ein Großteil der untrennbar mit Literatur verwachsenen Lebenswirklichkeit stets ins gerade entstehende Werk überführt. Einer der großen Roman-Autoren der zweiten Hälfte des Jahrhunderts, für dessen erste Hälfte gerade Thomas Mann ein Maß gesetzt hat, – Gabriel Garcia Márquez – hat seinen Memoiren als Leit-Motto vorangestellt: „Das Leben ist nicht das, was man gelebt hat; es ist das, was man erinnert, und wie man sich erinnert, um es zu erzählen." Zum Titel verkürzt lautet das dann: *Vivir para contarla*.

Das gilt auch für Thomas Mann. Je mehr aber vom privaten, ja intimen Leben des Autors an den Tag kommt – und gelegentlich wünschte man, es wäre weniger – desto mehr scheinen die Literatur-Detektive der Verführung ausgesetzt zu sein, das Werk als verschlüsselten Bewältigungsversuch persönlicher Probleme des Autors zu interpretieren. In den Werken immer wieder neu auftauchende Grundmuster werden dabei zu Indizien gemacht. So kommt es zu skandalträchtigen Pseudo-Entdeckungen, die von Zeit zu Zeit die Feuilletons in Aufregung versetzen. Wenn einer dann gar wie Thomas Mann mit Berufung auf Dostojewski den Künstler zum Bruder des Verbrechers erklärt, darf der Detektiv doch wohl ein verdecktes biographisches Faktum vermuten! Indessen, bedenkt man die Wirkkraft der Phantasie, vor allem die des Künstlers, so handelt es sich – um es mit einem Romantitel von Doderer zu sagen – allemal um einen Mord, den jeder begeht.

Zum Glück haben wir es beim *Krull* nur mit Taten zu tun, die uns nicht so zu belasten brauchen wie ein ohnehin nie ausgeführter, aber eben auch als Gedanke gern verdrängter Mord. Und so dürfen wir unbeschwert, weil zu allem hin auch nicht zur Leistungsethik exklusiver Hochstapelei verpflichtet, an Felix bewundern, was wir alle, manchmal ein wenig im Leben, öfter in Wach- und Wunschträumen, gewiß aber in den erhellenden wie in den verwirrenden Träumen des Schlafes auch immer irgendwie begehen mögen. Allerdings droht auch bei dem mangels eines Kapitalverbrechens günstiger gelagerten Fall der erdichteten Krull-Memoiren die Gefahr, daß mit der Reduzierung des ins Kunstwerk aufgelösten lebensgeschichtlichen und seelischen Substrates auf biographische Fakten die vom Dichter geleistete Transformation, und somit das eigentliche Geheimnis der Kunst, zum Verschwinden gebracht wird. Das gilt vor allem, wenn, wie beim Zusammentreffen des jugendlichen Sexual-Künstlers mit der ausdrucksstarken Frau, die Grenzen der Selbstparodie verschwimmen. Zwar dürfte nur ein bornierter Schnüffler auf die Idee kommen, die Begründung von Madame Houpflés Heirat für eine Anspielung auf die Wahl der Katia Pringsheim zu deuten. Auch wenn Katia reicher Leute Kind war, – vor allem war sie schön und klug; und geliebt haben sie und ihr Dichter sich beide ein Leben lang, auf ihre je eigene Art. Zweifelhafter scheint es um die auffällige Wiederholung zu stehen, daß Monsieur Houpflé nichts, gar nichts kann. Die Tagebücher, in denen Thomas Mann seine sexuellen Anfälle, Neigungen und Abneigungen, nicht zu vergessen auch die zarteren erotischen Abschattierungen, offen legt, bieten immer einen passenden Schlüssel an für das, was man gerade sucht. Ganz zu passen scheint einer der Schlüssel am Brett mit der Jahreszahl 1920. Lautet das Fazit eines „Rencontre(s) mit K." doch:

Bin mir über meine diesbezügliche Verfassung nicht recht klar. Von eigentlicher Impotenz wird kaum die Rede sein können, sondern mehr von der gewohnten Verwirrung und Unzuverlässigkeit meines „Geschlechtslebens". Zweifellos ist reizbare Schwäche infolge von Wünschen vorhanden, die nach der anderen Seite gehen. Wie wäre es, falls ein Junge „vorläge"? (Tb,14.7.1920)

Auf die Probe will er es freilich nicht ankommen lassen.

Aber gelangt man durch die Tür, die dieser Schlüssel oder einer mit ähnlichem Bart öffnet, wirklich in die Hotelsuite, wo Armand-Hermes mit Diane Liebe macht? Es muß erlaubt sein, das zu bezweifeln und zu fragen, ob man nicht allenfalls in den Raum vordringt, dessen Türe auch der Schlüssel vom Frühjahr 1951 geöffnet hätte. Eben damals wurde „unter der erotischen Spannung" (Tb, 24.3.1951) des Schreibenden die „Apotheose des Jünglings" (Tb, 22.3.1951) gedichtet. – „(...) die von den Lippen euch geküsst (...)": Wer möchte, wenn er diesen Gesang vernommen, eigentlich noch darüber belehrt werden, zu welchem Geschlecht solche Lippen wohl gehören, oder gar, auf welcher Photographie das passende Gesicht zu finden sei?

Die nach der erregten Schreib-Ekstase der Houpflé-Episode zu erwartende postkreative Tristesse bleibt Thomas Mann erspart: „Wohlsein, Beruhigung nach dem tour de force dieses Abschnitts." Aber die berechtigte Zufriedenheit zeigt sofort ihr Janusgesicht: „Der Roman kann es kaum weiter bringen. Mir hat er eigentlich damit Genüge getan". (Tb, 2.4.1951) Der zweimalige Besuch des naturgeschichtlichen Museums von Chicago im Oktober 1951 wird zwar seinen Mut wieder wecken und die stärkste der neuen Anregungen geben. Aber das reicht nicht hin. Krull ist längst in Lissabon, das witzige Techtelmechtel mit Zouzou bereits im Gange, da heißt es nicht nur wie immer häufiger: „Am Kapitel, angewidert und leidend!" Jetzt wird das schreckliche Resümee niedergeschrieben:

Nahm ein und fand Ruhe für die Nacht, die zum besten Teil des Tages geworden. So ist es, wenn man sich überlebt. Wagner schrieb mit annähernd 70 sein Schlußwerk, den Parsifal, und starb nicht lange danach. Ich habe ungefähr im selben Alter mein Werk letzter Konsequenz, den Faustus, Endwerk in jedem Sinn, geschrieben, lebte aber weiter. Der Erwählte, noch reizvoll, und Die Betrogene sind bereits überhängende Nachträge, schon unnotwendig. Was ich jetzt führe, ist ein Nachleben, das vergebens nach produktiver Stütze ringt. (Tb, 6.7.1953)

Wagner! Seine Musik ist in diesen Jahren so tröstlich wie lange nicht mehr. Aber Wagner bleibt auch der Stachel im Fleisch. Nicht mehr, wie einst und öfters die Person, die Thomas Mann sogar geschmäht hatte als „schnupfende[n] Gnom aus Sachsen mit dem Bombentalent und dem schäbigen Charakter".[5] Es ist, noch immer, Wagner als „einer der größten *Vollbringer* der Welt", den er nun mit Schmerzen bewundert, es ist der „Werk-Mensch", der „Werk-Held sondergleichen, – und ach, wie liebe und bewundere ich das Vollbringertum, das Werk – jetzt zumal, im Alter, wo es damit für mich aus ist." Er könne von Glück sagen, dass er doch mit *Buddenbrooks, Zauberberg, Joseph* und *Faustus* „etwas wie einen kleinen Vollbringer abgeben konnte". (Tb, 19.6.1954)

Und *Krull*? Eben sind die letzten Fahnen zur Korrektur gekommen; ein Blick hinein, ein einziger Satz nur: „Der Schluß ist beschämend schwach." (Tb, 19.6.1954)

VI.

Allen Gemütsschwankungen zum Trotz war Thomas Mann sich keineswegs im Unklaren darüber, daß der fortgesetzte *Krull* außer dem Höhepunkt der Houpflé-Episode noch viele andere Glanzstücke enthielt. Die Zweifel wären aber bei aller Mühsal und den Schatten des Alters wie dem Gefühl der mangelnden Würde des Gegenstandes so radikal nicht gewesen ohne das kaum zu

---

[5] Brief an Julius Bab vom 14.9.1911.

verdrängende Gefühl, alle großen Themen schon einmal, und doch wohl auf anderem Niveau, durchgeführt zu haben. Vielleicht darf man der Behauptung des Autors Glauben schenken, er habe immer rasch vergessen, wo er dies und das hergenommen, wenn man ihn nach den Quellen fragte. Was aber vom Eigensten in seine Werke einging, blieb immer in seiner Erinnerung. Schwerlich kann man daher leugnen, dass er recht hatte, wenn er im Tagebuch auf das Großgeartetere der älteren Versionen der im *Krull* wiederholten Themenkomplexe hinwies. Selbst für den mit Diane Houpflé veranstalteten Liebeszauber beginnt man etwas zu bangen, wenn man sich auch nur an die Liebe Hans Castorps zu Clawdia Chauchat erinnert, an die Liebe zu dieser Frau mit ihrer langen mythologischen Herkunft, und daran, wie dem poetischen Träumer in Clawdia der Knabe mit dem slawischen Vornamen und dem tödlichen Nachnamen Hippe wiederkehrt.

Von *Joseph in Ägypten* habe ich nur gerade die Arabeske mit den bezirzten Damen erwähnt, also nur eine Episode im Rahmen der erschütternden Liebespassion von Mut-em-enet. Wie könnte, trotz Dianens gesanghafter Ausdrucksweise und Entflammtheit ihre versetzte Mutterliebe zu den Knaben aufkommen gegen Mut? Eine überwältigendere Sangesstimme erklingt, wenn die Herrin dem Knecht erwidert: „Mit der Mutter schläft jeder [...] muß ich dir das Anfänglichste sagen? Isis bin ich [...]". (V, 1175) Und um nur noch ein weiteres von etlichen Beispielen zu nennen, in denen die Passion der Ägypterin im Rausch von Mme Houpflé nachhallt: Wieviel bleibt von der Komik der Wollust der Selbsterniedrigung beim Vergleich mit der Qual übrig, die Mut erleidet, als sie sich zum schauerlichen Liebeszauber der Hexenvettel Tabubu erniedrigt?

Und wie steht es um Krulls Wissensdurst im Vergleich zu Hans Castorps Bildungstrieb? Der Hochstapler wird sich mit der Erweiterung seiner Kenntnisse immer nur einer neuen Situation anpassen, aber er kann sich als Person nicht entwickeln. Mißt man gar Krulls Hermes-Adaption an der Imitatio mythischer Modelle, an dem In-Spuren-gehen des Jaakobs-Sohnes, so droht der Sohn des Schaumwein-Produzenten schier zu entwesen.

So fort und fort. Wie aber hätten die Memoiren weitergehen sollen, weitergehen können? Pläne aus früher, Überlegungen aus später Zeit liegen vor. Aber es wäre immer nur auf Wiederholungen des einen Themas hinausgelaufen: wie eine Welt, die gern betrogen werden will, getäuscht wird. Denn von der Ursprungsidee, der autobiographischen Camouflage des Künstlers als Hochstapler, konnte der Roman sich nicht lösen, auch nicht mit Hilfe der steilen mytho-poetischen Überhöhungen. Die mythische Hochstapelei des *Joseph* konnte unter anderem deshalb gelingen, weil ihr mit der Erzählung der *Genesis* einer der ehrwürdigsten Texte der Menschheit zugrunde liegt, eingeschlossen die noch ältere Vor- und Urgeschichte und die unermeßliche Fülle der Wirkungsgeschichte bis ins zwanzigste Jahrhundert hinein. Dem *Krull* hingegen blieb immer etwas vom Bodensatz der Memoiren jenes zeitgenössischen Hoteldiebes Georges Manolescu anhaften, die zum Ursprungsmaterial gehört haben.

Indessen sei nicht den Zweifeln, die Thomas Mann selbst so gequält haben, das letzte Wort gegönnt. Denn ein wenig von dem, was Goethe dem Hermes zugeschrieben hat, wird im *Krull* denn doch zu unserem Ergötzen mit Bravour exerziert, und nicht nur im Schlafgemach der poetischen Diane. Faust II, 3. Akt:

> So auch er, der Behendeste,
> Daß er Dieben und Schälken,
> Vorteilsuchenden allen auch
> Ewig günstiger Dämon sei.
> Dies betätigt er alsobald
> Durch gewandteste Künste.

Friedrich Gaede

Gewinn und Verlust des „Selbst"

Simplicius und Krull

Hinter der Bezeichnung „Schelmenroman" steht das Problem aller kategorischen Festlegungen, die literarische Werke einordnen sollen. Nicht nur ein Romanautor wie Grimmelshausen, sondern auch die großen Vertreter philosophischer Ästhetik sind mit diesem Problem vertraut und zeigen, wie künstlerisches Gestalten und abstrahierendes Festlegen entgegengesetzte Wege gehen. Das scheint Literaturhistoriker wenig anzufechten, denn im Namen des „Schelmenromans" ist mehrfach auf die Beziehung hingewiesen worden, die zwischen Grimmelshausens *Simplicissimus* und Thomas Manns *Felix Krull* besteht. 1951, noch vor dem Erscheinen der erweiterten *Krull*-Fassung, veröffentlicht Oskar Seidlin einen Essay, dessen deutsche Version den Titel trägt: *Pikareske Züge im Werke Thomas Manns.*[1] Gleich zu Anfang stellt Seidlin die problematische Behauptung auf, daß Grimmelshausens Simplicius seine Existenz der „pikaresken Brüderschaft" verdanke. Seidlin nennt darum den *Simplicissmus* den deutschen „Schelmenroman" und weist zugleich auf die Tatsache, daß „Thomas Mann sich ernsthaft mit Grimmelshausens *Hauptwerk* beschäftigte, als er am *Doktor Faustus* arbeitete," also kurz bevor er sich nach langer Pause dem Krull-Text wieder zuwandte. Auf diese Weise wird durch Seidlins Aufsatz eine Dreiecksbeziehung von pikarischem Schelm, Grimmelshausens Simplicius und Thomas Manns Felix Krull hergestellt und so fest etabliert, daß sie seitdem in der Thomas-Mann-Forschung wiederholt und bestätigt wird, am ausführlichsten durch Hans Wysling in seiner fundamentalen Krull-Studie *Narzissmus und illusionäre Existenzform.* Im Kapitel, das den Titel „Die Bekenntnisse als Schelmenroman (Grimmelshausen)" trägt, schreibt Wysling:

Der *Simplicissimus* erwies sich als ein Werk, das in jeder Beziehung [dazu gehörte] und dem gegenüber Nachfolge sich geradezu aufdrängte. Vorgegeben waren die jugendliche Schönheit des Helden, sein Vermummungsgenie, sein Namenwechsel, vorgegeben waren Diebereien und Hochstapeleien, vorgegeben waren – wenigstens stoffmäßig –

---

[1] Oskar Seidlin: Pikareske Züge im Werke Thomas Manns, in: Helmut Koopmann (Hg.): Thomas Mann, Darmstadt: Wiss. Buchgesellschaft 1975, S.79/80. Erstveröffentlichung auf englisch in: Modern Language Quarterly XII (1951), erste deutsche Publikation in: GRM N.F. V (1955).

Hadesfahrt und utopischer Menschheitstraum, vorgegeben war ein barocker Welt-spiegel größten Formats.[2]

Damit sind bestimmte inhaltliche Bezugspunkte aus Grimmelshausens Haupt-werk und Manns Roman genannt oder angedeutet. Anschließend werden die dennoch bestehenden, das Schelmenhafte betreffenden Unterschiede zwischen Simplicius und Krull aufgezählt. Hier wird jedoch Wyslings Vergleich proble-matisch. Es beginnt mit der Feststellung:

Krull ist kein grobschlächtiger, pockennarbiger picaro. Er ist aus feinerem Holz geschnitzt, […].

Das Grobschlächtige trifft auf Picaro sicherlich zu, nicht aber auf Simplicius, der jedoch gemeint ist. Grimmelshausens Held ist von Anfang bis zum Ende alles andere als ein grobschlächtiger Schelm: er ist die Projektionsfigur seines Autors und wird mit seinem Lebensweg geschildert, der mit dem noch unbe-wußt handelnden Kind beginnt und mit dem zum Autor seiner Geschichte gewordenen, höchst differenzierten Inselbewohner endet. Auch schon in seinen frühen Stadien ist es Simplicius, der die Grobschlächtigkeit anderer erkennt und in die Schranken zu weisen versteht. Bereits im ersten Verhör des kindlichen Simplicius durch den alten Einsiedel erweist sich der Kleine als ein zwar unwissender, aber geschwinder und heller Kopf, der dem Alten durchaus gewachsen ist. Insofern ist der zweite Punkt, der Krull und Simplicius unter-scheiden soll, ein noch direkteres Mißverständnis:

Er [Krull] ist kein tölpelhafter Simplex, der immer gerade noch mit dem Leben davon-kommt. Er kalkuliert seine Erfolge und nützt sie aus, Seine Unverwüstlichkeit verdankt er seiner Intelligenz und seiner Agilität.

Was Wysling als Gegensatz von Simplicius und Krull darstellt, ist eher eine Entsprechung, denn die Krull zugeschriebene Intelligenz und seine Agilität kennzeichnen in noch stärkerem Maße Simplicius, der insgesamt gesehen alles andere als „tölpelhaft" ist. Im Gegenteil: nach nur kurzer Anpassungskrise am Hanauer Hof lernt Simplicius schnellstens, wie alles in der Welt läuft. Er ver-steht es schon am Hanauer Hof meisterhaft, die Gesellschaft mit angeborener philosophischer Intelligenz so zu kritisieren, daß diese Kritik noch heute aktu-ell wirkt. Simplicius lernt zugleich, sich in diese Welt zu integrieren und sie erfolgreich zu manipulieren, um sich am Ende ganz von ihr zu distanzieren.

---

[2] Hans Wysling: Narzissmus und illusionäre Existenzform – Zu den Bekenntnissen des Hochstap-lers Felix Krull, Bern/München: Francke 1982 (TMS 5), S. 284. Dort auch die folgenden Zitate.

Auch das letzte Unterscheidungsargument Wyslings ist eher sein Gegenteil. Wenn über Krull gesagt wird,

Der proletarische Blickwinkel ist seine Sache nicht. [...] Das aristokratische Lebensgefühl ist ihm angeboren,

dann ist zu ergänzen, daß der proletarische Blickwinkel dem Simplicius noch ferner liegt als Krull, dem Sohn eines dubiosen Champagnerfabrikanten. Simplicius kennt das Aristokratische nicht nur als Imitationsziel, sondern hat es im Blut. Er entstammt mütterlicherseits dem schottischen, väterlicherseits dem deutschen Adel. Proletarische Blickwinkel sind ihm ebenso fremd wie auch Grimmelshausen selbst, der sich trotz weitgehend kleinbürgerlicher Berufstätigkeit der eigenen noblen Herkunft durchaus bewußt war.

Da sich die von Wysling genannten Gegensätze als irrelevant erweisen und sich somit nicht nur Felix Krull, sondern auch Simplicius vom pikarischen Schelm unterscheidet, kann das Schelmenhafte nicht als Vergleichsmaßstab dienen. Dieser liegt auf anderer Ebene, nämlich in der Tatsache, daß sich beide Figuren der Bestimmung durch festlegende Aussagen entziehen. Goethes berühmter Satz „Individuum est ineffabile"[3] gilt auch für Simplicius und Krull. Begrenzende Festlegungen treffen sie nicht, denn das Baldandere oder Versatile ihrer Existenz ist ein beiden Figuren gemeinsames Charakteristikum. Beide wurden deshalb von der Forschung auf den merkurischen oder auch proteischen Geist bezogen[4] und bestätigen die bedeutsame Schlußfolgerung, die Goethe aus seiner Aussage „Individuum est ineffabile" zieht. Sie lautet: „woraus ich eine Welt ableite". Goethes Einsicht, daß dort, wo festlegendes Beschreiben versagt, die Darstellungsmöglichkeiten des Dichters beginnen, gilt allgemein. Auch Krull und weit mehr noch Simplicius werden zu literarischen Figuren, weil sie als Subjekte möglicher Aussagen stets größer als die ihnen geltenden Prädikate sind.

Von Grimmelshausen wird diese Tatsache im Romantext unmittelbar angesprochen und zu einem Argument des jungen Simplicius gemacht, als er zum zweiten Mal einem Verhör ausgesetzt wird, das seiner Identität gilt. Dieses Mal kommen die entsprechenden Fragen von einem Heerespolizisten der kaiserlichen Armee. Simplicius ist in Frauenkleidern gefangengenommen worden und wird der Spionage verdächtigt, nachdem er sein Hanauer Narrenkostüm abgelegt hat. Die Fragen, die man ihm stellt, beginnen alle mit „warum", „ob",

---

[3] Goethe an Lavater 20.9.1780, in: Ernst Beutler (Hg.): Gedenkausgabe der Werke, Briefe und Gespräche, Bd. 18, Zürich: Artemis 1949, S. 533.

[4] Zu Mann s. Wysling, Anm. 2, S. 130–137 und S. 254–269; zu Grimmelshausen s. Friedrich Gaede: Substanzverlust – Grimmelshausens Kritik der Moderne, Bern/München: Francke 1989, S. 118–127.

und vor allem „wo". Sie gelten darum äußeren Umständen im Sinne von „wo
warst du?", „wer und wo sind deine Eltern?" oder „warum kannst du die Laute
schlagen?" Diese Fragen zielen auf Einzelheiten, wie man sie in Pässen, Poli-
zeiberichten oder Einwohnermeldeämtern festhält. Simplicius aber antwortet:
er müsse sein ganzes Leben erzählen, „damit die Umstände seiner seltsamen
Begebnisse alles recht erläutern". Er meint damit: man kann das Einzelne nur
erklären, wenn man den Zusammenhang deutlich macht, in dem es steht. Davon
will der Polizist aber nichts wissen. Der befiehlt „kurze runde" Antworten,
was wiederum Simplicius mit der Begründung ablehnt, daß sich auf diese Weise
nichts Gründliches aussagen lasse. Er fügt hinzu, daß er „sein ganzes Leben
erzählen", müsse, um die Gründe der Ereignisse zu erklären. Das aber heißt,
daß er seinen Lebensroman schreiben muss, um zu sagen, wer er ist. Bereits
Grimmelshausen leitet – gut 110 Jahre vor Goethe – aus der Tatsache, daß Simplicius als „individuum ineffabile" ist, „eine Welt ab": es ist seine Romanwelt.

Solche in einer Einzelszene steckende Ableitung oder Begründung des Ganzen gibt es auch im Anfang des *Krull*. Auch hier steht die Frage nach der Identität im Mittelpunkt, nur auf andere Weise. Nicht ein Polizist, sondern der Pate
Schimmelpreester bewirkt die Szene, indem er den jungen Krull veranlaßt, sich
in Kostüme verschiedener Stände und Zeiten zu kleiden und darin vor einem
Spiegel zu posieren. Krull scheint sich mit seinen Verkleidungen in eine multiple Persönlichkeit aufzulösen, denn er sagt:

…wie ich auch hergerichtet war, […] jedesmal schien es, und auch der Spiegel versicherte
mich dessen, als ob ich gerade für diesen Aufzug recht eigentlich bestimmt und geboren
sei; jedesmal gab ich, nach dem Urteile aller, ein treffliches Beispiel der Menschenart
ab, die ich eben vertrat; […] Ach das waren herrliche Stunden! Wenn ich aber nach
beendeter Kurzweil meine schale und nichtige Alltagskleidung wieder angelegt hatte,
so befiel mich wohl eine unbezwingliche Trauer und Sehnsucht, ein Gefühl unendlicher
und unbeschreiblicher Langerweile. (VII, 285)

Rollenspiele als Melancholieflucht haben kein Ende in sich und tendieren zur
permanenten Fortsetzung. Manns Werk endet darum als Fragment, geplante
Fortsetzungen bleiben Entwurf. Das Infinite des Romans gründet in seiner
Thematik. Auch Grimmelshausen war sich während der Arbeit an seinem
Buch der Gefahr bewußt, daß die Geschichte eine unendliche werden könnte.[5]
Der Barockautor löst jedoch das Problem, indem er seine Hauptfigur am Ende
des Romans einen Reflexionssprung auf eine ferne Insel machen läßt. Man darf
diese Insel – wie auch die auf ihr befindliche Höhle – nicht einfach empirisch

---

[5] Gr. warnt die Leser, daß er an einem Werk arbeite, welches sich „ad infinitum hinein erstreckt":
Satyrischer Pilgram; hg. v. W. Bender, Tübingen: Niemeyer 1970, S. 7.
   [6] Gaede, Anm. 4, S. 123.

verstehen, denn sie hat kein geographisches Vorbild. Vielmehr ist sie ein Konstrukt, eine Papierinsel, und bedeutet den neuen, radikal veränderten Zustand der Hauptfigur.[6] Simplicius ist am Ende des Romans nicht mehr wie bisher der Handelnde, der seinen Weg durch das Auf und Ab der baldanderen Welt nimmt, sondern ist als Schreibender, der sein bisheriges Handeln berichtet, ein Mann der *contemplatio* und der *memoria* geworden. Krulls Weg hingegen ändert sich nicht durch einen Qualitäts- oder Erkenntnisssprung, sondern nur durch die Quantität seiner Rollen. Dabei bleibt alles im Prinzip dasselbe, denn Krull ist nicht nur zu Anfang, sondern „zeit seines Lebens", wie er ironisch von sich selbst sagt, „ein Kind und ein Träumer" (VII, 315).

Dieser Unterschied zwischen beiden Romanen bedarf genauerer Betrachtung, die mit der Darstellung zweier charakteristischer Szenen aus dem Leben von Simplicius beginnen soll.[7] Die Szenen stehen am Anfang und am Ende von Simplicii Lebensbeschreibung. Sie handeln von der Wegfindung und damit auch von ihrem Gegenteil, also vom Wegverlust oder Irrgang. Die erste spielt im Wald, die zweite in der Inselhöhle. Zu Beginn des Romans erlebt der kleine und noch ganz naive Junge den Überfall der Soldaten auf den Hof seines Ziehvaters, des Knan, und flieht in den Wald. Was dort geschieht, läßt Grimmelshausen den Simplicius folgendermaßen schildern:

Als mich aber die Nacht [...] ergriffe / stunde ich auff / und wanderte so lange im Wald fort / biß ich von fern einen faulen Baum schimmern sahe / welcher mir ein neue Forcht einjagte / kehrete derowegen Sporenstreichs wieder umb / und gieng so lang / biß ich wieder einen andern dergleichen Baum erblickte / von dem ich mich gleichfalls wieder fort machte / und auff diese Weise die Nacht mit hin und wieder rennen / von einem faulen Baum zum andern / vertriebe / zuletzt kam mir der liebe Tag zu Hilfe [...] Ich ging dannoch fürter / wuste aber nicht wohin / je weiter ich aber gieng / je tieffer ich von den Leuten hinweg in Wald kam: Damals stunde ich auß / und empfande (jedoch gantz unvermerckt) die Würckung deß Unverstands und der Unwissenheit [...][8]

In dieser Beschreibung werden die Erfahrungen von Finsternis, faulen Bäumen, sowie von Orientierungslosigkeit und Angst als Wirkungen von Simplicii Unwissenheit dargestellt. Der Junge sieht den Wald vor Bäumen nicht, denn es sind ausschließlich die faulen Bäume, die er in der Dunkelheit wahrnimmt und deren Eindruck ihn so verwirrt, daß sein Weg ein sinnloses Hin und Her wird. Da der Autor die stockfinstere Nacht dem „finsteren Verstand" seines Helden zuordnet und den Irrweg als Folge von Simplicii „Unverstand und Unwissenheit" zeigt, steht das nächtliche Walderlebnis ganz im Zeichen seines noch unzu-

---

[7] Zur Interpretation dieser Szenen s. den Aufsatz d. Verf.s „Die Inselhöhle in der Ortenau. Das selbstreferentielle Substrat des *Simplicissimus*. In: SIMPLICIANA – Schriften der Grimmelshausen-Gesellschaft, Jg. XXV, Bern u.a.: Lang 2003, S. 33–45.

[8] Grimmelshausen: Werke I,1, hg. v. Dieter Breuer, Frankfurt: Klassiker 1989, S. 30/32.

länglichen Bewußtseinsstandes, der sich nicht zufällig angesichts der faulenden Bäumen offenbart. Diese zersetzen sich und verlieren mit ihren Konturen die Gestalt, die ihre jeweilige Identität als Tanne oder Ahorn ausmacht. Wenn das Gestaltete ungestalt wird, läßt es sich nicht mehr einordnen oder erkennen und erscheint darum monströs und furchterregend. Was die faulenden Bäume auslösen, wird grundsätzlich auch durch die Dunkelheit bewirkt, denn ohne Licht versagt die menschliche Fähigkeit, die Dinge zu unterscheiden. Mit den Konturen schwinden die Abgrenzungen. Sowohl durch den Gestaltverlust der Bäume als auch durch die Dunkelheit als solche befindet sich Simplicius in der Welt des Ungesonderten, die dem stets zu Festlegungen oder Sonderungen drängenden Verstand und damit dem Orientierungsbewußtsein unzugänglich ist. Da, wie der Text betont, Simplicii Wahrnehmung „ganz unvermerckt" erfolgt, reagiert er mit seinem Unbewußten, das selbst auch ein Ungesondertes ist, so wie er es an den Bäumen wahrnimmt. Ohne daß der Junge es weiß, werden ihm deshalb die ungestalten Bäume zu einem Spiegelbild seiner selbst. Ihm begegnet das eigene, noch ungestalte Innere als das schreckensvolle Äußere und Andere. Das schimmernde Holz der faulenden Bäume muß Simplicius in Panik versetzen, da er sich selbst nicht entkommen kann und darum in einer Wirklichkeit gefangen sieht, die in ihm ist, ohne diese Situation zu verstehen, und das heißt, ohne sie überwinden zu können.

Ihre volle Bedeutung entfaltet die Waldszene aus dem Anfang des *Simplicissimus* darum erst, wenn man sie im Zusammenhang mit der Höhlenszene betrachtet, die sich am Ende des Romans auf der fernen Insel ereignet. Simplicius betont die besondere Rolle der Höhle, indem er sie seine „grausamme Wunderspeluncke" nennt. Der Ort bleibt nicht zufällig für fremde Besucher unzugänglich und dunkel, da dort jedes mitgebrachte Licht, sei es Kerze oder Fackel, verlöscht. Der Grund für dieses Verlöschen liegt in der Lichtsymbolik des Barock, von der die verschiedenen Lichtarten den verschiedenen Ebenen des Geistes zugeordnet werden. So geben Fackeln oder Kerzen nur äußeres Licht, weil sie ihre Gegenstände von außen beleuchten. Sie entsprechen damit dem menschlichen Verstand, der den Dingen gegenübersteht und sie nur sinnlich wahrnimmt. Wie das äußere Licht so versagt der wahrnehmende Verstand in der Höhle, die ein anderes Denken erfordert und darum nur durch ein höherwertiges Licht erhellt werden kann. Die Höhle, das Refugium von Simplicius, ist weit mehr als nur eine räumlich-physische Gegebenheit, sie hat symbolische Funktion und bedeutet Simplicii geistigen Innenraum, von dem C.G. Jung sagt, dieser sei „die Höhle, die jeder in sich trägt, oder die Dunkelheit, die hinter seinem Bewußtsein liegt",[9] denn „die Höhle stellt die Dunkelheit und Abgeschlossenheit des Unbewußten dar".[10]

---

[9] Carl Gustav Jung: Gesammelte Werke, Bd. 9,1. Solothurn und Düsseldorf: Walter 1995. §241.
[10] Vgl. Jung, Bd. 12, §197.

Da es Simplicius nur mit Hilfe seiner Leuchtkäfer gelingt, diesen unzugänglichen, dunklen Ort zu erhellen, verkörpern die Käfer das Licht der Imagination[11], das von der barocken Lichtsymbolik das „innere Licht" genannt und gegen das äußere Licht des Verstandes gestellt wird.[12] Dieses innere Licht der kreativen Vernunft erstrahlt mit einer Helligkeit, die jedes praktische Leuchtinstrument übertrifft und in der Lage ist, die „Abgeschlossenheit" des Unbewußten aufzubrechen und Unbewußtes bewußt werden zu lassen.[13] Da das Leuchtkäferlicht Simplicii Höhlenaufenthalt oder Schreiben ermöglicht, kann Simplicius seinen Innenraum zum Außenraum machen, d.h. ihn schreibend gestalten. Im Gegensatz zur frühen Walderfahrung, wo sich noch Innen- und Außenwelt in ihrer Dunkelheit und Ungesondertheit gleichen und das ziellose Herumirren zur Folge haben, wird die Höhle zum Platz, wo der Autor sein Ziel erreicht hat und bei sich selbst angekommen ist. Indem er schreibend sein Gehäuse schafft, befindet sich Simplicius auf bewußte und gewollte Weise in der Wirklichkeit, die in ihm ist.

Fremdheit bleibt dennoch auch in der Inselhöhle das Thema, nur mit umgekehrtem Vorzeichen. Nicht mehr Simplicius erfährt hier Fremdes, denn er ist der Hausherr des scheinbar fernen Ortes. Selbstentfremdung und Fremdheit erfahren nun die anderen, die Inselbesucher, die Simplicius in der Höhle sprechen wollen und zu recht als Grimmelshausens Leser gedeutet wurden.[14] Ihnen muß geholfen werden, denn sie wissen nicht, „wo aus noch ein", heißt es. Das Innere der Höhle wird den Besuchern zu dem, was einst dem kleinen Simplicius der Wald mit seinen faulenden Bäumen war: der dunkle Ort, der gefahrenbergend und labyrinthisch wirkt. Entsprechend treten an die Stelle des „Schimmerns" der faulenden Bäume, das den Jungen einst in Panik versetzte, in der Höhle die ebenfalls aus faulem Holz wachsenden Leuchtkäfer. In beiden Fällen ist Holz, gerade als faulendes, der Ausgangspunkt. Da Holz im Altgriechischen Hyle heißt und als Ursprungswort des europäischen Materie-Begriffs gilt[15], ist es als faulendes zu dem fruchtbaren Material geworden, das der französische Philosoph Michel Serres beschreibt: „In der Geschichte wie in der Natur ist die Fäulnis das Laboratorium des Lebens"[16], also das, wodurch Neues aus Altem entsteht und Leben, das sich als Leuchten ankündigt, zuerst keimt. Simplicii

---

[11] Hubert Gersch: Geheimpoetik, Tübingen: Niemeyer 1973, S. 152 ff.

[12] Johann Amos Comenius: Der Weg des Lichtes – Via lucis (1668), übers. u. hg. v. Uwe Voigt, Hamburg: Meiner 1997, S. 59. Friedrich Gaede: Vom göttlichen zum tödlichen Licht. Grimmelshausen – Grass – Jünger, in: SIMPLICIANA – Schriften der Grimmelshausen- Gesellschaft, Jg. XXIII, Bern u.a.: Lang 2001, S. 13–28.

[13] Gaston Bachelard: Poetik des Raumes, München: Ullstein 1975, S. 226.

[14] Vgl. Gersch, S. 141/147.

[15] Heinz Happ: Hyle – Studien zum aristotelischen Materie-Begriff, Berlin/New York: Gruyter 1971.

[16] Michel Serres weist auf dieses Zitat von Karl Marx, das laut Serres nur in der von Marx autorisierten französischen Ausgabe *Le Capital* enthalten ist. Hermes IV, Berlin: Merve 1993, S. 191.

Wandel kann nicht markanter gestaltet werden: erfährt Simplicius zu Anfang im diffusen „Schimmern" der faulenden Bäume sein eigenes Potential als das ihn noch Bedrängende und Bedrohende, so ist dieses am Ende des *Simplicissimus* zum „hellen Glantz" oder Licht der Leuchtkäfer entfaltet, das nicht nur den Autor seinen Lebensweg beschreiben läßt, sondern auch den Besuchern oder Lesern ihre im dunklen Höhleninnern verlorene Orientierung gibt. Die Schlußszene des Romans dokumentiert Simplicii und damit Grimmelshausens Selbstverwirklichung im ursprünglichen Sinne des Wortes.

Damit ist in der Betrachtung des *Simplicissimus* der Punkt erreicht, an dem der Vergleich mit *Krull* fruchtbar zu werden verspricht, denn Positionen klären sich stets an ihren Gegenpositionen. Eine solche Gegenposition bezieht Thomas Mann gerade im Hinblick auf den Bereich, der bei Grimmelshausen nicht nur unbewußter Quellgrund seines Schreibens bleibt, sondern als solcher erkannt und in poetische Bildlichkeit und Strukturen umgesetzt wird: das *Hyletische*, die Materie im aristotelischen Sinne. *Hyle* ist hier nicht einfach das passive, noch unbestimmte Material, das durch die *Eidos* genannte Form bestimmt und gestaltet wird, sondern hat als Möglichkeitsstoff eine Potentialität, die sich als Streben nach Formung auswirkt. Nur durch die *steresis* genannte Formsehnsucht der Materie kann deren Energetik verwirklicht werden.[17] Das Wissen um die Art, wie sich diese Energie umsetzt, wird auf grundlegende Weise schon von Heraklit gewonnen und in seinem Sinne immer wieder erneuert. Heraklit sagt:

Und als ein und dasselbe ist in uns Lebendiges und Totes und das Wachende und Schlafende und Junges und Altes; denn das eine schlägt um in das andere, und das andere zurück in das erste.[18]

Das, was in uns als „ein und dasselbe" liegt, sind die noch eingebundenen, nicht entfalteten Gegensätze. Sie sind noch ungesondert, verharren im Zustand des Möglichen oder Potentiellen und werden einerseits als Zustand vor der Schöpfung gesehen, andererseits als das Unbewußte der menschlichen Seele verstanden. In beiden Fällen drängt das Potentielle zur Verwirklichung, die sich u.a. in der Weise vollzieht, welche Heraklit *Enantiodromie*, „das Entgegenlaufen", nennt und das Übergehen eines Extrems in sein Gegenteil bedeutet. Dieser Übergang verrät den sonst verborgenen Zusammenhang der Gegensätze, die „ein und dasselbe" sind, bevor sie aktualisiert oder konkret werden. Im römischen Urgott des Anfangs, in Janus, der doppelgesichtig in entgegengesetzte

---

[17] Ernst Bloch: Das Materialismusproblem, seine Geschichte und Substanz., Frankfurt: Suhrkamp 1972, S. 144.
[18] Heraklit, Fragmente, übers. v. Bruno Snell, Hamburg: Heimeran 1926, S. 11 f.

Richtungen blickt, ist diese Situation verkörpert. Schelling sah im Doppelgesicht des altrömischen Gottes die aufgespaltene Einheit im Moment ihres Konkret- und Erkennbarwerdens. Damit ist Janus, wie Schelling betont, das im Auseinandergehen Begriffene, „dessen beide voneinander abgewandte Gesichter ursprünglich einander zugewandte Potenzen waren." Sie erscheinen im Augenblick der Verwirklichung wie Plus und Minus des einen Selben.[19]

Schon in seinem ersten Werk, im *Satyrischen Pilgram*, macht Grimmelshausen das Janusprinzip zum thematischen und formalen Erscheinungsbild. Der Autor beginnt den Text mit der Ankündigung:

Kundt und zu wissen seye hiemit der gantzen Welt/ daß sich ein neuer [...] Scribent freventlich herfürthut/ und sich unterstehet/ durch sein elende Feder zugleich Schwartz und Weiß/ Kalt und Warm/ Tag und Nacht/ und dergleichen widerwertige Dinge mehr/ uff einmal zu schreiben.

Mit diesem Schreiben geschieht *poiesis* im ursprünglichen Sinne des Wortes. Herstellung wird mit der Entfaltung des Gegensatzes im *Satyrischen Pilgram* nicht nur vollzogen, sondern auch zum Thema. „Schwarz und Weiß" oder „Gut und Böse" verharren in Grimmelshausens erster Schrift in fester Gegenüberstellung. Im kurz danach veröffentlichten *Simplicissimus* dominiert dann das Gegensätzliche auf dynamische Weise, denn hier gerät der Gegensatz in Bewegung und bestimmt die Romanhandlung. Simplicius summiert sein Lebensgeschehen am Ende mit den Worten, daß er

bald hoch bald nider / bald groß bald klein / bald reich bald arm / bald frölich bald betrübt / bald beliebt bald verhaßt / bald geehrt bald veracht gewesen.[20]

Der Umschlag ins Gegenteil, das heraklitische Entgegenlaufen, ist der simplicianische Leitgedanke, so daß es konsequent ist, wenn genau in der Mitte des Romans, zu Anfang des 4. Buches, der Satz „Allzuscharff macht scharttig" steht. Durch diese Mittelpunktsituation wird das alte Sprichwort, welches das Prinzip der *Enantiodromie* am Beispiel des Messerschärfens festmacht, zur Achse, um die sich das Ganze dreht.

In Thomas Manns Umgang mit dem Gegensatzprinzip und mit dem *Hyle*- oder Materiekonzept wird Grimmelshausens Position in ihr Gegenteil verkehrt und damit eine Polarität begründet, die auf markante Weise die Differenz von Früh- und Spätmoderne ausdrückt. Der Erzähler des Krull-Romans kommen-

---

[19] Schelling: Philosophie der Mythologie, Bd.II, Darmstadt: Wiss. Buchgesellschaft 1990, S.601.
[20] Grimmelshausen, Anm. 8, S.543.

tiert im 4. Kapitel des 2. Teiles die Rolle der Materie und macht die Aussage, „daß an den Stoffen nichts, an ihrer geistreichen und glücklichen Verbindung aber alles gelegen ist." Damit ist die hyletische Basis, die Grimmelshausens Roman trägt, aufgegeben. Auf den ersten Blick wirkt die Aussage Krulls wie die Verabsolutierung der „geistreichen und glücklichen Verbindung" auf Kosten der Materie oder „Stoffe". Da eine Verbindung jedoch immer die von Stoffen ist und diese deshalb voraussetzt, ist die Feststellung Krulls, daß an den Stoffen nichts und an ihrer Verbindung alles gelegen sei, keine Negierung des Stoffes schlechthin, sondern eine Tendenzaussage, die dem Formalen Gewicht auf Kosten des Stofflichen gibt. Wir haben damit eine Umkehr der Situation vor uns, die Aristoteles *steresis* nennt und als Eidosdefizit des Stoffes oder der *Hyle* beschreibt. Wie sich das Defizit als *Eidos*verlangen der *Hyle* oder Materie äußert, so verrät umgekehrt Krulls Überbetonung der formalen „Verbindung" ein *Hyle*defizit, das ihm zur treibenden Kraft wird und das er als Naturverlangen äußert.[21] Wenn die gepriesene „geistreiche Verbindung" alles ist, was ihm bleibt, trägt sie nicht lange, denn die geistreichen Wirkungen verpuffen und ihr verbaler Ausdruck, das Wort, wird schal. Das erzeugt dann die Sehnsucht nach der „stummen Sphäre der Natur", von der Krull spricht:

das Wort, – dies matte und kühle Mittel, dies erste Erzeugnis zahmer, mäßiger Gesittung, so wesensfremd der heißen und stummen Sphäre der Natur, daß man sagen könnte, jedes Wort sei an und für sich und als solches bereits eine Phrase. (VII, 348)

Damit wird wieder ein Gegenpunkt zu Grimmelshausen deutlich. Der barocke Autor kennt keine stumme Natur, vielmehr redet, singt oder schreit sie auf alle nur mögliche Weise: als poetisches ingenium, als Bäume, die Inschriften tragen, als Steinbilder und Hanfsamen, die zu sprechen beginnen. Ob als Natur des Dichters oder als allegorisch dargestellte: Grimmelshausens *natura naturans* ist ständig baldanders und ständig eloquent. Sie lebt, wie das Ich des Simplicius lebt.

Stumm hingegen ist die Natur als natura morta, als verdinglichtes Objekt der Schaulust, der sich Krull gerne hingibt[22], sowie im Tod und vor allem im Schlaf, dem Bruder des Todes. Auch Krull hat seine Höhle. Es handelt sich u.a. um die Küche der Frankfurter Wohnung[23], auch um die Zuchthauszelle, – Räume, in denen Krull, „fast im Übermaß", zu schlafen pflegt. Krulls Schlafhöhlen werden zum Anti-Ort von Simplicii Höhle: hier wird nicht Unbewuß-

---

[21] Zur *Hyle* als aristotelischem Naturbegriff s. Karen Gloy: Das Verständnis der Natur I – Die Geschichte des wissenschaftlichen Denkens, München: Beck 1995, S. 25.

[22] Frederick Alfred Lubich: Die Dialektik von Logos und Eros im Werk von Thomas Mann, Heidelberg: Winter 1986, S. 282 ff.

[23] Wie Anm. 2, S. 260.

tes bewußt, sondern das Bewußtsein versinkt in Bewußtlosigkeit. Hier hört Sprache auf, statt zu entstehen. Hier entfaltet sich nicht unbewußte Einheit zur konkreten und bewußten Gegensätzlichkeit, sondern die Widersprüche und Gegensätze der Welt versinken in einer regressiven Einheit. Die „ungewöhnliche Schlaflust", die Mann im Text betont, oder „die außerordentliche Neigung und Begabung zum Schlafe" war Krull „von klein auf eigentümlich". Er verlor sich „weit in ein traumloses Vergessen und erwachte nach langer, zehn-, zwölf-, ja vierzehnstündiger Versunkenheit",[24] heißt es im Text. Schlaf bedeutet Krulls Einkehr „in die süße und wiederherstellende Heimat des Unbewußten".[25] Was aber wiederherzustellen ist, wird von Krull mehrfach als „wortloser Urzustand"[26] bezeichnet. Insofern ist, wie Wysling zutreffend feststellt, „die treibende Kraft in Krulls Existenz die Einheitssehnsucht."[27] Aber, so ist Wyslings Aussage zu ergänzen, es handelt sich nicht mehr um die heraklitische Einheit der Gegensätze, die als fruchtbares Chaos und gärende Spannung alles Zukünftige in sich trägt. Im Gegenteil: die Einheit, die Krull sucht, bedeutet als „wortloser Urzustand" die Rücknahme dessen, was der vielleicht wichtigste Bibelsatz über den Urzustand aussagt: „Am Anfang war das Wort". Im biblischen Urtext steht für den Begriff „Wort" der griechische Begriff „Logos", dessen Bedeutung Aristoteles u.a. als „formbestimmende Seinsbedingung" festlegte und damit zum Parallelbegriff des Wortes „Eidos" machte.[28] *Logos* wie auch *Eidos* bewirken damit das „in die Form geben" oder das „informare" im wörtlichen Sinne, so daß die aktuelle Variante des biblischen Satzes lauten müßte: „Am Anfang steht die Information". Dies umso mehr als heutige Wissenschaftler im biblischen Satz neuen Sinn sehen. So schreibt der Biochemiker und Nobellaureat Manfred Eigen 1987 in seinem Buch *Stufen zum Leben*:

Sämtliche Spielarten des Lebens haben einen gemeinsamen Ursprung. Der Ursprung ist die Information, die in allen Lebewesen nach dem gleichen Prinzip organisiert ist.[29]

Krulls Rede vom „wortlosen Urzustand" kann darum nur einen Zustand vor allem Leben oder Seiendem betreffen, so daß die diesem Zustand geltende Einheitssehnsucht letztlich dem Nichts gilt, denn die Natur, von der Thomas Mann durch Professor Kuckuck spricht, ist aus dem Nichts entstanden und für das Nichts bestimmt. Alles, was dem Menschen bleibt, ist

[24] VII, 270.
[25] VII, 548.
[26] VII, 349.
[27] Wie Anm. 2, S. 85.
[28] Ingemar Düring: Aristoteles, Heidelberg: Winter 1966, S. 265.
[29] Manfred Eigen: Stufen zum Leben – Die frühe Evolution im Visier der Molekularbiologie. München/Zürich: Piper 1987, S. 51.

laut Kuckuck das Wissen davon, d.h. das „Wissen von Anfang und Ende",
also das Vergänglichkeitsbewußtsein. Wieder wird damit einer Grundpo-
sition Grimmelshausens entsprochen und zugleich widersprochen. Auch
für den Barockdichter ist der Vanitasgedanke zentrales Thema. Bestimmte
dunkle Passagen des *Simplicissimus,* z.B. die Schermessergeschichte, grenzen bereits an nihilistische Positionen. Doch das kreative Wort bleibt davon
nicht nur unbetroffen, sondern wird zur Gegenkraft und damit Autorschaft
zur barocken Gegenstrategie.

Von solchen Sorgen bleibt Krull indes unbehelligt, denn seine Einheitssehnsucht sieht er vor allem in der „großen Freude" verwirklicht, also in sexueller
Aktivität, sowie in seinem Trieb zum Rollenspiel. Mit den durch Imitations-
artistik ermöglichten und hochbegabt durchgeführten Rollenwechseln Krulls
wird das *principium individuationis* aufgehoben, also die Prägung relativiert,
die sonst ein Ichbewußtsein durch seine Entfaltung in dem ihm vorgegebenen
räumlichen und zeitlichen Rahmen erfährt. Identität ist stets das Ergebnis der
prägenden Macht des Bewußtseins, das seine Bestimmungen aus der Fülle des
Möglichen, also aus dem Unbestimmten oder Ungesonderten, heraushebt. Daß
dieser Identifikationsprozess nie stattgefunden hat, ermöglicht Krulls Rollentausch. Er findet im Wechsel zwischen den Gegensätzen seinen Höhepunkt
und scheint damit an das heraklitische Gesetz vom Umschlag in das Gegenteil anzuknüpfen. „Teufelsbub" und „Engelskind" wurde Krull schon als Kind
genannt. Im Wechsel von der Knechtsrolle des Kellners in die Herrenrolle des
Marquis de Venosta scheint das heraklitische Gesetz vom Umschlag in das
Gegenteil beispielhaft bestätigt. Da sich entsprechende Situationen auch in den
anderen Romanen Manns finden lassen, hat Helmut Koopmann die Darstellung des Gegensätzlichen „das entscheidende Strukturmerkmal der Romane
Thomas Manns" genannt. Damit wäre die zu Grimmelshausens Werk analoge
Grundbedingung gegeben, wenn Koopmann seine Aussage nicht in ebenso
entscheidender Weise eingeschränkt hätte. Mit dieser Einschränkung wird mit-
telbar die prinzipielle Differenz zu Grimmelshausen deutlich:

Grundsätzliche Gegensätze treten bei Thomas Mann eben nie als solche zutage, sondern in stets neuer Variation und Einkleidung, sie lassen sich eigentlich nicht auf einen
Punkt zurückführen, sondern nur in ihrer Fülle beschreiben. […] Thomas Mann selbst
geht nicht weiter, sondern bleibt, wenn man so will, immer an der Oberfläche des
Widerspruchs, erkennt und beschreibt seine Vielgestaltigkeit, ohne ihn je ernsthaft zu
diagnostizieren.[30]

---

[30] Helmut Koopmann: „Theorie und Praxis der epischen Ironie", in: H. Koopmann (Hg.): Thomas Mann, Darmstadt: Wiss. Buchgesellschaft 1975, S.370.

Dem Gegensatz geht es somit wie Krull selbst: er erscheint in immer neuen „Einkleidungen", aber sein Fundament, seine zeugende oder poietische Kraft, seine Janusmacht, bleibt außer Betracht. Stattdessen wird über die bloße „Vertauschbarkeit" nachgedacht und diese als Grund des Rollenwechsels von Herr und Knecht gesehen:

> Es war der Gedanke der Vertauschbarkeit. Den Anzug, die Aufmachung gewechselt, hätten sehr vielfach die Bedienenden ebensogut Herrschaft sein und hätte so mancher von denen, welche [...] in den tiefen Korbstühlen sich rekelten – den Kellner abgeben können. Es war der reine Zufall, daß es sich umgekehrt verhielt. (VII, 491 f.)

Ob man Herr oder Knecht ist, wird durch Krulls Erwähnung des Zufalls zu einem beliebigen Zustand, der jeweils so ist, aber auch anders sein könnte. Entscheidend sind nur die Gelegenheit zum Tausch und das Anpassungs- oder Imitationsvermögen. Vertauschbarkeit und Zufall heben als Voraussetzungen des Rollenwechsels seine Begründung auf. Sie widersprechen darum dem heraklitischen Gesetz vom notwendigen Umschlag in das Gegenteil, das spätere Denker als Kern eines Geschichtsgesetzes verstanden.[31] Zufall und Beliebigkeit widersprechen darüberhinaus der grundlegenden Bedeutung, die der dialektische Umschlag als kreativer Initialpunkt für Grimmelshausens Werk hat.

In ihrer Beliebigkeit sind Krulls verschiedene Existenzformen nur austauschbare Konzepte einer Schein- und Illusionswelt, die keinen fruchtbaren Bezug zu jenem „Urzustand" hat, der im Roman als Gegen- und Zielpunkt genannt wird. Der Tagträumer Krull schläft viel und tief, und wenn tief dann traumlos. Seine jeweilige Rolle hat kein Fundament. Das *substare* fehlt: das „Darunterstehen", bzw. das Darunterstehende, also die Substanz. Der „Kostümkopf" ist substanzlos und lebt darum schwerelos und ganz in der Welt des Akzidentellen. Kleider spielen eine Hauptrolle. In wen er sich verwandelt, wird durch zufällige Umstände angeregt. Das „Ich-selber-Sein war nicht bestimmbar, weil tatsächlich nicht vorhanden", (VII, 498) läßt Thomas Mann den Krull sagen. Dieses Fehlen einer festen und bestimmten Ausgangsidentität begründet eine grundsätzliche Identitätsindifferenz, die verbietet, im Hinblick auf Krulls Rollenwechsel von Identitätsveränderung zu sprechen. Es gibt nichts zu verändern, weil außer der äußeren Erscheinung nichts vorhanden ist, was sich verändern ließe, und weil darum jede Rolle so leicht wiegt wie ihr Kleid und die anderen Akzidentien, die zur Rolle gehören und sie ausmachen.

In der Welt des Akzidentellen zu leben, gilt nicht nur für Krull, sondern erhält durch die Rede zur Weltentstehung des Professor Kuckuck einen allgemeinen Rahmen. Kuckuck sieht die Entwicklung der Welt durch drei Urzeu-

---

[31] Carl Gustav Jung: Gesammelte Werke, Bd. 6, Solothurn und Düsseldorf: Walter 1995, §718.

gungen bestimmt: „Das Entspringen des Seins aus dem Nichts, die Erweckung des Lebens aus dem Sein und die Geburt des Menschen" (VII, 542). Jedesmal geschieht der Entwicklungsschritt durch etwas, was Kuckuck „Das Hinzukommende" nennt. Bei der ersten Erwähnung wird die Bedeutung dieses Wortes durch die Rückfrage Krulls betont: „Hinzu?" sagt er, „Was, wenn ich fragen darf?". Kuckuck weicht aus und sagt später, daß dieses „Was" nicht zu benennen sei. Warum Thomas Mann den Begriff „hinzukommen" auf diese Weise so sehr betont, muß gefragt werden, denn hinter dieser Wortwahl steht mehr. Das Hinzukommende heißt im Altgriechischen u.a. *symbebekos* und ist ein Begriff der antiken Philosophie.[32] Während das Substantielle das „durch sich selbst Seiende" ist, bedeutet das „Hinzukommende" die der Veränderung unterworfenen Akzidentien und Eigenschaften einer Sache, also nicht ihr Wesen. Wenn deshalb etwas Hinzukommendes die drei entscheidenden Schritte der Evolution bewirkt, dann wird diese durch akzidentelle Umstände und nicht durch Selbstentfaltung gesteuert. In die so gesehene Evolution passt die Zufallswelt Krulls, in der die Frage nach der sich entfaltenden Substanz oder Natur der Dinge irrelevant bleibt.

Entsprechend ist Krull „nicht mehr Natur, er ist Kunst: eine formale ... Existenz".[33] Als Kunstfigur fehlen Krull alle hyletischen Voraussetzungen. Entgrenzungen im Liebesakt oder Tiefschlaf können keine hyletischen Zugänge öffnen: er steigt nicht ins Reich des Möglichen ab, wo die monadischen Fundamente liegen, wo Bilder auf kreative Verwirklichung und abgesunkene Erinnerungen auf Reaktivierung warten. Vielmehr handelt es sich bei allen Entgrenzungsversuchen nur um ein zeitweiliges Aufheben und Erlöstsein von der formalen Existenz. Unter Manns Notizen zur späteren, nicht vollendeten Fortsetzung des Krull findet sich die Bemerkung: „Fortwährendes Bedürfnis, sich aeußerlich zu verändern. ... Die Langeweile, immer derselbe „Ich" zu sein, ist tötlich".[34] Die Veränderungen geschehen somit nicht, um innere, bislang nicht aktivierte Möglichkeiten zu verwirklichen. Manns Notiz aus dem Jahr 1910 verrät vielmehr, daß das Veränderungsbedürfnis vor allem darauf zielt, das eigene Ich zu verhüllen und von ihm abzulenken und darüberhinaus, das eigene Ich auch vor sich selbst zu verbergen. Wenn stets dasselbe Ich zu sein, „tötlich" ist, dann nur, wenn sich das Ich nicht mehr als lebendige Einheit erfährt, sondern an seinem Substanzverlust leidet und sich als zerfallen oder „tot" im geistigen Sinne fühlt, als Teil der natura morta. Im historischen Ablauf spürten

---

[32] Düring schreibt: „Die aristotelischen Termini *to ti en einai* und *symbebekos* sind Gegenbegriffe", wie Anm. 28.

[33] Wie Anm. 2, S. 132.

[34] Zitiert von Hans Wysling: Dokumente und Untersuchungen, Bern/München: Francke 1974 (TMS 3), S. 158.

die Gestalten Georg Büchners als erste diese Art „Totsein". Büchner verband die Erfahrung des zerfallenden Ichs mit dem Bewußtsein der Langeweile und machte es zum großen Krisensymptom der beginnenden Moderne. Seitdem ist „Bedrohung durch Dissoziation" allgemeines nicht nur literarisches Thema. Dennoch will Thomas Mann, wie Manfred Dierks schreibt,

weiterhin das Subjekt der Spätmoderne im Zentrum behalten und seinen Kampf um den Selbsterhalt: um die Bewahrung seiner Grenzen und Konsistenz. Das spiegelt der literarische Text Thomas Manns: Der Bedrohung durch Dissoziation setzt er eine intensive Kohärenzanstrengung entgegen, vor allem durch das Netz der Leitmotive.[35]

Auch Grimmelshausen geht es beim Schreiben um Selbsterhaltung. Allerdings bedroht die Dissoziierung noch nicht sein Ich, sondern die vom 30jährigen Krieg geprägte Welt. „Viele Köpfe viele Sinne" lautet ein oft wiederholter Leitspruch, mit dem der Barockdichter auf den Sinnzerfall der Welt weist. Grimmelshausen macht die Darstellung historisch geschehener Selbstzerstörung zum Akt eigener Selbsterhaltung.[36] Er dokumentiert damit die Aufhebung der Substanz in das Subjekt, denn ihm wird der Sinn, der nicht mehr in der Welt selbst liegt, zur Sinneinheit von Simplicii und damit auch der eigenen Lebensgeschichte. Sie entwickelt sich nach dem Prinzip: „Ich schreibe, darum bin ich". Krull hingegen verkörpert die Umkehr dieser Situation: nicht mehr den Selbstgewinn, sondern den Selbst- oder Substanzverlust. Da Krull an keine ihm vorgegebenen substantiellen Inhalte mehr gebunden ist, wird sein Inhalt austauschbar und seine Subjektivität leer.[37] Entsprechend verkehrt sich das barocke „Ich schreibe, darum bin ich" zum spätmodernen Axiom: „Das Ich zerfällt, darum schreibe ich."

---

[35] Manfred Dierks: Thomas Mann und die Tiefenpsychologie. Von Janet bis Kohut, in: Thomas Mann und die Wissenschaften, Lübeck: Dräger 1999, S. 148.
[36] Friedrich Gaede: Janusköpfiger Ratio Status. Grimmelshausens Beitrag zum Thema: Chaos wird Geschichte, in: SIMPLICIANA – Schriften der Grimmelshausen-Gesellschaft, Jg. XX, Bern u.a.: Lang 1998, S. 77–91.
[37] Wolfhart Pannenberg: „Person und Subjekt", in: Identität, hg. v. O. Marquard u. K. Stierle, München: Fink 1979, S. 411.

Horst-Jürgen Gerigk

„Die Reize des Inkognitos"

Felix Krull in komparatistischer Sicht

„...ich sprach stets besonders
gern mit Polizisten..."
Felix Krull[1]

Das Ziel der Abhandlung: Typologien des Hochstaplers

Felix Krull in komparatistischer Sicht: das heißt, Thomas Manns Text wird
mit anderen Texten aus verschiedenen Sprachen verglichen. Komparatistik
oder Vergleichende Literaturwissenschaft ist dann gegeben, wenn zwei Texte
aus verschiedenen Sprachen miteinander verglichen werden. So die Definition
Erwin Koppens. Komparatistik liegt also nicht vor, wenn ein Text Thomas
Manns mit einem Text Goethes verglichen wird, wohl aber, wenn *Felix Krull*
mit dem *Revisor* verglichen wird. Und deswegen konnte Erwin Koppen die
Frage stellen und verneinen: „Hat die Vergleichende Literaturwissenschaft eine
eigene Theorie?"[2]

Konkret gesprochen: Die *Bekenntnisse des Hochstaplers Felix Krull* (1954)
sollen mit Puschkins *Boris Godunow* (1825), mit Gogols *Revisor* (1836) sowie
mit Sinclair Lewis' *Elmer Gantry* (1927) und N. Robert Nashs *Der Regenmacher* (*The Rainmaker*, 1954) in Beziehung gesetzt werden. Ziel ist es, zwei
mögliche Typologien des Hochstaplers, wenn auch nur als Skizze, vorzufüh-
ren. Und das in der Absicht, die Gestalt des Felix Krull in ihrer Einmaligkeit
zu profilieren.

---

[1] Buch III, Kap. 6; GW VII, 556.
[2] In: Zur Theorie der Vergleichenden Literaturwissenschaft. Mit Beiträgen von Gerhard Bauer,
Erwin Koppen, Manfred Gsteiger. Mit einer Einleitung versehen und herausgegeben von Horst
Rüdiger, Berlin und New York: de Gruyter 1971: 41–64.

Komparatistische Abgrenzungen

Es fällt auf, daß die zwei russischen Texte einen Hochstapler mit deutlich politi-
schem Akzent vorführen. In Puschkins *Boris Godunow*[3] ist der amtierende Zar
Boris Godunow (1551–1665) ein Mörder, sein Nachfolger auf dem Thron, der
falsche Dmitrij, ein Hochstapler – und das Volk: schweigt. In Gogols Komödie
Der Revisor[4] wird Chlestakow, ein blutjunger Bruder Leichtfuß, der, nach der
neuesten Mode gekleidet, die russische Provinz durchreist, von den Bewohnern einer Kleinstadt für einen Revisor, d.h. einen Regierungsbeamten, der in
Kontrollfunktion inkognito unterwegs ist, gehalten; und man tut alles, um ihn
zu bestechen, was er gerne geschehen läßt, ohne sich klarzumachen, was wahrhaft vor sich geht. Als er, selber völlig abgebrannt, das Geld beisammen hat,
entflieht er mit seinem Diener auf Nimmerwiedersehen. Und das in einem für
ihn offiziell luxuriös ausgestatteten Postwagen mit zugehörigem Kutscher und
drei Kurierpferden. Soweit ich sehe, ist Gogols Stück der einzige voll ausge-
spielte Fall einer Verwechslungskomödie, in der der Verwechselte nicht weiß,
mit wem man ihn verwechselt und zunächst nicht einmal bemerkt, daß er überhaupt verwechselt wird. Ja, Gogol legt seine Konstruktion so an, daß Chlestakow Zeit seines Lebens nicht wissen wird, daß er für einen Revisor gehalten
wurde. Der Beweis dafür ist sein Brief an den Freund in Petersburg, den der
Postmeister unter Mißachtung des Briefgeheimnisses öffnet, zunächst selber
ein Stück weit verliest und dann zum Verlesen weiterreicht. Gogol liefert also
eine höchst originelle Variante des Hochstapler-Themas. Chlestakow betrügt,
weil ihm seine Umwelt eine Rolle bereitstellt, die er selber gar nicht durchschaut. Die erste Begegnung mit dem Stadthauptmann zeigt uns, so möchte ich
sagen, *Zwei Männer, einander in höherer Stellung vermutend* – wie sie uns von
einer frühen Radierung Paul Klees unvergeßlich in Erinnerung sind.[5] Chlestakow meint, er werde verhaftet, weil er seine Hotelrechnung nicht bezahlen
kann, und der Stadthauptmann meint, ein Revisor wolle seine Kommune unter
die Lupe nehmen. Beide stehen sich abwartend und ehrerbietig gegenüber.

---

[3] Vgl. Alexander Puschkin: Boris Godunow. Ein Drama. Aus dem Russischen von Manfred von
der Ropp, in: Puschkin, Eugen Onegin und andere Versdichtungen, Dramen und Gedichte. Mit
einem Nachwort von Swetlana Geier. München: Winkler 1972, S. 429–488.

[4] Vgl. Nikolaj Gogol: Der Revisor. Komödie in fünf Akten. In: Gogol, Sämtliche Dramen. Aus
dem Russischen von Georg Schwarz. Mit einem Nachwort von Johannes Holthusen. München:
Winkler 1974, S. 1–145.

[5] Vgl. Horst-Jürgen Gerigk: Zwei Notizen zum „Revisor". In: Russian Literature, 4 (1976), 2,
S. 167–174. Meinen dortigen Verweis auf Klees Radierung übernimmt Bodo Zelinsky mit Quel-
lenangabe in den Fließtext seiner Revisor-Interpretation, von wo aus *Zwei Männer, einander in
höherer Stellung vermutend* den Weg bis auf das Plakat einer Revisor-Aufführung des Zürcher
Schauspielhauses im März 1992 gefunden haben. Vgl. Bodo Zelinsky: Nikolaj Gogol. Der Revisor.
In: Ders. (Hrsg.), Das russische Drama. Düsseldorf: Bagel 1983, S. 76.

Die Rolle des Hochstaplers in den beiden russischen Textbeispielen wird
also von der politischen Geschichte geschaffen, unter der Knute des Zaren. In
den beiden amerikanischen Textbeispielen wird die Rolle des Hochstaplers von
der Religion bereitgestellt, genauer gesagt von der christlichen Religion pro-
testantischer Prägung. Dieser Sachverhalt hat seine Wurzeln in der Geschichte
Amerikas. „Jefferson, Paine und andere Deisten hielten es für nötig, sich auf
die Religion zu berufen, um die [amerikanische] Revolution zu rechtfertigen",
schreibt Samuel P. Huntington soeben in seinem Buch *Who Are We?* Und: „In
Amerika spielte die Bibel eine kulturprägende Rolle, für die es keine europäische Parallele gibt."[6] Die Disposition der amerikanischen Gesellschaft zur religiösen Grundhaltung schafft den Spielraum für den zuständigen Hochstapler,
der aus der Not des Menschen Profit schlägt. Bereits Herman Melville hatte
mit seiner kurzen Erzählung vom Blitzableiter-Mann das Geschäft der Religion mit der Angst des Menschen allegorisch ins Bild gefaßt: Jede Religion will
der verängstigten Seele ihren Blitzableiter verkaufen.[7] Elmer Gantry[8] – das ist
der Wanderprediger als Hochstapler, er mimt den inspirierten Evangelisten;
und Bill Starbuck, der „Regenmacher" in der gleichnamigen „romantischen
Komödie in drei Akten"[9] von Nash, macht sein Geschäft mit der Angst der
Rancher im Westen der Vereinigten Staaten: sie fürchten den Tod ihrer Rin-
der durch anhaltende Trockenheit. Doch da erscheint der Regenmacher als
selbsternannter Erlöser. Die Pointe: Am Ende des Stücks regnet es tatsächlich.
Der Regenmacher gesteht, das habe er noch nie erlebt – und verschwindet.
Mit hundert Dollar, seinem Lohn für den Regen. Schauplatz: Kansas im Jahre
1913.

Sagen wir also: der russische Hochstapler lebt von der Politik, der amerika-
nische von der Religion. Wovon aber „lebt" der deutsche Hochstapler, was ist
sein Lebenselement? Diese Frage soll nun leitend sein. Wenden wir uns deshalb
Felix Krull zu.

Eines fällt sofort auf: Puschkins falscher Dmitrij, Gogols Chlestakow, Sinclair Lewis' Elmer Gantry, Nashs Bill Starbuck – sie alle agieren in der Öffent-

---

[6] Vgl. Samuel P. Huntington: Who Are We? The Challenges to America's National Identity.
New York, London, Toronto, Sydney: Simon & Schuster 2004: „Jefferson, Paine and other Deists
or nonbelievers felt it necessary to invoke religion to justify the revolution" (83). „In America, ‚the
bible played a role in shaping the culture for which there is no European parallel'" (83).

[7] Vgl. Herman Melville: The Lightning-Rod Man. In: The Piazza Tales and Other Prose Pieces
1839–1860. Evanston and Chicago: Northwestern University Press and The Newberry Library
1987 (= The Writings of Herman Melville, Vol. 9), S. 118–124.

[8] Vgl. Sinclair Lewis: Elmer Gantry. With an afterword by Mark Schorer. New York: New
American Library 1970 (= Signet Classics).

[9] Vgl. N. Richard Nash: The Rainmaker. A Romantic Comedy in Three Acts. In: Nash, Selected
Plays. New York: Greenhouse and Kirby 1996, S. 1–72.

lichkeit, sozusagen auf dem Markt, wenn auch Szenen der Intimität nicht fehlen. Anders Felix Krull. Mit der Öffentlichkeit, den *idola fori*, hat er wenig im Sinn. Alle Außenwelt wird ihm vielmehr zum Spiegel seiner Innerlichkeit. Wenn er schließlich seine *Memoiren* schreibt, so wird der *actus exercitus* zum *actus signatus*: der Lebensvollzug zum thematisierten Lebensvollzug. Die Niederschrift mit ihrer Selbstthematisierung ist nun selber wiederum Lebensvollzug, an dem wir teilhaben und dessen von Thomas Mann kalkulierte Kundgabefunktion zu berücksichtigen ist. Krull wendet sich an uns, die Leser, will ganz offensichtlich eine Spur hinterlassen. Wir sollen ihn im Gedächtnis behalten. Damit tritt ein Zug an ihm hervor, den er bislang nicht ausleben konnte. Sein Schreiben läßt ihn zur Besinnung kommen. Was ist das aber für eine Besinnung?

Poetologische Rekonstruktion

Es sei nun eine poetologische Rekonstruktion der *Bekenntnisse des Hochstaplers Felix Krull* unternommen, das heißt: eine Rekonstruktion der Eigentümlichkeit der zu gestaltenden Sache, die von Thomas Mann nach allen Regeln seiner Kunst entfaltet wurde.

Hierzu ist eine grundsätzliche Unterscheidung zu treffen: Felix Krull, der Memoirenschreiber, hat für alles, was er schildert, eine psychologische Erklärung. Er läßt vor seinem geistigen Auge das wiedererstehen, was ihn am meisten beeindruckt hat, was ihm widerfuhr, damit er wurde, was er ist. Diese psychologischen Erklärungen sind das, was zu zitieren ist, wenn wir uns der Gestalt des Felix Krull psychologisch nähern, um sie zu „verstehen".

Der Autor Thomas Mann aber hat für alles, was von Felix Krull geschildert wird, eine poetologische Erklärung, nämlich eine außerfiktionale Begründung dafür, warum eine Szene oder ein Gedanke überhaupt in diesem Roman vorkommt. Diese poetologische Begründung dessen, was wörtlich dasteht, steht aber selber nicht wörtlich da, kann deshalb auch nicht „zitiert" werden. Sie ist vom Leser aus dem Verhältnis der Teile des Ganzen zueinander zu ermitteln. Anders ausgedrückt: der Leser sieht sich dauernd gezwungen, diese *Bekenntnisse* gleichzeitig wie einen nichtliterarischen Text als tatsächliche Memoiren zu lesen und als einen Roman, der den Memoirenschreiber als Kunstfigur benutzt. Das bedeutet: Thomas Mann kommuniziert ständig mit seinem Leser über den Kopf des Felix Krull hinweg.

Um der Appellstruktur des Textes zu entsprechen, haben wir uns also ständig auf zwei Kommunikationsebenen zu bewegen, die zeitweilig ineinander übergehen. Das aber nur scheinbar. Einen literarischen Text verstehen bedeutet immer zweierlei. Zunächst geht es um den Nachvollzug bereits verstandener Welt, wie sie innerfiktional vorliegt. Dieses einfühlende Verstehen wird jedoch sofort begleitet von der poetologischen Rekonstruktion, die ebenfalls ein Nachvollzug ist. Nachvollzogen wird aber jetzt die hinterlegte Entfaltung des darzustellenden Gegenstandes zum Werk durch die künstlerische Intelligenz des Autors. Mit solcher Rekonstruktion ist keinesfalls der Rückgang auf die Schaffenslage des Autors gemeint, im Sinne der Hermeneutik Friedrich Schleiermachers. Konkret gesprochen: Nicht das Individuum Thomas Mann ist jetzt von Interesse, dessen Lebensphasen die Entstehungsgeschichte des *Felix Krull* sichtbar werden lassen, sondern Thomas Mann als künstlerische Intelligenz, deren Vorgehen ausschließlich aus dem fertigen Werk zu erschließen ist: als hinterlegte Befolgung der Eigentümlichkeit der zu gestaltenden Sache, des *Intentum*. Der Name Thomas Mann steht dabei stellvertretend für die Sache seines Dichtens.[10]

Der Titel des Romans

Beginnen wir mit dem Haupttitel: *Bekenntnisse des Hochstaplers Felix Krull*. Seit Augustinus (354–430) signalisiert *confessio* = „Bekenntnis" die christliche Lebensbeichte als Sündenbekenntnis. Die Grundbedeutung von *confessio*, *confiteri* aber ist das „Eingeständnis des Angeklagten" und kommt aus der Gerichtssprache und Prozeßpraxis: „gestehen", „zugeben", „anerkennen". Im Gegensatz zu *profiteri* = „frei heraussagen", „anbieten" erfolgt *confiteri* in der Regel nicht aus eigenem Antrieb, sondern aus Zwang. Zur Zeit der Christenverfolgung bedeuteten *confessio* und *confiteri* auch: „sein Christsein bekennen" und gegebenenfalls „das Martyrium auf sich nehmen". Diese Bedeutung ist auf das Geständnis vor Gericht bezogen. Erst *neben* diesen Bedeutungen entwickelten sich die weiteren: „Sündenbekenntnis" und „Lobpreisung Gottes". Wir haben es also mit vier Bedeutungen von *confessio* und *confiteri* zu tun, wobei „Geständnis vor Gericht" die Grundbedeutung ist. Wie Cornelius Mayer festhält,[11] finden sich bei Augustinus alle vier Bedeutungen in folgender Hierarchisierung: an erster Stelle *confessio* als „Sündenbekenntnis", an zweiter *confessio* als „Bezeugung des christlichen Glaubens", an dritter *confessio* als „Lobpreisung Gottes" und erst an vierter die Grundbedeutung von *confessio* als „Geständnis".

---

[10] Vgl. hierzu Horst-Jürgen Gerigk: Lesen und Interpretieren. Göttingen: Vandenhoeck und Ruprecht (= UTB) 2002.
[11] Vgl. den Eintrag „Confessio, confiteri" von Cornelius Mayer in: Augustinus-Lexikon, hrsg. von Cornelius Mayer, Basel: Schwabe & Co. 1986–1994, Vol. 1, Sp. 1122–1134.

Ganz offensichtlich dreht Thomas Mann diese Reihenfolge um und stellt damit die Bedeutungshierarchie des Augustinus regelrecht auf den Kopf. Aber nicht nur das: er befreit die *Confessiones*[12] von ihrer christlichen Substanz und ersetzt diese durch einen totalitären Hedonismus. Athen siegt über Jerusalem. Nietzsche läßt grüßen.

Kurzum: Die *Bekenntnisse des Hochstaplers Felix Krull* sind zuallererst „Geständnis". Im Text seiner *Memoiren* nennt Krull diese: „Aufzeichnungen", „Aufsätze", „Eröffnungen", „Darbietungen", ja auch „Denkschrift", „Erzählung" und „Buch", nur ab und zu „Bekenntnisse" und schließlich auch „Schriftwerk [...], das sich durch Aufschrift den Kriminalromanen und Detektivgeschichten an die Seite zu stellen scheint". Mit einem Wort: Thomas Mann rückt die Grundbedeutung von *confessio* nach vorn, denn schließlich verweist ja Krull auch darauf, daß er im Zuchthaus gesessen habe. Aber: Es handelt sich um kein erzwungenes, sondern ein freiwilliges Geständnis, ein „Geständniswerk" für seine Leser.

Die bei Augustinus vierte Bedeutung wird also zur ersten Bedeutung. Die dritte Bedeutung, „Lobpreisung Gottes", wird zur Lobpreisung der Welt, in der man es sich gut gehen lassen kann, und ist nun die zweite Bedeutung: Krull freut sich des Lebens und gibt dies lobend zu Protokoll. Es folgt an dritter Stelle die bei Augustinus zweite Bedeutung, „Bezeugung des christlichen Glaubens": in säkularisierter Abwandlung als unverhohlenes Bekenntnis zur hedonistischen Existenzform. Nun implizierte die Bezeugung des christlichen Glaubens, *confiteri* als „sein Christsein bekennen", in der Zeit der Christenverfolgung auch „das Martyrium auf sich nehmen". Diese Implikation läßt Thomas Mann am Horizont aufleuchten: in den nicht geschilderten Zuchthausjahren des Protagonisten. Felix Krull hat die Strafe für seine Lust am Zuwiderhandeln gegen die bürgerliche Rechtsordnung mit Einkerkerung zu bezahlen. Seine Existenzform läßt sich im Ordo der Sittlichkeit nicht auf Dauer leben. Das „Unzüchtige" im weitesten Sinne landet früher oder später im Zucht-Haus (mit Bindestrich zu hören).

Wichtig bleibt dabei: die Instanz, die schließlich verurteilt, ist für Felix Krull nicht das Gewissen, sondern das Strafgesetz. Er selbst hat gegenüber dem, was er denkt, fühlt und tut, kein Unrechtsbewußtsein. *Confessio*, geboren aus dem Sündenbewußtsein, hat in Thomas Manns Roman überhaupt keinen Ort mehr. Das heißt: *confessio* als „Sündenbekenntnis", die erste Bedeutung für Augustinus, ist in den *Bekenntnissen des Hochstaplers Felix Krull* nur als Nullstelle vorhanden. Er trägt keinen moralischen Richter in sich, sondern nur einen

---

[12] Vgl. Augustinus: Confessiones/Bekenntnisse. Lateinisch und Deutsch. Eingeleitet, übersetzt und erläutert von Joseph Bernhart. München: Kösel 1955.

ästhetischen Richter. Erinnern wir uns an das, was Felix Krull durch den Kopf geht, als er Lord Kilmarnock, einen Angehörigen des schottischen Hochadels, näher betrachtet: „Wie kann man nur, dachte ich, einen so feinen Mund und eine so klobige Nase haben" (VII, 483). Das ist Felix Krull in Reinkultur. Er ist nicht gewissenlos. Nur: Sein Gewissen hat seinen Ort im Reich des Schönen.

Mein Rückgriff auf die Bedeutung von *confessio* = Bekenntnis als „Sünden-bekenntnis" im kollektiven Bewußtsein des christlichen Abendlandes läßt auch klarwerden, warum Thomas Mann, der maliziöse Protestant, der an Balzac das „katholische Augenverdrehen"[13] monierte, mit Felix Krull ausgerechnet einen Katholiken zum Helden wählte. Deshalb nämlich, weil die Beichte zum Katholiken gehört und gerade in diesem Fall keine ist.

Innerfiktional ist Felix Krull katholisch, weil er aus dem Rheingau stammt, von außerfiktionalem Standpunkt aber, also *poetologisch* gesehen, ist er ein Katholik, weil Thomas Mann diese Folie brauchte, um die unchristliche Eigen-art dieser *Bekenntnisse* augenfälliger zu machen.

Trotzdem würde es sich verbieten, von einem anti-katholischen Roman zu sprechen, denn die Alternative ist ja keine *andere* Religion oder gar der Kommunismus, sondern *Künstlertum* – ganz ähnlich wie im *Portrait des Künstlers als junger Mann* (*A Portrait of the Artist as a Young Man*, 1914)[14] von James Joyce. Stephen Daedalus aber wird Schriftsteller, während Felix Krull mit sei-nen *Memoiren* zwar nur ein einziges Mal schriftstellerisch tätig wird, jedoch sein beschriebenes Leben durch und durch künstlerisch gelebt hat. Beider Künstlertum steht allerdings über den Ideologien.

Felix Krulls Künstlertum gründet primär in seinem Lebensstil. Mit sei-nem „Ich-Entwurf" ist er wahrhaft schöpferisch. Sein Ich liebt und lebt „die Reize des Inkognitos". Hier die Passage im Wortlaut, der dieser Ausdruck ent-stammt:

Wie doch das erfinderische Leben die Träume unserer Kindheit zu verwirklichen – sie gleichsam aus Nebelzustand in den der Festigkeit zu überführen weiß! Hatte ich die Reize des Inkognitos, die ich jetzt kostete, [...] nicht phantasieweise schon als Knabe vorweggenommen, ohne daß sonst irgend jemand von meiner Prinzlichkeit eine Ahnung hatte?" (Buch III, Kap. 5; VII, 522)

---

[13] Vgl. Thomas Mann: Die Entstehung des Doktor Faustus. Roman eines Romans. XI, 225.

[14] Vgl. James Joyce: A Portrait of the Artist as a Young Man. The definitive text, corrected from the Dublin holograph by Chester G. Anderson and edited by Richard Ellmann. London: Jonathan Cape 1968. Man denke insbesondere an die kommentarlose und vernichtende Schilderung eines katholischen Gottesdienstes (Kapitel 3), dem die „Epiphanien" im alltäglichen Dasein entgegen-gesetzt werden, für deren adäquate Wahrnehmung eine künstlerische Gesinnung gegenüber dem Leben Voraussetzung ist.

Es genügt als Erläuterung, daß es sich hier um den Überstieg Felix Krulls in die Rolle des Marquis de Venosta handelt. Was aber hatte Thomas Mann damit im Sinn, die Reize des Inkognitos zu erfahren, als das Traumziel seines Helden zu gestalten? Was war, poetologisch gefragt, das Intentum Thomas Manns? Die Antwort wurde weiter oben schon beiläufig gegeben. Thomas Manns Intentum war die Darstellung des totalitären Hedonismus als eine Existenzform, die auf Dauer nicht lebbar ist.

Felix Krull ist die Kunstfigur, mit der dieses Intentum unter den Laboratoriumsbedingungen dichterischer Wirklichkeit veranschaulicht wird. Werfen wir zur Erläuterung einen Blick auf das Gespräch zwischen Felix Krull und Professor Kuckuck, das von der Forschung einhellig und zu Recht als der gedankliche Höhepunkt des Romans angesehen wird. Die Frage „Wer ist Professor Kuckuck?" ist von Hans Wysling schlagend beantwortet worden, in einem Artikel dieses Titels, der inzwischen zu den *exempla classica* der Thomas-Mann-Forschung gehört. Professor Kuckuck – das ist Schopenhauer. Nicht nur, daß uns hier Schopenhauers Philosophie in der Nußschale vorgeführt wird. Dieser Antonio José Kuckuck, Professor der Paläontologie und Direktor des Naturhistorischen Museums in Lissabon *ist* Schopenhauer. Jedenfalls hat ihm Thomas Mann auch die äußeren Merkmale des Danziger Selbstdenkers gegeben: „ein älterer Herr, zierlich von Figur, etwas altmodisch gekleidet [...] mit grauem Bärtchen", der „mit Sternenaugen" zu Krull aufblickt. Besonderes Kennzeichen: „kaustischer Witz".[15]

Zentral referiert Kuckuck Schopenhauers Naturphilosophie aus dem zweiten Buch der *Welt als Wille und Vorstellung*: das Hervorgehen des Organischen aus dem Anorganischen, die Steigerung des Vegetabilischen zum Animalischen und des Animalischen zum Menschen. Hermes wird ins Gespräch eingebracht – und läßt an Goethes Formulierung denken, daß der schöne Mensch als „das letzte Produkt der sich immer steigernden Natur" empfunden werden darf.[16]

Das steht aber nicht im *Felix Krull*. Thomas Mann läßt Kuckuck vielmehr Krull die Frage stellen:

„Wissen Sie aber, woran Sie mich erinnern?"
„Ich bitte, es mir zu sagen", antwortete ich lächelnd.
„An eine Seelilie."
„Das klingt nicht wenig schmeichelhaft."
„Nur weil es Ihnen wie der Name einer Blume klingt. Die Seelilie ist aber keine Blume, sondern eine festsitzende Tierform der Tiefsee."

---

[15] Hans Wysling: Wer ist Professor Kuckuck? Zu einem der letzten „großen Gespräche" Thomas Manns (1976). In: Wysling, Ausgewählte Aufsätze 1963–1995. Hrsg. von Thomas Sprecher und Cornelia Bernini. Frankfurt am Main: Vittorio Klostermann 1996, S. 285–309.
[16] Vgl. Goethe: Winckelmann (Kapitel „Schönheit"). In: Goethes Werke. Hamburger Ausgabe. 14 Bde. Hrsg. von Erich Trenz. München: Beck, 13. Aufl. 1999. Bd. 12, S. 102.

Ich behaupte nun, diese Passage ist für die rechte Einschätzung der Gestalt des Felix Krull die wichtigste im ganzen Roman. Wir müssen aber Kuckuck noch weiter zuhören, um das zu sehen. Er fährt nämlich fort:

„Der Haarstern von heute, Nachkomme der frühen Seelilie, sitzt nur noch in seiner Jugend an seinem Stiele im Grunde fest. Dann macht er sich frei, emanzipiert sich und abenteuert schwimmend und kletternd an den Küsten herum. Verzeihen Sie die Gedankenverbindung, aber so, eine moderne Seelilie, haben Sie sich vom Stengel gelöst und gehen auf Inspektionsfahrt. Man ist versucht, den Neuling der Beweglichkeit ein wenig zu beraten." (VII, 533 f.)

Thomas Mann spielt hier mit verschiedenen Karten. Innerfiktional haben wir es mit einem Gespräch zwischen einem väterlichen Mentor und einem jungen Mann zu tun. Von poetologischem Standpunkt aber liefert uns der Autor des Romans das Prinzip der anthropologischen Prämisse seines dichterischen Universums, dessen Mittelpunkt Felix Krull ist. Scherzhaft siedelt Kuckuck, wenn er Krull, der ja in der Rolle des Marquis de Venosta posiert, als „Seelilie" apostrophiert, diesen zwischen Pflanze und Tier an. Das heißt: Er gliedert Krull metaphorisch in das blinde Wirken des Willens ein. Weil wir für einen Moment gezwungen werden, Felix Krull unter einen für ihn unzuständigen Begriff zu subsumieren, müssen wir lachen! Felix Krull ist ja alles andere als eine Seelilie. Sobald wir aber die Gedanken Schopenhauers über das hinaus, was Kuckuck mit ihnen macht, zu Ende denken – und darauf gerade hat es Thomas Mann abgesehen, dann zeigt sich: Felix Krull kann nichts dafür, daß er ein Hochstapler ist. Ja, zum Wesen des Menschen gehört naturgemäß die Verstellung, um im Leben zu bestehen. Der gemeine Mensch, die „Fabrikware der Natur", macht aber von der Verstellung nur Gebrauch, um die „Zuchthausarbeit des Wollens" auszuführen. Während der Hochstapler Felix Krull die Verstellung dazu nutzt, die Existenzform eines Ästheten, eines Hedonisten zu führen. Der Hochstapler als Krone der Schöpfung! Weil er nichts anderes „will" als den totalitären Hedonismus! Schopenhauers Willensmetaphysik wird damit ironisiert. Thomas Mann unterschiebt Schopenhauer den schönen jungen Hedonisten als wahres Kuckucksei, denn der „Asket" ist es doch, den uns *Die Welt als Wille und Vorstellung* im vierten Buch als Muster einer angemessenen philosophischen Existenzform empfiehlt.[17] Nun aber ist der Hochstapler die Krone der Schöpfung – diese Vorstellung wird durch Felix Krull vollendet veranschau-

---

[17] „Unter dem schon öfter von mir gebrauchten Ausdruck *Askesis* verstehe ich, im engen Sinne, *vorsätzliche* Brechung des Willens, durch Versagung des Angenehmen und Aufsuchen des Unangenehmen, die selbstgewählte büßende Lebensart und Selbstkasteiung, zur anhaltenden Mortifikation des Willens." Vgl. Arthur Schopenhauer: Sämtliche Werke, 7 Bde. Hrsg. von Arthur Hübscher. Wiesbaden: Eberhard Brockhaus 1947–1950, Bd. 2, S. 463.

licht. Thomas Mann stellt dessen Leben vor unseren Augen auf die Bewegung nach oben ab. Sogar der Lift im Hotel dient solcher Veranschaulichung. Was nämlich bedeutet denn Hochstapler im ursprünglichen Sinne? Friedrich Kluges etymologisches Wörterbuch sagt dazu:

Hochstapler, m. rotwelsch, zuerst in Schwaben 1728 als Hochstabler [mit B, *H.-J. G.*] für den *hoch*, d. h. „vornehm" auftretenden Bettler. Stapeln (zu stappen „gehen") bezeichnet das oft unterbrochene Gehen des Bettlers.[18]

Soweit Friedrich Kluge. Im Bannkreis seiner Definition des Hochstaplers fällt sofort die Sprache dieser *Bekenntnisse* als „vornehm" auf. Immanuel Kant war es, der seinerzeit *Von einem neuerdings erhobenen vornehmen Ton in der Philosophie* berichtet hat.[19] Ein solcher „vornehmer Ton" kennzeichnet auch Krulls Memoiren, und dies in psychologischer und poetologischer Funktion. Seine Sprache verrät den Parvenü, den Bettler, der König sein will. Sie ist alles andere als natürlich. Verschrobenheit, Verstiegenheit, Manieriertheit sind ihre immer wiederkehrenden Charakteristika. Und das durchaus nicht als ein Ausdruck mißglückten Daseins. Krull tut vornehm, und Thomas Mann läßt die Sprache seines Ich-Erzählers zu einer Eigentümlichkeit der gestalteten Sache werden. Als sein Vater stirbt, vermerkt Krull: „Und während das Mädchen zum Arzte lief, […] stand ich, mit der Hand meine Augen bedeckend, an der erkaltenden Hülle meines Erzeugers und entrichtete ihm reichlich den Zoll der Tränen." Niemand spricht so. Und wer meint, das sei der Stil Thomas Manns, hat Thomas Mann nicht verstanden. Es handelt sich um die merkmalhaltige Rede eines Hochstaplers, dem das Vornehmtun zur zweiten Natur geworden ist.

Sehen wir uns nun den Namen an, den Thomas Mann seinem Helden gab: Felix Krull. Die Bedeutung des Vornamens wird im Text selber aufgedeckt, wenn auch äußerst knapp. Im Lateinischen bedeutet das Adjektiv *felix*: „fruchtbar", „erfolgreich", „mit Erfolg gekrönt", „glücklich", „beglückt", „glückselig", „glückbringend" und „köstlich".

Über den Nachnamen schweigt sich der Text völlig aus. Krull aber bedeutet auf polnisch „König": *król*. Das Wort wird zwar mit ó geschrieben, aber „krul" gesprochen. Daß Thomas Mann ein feines Ohr zumindest für *einen* polnischen Namen hatte, wissen wir aus dem *Tod in Venedig*: „Tadzio!" Wenn Krull König bedeutet, Felix Krull das aber nicht weiß und auch niemand anders im

---

[18] Friedrich Kluge: Etymologisches Wörterbuch der deutschen Sprache. 19. Aufl., bearbeitet von Walther Mitzka. Berlin: de Gruyter 1963, S. 312.
[19] Vgl. Immanuel Kant: Von einem neuerdings erhobenen vornehmen Ton in der Philosophie. In: Kant, Werke in 6 Bänden. Hrsg. von Wilhelm Weischedel. Wiesbaden: Insel, Bd. 3, 1958, S. 377–396.

Roman diese Bedeutung aufdeckt, dann heißt das: Felix Krull wurde bereits als König geboren, ohne es zu wissen. Fest steht, daß das Wortfeld „König", wie es sich für einen Hochstapler-Roman gehört, den gesamten Text durchzieht. Hier wäre eine Einzeluntersuchung zu empfehlen. Ja, der allerletzte Absatz endet mit der Feststellung: „Und hoch [...] sah ich unter meinen glühenden Zärtlichkeiten den königlichen Busen wogen". Wessen Busen, das brauche ich vor diesem Publikum nicht zu sagen.

Die drei zentralen Begriffe des Titels des Romans sind nun erläutert worden: „Bekenntnisse", „Hochstapler", „Felix Krull". Bleibt noch der Untertitel: *Der Memoiren erster Teil.* Heißt das, wir können den vorliegenden Text nicht verbindlich interpretieren, weil seine Fortsetzung ungeschrieben blieb? Keineswegs. Wir kennen ähnliche Fälle in der Weltliteratur, so Schillers *Geisterseher* oder Dostojewskijs *Brüder Karamasow.* Auch hier fehlt die vom Autor angekündigte Fortsetzung, und doch haben wir es mit geschlossenen Konstruktionen zu tun, was sich zeigen läßt.[20] Ich möchte auch im Falle des *Felix Krull* von einem autonomen Fragment sprechen.

Felix Krull, ein hedonistischer Leistungsethiker

Felix Krull, der glückliche König, der vorübergehend im Zuchthaus landet, wird von Thomas Mann als paradoxe Kunstfigur konzipiert: als hedonistischer Leistungsethiker, der diszipliniert die Profession eines Hochstaplers ausübt. Diszipliniert, das heißt: Krull spart sich auf, hält sich zurück, um nicht der Lust am Leben verlustig zu gehen. Er betreibt in disziplinierter Beschränkung seiner Kräfte die grundsätzlich unbeschränkte Bejahung des Lebens. Man beachte, daß Krull in keiner der ergriffenen Rollen zur Ruhe kommt. Er ist Dieb, Hotelpage, als Marquis gehorsamer Sohn und bezeichnet sich selber vorsichtig als „Künstler". Seine Existenzform ist das Als-ob.

Die von mir eingangs erwähnten Hochstapler: Puschkins falscher Dmitrij, Sinclair Lewis' Evangelist Elmer Gantry und Nashs „Regenmacher" kommen alle, was ihr Wunschziel betrifft, in der einmal ergriffenen Rolle zur Ruhe.

---

[20] Schillers *Geisterseher* liegt insofern „geschlossen" vor, weil er sich von der Sache her niemals abschließen läßt. Vgl. hierzu Matthias Hurst: Im Spannungsfeld der Aufklärung. Von Schillers „Geisterseher" zur TV-Serie „The X-Files": Rationalismus und Irrationalismus in Literatur, Film und Fernsehen 1786–1999. Heidelberg: C. Winter 2001 (= Neues Forum für Allgemeine und Vergleichende Literaturwissenschaft; Bd. 13). Zum Meister aus Rußland vgl. Horst-Jürgen Gerigk: „Die Brüder Karamasow". Eine Einführung in Dostojewskijs letzten Roman. In: Neue Rundschau, 115. Jahrgang, 2004, Heft 1, S. 175–182.

Nicht aber Krull: Sein Ziel ist das ewige Unterwegssein. Er findet in keiner Rolle seine Erfüllung, oder, was dasselbe bedeutet, in jeder Rolle, sobald er sie nur, wie kurz auch immer, hat. Dann aber muß er weiter. Er delegiert ständig sein Ich. Von Dauer sind nur die „Reize des Inkognitos". Wenn wir Michael Maar folgen und auch hinter den Bekenntnissen dieses Hochstaplers ein Märchen Hans Christian Andersens aufspüren wollen, dann dürften es wohl die *Galoschen des Glücks* (*Lykkens galocher*, 1838) sein. Jede Identität als gesellschaftliches Wesen läßt Krull hinter sich. Auch eine Frau könnte ihn nicht aus seiner Bindungslosigkeit erlösen. Das Liebesglück ist ihm dennoch ein besonderes Asyl vor der gesellschaftlichen Wirklichkeit, und nicht von ungefähr ist ein diesbezüglicher Aphorismus unseres Hochstaplers zu einem der meistzitierten Sprüche Thomas Manns geworden:

Nur an den beiden Polen menschlicher Verbindung, dort, wo es *noch* keine oder keine Worte *mehr* gibt, im Blick und in der Umarmung, ist eigentlich das Glück zu finden, denn nur dort ist Unbedingtheit, Freiheit, Geheimnis und tiefe Rücksichtslosigkeit. (VII, 348)

Hier wird tiefste Innerlichkeit beschworen, und doch ist Krull gezwungen, als gesellschaftliches Wesen zu leben. Er bleibt, ob er es will oder nicht, „Bürger Krull", wie es Thomas Sprecher treffend formuliert hat:[21] denn dieser Bürger Krull unterliegt dem Strafgesetz. Wir wissen zwar nicht, was er später noch angestellt hat. Das bleibt als *Designatum* eine unbestimmte Bestimmtheit. Das *Intentum* Thomas Manns aber ist deutlich zu sehen: Die Existenzform des hedonistischen Leistungsethikers ist nicht lebbar. Thomas Bernhard hat einen ähnlichen Sachverhalt mit anderen soziologischen Koordinaten in seiner Erzählung *Wittgensteins Neffe* gestaltet. Und natürlich sollte als Kontrastfigur auch *Rameaus Neffe* (Diderots Meisterdialog) mitgesehen werden, eine Gestalt, die Hegel als Musterbeispiel eines „unglücklichen Bewußtseins" geltend gemacht hat.[22] Aber das ist es ja eben, daß Felix Krull kein unglückliches, sondern ein glückliches Bewußtsein ist.

---

[21] Vgl. Thomas Sprecher: Bürger Krull. In: Blätter der Thomas Mann Gesellschaft Zürich, Nr. 27, 1997–1998, S. 5–25.
[22] Vgl. Georg Friedrich Wilhelm Hegel: Phänomenologie des Geistes. Hrsg. von Johannes Hoffmeister. Hamburg: Felix Meiner 1952 (= Philosophische Bibliothek; Bd. 114), S. 355, 372, 388.

Drei Schlüsselszenen

Mein Pochen auf das Paradoxon des hedonistischen Leistungsethikers, das in der Gestalt des Felix Krull zu literarischem Leben kommt, hat ein primär poetologisches Ziel. Es soll die von Thomas Mann befolgte Logik der Dichtung sichtbar werden.

Zentrale Episoden für die Herausarbeitung des Profils seines Helden sind: die Begegnung Krulls mit dem Operettensänger Müller-Rosé (Buch I, Kap. 5), das Zirkus-Erlebnis (Buch II, Kap. 1) und das Gespräch Krulls mit Kuckuck (Buch III, Kap. 5). Ich habe, wie Sie sehen, die Sache der Dichtung von hinten aufgezäumt und mit der ontologischen Rechtfertigung des hedonistischen Lebenskünstlers begonnen. Felix Krull als Endprodukt der Willensmetaphysik. Im diszipliniert gelebten Hedonismus mündet der Lebenswille in einen Leerlauf, weil er sich selbst genug ist. Sehen wir uns die vorausgegangenen Schübe der Profilierung dieses Gedankens näher an.

Erster Schub: Müller-Rosé. Nachdem Krull ihn abgeschminkt hinter der Bühne gesehen hat, vermerkt er: „Dies also, so etwa gingen damals meine Gedanken –, dies verschmierte und aussätzige Individuum ist der Herzensdieb, zu dem soeben die graue Menge sehnsüchtig emporträumte!" (VII, 32) Aber diese handgreifliche Unterscheidung zwischen Schein und Sein bringt Krull gerade *nicht* dazu, die *Illusion* von „Schönheit, Leichtigkeit und Vollkommenheit" abzulehnen: im Gegenteil – der sinnvolle Schein wird der sinnlosen Destruktion des Scheins vorgezogen. Und das mit dem Segen des Autors! Thomas Mann ist darin der radikale Gegenpol Tolstojs, der alle Ästhetisierung der Wirklichkeit als teuflisch ablehnt. Man denke nur an die Opernszene in *Krieg und Frieden* (Buch II, Teil 5, Kap. 9).

Zweiter Schub: Krulls Zirkus-Erlebnis. Die Artisten in der Zirkuskuppel sind hier kein bißchen ratlos, sondern ihrer selbst sicher. Krull erblickt die Erlösung der Welt im Scheine. Das ist eine Welt, das ist seine Welt! Er trifft hier auf die Maximen seiner Lebenskunst in metaphorischer Veranschaulichung. Krull kann sich nicht, wie das Publikum um ihn herum, in „schlaffem, blödem Genießen" der farbigen Kaskade berauschender Leistungen überlassen. Er gehört nicht zum „Schaupöbel". Und doch entgeht ihm nichts. In seiner „Hingebung" aber ist „bei aller Bewunderung etwas wie Bosheit" im „eindringlichen Betrachten der Tricks, Künste, Wirkungen".

Die Menge rings um mich her gor in Lust und Belustigung – ich aber, gewissermaßen, schloß mich aus von ihrem Gären und Gieren, kühl wie einer, der sich vom „Bau", vom Fach fühlt. Nicht vom circensischen Fach, vom Salto mortale-Fach, natürlich, konnte ich mich fühlen, aber vom Fache im allgemeinen, vom Fach der Wirkung, der Menschenbeglückung und -bezauberung.

Und an dieser Stelle folgt eine programmatische Selbstdefinition Krulls; ausgelöst, gespeist und zur Klarheit gebracht vom Zirkus-Erlebnis. Es heißt:

Darum rückte ich innerlich ab von den vielen, die nur das selbstvergessen genießende Opfer des Reizes waren [...]. Sie genossen nur, und Genuß ist ein leidender Zustand, in welchem niemand sich genügt, der sich zum Tätigen, zum Selber-Ausüben geboren fühlt. (VII, 463 f.)

Ins Grundsätzliche übersetzt, bedeutet das: der Hochstapler Felix Krull ist in seinem Wesen ein Wirkungskünstler, der nur simuliert, was er darstellt. Teilnehmend an der Welt, bleibt er gleichzeitig draußen. „Was für Menschen, diese Artisten!" ruft Felix Krull auf dem Papier aus und fragt „Sind es denn welche!" Anders ausgedrückt: Der Hochstapler ist Mensch nur als Simulant und im Simulieren ist er Artist, nämlich, salopp gesagt, ein Profi. Der Gipfel der Schlüsselszenen aber ist die dritte: das Gespräch Krulls mit Kuckuck im Speisewagen eines D-Zugs. Über ihr liegt ein magischer Bann. Wenn Gedanken leuchten können, so findet dieses Gespräch in regelrecht bengalischer Beleuchtung statt. Erdgeschichte, Menschheitsgeschichte, Kosmologie werden zum Thema: und das anthropozentrisch. In solcher Thematik sind beide Gesprächspartner entrückt aus ihren normalen Lebensbezügen. Wir haben es hier mit Thomas Manns Ode *An die Freude* zu tun. Nicht die *Rede des toten Christus vom Weltgebäude herab, daß kein Gott sei* wird uns präsentiert, sondern der Blick der „Sternenaugen" Schopenhauers auf eine Schöpfung, die in der Erlösung vom Willen durch den jungen und unbeirrbaren Hedonisten ihre Krönung findet. Mehrfach betont Krull, wie ihn diese Unterhaltung erregt, erzählt uns von der „immer wachsenden Aufregung", die ihn beherrschte. Kuckuck spricht hier zwar durchaus gelehrt, aber nicht als Gelehrter. Er ist vielmehr der „liebe Vater", wie ihn Schiller kosmologisch beschworen hat: „Freude, schöner Götterfunken, [...] Bettler werden Fürstenbrüder, / Wo dein sanfter Flügel weilt." Und dann die für unseren Zusammenhang entscheidenden Zeilen: „Brüder – überm Sternenzelt / Muß ein lieber Vater wohnen."[23] Von Thomas Mann beschworen wird das „Weltall" als „sterbliches Kind des ewigen Nichts" mit dem Leben als „nur eine Episode". Kein Eschaton! Die Spitze gegen jüdisch-christliche Geschichtsphilosophie ist deutlich zu spüren. Vollendung findet mit dem Menschen als dem „Träger der wachsten Empfindung" statt: im disziplinierten Hedonisten Felix Krull. Kuckucks Reden über „das Sein, das Leben, den Menschen" realisieren in Krull die Vorstellungen, die er als Kind mit dem Traumwort „Die große Freude" verbunden hat. Nach dem Operet-

---

[23] Friedrich Schiller: An die Freude. In: Schiller, Sämtliche Werke, 5 Bde., Darmstadt: Wissenschaftliche Buchgesellschaft 1987, Bd. 1, S. 133–134.

tentheater und dem Zirkuszelt wird in dieser dritten Schlüsselszene der Raum ins Unendliche erweitert. Der auratische Bann, der über diesem Gespräch im Speisewagen eines D-Zugs liegt, kehrt nicht mehr wieder. Das wahre Zuhause Professor Kuckucks, des Gelehrten, ist das Museum: petrifiziertes Wissen. In der mythischen Konfrontation mit Hermes vollzog sich die Verklärung des Gewöhnlichen: als Transfiguratio des Hochstaplers und seines selbsternannten Mentors für die Dauer eines ewigen Augenblicks.

Am Ziel

Ich kehre nun an den Anfang meiner Überlegungen zurück, um das Versprechen einzulösen, zwei Typologien des Hochstaplers zu skizzieren: Felix Krull in komparatistischer Sicht.

Felix Krull ist zwar auf seine Art ein glücklicher König, aber kein Politiker. Ein Politiker aber ist Puschkins Hochstapler, der falsche Dmitrij in *Boris Godunow*. Er kommt wie Hitler[24] in einer bestimmten Form des Willens zur Macht an sein Ziel und wird, wie dieser, von der Wirklichkeit eingeholt, die er selber als Wirkungskünstler beschworen hat. Bill Starbuck, der „Regenmacher", möchte am Ende der Geschichte, die uns Nash mit seiner „romantischen Komödie" erzählt, mit Lizzie, der Rancher-Tochter, auf und davon gehen – in eine bürgerliche Existenz. Sie aber lehnt ab. Die Qualitäten, mit denen er sie, die „Spinster", zu sich selbst erlöst hat, sind ihr suspekt. Er zieht davon: allein. Fast wäre er sich selber untreu geworden. Elmer Gantry, der auf materiellen Gewinn erpichte Evangelist, entspricht mit seiner kalkulierten Heuchelei nur der naiven Heuchelei seiner wechselnden Gemeinden. Die Einsicht, daß sein gelebter Zynismus nur die vulgäre Frucht der Glaubenskrise seiner Umwelt ist, bleibt ihm verschlossen. Sinclair Lewis evoziert die schlechte Unendlichkeit religiöser Scharlatanerie, schafft mit diesem Roman ein „soziales Dokument", das in dem Ruf steht, die eindringlichste Studie über religiöse Heuchelei seit Voltaire zu sein.

---

[24] Auf die Affinitäten zwischen Felix Krull und „Bruder Hitler" gehe ich hier nicht ein. Vermerkt sei nur, daß Thomas Mann Tolstojs Kennzeichnung Napoleons als Künstler zur Kennzeichnung Hitlers übernimmt. Während Tolstoj jedoch in *Krieg und Frieden* den Künstler Napoleon als Meister des Scheins inkriminiert, als den „Feind des Menschengeschlechts", läßt Thomas Mann Hitler als „Bruder" gelten: in Apologie des „ästhetischen Zustands" (Nietzsche), der in Hitler nur einen verwerflichen Praktiker gefunden hat. Tolstoj und Thomas Mann sind die großen Antipoden in der Einschätzung des ästhetischen Scheins. Zu Tolstojs Napoleon vgl. Horst-Jürgen Gerigk: Entwurf einer Theorie des literarischen Gebildes. Berlin und New York: de Gruyter 1975, S. 147–173.

Man sieht: Felix Krull ist von anderer Art als der falsche Dmitrij, und auch von anderer Art als Bill Starbuck und Elmer Gantry. Einzig Gogols Chlestakow kommt ihm nahe. Ich wies bereits darauf hin, daß Chlestakow gar nicht bemerkt, daß man ihn für einen Revisor hält. Er meint im Ernst, daß man einen gutgekleideten Fremden aus der Hauptstadt, der er tatsächlich ist, in der russischen Provinz voller Wohlwollen entgegenkommt und nutzt diese Situation in aller Naivität aus. Selbst die Bemerkung im Brief an seinen Freund Trjapitschkin in Petersburg, man habe ihn für den Generalgouverneur gehalten, ist pure Prahlerei. Er glaubt tatsächlich, daß man ihm Geld „leiht"; bemerkt nicht den Euphemismus für „Bestechung", hat allerdings auch nicht vor, das geliehene Geld jemals zurückzugeben. Der gewissenlose Leichtfuß zeigt sich in seiner ganzen Unschuld, indem er seiner Umwelt die Fähigkeit zu positiver Zuwendung unterstellt. In einer Regieanweisung des Autors heißt es: Chlestakow „redet und handelt ohne jede Überlegung". Ja, Chlestakow übersieht völlig, daß er Angst auslöst. Er ist der vollendete Narziß und reine Tor in einer Person. Er spielt noch nicht einmal das, wofür man ihn hält. Die zentrale Situation seines Auftritts im Hause des Stadthauptmanns, wo das Gästezimmer auf ihn wartet, zeigt ihn in künstlerischer Selbstentgrenzung, vom Alkohol schließlich derart inspiriert, daß er nicht nur behauptet, er stehe mit Puschkin auf vertrautem Fuße, sondern auch, er habe *Figaros Hochzeit, Robert der Teufel* und *Norma* geschrieben. Man läßt es sich gefallen. Sein Diener ist es, dem aufgeht, daß hier im Fundament etwas nicht stimmt. Beide suchen das Weite.

Es ist jetzt deutlich geworden, daß Felix Krull ganz offensichtlich das denkbar reflektierteste Selbstverhältnis hat. Alle anderen hier benannten Hochstapler sind zudem auf eine einzige betrügerische Obsession fixiert. Mit Ausnahme von Gogols Chlestakow. Er ist für alle Rollen offen. Immer auf Anerkennung bedacht, mimt er gleichsam auf Vorrat, was sich ihm, sei es auch nur vermeintlich, zuspielt. In seinem Künstlertum ist er ein unreflektierter Krull. Fazit: Hochstapler als literarisches Thema lassen sich nach den Regionen, in denen sie auftreten, systematisieren oder nach dem Reflexionsgrad ihres Selbstverhältnisses. Beide Ebenen der Systematisierung bringen die Sonderstellung der *Bekenntnisse des Hochstaplers Felix Krull* zur Geltung.

Felix Krull agiert weder politisch, wie seine russischen Kollegen, noch religiös, wie seine amerikanischen Kollegen, denn er kennt keine Öffentlichkeit: ihm wird alle Außenwelt zum Spiegel seiner Innerlichkeit. Deshalb sind die Regionen seines Auftretens grundsätzlich nicht eingeschränkt. Zweifellos ist ihm unter seinen Berufsgenossen der höchste Reflexionsgrad des Selbstverhältnisses zuzusprechen. Dies hängt mit der zentralen Rolle zusammen, die seine Innerlichkeit für ihn spielt. Und das läßt sich offensichtlich als typisch deutsch ansehen.

Ausklang

Meine Damen und Herren, Sie kennen alle E.T.A. Hoffmanns *Geschichte vom verlornen Spiegelbilde* aus den *Phantasiestücken in Callots Manier* (1814–1815). Der Mann, der darin sein Spiegelbild verliert, heißt Erasmus Spikher. Und am Ende der Geschichte, so will es E.T.A. Hoffmann, trifft dieser Erasmus Spikher einen Leidensgenossen, der seinen Schatten verloren hat. Dieser Mann heißt Peter Schlemihl. „[B]eide wollten Kompagnie gehen, so daß Erasmus Spikher den nötigen Schlagschatten werfen, Peter Schlemihl dagegen das gehörige Spiegelbild reflektieren sollte; es wurde aber nichts daraus."[25] So endet die *Geschichte vom verlornen Spiegelbilde*. Die Frage ist: Was hätte E.T.A. Hoffmann gemacht, wenn er Chlestakow und Felix Krull gekannt hätte? Gewiß hätte er sie in den Speisewagen eines D-Zugs gesetzt. Aber was sage ich da! Speisewagen? D-Zug? Er hätte sie natürlich in das Bordrestaurant eines ICE gesetzt. Von Hamburg nach Zürich. Und dann hätten sie sich unterhalten müssen! Zwei Fremde im Zug, beide Anfang zwanzig. Aber das ist bereits eine andere Geschichte. Meine Geschichte jedoch ist hier zu Ende.

[25] Vgl. E. T. A. Hoffmann: Phantasie- und Nachtstücke. München: Winkler 1962, S. 282.

Malte Herwig

„Nur in der Jugend gestielt"

Die langen Wurzeln des *Felix Krull*

„Ein Werk muß lange Wurzeln haben in meinem Leben, geheime Verbindungen müssen laufen von ihm zu frühesten Kindheitsträumen, wenn ich mir ein Recht darauf zuerkennen, an die Legitimität meines Tuns glauben soll" (über *Joseph und seine Brüder*, XI, 661). Die Wurzeln des *Felix Krull* sind in der Tat lang. Sie reichen nicht nur Jahrzehnte bis ins frühe zwanzigste Jahrhundert und weiter in Thomas Manns Lübecker Kindheit zurück, sondern Jahrmillionen in die Vergangenheit, zu den Kindheitsträumen der Menschheit, von deren Entwicklungsgeschichte Professor Kuckuck dem Hochstapler erzählt.

Naturgeschichte als „Legitimation" künstlerischen Arbeitens? Das scheint auf den ersten Blick ungewöhnlich, muß es aber nicht sein. Als Thomas Mann während der Arbeit am *Felix Krull* im Oktober 1951 das Field Museum of Natural History in Chicago besuchte, war es gerade die Naturgeschichte, die ihn zutiefst ergriff und im Tagebuch vermerken ließ: „Unermüdet von diesem Schauen. Keine Kunstgalerie könnte mich so interessieren" (Tb, 6.10.1951). Wenige Tage zuvor hatte er dem Museum bereits eine erste Visite abgestattet und war – es ist keine Übertreibung – überwältigt:

Im naturhistorischen Museum. Höchst lebhafter und fruchtbarer Eindruck. Das Ur-Leben. Schwämme, die 50 Millionen Jahre überlebt haben. Querschnitte von ebenfalls sehr frühen Muscheln in feinster Ausarbeitung des Gehäuses. Frühestes organisches (Pflanzen)-Leben in der Meerestiefe. Dort fing alles an. Die Erde noch leer, mit baumähnlichen Farrenschaften, weich. Wunderschöne zoologische Modelle aller Art. Skelette der Reptil-Monstren und gigantischen Tiermassen, die, allzu plump, die Erde beherrschten. Eier gebärende Säugetiere mit Tragtaschen. Menschenaffen. Höhle mit Neanderthal-Menschen. Der Mann, plumpnackig, mit blutigem Knie [sic!], haarig nicht sehr. Das Baby im Arm des Weibes am heutigsten. Bewegt. Etwas wie biologischer Rausch.| Gefühl, daß dies alles meinem Schreiben und Lieben und Leiden, meiner Humanität zum Grunde liegt. (Tb, 4.10.1951)

Es war nichts Geringeres als „[h]umanistische Naturwissenschaft" (Tb, 18.1.1952), was Mann im Sinne hatte. Nicht nur beschäftige er sich über Jahrzehnte hinweg mit naturwissenschaftlichen Kulturfragen und schrieb dieses brennende Interesse seinen bedeutendsten Romanen ein. Die Wurzeln dieses von seinem Autor selbst so oft als repräsentativ dargestellten Œuvres verzweigen sich tief in einen kulturellen Nährboden, der ungemein reich an naturwissenschaftlichen Ideen und Fragestellungen war. Es geht mir aber nicht darum, der Quellenforschung einfach noch einen beliebigen Bereich hinzufügen. Das führt oft und allzu leicht dazu, dass wir den Baum vor lauter Wurzeln nicht mehr sehen.

Vielmehr möchte ich die auf dieser Tagung vielberufenen Schwierigkeiten aufgreifen, mit denen Thomas Mann bei der Weiterführung seines Romans in den fünfziger Jahren kämpfte, und zeigen, wie er diese Schaffenskrise durch die Einarbeitung der nur scheinbar sperrigen und willkürlich eingeschalteten naturwissenschaftlichen Exkurse kompositorisch überwand. Es geht also nicht nur um inhaltliche, sondern auch ästhetische Fragen, nicht nur das worüber, sondern gerade auch das wie – was sowohl im Hinblick auf die abstrakten wissenschaftlichen Konzepte, von denen Kuckuck erzählt, als auch angesichts der „fossilen Naturexperimente" in seinem Museum keine geringe erzählerische Herausforderung ist.

Thomas Manns Sorge, dass dem Roman der geistige Hintergrund und eine einheitliche Struktur fehlten, wurde hier schon angesprochen. Trifft auf den späten Krull nicht Henry James's Bezeichnung des Romans im Allgemeinen als „loose, baggy monster" zu? Die Weltreise, zu der Felix aufbricht, wird durch die Begegnung mit dem Cicerone Kuckuck zur Reise ins „Dunkel der Vorzeit" und „Wanderung durchs Unendliche", in den Worten Kuckucks nicht weniger als eine „Inspektionsfahrt" (VII, 534) durch den Planeten und seine Vergangenheit. Es überrascht kaum, daß Mann angesichts dieser konzeptionellen Ausweitung seines Romans mitunter Angst vor der eigenen Courage bekam und in Briefen wiederholt über die Gefahr klagte, „ins ‚Faustische' zu geraten und die Form zu verlieren".[1] Die „faustische Expansivität"[2] der Kuckuck-Abschnitte war in der Tat weder formal noch inhaltlich eine leicht zu bewältigende Aufgabe. Hinzu kamen Zweifel, ob es dem *Krull* für ein Alterswerk nicht an Ernst und Würde mangele: „Pan-Erotik und Juwelendiebstahl, sind das Scherze, an die man die hohen Jahre seines Lebens wenden soll?"[3] Aber unterschätzen wir den Autor nicht, wenn wir die Stoßseufzer über die „undurchführbare[n]

---

[1] Mit unabsehbaren Folgen für die geistige Gesundheit: „Ein kleiner Enkel von mir hat gesagt, als er aus der Kirche kam: ‚Wenn man anfängt über Gott nachzudenken, kriegt man Gehirnverschüttung.' Ein neues Wort und kein schlechtes" (23.12.1951 an Paul Amann). Vgl. auch 11.3.1952 an Emil Preetorius, 20.3.1952 an Karl Kerényi.

[2] 29.4.1952 an Hermann Weigand.

[3] 28.4.1952 an Ferdinand Lion. Vgl. 6.9.1954 an Preetorius: „Ich möchte auch eigentlich ganz anderes machen, Würdigeres, meinen Jahren Angemesseneres [...]"; 20.1.1954 an Werner Weber: „Findet man dann, daß diese Späße allzu sehr unter meinen Jahren sind, so höre ich überhaupt auf und denke mir etwas Würdevolleres aus".

Krull-Scherze" (Tb, 12.12.1951) des doch gerne und gerade im Tagebuch Kla-
genden allzu ernst nehmen? Das expansive außer-Kontrolle-Geraten eines
Projektes kannte er zudem bereits seit dem *Zauberberg*, der ursprünglich als
kurzes Satyrspiel zum *Tod in Venedig* angelegt war und dann weit darüber
hinauswuchs.

Nein, dieser von Selbstzweifeln geplagte und vermeintlich seinen Sack
geleert habende „alte Meister" kannte noch das eine oder andere Rezept, mit
dem sich der Zauber eines organischen Kunstwerkes bewerkstelligen und das
„Faustische" des *Krull* bändigen ließ. War nicht gerade der *Faust* ein ermutigendes Exempel? Schließlich hatte Goethe ihn im 24. Lebensjahr begonnen
und erst im 82. abgeschlossen. Manns Selbstkommentare zeigen, daß er sich
Goethes Werk „unter dem Gesichtspunkt der Lebenseinheit" (XI, 158) zum
Vorbild nahm.[4] In einem Brief an Erich von Kahler zitiert er aus Barker Fairleys *Study of Goethe*: „,He was often able to recover a former mode and complete a work that belonged to the past.'" und ergänzt sofort: „Das kann ich
auch".[5]

Ein weiteres Problem war die Verbindung von Heiterkeit und Tiefe, Ernst
und Humor. Im Rekurs auf *Faust* ließ sich beides verbinden, denn „es gibt
Späße, die sehr ernst genommen werden wollen, oder es ist nichts damit" (VII,
516). Während der Arbeit am Kuckuck-Kapitel notierte Mann ins Tagebuch:
„Gelesen in Croce's ,Goethe', worin die *leichte* Behandlung des II. Faust mir
Spaß machte. Die deutsche Goethe-Exegese kommt schlecht weg".[6] Croce stellt
in seinem Buch bewußt die Disparität der beiden *Faust*-Dramen heraus und fordert, der zweite Teil müsse als eigenes Drama und „phantasievolle[s] Spiel eines
alten Künstlers" gesehen werden.[7] Der Tragödie zweiter Teil sei das Werk eines
weisen Menschen, der „den Glauben an das Leben aus allem Schiffbruch gerettet hatte" und „seine Weisheit gern in ein Lächeln kleidete und selbst seinen
Glauben gleichsam beiläufig und oft nicht ohne Ironie bekannte".[8] Der Kern
dieses ironisch geläuterten, pessimistischen und doch im Zeichen menschlicher
Anteilnahme stehenden Glaubens Thomas Manns ist Kuckucks (All-) Sympa-

---

[4] Vgl. IX, 598; Hans Wysling: Narzißmus und illusionäre Existenzform. Zu den Bekenntnissen
des Hochstaplers Felix Krull, Bern: Francke 1982, (TMS 5), S. 289.

[5] 15.12.1947. Barker Fairley: A study of Goethe, Oxford: Clarendon Press [4]1947.

[6] Tb, 20.1.1952.

[7] Benedetto Croce: Goethe: Studien zu seinem Werk, übers. von Werner Ross, Düsseldorf:
Schwann 1949, S. 138.

[8] Ibid., 139. In einer Polemik gegen die *Faust*-Studie von Manns Schwiegersohn Borghese wendet Croce sich gegen dessen Interpretation von Fausts Entwicklung als „Aufstieg" von einer Sünde
zur nächsten, und liefert zugleich die Formel zur Umarbeitung des Faust in einen Schelmenroman:
„Wenn Goethe einen Menschen darstellen wollte, der von einem Fehler in den anderen fiel und
sich dieses Gebarens nicht schämte, so zeichnete er ihn nicht als heroisch-tragische Gestalt, sondern als munteren Schelm" (S. 306).

thie. Er zieht hier die Konsequenz aus den Erfahrungen seines eigenen Lebens, indem er das „Wissen von Anfang und Ende" als das eigentlich Menschliche darstellt, weil es gerade in der Zeitlichkeit des Lebens mit seiner „Lust und Last" den eigentlichen Wert menschlicher Existenz zu erkennen helfe. Dem „Erkenntnissatz" des *Zauberbergs* entspricht Manns reifes Glaubensbekenntnis zur Vergänglichkeit, das er nicht nur Kuckuck in den Mund legte, sondern auch als eigenständigen Beitrag in einer Sendereihe des amerikanischen CBS-Radios unter dem Titel „*This I believe*" vortrug.[9] Mann betonte denn auch, daß die Heiterkeit und das Humoristische im Krull nicht das *Resultat* „zeitflüchtigen Leichtsinns, eines sträflichen escapism" seien, sondern dem Unmenschlichen humanen Widerstand entgegensetzen sollten, und „daß das Buch bei all seiner Lockerheit, allem Unfug, den es treibt, eine gewisse symbolische Aktualität besitzt, die den Helleren und Feineren nicht entgehen [...] dürfte" (XI, 530). Es handelt sich also in der Tat um Thomas Manns eigene „sehr ernste Scherze".[10]

Das „Faustische" des *Krull*, es entsteht durch Zitat und – Folge einer jahrzehntelangen Praxis der *imitatio* – Selbstzitat. In Kuckucks Ausführungen läßt Mann bekanntlich auch „seinen" Goethe aus *Lotte in Weimar* zu Wort kommen.[11] Im Monolog des siebten Kapitels beschreibt dieser die Klassische Walpurgisnacht als

ein Spiel, schwer von Idee, von Lebensgeheimnis und witzig-träumerischer, ovidischer Erläuterung der Menschwerdung, – ohne alle Feierlichkeit, stilistisch aufs Allerleichteste und –lustigste geschürzt [...]. ‚*Das letzte Product der sich immer steigernden Natur ist der schöne Mensch*'. Der Winckelmann verstand was von Schönheit und sinnlichem Humanismus. Hätte seine Freude gehabt an diesem Übermut, die biologische Vorgeschichte des Schönen in seine Erscheinung aufzunehmen; an der Imagination, daß Liebeskraft der Monade zur Entelechie verhilft, und daß sie, als Klümpchen organischen Schleims im Ocean beginnend, durch namenlose Zeiten des Lebens holden Metamorphosen-Lauf durchmißt hinauf zum edel-liebenswürdigsten Gebilde. (II, 679 f)

Daß Kuckucks Ausführungen über die natürliche Entwicklungsgeschichte von Krull als biologische Vorgeschichte des Schönen und Krull selbst als das letzte Produkt der sich immer steigernden Natur verstanden werden, wird aus den Kommentaren des Ich-Erzählers überdeutlich. Die Urtümlichkeit der „ungeheuerlich anzusehenden fossilen Naturexperimente" im Museum führt ihm zwar den Kontrast zwischen seiner eigenen Eleganz und diesen frühen Formen

---

[9] Vgl. 23.12.1951 an Amann; das „Kuckuckstatement" (Tb, 1.2.1952) wurde unter dem Titel „Lob der Vergänglichkeit" vielfach nachgedruckt.
[10] Goethe an Wilhelm von Humboldt über *Faust*, 17.3.1832.
[11] Wysling 1982, S. 291 ff.

organischen Lebens vor Augen, aber er sieht sie doch als eine Art evolutionäre Urbilder seiner selbst und damit des schönen Menschen:

Was mir dabei bewegend im Sinne lag, war der Gedanke, daß dies alles erste Ansätze, in keinem noch so absurden Fall einer gewissen Eigenwürde und Selbstzweckhaftigkeit entbehrende Vorversuche in der Richtung auf mich, will sagen: den Menschen waren [...] (VII, 574).

Die Evolution des Lebens als biologische Vorgeschichte des Schönen – mit dieser Verbindung von Biologie und Mythos waren die Ansprüche in der Tat hoch gesteckt. Die „reizvoll[e]" Idee, die ,Geburt der Venus' einmal aus dem Mythologischen ins Kosmologische" zu übersetzen (wie er nach Beendigung des Kuckuck-Kapitels an Alexander M. Frey schrieb), kam Thomas Mann bei der Lektüre von Konrat Zieglers Schrift *Gedanken über Faust II*, in der diese Interpretation der Klassischen Walpurgisnacht bereits 1919 angeregt wurde und die sich vermutlich seit langem in Manns Bibliothek befand. Daß „Liebeskraft der Monade zur Entelechie verhilft" ist eine (im erotomanischen Stil von Wilhelm Bölsches *Liebesleben in der Natur* zugespitzte) Paraphrase von Zieglers Aussage, daß am „Beispiel des Homunculus gezeigt werde, wie prinzipiell Leben entstehe und der Monade auf thaletisch-neptunistischem Wege durch die Kraft der Liebe zur Entelechie" verholfen werde.[12] Bei Ziegler las Mann, wie Goethe in die lockere Form der menippeischen Satire, „die im Altertum der derb gewürzten Popularphilosophie [...] diente", die „schwere Gedankenfracht seiner mystischen Naturphilosophie gestopft hat, natürlich unter angemessener Veredlung der Form"[13]. Damit waren die kompositorischen Ansprüche an das Kuckuck-Kapitel allerdings hoch, dessen Gestaltung sich an Goethes Plan aus *Lotte in Weimar* und damit an Zieglers Deutung ausrichtet:

Auf mythologischen Humor, auf Travestie ist alles zu stellen, und tiefsinnig naturphilosophische Insinuation widerspreche hier der leichten Form [...]. Viel zu denken, viel zu sinnen gibts beim zarten Lebensfaden [...]" (II, 680).

Ziegler verweist in seinem Aufsatz über *Faust II* auf ein kleines Buch von Wilhelm Hertz, *Goethes Naturphilosophie im Faust*, in dem die Klassische Walpurgisnacht anhand von Goethes naturwissenschaftlichen Auffassungen gedeutet wird. In der kurzen Schrift stellt Hertz auch die (von Ziegler kritisierte) These auf, daß Goethe Fausts Hadesfahrt zugunsten der natur-

---

[12] Konrat Ziegler: Gedanken über Faust II, Stuttgart: Metzler 1919, S. 51 f.
[13] Ziegler 1919, S. 53.

gesetzlichen Motivierung der Erscheinung Helenas aufgegeben habe.[14] Goethe habe Helena „wahrhaft lebendig" im klassischen (also naturgesetzlich-organischen) Sinne gestalten wollen, nicht romantisch und künstlich.[15] Hertz verbindet seine Ausführungen über den symbolischen Charakter des naturphilosophisch-mythologischen Abschnitts mit produktionsästhetischen Überlegungen zur Funktion dieser Szene innerhalb des zweiten Teils, belegt dies ausführlich mit Äußerungen Goethes und weist nach, wie die Arbeiten des Zoologen Christian Gottfried Ehrenberg über Infusorien sowie die Erklärung des Meeresleuchtens durch den Arzt Gustav Adolf Michaelis im Jahre 1830 Goethes Arbeit an der Meeresgötterszene unmittelbar beeinflußten.[16] Michaelis hatte nachgewiesen, daß das Meeresleuchten durch Infusorienschwärme erzeugt werde, was Goethe bei der Abfassung der Schlußszene des zweiten Aktes bekannt gewesen sei. Die naturgesetzliche Erklärung des Meeresleuchtens durch Infusorien habe es Goethe dann ermöglicht, das niedrige organische Leben des Homunculus eben als Meeresleuchten bühnenwirksam und zugleich wissenschaftlich richtig darzustellen: Homunculus zerschellt an Galateas Muschelthron und geht der Anweisung des Thales folgend als Infusorium in niedriges organisches Leben ein („Von vorn die Schöpfung anzufangen", v.8322), aus dem er sich dann entlang natürlicher Gesetze weiterentwickeln kann durch „tausend, abertausend Formen / Und bis zum Menschen hast du Zeit" (v.8325 f.).

Hertz' Schlußbemerkung über diese fruchtbare Verbindung von Naturwissenschaft und Literatur lesen sich wie ein literarisches Rezept für die intendierten sehr ernsten Scherze. Sie lassen sich nicht nur auf das Kuckuck-Kapitel, sondern auch auf Manns Produktionsverfahren schlechthin übertragen:

> Durch dieses Streben, das Zwischenspiel mit dem fertigen Anfang und dem fertigen Schluß der Dichtung zu verbinden, sah sich Goethe darauf hingewiesen, den ihm von außen wie von innen stets in gleicher Fülle zuströmenden naturwissenschaftlichen Gedanken in den ästhetisch-sittlichen Kunstkreis der Dichtung Einlaß zu gewähren. [...] Der Zusammenfluß dieser Ströme aus den verschiedenen Provinzen des Gedankenreichs des Dichters ließ in der ‚Klassischen Walpurgisnacht' jenes zauberhafte Ganze

---

[14] Wilhelm Hertz: Goethes Naturphilosophie im Faust: Ein Beitrag zur Erklärung der Dichtung, Berlin: Mittler 1913. Diese Schrift wird bei Ziegler zitiert auf S.51 ff. Auch Kerényi ist Hertz' These bekannt, allerdings aus dessen Artikel „Der Schluß der ‚Klassischen Walpurgisnacht', in: Germanisch-romanische Monatsschrift, Jg. 7 (1919), S.281–300; hier S.281, auf den er auf den Seiten 13 f. und 69 seiner Schrift über das Ägäische Fest verweist.

[15] Ibid., 12.

[16] Ibid., 101 ff. Ehrenberg: Organisation, Systematik und geographisches Verhältnis der Infusionstierchen. Berlin: Königliche Akademie der Wissenschaften 1830 (in Goethes Bibliothek erhalten); Gustav Adolf Michaelis: Über das Leuchten der Ostsee, Hamburg: Perthes und Besser 1830. Vgl. Goethes Brief an Ehrenberg vom 6.11.1830.

entstehen, das der Vernunft wie der Phantasie des Betrachters nie sich erschöpfenden Genuß bietet.[17]

Wysling überschätzt also die Bedeutung mythologischer Schriften zuungunsten von Zieglers Aufsatz, die er trotz zahlreicher Anstreichungen Manns als Quelle kaum ernst zu nehmen scheint. Denn der naturwissenschaftliche Subtext des Kuckuck-Kapitels läßt sich aus den Thesen Zieglers und Hertz' viel besser erklären. Wenn Wysling entschuldigend bemerkt, daß die „locker-additive Struktur" des Abenteurerromans es gestatte, „jeden beliebigen Exkurs" in den Roman einzuschalten – also auch das naturwissenschaftlich inspirierte Ausschweifen ins Universelle – dann verkennt er den integralen kompositorischen Stellenwert, den die naturwissenschaftlichen Abschnitte analog zu *Faust II* und im Rahmen der Goethe-*imitatio* Manns auch für den späten Teil des *Krull* haben.[18]

Aufgrund seiner Schwierigkeiten mit der Fortführung des *Krull* orientierte sich Mann an der Konzeption, die er in *Lotte in Weimar* Goethe in den Mund gelegt hatte. Dieser wiederum nimmt in dem berühmten Monolog die eigene Rezeptionsgeschichte vorweg, indem er seine Interpreten Ziegler und Hertz paraphrasiert, welche wiederum aus damals (um 1910) aktuellem populärwissenschaftlichem Gedankengut schöpften. Mann griff 1951 auch deshalb wieder zu Zieglers Kommentar, um dort Anregungen zur Verbindung der disparaten Teile des Romans zu bekommen.[19]

Ziegler nämlich versteht den „mythologisch-naturphilosophischen" Teil der klassischen Walpurgisnacht als „Zwischenaktsmusik über das Thema der Entstehung des Lebens".[20] Diese Bezeichnung trifft auch auf Manns „kosmische Walpurgisnacht"[21] zu, ja, das Kuckuck-Gespräch im Zug und der Museumsbesuch lassen sich in die Struktur des Romans viel besser einordnen, wenn man sie gerade nicht wie Wysling als „beliebigen Exkurs", sondern als bewußt nach Goethescher Vorlage eingefügtes Kompositionselement versteht, eben als Vorbereitung auf das Erscheinen der Schönheit – nicht Helenas hier, sondern

[17] Ibid., 152.
[18] Wysling 1982, S. 286.
[19] Für diese These spricht auch die Tatsache, daß er zu dieser Zeit noch diverse andere Goethe-Arbeiten las (etwa Fairleys und Croces Studien).
[20] Konrat Ziegler: Gedanken über Faust II, Stuttgart: Metzler 1919, S. 56. Wysling zufolge strich sich Mann „schon bei den Vorarbeiten zum *Lotte*-Roman" Textstellen an (1982, 295), unter anderem einen Satz über die Entwicklung „vom Urtier zur vollendeten Menschenschönheit" („Wer ist Professor Kuckuck? Zu einem der letzten ,großen Gespräche' Thomas Manns", in: Hans Wysling: Ausgewählte Aufsätze 1963—1995, hrsg. v. Thomas Sprecher und Cornelia Bernini, Frankfurt/Main: Klostermann 1996, S. 285—309; hier S. 298). Doch Mann kannte Zieglers Schrift wohl bereits zur Zeit des *Zauberberg*.
[21] Ibid, S. 299.

der beiden Damen Kuckuck. So sagt Krull gegen Ende des siebten Kapitels, daß er „den Gang durchs Museum geradezu als Vorbereitung betrachtet zum Wiedersehen mit Mutter und Tochter" (VII, 581) und schlägt Zouzou nicht umsonst einmal schnippisch dem „Geschlecht der Stachelhäuter" (VII, 597) zu, also dem Symbol für die eigene Schönheit.

*

Soweit zur *Struktur* des späten *Krull*. Wie verhält es sich nun mit Stil und Inhalt? Auch hier halfen Mann naturwissenschaftliche Sujets und Stilmuster, die Krullsche Gratwanderung von Humor und Ernsthaftigkeit, parodistischer Burleske und naturphilosophischem Tiefgang zu bewerkstelligen. Er griff dabei zum einen auf bewährte, dem zweifelhaften Thema literarische Würde verleihende Vorlagen wie Goethes *Faust* zurück. Ein Beispiel: Der Blauwal ist zwar, in Kuckucks Worten „groß wie zwanzig Elefanten, ein Monstrum, auf Erden gar nicht zu erhalten und zu ernähren" (VII, 539), aber trotz Melvilles *Moby Dick* doch eigentlich ein literarisches Leichtgewicht. Daß diese „riesig Trantonne" dennoch einen so naturphilosophisch-subtilen Gedanken zu veranschaulichen vermag wie Goethes Vorstellung einer „Intention, die geistig in den Monaden liegt und nach leiblicher Entfaltung des innerlich vorgebildeten Zieles strebt"[22], das konnte Mann aus dem schon erwähnten Buch von Wilhelm Hertz erfahren. Dieser zitiert aus Goethes Aufsatz *Die Faultiere und die Dickhäutigen*:

Wir hören hier von einem „ungeheuren Geist, wie er im Ozean sich wohl als Walfisch dartun konnte", der aber anstatt in „ein reines Element, das einem inneren Gesetz, sich zu entwickeln, nicht entgegensteht", in Sumpf und Kies gerät und sich demgemäß nur als mißgestaltetes Ungeheuer darzustellen vermag.[23]

Solch ein Ungeheuer nämlich ist der Blauwal, den Kuckuck als „Ausschweifung", als „Wucherung von Leben" und „Monstrum" bezeichnet, das die Natur in ihrem Übereifer bei der Befolgung der Idee des Zellenzusammenlebens geschaffen und das sie schnell in Meer geschickt habe, „wo es nun als riesige Trantonne, mit zurückgebildeten Hinterbeinen, Flossen und Öhlaugen, seiner Daseinsmasse zu mäßiger Freude, Jagdwild der Fettindustrie, in unbequemer Lage seine Jungen säugt und Krebschen schlingt" (VII, 539). Das Beispiel verdeutlicht, wie Mann es versteht, in einem einzigen Satz lexikonartige Grundinformationen (Ernährung, Fortpflanzung, wirtschaftliche Bedeutung, Anatomie

---

[22] Hertz 1913, S. 60.
[23] Hertz 1913, S. 61.

der Wale) mit naturphilosophischen (Goethe) und biologischen (Zelltheorie) Diskursen zu einer geschliffenen literarischen Groteske zu verbinden. Subtil, aber kaum noch überraschend, ist auch die intertextuelle Verbindung zur Meeresgötterszene in *Faust II*, in welcher ebenfalls der Krebschen schlingende Wal vorkommt: „Im weiten Meere mußt du anbeginnen! / Da fängt man erst im Kleinen an, / Und freut sich Kleinste zu verschlingen; / man wächst so nach und nach heran, / Und bildet sich zu höherem Vollbringen" (vv.8260-4).

Doch nicht nur Goethe diente als Vorlage für die naturwissenschaftlichen Abschnitte. Indem Hans Wysling die Konversation zwischen Krull und Kuckuck psychologisch als Selbstgespräch des Bilanz ziehenden alten Autors deutet und mit Schopenhauer, Nietzsche, Wagner, Freud und Goethe die sattsam bekannten Elemente dieses „narzißtischen Vexierspiel[s]" identifiziert,[24] läßt er sich gerade die überraschenden Verbindungen entgehen, die Mann zum zeitgenössischen Umfeld seiner frühesten literarischen Versuche herstellt. Er verarbeitete im Kuckuck-Gespräch und Museumsbesuch auch Reminiszenzen an die Literatur um 1900, und zwar sowohl hinsichtlich der benutzten Stilelemente wie auch versteckter Anspielungen auf die damalige populärwissenschaftliche Literatur. Durch diese Rückbesinnung wird das Kuckuckgespräch in der Tat zu einer Reflexion auf die eigene künstlerische Herkunft und Entwicklung. Mit dem Haeckelschen „Zauberwort: ‚Entwickelung!'"[25] beschwört der alte Autor auch das Umfeld seiner künstlerischen Anfänge herauf.

Die autobiographische Chiffre dafür ist die Seelilie, mit der Kuckuck Felix Krull vergleicht. Meine Damen und Herren, ich darf Sie experimentehalber darum bitten, den folgenden Worten Kuckucks einmal nicht unter dem Blickwinkel der Ur-, sondern der Literaturgeschichte zu lauschen. Der Vergleich mit einer Seelilie scheint Krull „nicht wenig schmeichelhaft", worauf Kuckuck ausführt:

Nur weil es Ihnen wie der Name einer Blume klingt. Die Seelilie ist aber keine Blume, sondern eine festsitzende Tierform der Tiefsee, zum Kreis der Stachelhäuter gehörig und davon wohl die altertümlichste Gruppe. Wir haben eine Menge Fossilien davon. Solche an ihren Ort gebundenen Tiere neigen zu blumenhafter Form, will sagen zu einer stern- und blütenartigen Rundsymmetrie. Der Haarstern von heute, Nachkomme der frühen Seelilie, sitzt nur noch in seiner Jugend an einem Stiele im Grunde fest. Dann macht er sich frei, emanzipiert sich und abenteuert schwimmend und kletternd an den Küsten herum. Verzeihen Sie die Gedankenverbindung, aber so, eine moderne Seelilie, haben Sie sich vom Stengel gelöst und gehen auf Inspektionsfahrt.

---

[24] Wysling 1996, S.309.
[25] Ernst Haeckel, Die Welträthsel: Gemeinverständliche Studien über Monistische Philosophie, Bonn: E. Strauss 1899, S.271.

Fast scheint es, als spiele der Autor selbstironisch auf seine eigenen künstlerischen Anfänge zur Zeit der Jahrhundertwende an, die blütenartige Ornamentik des Jugendstils, von der er sich aber emanzipiert und zum modernen Schriftsteller, *dem* modernen Schriftsteller gewandelt hat. Die Seelilie als eine der autobiographischen Masken Thomas Manns? Auf seinem mit den Idolen der Selbstidentifikation ausgestattetem Schreibtisch können Besucher des Thomas Mann-Archivs in Zürich jedenfalls noch heute neben Savonarola und Napoleon auch eine versteinerte Seelilie finden (vgl. Abbildung S. 158).

Die Wahl der Seelilie als Symbol für Krull ist nichts weniger als beliebig. Auf sie stieß Mann in einem Abschnitt über Symmetrie und Funktion in der *Allgemeinen Biologie* von Paul Kammerer, der die Blumenähnlichkeit festsitzender Tierformen erwähnt und mit Beispielen belegt.[26] In den Notizen zum *Felix Krull* paraphrasiert Mann aber nicht nur Kammerers *Biologie*, sondern exzerpiert zusätzliche Informationen über die Seelilie aus *Meyers Kleinem Lexikon*, in dem er nachgeschlagen hatte, um sein Wissen über den bei Kammerer erwähnten „Haarstern" zu vertiefen.[27] Der Lexikoneintrag lautet:

HAARSTERNE (*Seelilien*, Crinoidea), fast ausgestorbene Klasse der Stachelhäuter, festsitzende Tiefseebewohner mit Stiel, oder schwimmende u. kletternde Küstenbewohner (nur in der Jugend gestielt), wie der *Mittelmeer-H.* (Antedon mediterraneus), gelb, rot oder braun, mit 10 gefiederten, zerbrechlichen und leicht regenerierenden, eingeweidelosen, etwa 5 cm langen Armen. Zahlreiche Fossilien, bes. Stielglieder *(Bischofs-, Bonifatiuspfennige, Enkriniten)*.

Unter all den bei Kammerer genannten blumenähnlichen Tieren (Seerose, Seenelke, Seeanemone, Blumenpolypen, Seetulpe) greift sich Mann ausgerechnet die Seelilie heraus, denn mit seiner „stern- und blütenartigen Rundsymmetrie" (VII, 534) assoziiert der Haar*stern* ja sowohl Kuckuck (Sternenaugen) wie auch Krull (der sich als „Blüte" der Gesellschaft empfindet, VII, 529). Die Seelilie ist aber keine Blume, sondern eine „festsitzende Tierform der Tiefsee, zum Kreis der Stachelhäuter gehörig und davon wohl die altertümlichste Gruppe" (VII, 533), womit nicht nur auf die in Krull gipfelnde lange Entwicklungsgeschichte des Schönen verwiesen wird, sondern auch auf Zouzou, die wie der Hochstapler dem „Geschlecht der Stachelhäuter" (VII, 597) angehört. Zwar weist Wysling auch auf die entwicklungsgeschichtliche Perspektive des Vergleichs hin, die durch intertextuelle Verweise auf den Goethe-Monolog in *Lotte* und auf *Faust II* („Und bis zum Menschen hast du Zeit", v. 8326) gegeben ist. Der bloße Zitatnachweis kann jedoch nicht erklären, warum Kuckuck seinen Zuhörer

---

[26] Kammerer 1915, 91. Vgl. auch das Seelilien-Diorama im Field Museum.
[27] Notizen zum *Felix Krull*, Notizblatt 618. Von Wysling nicht bemerkt, der den ganzen Abschnitt Kammerer zuordnet.

ausgerechnet mit einem Haarstern vergleicht: die schmeichelhafte Assoziation mit einer Blume ist ja von Kuckuck nicht als ästhetisches Kompliment gemeint. *Tertium comparationis* zwischen Krull und der Seelilie ist nicht die vollendete äußere Schönheit (obwohl durch eine nur scheinbare Blume natürlich der schöne Schein von Krulls Existenz suggeriert wird), sondern die morphologische Entwicklung vom festsitzenden „Gewächs" zum umherstreifenden Tier. Mann verwendet die im Jugendstil beliebte Blumenornamentik also in genialer Zuspitzung, indem er statt einer tatsächlichen Blume ein biologische Entwicklungsmuster repräsentierendes Tier als Analogon des forschenden Künstlers setzt. Er beschreibt die Geschichte des Haarsterns als eine Art biologischen Bildungsroman *in nuce*, denn er „sitzt nur noch in seiner Jugend an einem Stiele im Grunde fest. Dann macht er sich frei, emanzipiert sich und abenteuert schwimmend und kletternd an den Küsten herum" (VII, 534).

Die (Jugend-)Stilblüte des Lexikoneintrages, wo der Haarstern „nur in der Jugend gestielt" ist, hat Mann zwar wörtlich notiert, aber nicht in den Romantext aufgenommen. Das ist um so bemerkenswerter, als die naturwissenschaftlichen Abschnitte im *Krull* ausgiebig aus dem Motiv- und Bildvorrat des Jugendstils schöpfen und deutliche Anklänge an die monistische Naturphilosophie um 1900 haben. Ausgangspunkt ist eben jener Vergleich Krulls mit einer Seelilie. Blüte, Stengel, Lilie und Stern stellen die Verbindung zur dekorativen Bildlichkeit des Jugendstils her. Die im Jugendstil beliebte Blumenornamentik schmückt auch die erste Ausgabe von Bölsches *Liebesleben in der Natur*, deren Illustrationen ein gutes Beispiel für die „Vergeistigung der Natur in den Pflanzenstilisierungen" sind. Der Illustrator Müller-Schönefeld bediente sich dabei vor allem der Lilie und des Löwenzahns.[28]

✻✻

Die Verschränkung von natürlicher Entwicklungsgeschichte und forschendem Individuum in einer monistischen All-Sympathie war ein beliebter Kunstgriff in der populärwissenschaftlichen Literatur der Jahrhundertwende. Dichter wie Heinrich Hart, Johannes Schlaf, Gottfried Benn und Arno Holz bedienten sich im weltanschaulichen Vorrat des Monismus. Die Kuckuck in den Mund gelegte Kombination von Stern, Blume und urzeitlicher Perspektive findet sich zum Beispiel in einem Gedicht aus Arno Holz' *Phantasus*:

---

[28] Antoon Berentsen: „Vom Urnebel zum Zukunftsstaat". Zum Problem der Popularisierung der Naturwissenschaften in der deutschen Literatur (1880–1910), Berlin: Oberhofer 1986, S. 159.

> Sieben Billionen Jahre vor meiner Geburt
> war ich eine Schwertlilie.
> Meine Wurzeln
> saugten sich
> in einen Stern.
> Auf seinem dunklen Wasser
> schwamm
> meine blaue Riesenblüte.[29]

Die scheinbar frei-assoziative Verknüpfung von lyrischem Ich, Lilie, Stern und Blüte hat ihre Wurzeln im monistischen Diskurs um 1900. Peter Sprengel hat scharfsichtig auf die Ähnlichkeit dieses Gedichts mit der Schlußpassage von Bölsches zweibändiger *Enwickelungsgeschichte der Natur* (1894–96) hinge-wiesen.[30] Dort heißt es:

In den Phantasieträumen der Menschheit ist oft die Vorstellung wiedergekehrt, daß die Sterne des Firmaments Anteil hätten an unserer kleinen irdischen Lebensbahn, daß die Blumen mit ihren weichen Farben, ihrem Duft verzauberte Menschenseelen seien. In gewissem, hohem Sinne wird das zur Wahrheit auch in dem einheitlichen Weltenbilde, das die Forschung uns entrollt. In der ungeheuren Kette, die alles Gewordene zusam-menhält, greift der fernste Fixstern ein in unser eigenstes Sein. In den immer erneuten Möglichkeiten der Entwickelung schlummert in jedem alles: in der blauen Lotosblüte schläft schon der Mensch.[31]

Erst die Kenntnis dieser Quelle ermöglicht es, wie Sprengel zeigt, das Bild der blauen Riesenblüte (das nicht zur Schwertlilie paßt) zu erklären, mit dem Holz das erzromantische Symbol evolutionär umdeutet.[32] Auch der Entwicklungsge-danke und die Vorstellung von All-Einheit und Allbeseelung verbinden Holz' Gedichtsammlung mit Bölsches Naturgeschichte: „Die Wahrheit der Phantasie ist die Einheit der Welt, die Wahrheit des *Phantasus* liegt im Monismus".[33]

Ein weiteres Beispiel ist Holz' „satirisch-parodistische[s] Monstredrama'[34] *Die Blechschmiede*, die eine Parodie von Goethes Klassischer Walpurgisnacht enthält. In Holz' moderne Walpurgisnacht ist eine im Phantasus-Stil an der Mittelachse angeordnete, enzyklopädisch angelegte Entwicklungsgeschichte

---

[29] Arno Holz: Phantasus, hrsg. von Gerhard Schulz, Stuttgart: Reclam 1984, S. 59.

[30] Peter Sprengel: Darwinismus und Literatur: Germanistische Desiderate, in: Scientia Poetica, Jg. 1 (1997), S. 140–182; hier S. 157.

[31] Wilhelm Bölsche: Entwickelungsgeschichte der Natur, 2 Bde., Neudamm: Neumann 1894/1896, hier Bd. II, S. 794.

[32] Sprengel 1997, S. 157.

[33] Ibid.

[34] Karl Riha: Blechschmied Arno Holz. Zur Struktur des satirischen Monstredramas „Die Blechschmiede", in: Text und Kritik: Arno Holz, H. 121 (Januar 1994), S. 76–83; hier S. 76.

vom Urtier aufwärts eingeschaltet. Die einzelnen Entwicklungsstadien werden unter Buchstaben von A bis M behandelt, beim Neandertaler angekommen
bricht die Aufzählung ab – also genau dort, wo auch Krulls Museumsbesuch
endet. Peter Sprengel hat am Beispiel des Panzerflügelfisches nachgewiesen, wie
eng sich Holz bei der Beschreibung der vorzeitlichen Tierwelt an Bölsches *Entwickelungsgeschichte der Natur* gehalten hat. Während Holz' Technik der rhyth-
mischen Sprachaufschwellung sich von Manns geschliffenem Stil unterscheidet,
weist doch die saloppe Vorführung dieses grotesken Urfisches schon auf Krulls
ironischen Ton im Naturkundemuseum voraus. Wir sehen hier nämlich:

eigenartigst, eigenwilligst, eigensinnigst, eigenbrödlerischst
disproportionische,
schon seit Jahrmillionen krepierte, schon seit Jahrmillionen mumifizierte,
schon damals halb liquidierte, schon damals halb emeritierte,
schon
damals halb
kassierte [...]
ihr starres, brillig stieres,
dummes
Doppelscheitelauge
gespenstischst, grünlichst, glotzgreulichst
bleckende [...]
an
sich selber verreckende,
acherontische, stygische, phlegethonische
Panzerflügelfische;[35]

Man vergleiche damit Krulls tröstliche Worte zum „kassiert[en]" Dinosaurier:
„Laß dir's nicht nahegehen! Gewiß, du bist verworfen worden und kassiert
wegen Maßlosigkeit, aber du siehst, wir haben dich nachgebildet und gedenken
dein" (VII, 575 f.). Ebenso lapidar heißt es vom Aussterben des Säbelzahnti-
gers: er „verelendete rasch und gab die Existenz auf" (VII, 576). Die in diesen Formulierungen zum Ausdruck kommende kuriose Verwunderung über
die „von der Natur verdrossen fallengelassen[en]" ungefügen Wesen geht „auf
wehmütig scherzhafte Weise" (VII, 577) einher mit sentimentaler Rührung[36] ob
des Aussterbens der Saurier. Die sentimentale Erregung angesichts des urzeitlichen Formenpanoramas verspottet auch Holz in der *Blechschmiede*, in der von
„gerührten Gelehrten, von erschütterten Forschern, von freudentränenvergie-
ßenden Paläozoologen"[37] die Rede ist.

---

[35] Arno Holz: Werke, hrsg. von Wilhelm Emrich und Anita Holz, Neuwied: Luchterhand 1961,
Bd. VI, S. 267 f.
[36] Vgl. 14.10.1951 an Hermann Hesse und Manns Tagebucheinträge vom 4. und 6.10.1951.
[37] Holz, *Werke*, Bd. VI, S. 262.

Neben dem parodistischen Tonfall haben diese Texte gemeinsam, daß sie das Faszinierend-Groteske an den „Ausschweifungen" herausstellen, zu denen sich die Natur hat „hinreißen" lassen (VII, 539). Solche die Natur vermenschlichend als handelnde „Person" darstellenden Wendungen waren allerdings nicht der Satire vorbehalten. In dem Kosmos-Band *Weltschöpfung*, den Thomas Mann möglicherweise schon für den *Zauberberg* heranzog, schreibt Max Wilhelm Meyer im gleichen Duktus wie Mann, wenn auch ganz unironisch, von den zunächst nur „ganz schüchternen Versuchen" der Natur mit geflügelten Insekten; erst nach einiger Zeit habe der „unaufhaltsam aufstrebende Geist der Natur" mit den Flugechsen „einen weit kühneren Vorstoß" gewagt, der „jene entsetzlich anzusehende Flugeidechse" (den Pterodaktylus) hervorgebracht habe.[38] Auch bei Meyer geht es für dieses Ungeheuer nicht gut aus, er schließt in Kuckuck-Manier: „Die Flugeidechse und überhaupt fliegende Reptilien waren scheinbar mißglückte Schöpfungsversuche, die Natur setzte diese Richtung nicht weiter fort [...]".[39]

Ähnlich frappierend sind die bislang gänzlich unbemerkten Übereinstimmungen von Bölsches *Entwickelungsgeschichte* mit Kuckucks von Allsympathie getragenen Ausführungen. Bölsche möchte den Menschen wieder heimisch machen in den unermeßlichen kalten Räumen des Kosmos und sieht angesichts der Einheit der gesamten Schöpfung Grund zur Befriedigung darüber, „daß alles Fleisch von unserm Fleisch und Blut von unserm Blute sei, – daß der Mensch nicht ein armer Fremdling sei am rauhen Gestade dieser Welt, sondern der glückliche Erbe, dessen Sinne aufgeweckt sind, um Herrlichkeiten zu schauen, an denen zahllose Jahrmillionen gebaut haben".[40] So erfährt auch Krull, daß sich der Körper des Menschen aus denselben Elementarteilchen zusammensetzt wie Sterne und Sternenstaub. Er dürfe nicht daran zweifeln, so Kuckuck, daß „die Natur eine geschlossene Einheit bilde, vom einfachsten leblosen Stoff bis zum lebendigsten Leben" (VII, 545). An diesem Leben, wird Krull belehrt, habe „alles raumzeitliche Sein, alle Materie [...] teil, sei es auch im tiefsten Schlummer nur", und Kuckuck wünscht ihm schließlich, daß er vom Getümmel der Milchstraßen, der Blume des Feldes und vom moosigen Stein träumen möge: „Sehen Sie mit Sympathie seinem Dasein zu, das wachste Sein dem tiefst schlummernden, und begrüßen Sie ihn in der Schöpfung!" (VII, 548) Nur in seiner skeptischen Vorstellung von der Vergänglichkeit des Seins weicht Mann vom utopischen Zukunftpathos Bölsches ab, der im letzten Satz seiner *Entwickelungsgeschichte* die aufsteigende Entwicklungslinie der Ver-

---

[38] Max Wilhelm Meyer: Weltschöpfung. Wie die Welt entstanden ist, neu durchgesehene Ausgabe, Stuttgart: Franck'sche Verlagshandlung 1907, S. 75 f.
[39] Meyer 1907, S. 77.
[40] Bölsche 1894/96, II, S. 794.

vollkommnung von der Blüte über den Menschen hinaus zum Übermenschen verlängert: „[...] im Menschen schlummert zweifellos der Keim übermenschlicher Entfaltung, deren Ahnen uns gegeben ist, deren Erfüllung aber erst weit entfernte Tage genießen werden."[41]

Bei allen Unterschieden in der Rezeption des Darwinismus monistischer Prägung läßt sich ein Reservoir von gemeinsamen Stil- und Denkmustern (z. B. Haeckels biogenetisches Grundgesetz) feststellen, aus dem auch Mann schöpfte. Ein Vergleich zwischen dem Kuckuck-Gespräch und Werken von Holz und Johannes Schlaf mag das belegen. In Schlafs Prosagedicht *Zwielicht* (1896) schwankt das lyrische Ich angesichts der ungeheuren Planetenwelten zwischen panerotischer Allsympathie und Schrecken:

Ich fühle das eisige, tiefschwarze Grausen der endlosen Räume. Ich sehe all die gelben Welten und höre den gräßlichen Tumult ihres Umlaufs. Jahre, Jahrzehnte, Jahrtausende und Jahrmillionen, in die Unendlichkeiten hinein, das gleiche und ewiggleiche kalte blöde Sausen ihrer Bahnen. Feuer, Wasser und Elemente, werdender Weltenstoff in den unerhörten Empörungen seiner zahllosen Bildungen. Wogen als weltenweite Nebel, dichten sich und lösen sich wieder und härten sich zu Welten, zeugen, gebären und verschlingen sich wieder, rasen ewig zwischen Werden und Untergang.[42]

Ganz ähnlich sinniert Kuckuck über Werden und Vergehen, zwischen denen vielleicht nur einige Billionen Jahre (man denke an *Phantasus*) lägen: „Unterdessen feiere das Sein sein tumultuöses Fest in den unermeßlichen Räumen, die sein Werk seien und in denen es Entfernungen bilde, die von eisiger Leere starrten" (VII, 545). Auch die das Planetengewimmel nachahmende rhythmisch-poetische Gestaltung findet sich bei Kuckuck:

Dies Ineinander- und Umeinanderkreisen und Wirbeln, dieses Sichballen von Nebel zu Körpern, dies Brennen, Flammen, Erkalten, Zerplatzen, Zerstäuben, Stürzen und Jagen, erzeugt aus dem Nichts und das Nichts erweckend, das vielleicht besser, lieber vielleicht im Schlaf geblieben wäre und auf seinen Schlaf wieder warte [...]. (VII, 545)

Beide Texte konterkarieren Pascals in den *Pensées* festgehaltene Schauer ob der „silence des espaces infinis", den *horror vacui* also vor einem (sinn)leeren All, durch ihren panerotischen Unterton, der auf die Liebe als Harmonieelement aller Schöpfung hinweist und mit dem Schlaf Bölsches *Liebesleben* schon vorwegnimmt. Mit „sehnenden und immer sehnenderen Bahnen kreisen die Welten" umeinander in der Sehnsucht ihrer Elemente „nach aufflammender Vereinigung":

---

[41] Ibid.
[42] Ibid., S. 49 f.

Der sehnende Zwang der Elemente aber dichtet sich in unergründlichen Mischungen, gestaltet sich und wird lebendig und seines seligunseligen Geschicks sich bewusst in den unzähligen Generationen ungezählter Lebewesen. In Milliarden von Krystallen formt sich ihre Sehnsucht und Seligkeit, in Kampf und Widerspiel, verfeinert sich aus dem Nichtorganischen zur ersten dumpfen Lebensregung des Urschleims, wird Pflanze und Tier, wie die Zeitalter sich vollenden und das selige Ziel sich nähert. Und das Tier wurde im Kreislauf der Entfaltungen erlöst zur Klarheit über sich selbst hinaus im Menschen.[43]

Indem Mann die Planeten dem Anziehungsfeld der Sonne „huldigen" läßt, verweist er zudem auf die mystische Sprache eines Kepler und die Tradition der Sphärenharmonie.[44] Das Gefühl der Geborgenheit in Gottes Schöpfung, das noch aus Keplers hymnischen Worten spricht, wird im Fin de Siècle von einem überquellenden, ekstatischen Erlösungsstreben verdrängt, das auf erotische Vereinigung und Vermischung als Ersatzbefriedigung abzielt. Dementsprechend wird die planetare Gravitation als quasi-sexuelle *Anziehungs*kraft[45] dargestellt. Die „eigentümlichste, mystisch-innigst empfundene Erotisierung stofflich-naturhafter Anziehungskräfte" (IX, 184), die Mann 1925 an Goethes *Wahlverwandtschaften* hervorgehoben hatte, ufert hier in kosmischen Panerotizismus aus.

Daß die Jugendstilelemente im *Krull*, der Identifizierung Manns mit seinem Protagonisten entsprechend, auch biographischen Charakter haben und Teil des Selbstgesprächs und Vexierspiels sind, liegt auf der Hand: Thomas Mann war ja, wenn man so will, selbst in der Jugend gestielt, wie die Skizze *Vision* illustriert, zu der von seinem letzten Roman tatsächlich die oben apostrophierten „geheime[n] Verbindungen" laufen. Der kurze Text ist mit den zeitüblichen bildlichen Zutaten: Damast, Blätter und Blüten, Gold, Perlen, Kristallkelch, duffsilberner Reif, blutroter Rubin usw. ausgestattet und steht mit seinen dekorativ-ornamentalen Stilelementen ganz in der Tradition von Impressionismus und Jugendstil. Die Vision, die sich dem von Zigarettenrauch eingehüllten und in einen fiebrigen Erregungszustand gefallenen Erzähler plötzlich,

---

[43] Johannes Schlaf, *Frühling*, Leipzig: Kreisende Ringe, 1896, S. 52 f.

[44] Kepler schreibt in seiner 1619 erschienenen *Weltharmonik* von den Planeten, die der Sonne „durch ihre ewigen Umdrehungen huldigen und sie gleichsam anbeten" und den Monden, welche wiederum die Planeten „durch ihren Lauf umringen, verehren, hüten und bedienen" (Johannes Kepler: Weltharmonik, übers. und eingeleitet von Max Caspar, München: Oldenbourg 1939, S. 351).

[45] Vgl. die Kapitelüberschrift „Der Atome Hassen und Lieben" in Bölsche: Das Liebesleben in der Natur. Eine Entwickelungsgeschichte der Liebe, 3 Bde., Leipzig: Diederichs 1906, Bd. I, 2. Buch), die auf Empedokles' „Lieben und Hassen der Elemente" zurückgeht, welches in Haeckel 1903, S. 89 zitiert wird). Bölsche stellt Liebe als geradezu mechanische Anziehungskraft dar in Form von Gravitation, Adhäsion, magnetischer und elektrischer Anziehung sowie chemischer Affinität (Bd. I, S. 122).

„[a]ufgetaucht aus Vergessenem" darbietet, ist die von einem „Kunstwerk des Zufalls [...] unendlich im Dunkel verschwimmend, nach allen Seiten. Ein All. Eine Welt" (VIII, 9 f.). Überfeinerung der Nerven, erotisch aufgeladene rauschhafte Visionen – damit sind schon einige Bezüge zu Manns letztem Roman gegeben, in dem die „berauschende Weitdeutigkeit" von Kuckucks Ausführungen über das All in seinem jungen Zuhörer „eine meine Natur fast überspannende Ausdehnung des Gefühls" bewirkt (VII, 546 f.); und hatte nicht schon der das „Formencrescendo" des Armes lustvoll mit Blicken aufsaugende Schöpfer von Vision eine Neigung zum „Extremitätenkult" (VII, 541) und schaulustige Neugier auf „fremde Physiognomien" (VII, 532)? Bemerkenswert ist auch die „grausame Wollust" des distanzierten Beobachters in Vision, dessen kalten Blick „es", nämlich das Leben, spürt und darunter „zum flehenden Zucken" wird (VIII, 10). Genau so beschreibt noch der alte Thomas Mann die „erste Zuckung des Seins" (VII, 543) in Kuckucks All – und worin besteht für Kuckuck diese „Zuckung": Lichtwellen, die zum kosmischen Fest anschwellen, ebenfalls ein Rückgriff auf Vision: „Ein All. Eine Welt. – Licht zittert darin und tiefe Stimmung" (VIII, 10).[46] Die impressionistisch-ästhetizistische Vision des Jugendwerks wird im letzten Roman unter dem seriösen Deckmantel naturwissenschaftlicher Beglaubigung ins unermeßlich-Kosmische ausgedehnt: hier schließt sich insgeheim (und mit schelmischem Humor) ein Kreis!

Allerdings ist das Rauschhafte der Krullschen Visionen im Vergleich zu ästhetizistischen Ekstasen wie Vision durch sozial-menschliche Anteilnahme geläutert: Neubegierde und Reiselust sind zwar erotisch aufgeladen, aber zuletzt Ausdruck des Verlangens nach „nie erfahrener Menschlichkeit" und des Wunsches, „in fremde Augen, fremde Physiognomien zu blicken, sich an einer unbekannten menschlichen Körperlichkeit und Verhaltungsweise zu erfreuen" (VII, 532).[47] Mit Narzißmus allein ist diese Betroffenheit und Sehnsucht nach fremden Physiognomien nicht mehr zu erklären. Sie verweist vielmehr auf monistische Denkmuster, die den Menschen als Teil der All-Einheit verstehen. Als solcher ist er nicht nur seinen Mitmenschen verwandt, sondern jedem Teil der gesamten Schöpfung, sei er auch noch so unscheinbar.

---

[46] Auch bei den Lichtwellen handelt es sich um eine Kontrafaktur aus Selbstzitat und angelesenem physikalischen Wissen: Daß „Lichtwellen und elektromagnetische Wellen ohne tragendes Medium existieren" können, notierte sich Mann aufmerksam nach der Lektüre von Lincoln Barnetts The universe and Dr. Einstein (zum Einfluß von Barnett auf Thomas Manns späte „All-Gedanken" vgl. das fünfte Kapitel in Malte Herwig: Bildungsbürger auf Abwegen. Naturwissenschaft im Werk Thomas Manns, Frankfurt/Main: Klostermann 2004).

[47] Vgl. die treffenden Ausführungen von Wolfgang Schneider über die „Entwicklungslinie vom ‚kalten' Blick und Körper-Irritation zur Sympathie mit dem Organischen" (Lebensfreundlichkeit und Pessimismus. Thomas Manns Figurendarstellung, Frankfurt/Main: Klostermann 1999, S. 333–336).

„Wenn Sie öfters solche Einfälle haben, sollten Sie wirklich etwas dagegen tun"[48] Thomas Mann hat sich gegen Ende einer langen, erfolgreichen Schriftstellerlaufbahn den Spaß erlaubt, die als Antwort auf *Vision* erhaltene Mahnung des Berliner Redakteurs gründlich zu unterlaufen, um es sich selbst noch einmal zu beweisen. Denn eins war klar: „dergleichen Anfänger-Erlebnisse gehören nun einmal zum Schriftsteller-Leben und besagen gegen zukünftige bessere Erfolge gar nichts" (XIII, 133).

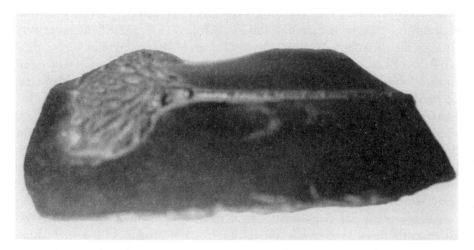

Von wegen „kurzatmige Kulturhistorie": Versteinerte Seelilie auf Thomas Manns Schreibtisch

---

[48] Vgl. XIII, 133.

Thomas Sprecher

„Ein junger Autor hat es begonnen, ein alter setzt es fort"

Felix Krull im Gesamtwerk Thomas Manns

Hermes ist der Verbindende. Wo man sich seiner nicht vermutet, kommt er her. Er ist auch im *Krull*, da und dort und überall. Allerorten verbindet er, das Frühe mit dem Späten, von einem Werk zum andern. Indem er verbindet, eint er. Die Verbindung führt aber auch zum Vergleich; und da zeigt sich der Unterschied. Das Alte ist das Frühe, aber auf andere Art, oder ist das Frühe denn doch nicht mehr.

Ihn in den Rahmen des Gesamtwerks zu stellen, eignet sich der *Krull* besonders gut:

- Dieser Roman deckt sich, und eben nur er, fast mit dem ganzen Schriftstellerleben Thomas Manns. Er bildet entstehungsgeschichtlich einen Rahmen um das ganze Werk.
- Beim *Krull* sind fast alle Materialien erhalten. Dies hängt vermutlich mit seiner Unabgeschlossenheit zusammen: Thomas Mann behielt die frühen Notizen auf, weil er sie noch zu verwerten gedachte.
- Der *Krull* enthält nicht nur zentrale Themen und Motive Thomas Manns. Er ist auch ein episches Gefäss, das alles aufnehmen konnte. Es liess Inhalte zu, die nicht nur aus der Geschichte selbst motiviert waren. Das war vor allem beim späten *Krull* eine strukturelle Aufforderung zum intertextuellen Spiel.
- Dort kam der Versuch – oder Zwang – dazu, den Roman auf den Stand des Werks, die Höhe des zwischenzeitlich Erreichten zu bringen. Unvermeidbar hatte er sich an den Vorläufern zu messen. Das schuf sozusagen einen intertextuellen Zwang.
- Sodann Psychologisch-Lebensgeschichtliches: Es war die letzte Gelegenheit des Autors, die ihm wichtigen Themen, das Frühere, Frühe, Erste, Angelegentliche nochmals aufzunehmen.
- Schliesslich ist ganz banal daran zu erinnern, dass kein Roman Thomas Manns so viele Vorläufer hatte wie der *Krull*, mit denen er sich in Beziehung setzen konnte und musste.

Die ersten erhaltenen Notizen zum *Krull*-Projekt und auch seine erste konkrete Erwähnung stammen vermutlich aus dem Jahr 1905. Sie finden sich auf den letzten Seiten des Notizbuches 7. 1906 kamen weitere Notizbuch-Einträge hinzu.

Als *Königliche Hoheit* 1909 fertig war, bedachte Thomas Mann verschiedene Pläne. Nun folgt die erste belegte Äusserung zum Roman nach aussen, gegen Bruder Heinrich. Am 25. März 1909 schrieb er, er bereite Mehreres vor. Er nannte einen „Essay, der allerhand Zeitkritisches enthalten soll" – *Geist und Kunst* –, und „eine Novelle, die sich ideell an ‚K[önigliche] H[oheit] anschliessen wird, aber doch eine andere Atmosphäre haben und, glaube ich, sozusagen schon etwas ‚18. Jahrhundert' enthalten wird". Damit war die Hochstapler-Geschichte gemeint. Schliesslich dachte Thomas Mann an einen historischen Roman über Friedrich den Grossen. Bemerkenswerterweise ist keiner dieser drei Pläne ganz verwirklicht worden.

Während des ganzen Jahres 1909 innere Beschäftigung mit dem Projekt; im Juni soll Thomas Mann seiner Frau laut Erika den Fortgang der Handlung entwickelt haben können.[1] Ende Oktober 1909 schrieb er der Redaktion der Saale-Zeitung (DüD, 61): „Ferner beschäftige ich mich mit einer grösseren Erzählung ‚Der Hochstapler', die psychologisch eine gewisse Ergänzung zu meinem Fürstenroman bedeuten wird." Hier erhielt die Erzählung gegen Dritte erstmals einen Titel.

Auch in den ersten Monaten des folgenden Jahres stand Thomas Mann immer noch in der Konzeptionsphase – eine Phase hoher Intensität. Es sei „eine ungesunde Arbeit und für die Nerven nicht gut", schrieb er Heinrich (10.1.1910 an Heinrich Mann). Und in einem weiteren Brief (17.2.1910 an Heinrich Mann): „Ich kann wieder einmal nicht anfangen und finde hundert Ausflüchte. Was da ist, ist das psychologische Material, aber es hapert mit der Fabel, dem Hergang." Am 20. März 1910 (Brief an Heinrich Mann) sodann berichtet er von einem „ratlosen Thätigkeitsdrang" und „gequälter Unthätigkeit". Dieser Beginn sollte typisch werden: Der *Krull* ist ein Roman der Schwierigkeiten, der Hemmungen, Unterbrüche, Einschübe, Selbstzweifel. Nicht erst im Alter, schon beim frühen Fragment. Denn noch bevor er ein Wort geschrieben hatte, liess Thomas Mann den Novellenstoff – von dem er übrigens schon jetzt ahnte, dass aus ihm ein Roman werde – liegen und schob den Essay *Theodor Lessing* (Februar 1910) ein. Im April dann begann endlich die Niederschrift, gewissermassen aufs Geratewohl; eine Kapiteleinteilung fehlte noch. In einem Brief vom 18.4.1910 (an Walter Opitz) wird der vorläufige Arbeitstitel genannt: *„Bekenntnisse des Diebes und Schwindlers Felix Krull".* Zum Hochstapler-Nukleus trat als das Konfiterische.

Thomas Mann hat dem werdenden Unternehmen verschiedene Qualifi-

---

[1] Vgl. Ein Toter vor Gericht, ein Plädoyer, in: Frankfurter Zeitung, Nr. 203, 3.9.1957, S. 2.

kationen zugesprochen: „schwierig" (16.5.1910 an Samuel Lublinski), „sonderbar", „anstössig", „für mich – aufwühlend" (22.5.1910 an Alexander von Bernus), „Vereinigung von Frivolität und Moralismus" (13.6.1910 an Samuel Lublinski), „kurios und äusserst heikel" (23.10.1910 an Philipp Witkop), „grundwunderlich", „närrisch" (3.8.1915 an Paul Amann), „nichts Unflätiges, aber [...] so recht seriös ist es auch nicht" (17.10.1916 an Walter Opitz), „loses Zeug" (5.11.1923 an Gerhart Hauptmann). Eine klare Tendenz der Selbsteinschätzung lässt sich, zumal wenn man das Rhetorische dieser Qualifikationen in Anschlag bringt, nicht erkennen. Auch dieser Zug blieb: Thomas Manns Ambivalenz diesem Werk gegenüber.

Im Juli 1910 las Thomas Mann im Familienkreis das erste Kapitel vor. Auch seine Schwiegermutter Hedwig Pringsheim-Dohm war anwesend. Im Tagebuch notierte sie zurückhaltend: „Nach dem Abendessen [...] zu Manns, wo Tommy das erste Kapitel seines Abenteurer-Romans vorlas, das sich meiner Beurteilung zunächst noch entzieht."[2] Gleich folgte der nächste Einschub: *Der alte Fontane*, im Herbst zwei weitere: *Peter Schlehmil*, dann die Erzählung *Wie Jappe und Do Escobar sich prügelten*. Nur langsam rückte der Roman, wie die Geschichte nun selbstverständlich hiess, vorwärts. Die Zeitplanung war bei Thomas Manns Romanen oft ganz fatal falsch; so auch beim *Krull*. Er werde ihn, schrieb er am 23. März 1911 an Korfiz Holm, „gewiss noch ein Jahr in Anspruch nehmen". Es sind für dieses Jahr 1911 nur wenige Äusserungen zum Roman erhalten. Immerhin kam es schon im Oktober, im Almanach des S. Fischer Verlags, anlässlich der 25-Jahr-Feier des Verlags am 22. November 1911, zum Druck eines ersten Fragmentes, nämlich von *Der Theaterbesuch*. Es handelt sich um das heutige 5. Kapitel des I. Buches; soweit also mindestens war die Geschichte vorgestossen. Das ist auch ein Charakteristikum des *Krull*: die vielen Vordrucke von 1911 an, bis das Buch dann 1954 erschien.

Am 26. Mai 1911 reisten Thomas und Katia Mann nach Italien. Der Aufenthalt in Venedig führte zur ersten grossen Zäsur, nämlich zur Arbeit am *Tod in Venedig*, welche ein Jahr, bis Sommer 1912, in Anspruch nahm. Auch eine zweite Reise, die in diese Zeit fiel, hatte literarische Folgen. Vom 15. Mai bis zum 12. Juni 1912 besuchte Thomas Mann seine lungenaffizierte Frau Katia in Davos. Der Gedanke, seine merkwürdigen Eindrücke von dem Sanatoriumsmilieu in eine Erzählung fliessen zu lassen, setzte sich sehr bald bei Thomas Mann fest. Im Gegensatz zum Italien-Aufenthalt aber, der wahrscheinlich die unmittelbare Beschäftigung mit der Venedig-Novelle zur Folge hatte, nahm Thomas Mann nach seiner Rückkehr aus Davos zuerst die laufende Arbeit wieder auf, nämlich eben den *Tod in Venedig*, den er im Juli abschloss. Erst dann

---

[2] Tagebucheintrag von Hedwig Pringsheim-Dohm vom 7.7.1910 (TMA).

nahm er sich den *Krull* wieder vor. Vermutlich war vor der Venedig-Reise das „Buch der Kindheit" beendet worden und begann Thomas Mann nun Buch II. Das Manuskript scheint dies jedenfalls zu belegen, indem der Titel „Zweites Buch" (Manuskript, S. 69) die nach dem *Tod in Venedig* geschriebenen Teile der frühen Handschrift deutlich vom „Buch der Kindheit" abtrennt. „Lange haben diese Papiere unter Verschluss geruht; wohl ein Jahr lang hielten Unlust und Zweifel an der Erspriesslichkeit meiner Unternehmung mich ab, in treusinniger Folge Blatt auf Blatt schichtend, meine Bekenntnisse fortzuführen" (VII, 322) – das hätte dann ziemlich genau der Situation des Autors entsprochen.

„Sie können sich denken, wie schwer es mir wurde", schreibt dieser am 12. März 1913 an Philipp Witkop, „mich nach der Novelle in den parodistischen, durchaus komischen Ton des Romans zurückzufinden". Auch das eine Erfahrung, die Thomas Mann später wieder machen musste, wenn er zwischen den Werken und damit zwischen verschiedenen Stillagen wechselte. Im Übrigen sind für die weitere Arbeit bis Juli 1913 nur wenige Äusserungen belegt. Später hat Thomas Mann diese Phase erstaunlicherweise verdrängt. Wiederholt hat er es so dargestellt, wie wenn er nach dem *Tod in Venedig* gleich den *Zauberberg* angeschlossen hätte.[3] Im Juli 1913, als er den *Zauberberg* zu besteigen sich anschickte, lagen vermutlich die ersten sechs Kapitel des II. Buches vor. Das sechste Kapitel handelt von der strengen Schulung Krulls durch Rosza. Hier geschah nun die epochale Unterbrechung, und hier ist der Moment, ein erstes Mal innezuhalten und zurückzublicken.

*

Es wurde erwähnt, dass die erste Notiz zum Hochstapler-Roman aus dem Jahr 1905 stammt. Unter den Materialien, die sich im TMA erhalten haben, findet sich aber auch ein Zeitungsausschnitt über das Zuchthausleben aus dem Jahr 1902, und so ist die Idee einer Hochstaplergeschichte sicher schon früher entstanden. Die längsten Wurzeln reichen in die *Buddenbrooks*- und Vor-*Buddenbrooks*-Zeit zurück. Schon in den frühen Erzählungen tauchen Figuren auf, die die Konzeption von Felix Krull beeinflussen, etwa der *Bajazzo* (1897) oder das *Wunderkind* (1903) und, für *Buddenbrooks*, Hanno, der so gern und gut schläft wie Felix und so tief wie er die Schule hasst. Im Lübeck-Roman treten gleich mehrere hochstaplerische Figuren auf (auch in *Tonio Kröger* [GKFA 2.1, 271 f.]) und spielt das Zuchthaus eine Rolle. *Buddenbrooks*, das war ein Familienroman. Der *Krull* ist es auf seine Weise auch. Das Buch der Kindheit

---

[3] *Lebensabriß*, XI, 125; *Einführung in den ‚Zauberberg'*, XI, 604; *Entstehung des Doktor Faustus*, XI, 158.

beschreibt das recht unlübische, verzweifelt heitere Familienleben der Krulls, Vater, Mutter, Schwester – einen Bruder muss Felix nicht aushalten. Es wäre es wert, die Krulls als Kontrast und Analogie zu den Buddenbrooks näher zu betrachten. Sehr viel später hätte Felix selbst geheiratet, eine Frau, die nach den vorhandenen Notizen Züge Katias gehabt hätte. Thomas Mann hätte also seiner eigenen Familie zu ein wenig Präsenz im Roman verholfen. Dazu kam es nicht mehr, konnte es nicht mehr kommen. Aber Krull begegnet im weiteren Verlauf anderen Familienkonstellationen, der Familie Twentyman, der Familie de Venosta, dann vor allem der Familie Kuckuck, der er als doppelt Geliebter sich nützlich erweist und die ihn in ihre olympischen Sphären aufnimmt – soweit er sich aufnehmen lässt, denn tatsächlich bleibt er der ewig Bindungslose. Er lebt im Gleichnis, nicht in Ehe und Familie; dies Kapitel ist ihm erspart geblieben.

Grosse Nähe hat der *Krull* auch zu seinem Vorgängerroman *Königliche Hoheit*. Schon Thomas Mann selbst hat, im Brief am 25. März 1909 an Heinrich, davon gesprochen, der *Krull* werde sich „ideell an ‚K[önigliche] H[oheit] anschliessen". Ende Oktober 1909 meinte er gegenüber der Redaktion der „Saale-Zeitung", seine Erzählung werde „psychologisch eine gewisse Ergänzung zu meinem Fürstenroman bedeuten".

Eine Gemeinsamkeit bildet die Künstlerallegorie. Dort ist der Künstler Fürst, hier Hochstapler. Die Verbindung wird im *Krull* direkt hergestellt, indem Felix das Prinzenspiel übt, das Thomas Mann selbst gespielt hat – er hat in *Kinderspiele* (GKFA 14.1, 80) davon berichtet. Umgekehrt hat er in einem Brief aus dem Jahr 1942 seinem eigenen Künstlertum auch Hochstapelei zugeschrieben: „Was ich treibe", schrieb er, „ist eine Art von harmloser Hochstapelei, die mir dient, die Grösse sozusagen praktisch auszuprobieren" (Brief an Agnes E. Meyer vom 12.7.1942, 417). Wie zu sehen, begegnen sich hier die beiden Romane auch im Medium der Autobiographie. Ein weiteres übereinstimmendes Motiv ist jenes des Glücks, dessen Inhalt und Charakter allerdings stark verändert werden. Dem „strengen Glück" folgt das unverschämte. Das spröde Glück Klaus Heinrichs erweitert sich zur Weltglückskindschaft Krulls, der das Glück ja schon im Namen trägt. Er braucht nicht opernhaft erlöst zu werden, das Glück liegt in ihm. Gemeinsam schliesslich das Problem der Repräsentanz: Fürst und Hochstapler repräsentieren, spielen etwas vor, sind scheinhaft, formale Existenzen, Rollenträger. Während aber Klaus Heinrich von Standes wegen in seine Rolle gespannt ist, wählt Felix seine Rollen selbst und füllt sie agil mit Schein und Leben. Er wirkt, weil er wirken *will*, nicht weil er muss.

Ab Juli 1913 nun also die grosse Unterbrechung zu Gunsten des *Zauberberg*. Was führte zu ihm? Oder anders gefragt: Weshalb blieb Thomas Mann nun schon zum zweiten Male stecken? Nun, zum einen wohl eben, weil sich mit der Berghofs-Geschichte ein neue, anziehende schriftstellerische Gelegenheit ergab. Das sprach für den *Zauberberg*. Was aber sprach gegen den *Krull*? Thomas Mann gab im Nachhinein verschiedene Begründungen:

- Im Tagebuch vom 14. September 1919 hielt er in Bezug auf den *Zauberberg* fest: „Übrigens gestehe ich mir, dass ich das Buch jetzt auf denselben Punkt gebracht habe, auf dem der ‚Hochstapler‘ nicht zufällig stehen geblieben ist. Eigentlich habe ich meinen Sack gelehrt. Die Dichtung hat zu beginnen. Incipit ingenium.“ Der Autor hatte gesagt, was er zu sagen hatte, und im vorhandenen Teil „schon alles Wesentliche gegeben“ (21.11.1923 an Félix Bertaux). Sein Steckenbleiben war demnach werkenergetisch notwendig, nicht zufällig.
- Ein zweiter Grund war das Problem der stilistischen Äquilibristik des Romans. Im *Lebensabriss* von 1930 (XI, 122) meinte Thomas Mann, „den Krull'schen Memoirenton, ein heikelstes Balancekunststück, lange festzuhalten“, sei „freilich schwer“ gewesen. So auch 1954 (3.10.1954 an Hermann Stresau): „Ich unterbrach die Arbeit an dem […] Werk aus dem Grund, weil mir der parodistisch-überspitzte Ton des Stils, wie die ersten Kapitel ihn aufweisen, für ein umfangreiches Buch undurchführbar schien; jedenfalls war ich davon ermüdet […].“
- Eine weitere Schwierigkeit stellte der diesem Stoff inhärente Mangel an Würde dar. Sie rief sich in den 1950er Jahren schwer wieder in Erinnerung.
- Und schliesslich meinte Thomas Mann aus dem Rückblick von 1923 (21.11.1923 an Félix Bertaux), er sei damals vielleicht auch stecken geblieben, weil er „den extrem individualistischen, unsozialen Charakter des Buches als unzeitgemäss“ empfunden habe.

Unterbrechung nun also, nicht Abbruch – Thomas Mann hat nie an Abbruch gedacht. Der *Krull* blieb präsent, er trat nie ganz aus den Augen. In den fünfziger Jahren beteuerte Thomas Mann, er habe das *Krull*-Material, Notizen, Drucksachen und Bilder, immer mit sich geführt, die Handschrift in all der Zeit an sich gehalten.[4] „Das Fallenlassen“, schrieb er 1954 (3.10.1954 an Hermann Stresau), „geschah unter dem Vorbehalt einstiger Wiederaufnahme, und diesen Vorbehalt habe ich durch die Jahrzehnte hin immer im Herzen bewahrt.“

Das zeigt sich schon 1914. Einerseits setzt Thomas Mann nämlich seine Sammeltätigkeit weiter fort. Zum andern liest er aus dem *Krull* vor, zunächst im Familienkreis, dann auch öffentlich, in Zürich und Freiburg, im Oktober 1916 in München. Die Einleitung dazu ist erhalten. Sie zeigt, dass Thomas

---

[4] 26.1.1951 an Agnes E. Meyer; 2.4.1951 an Hans Reisiger; 3.10.1954 an Hermann Stresau.

Mann den Kriegsausbruch als nicht nur für den *Zauberberg*, sondern auch für den *Krull* als bedeutsam empfunden hat. Das Buch, führte er aus, trage „einen sehr vorkriegerischen u. vorpolitischen Charakter" (DüD, 72). Nach dem Krieg erkannte er die Gefahr der Überholtheit. Im Tagebuch vom 12. April 1919 notierte er, der *Zauberberg* wie der Hochstapler-Roman seien „historisch, lange bevor sie fertig". Und kurz danach erkannte er bei sich selbst ein „Lebensgefühl individualistischen Abenteurertums" und fügte an: „zeitwidrig, Pathos des Hochstaplers" (Tb, 11.8.1919).

Noch etwas ist dieser Einleitung von 1916 zu entnehmen. Der Autor stellt sich auf die Seite des Publikums und fragt sich mit diesem, was von der Erzählung zu halten sei. Sie sei ihm heute „so weit entrückt", „dass ich in dieser Stunde ebenso sehr neugieriger Zuhörer, wie Vorleser, sein werde". Er sei „neugierig, ob Sie [...] den Eindruck haben werden, dass es sich lohnen würde, das wunderliche Unternehmen zu Ende zu führen". Dieser Gestus hat sich später noch und noch wiederholt. Stets hat die Fortführung des *Krull* starke Befürworter gefunden. Hätte das Publikum auch nur leise Zeichen gegeben, es lohne sich nicht, so hätte der Autor das Buch in den fünfziger Jahren sicher nicht mehr so weit getrieben, wie es nun vorliegt. Das Publikum darf sich deshalb keine Mitautorschaft zuschreiben, aber ein gewisses Mitverdienst doch an dem späten Weiterführen. In Briefen hielt Thomas Mann jedenfalls fest, er habe zu der Erzählung „neue Lust geschöpft" (8.10.1916 an Paul Amann); im Publikum sei „nachgerade lebhafteste Nachfrage" nach dem *Krull* „und grösste Dankbarkeit dafür" (10.10.1916 an Peter Pringsheim). „Wollte Gott", schrieb er Ende Jahr, „ich könnte das wirklich lustig konzipierte Ding bald wieder aufnehmen" (1.12.1916 an Paul Eltzbacher).

In den folgenden Jahren kam es zu weiteren Notizen zum Roman, 1919 zu einem Druck des Kapitels „Schulkrankheit" (für die Kestner-Gesellschaft, Hannover). Auch die für die Jahre 1918–1921 erhaltenen Tagebücher belegen, dass der *Krull* weiterhin sehr gegenwärtig blieb.

Dies gilt auch für die Briefe. So heisst es in jenem vom 9. Juli 1921 an Adele Gerhard: „Das Beste *kann* dann der ‚Hochstapler' werden, wenn ich ihn nicht verderbe." Der *Zauberberg* war zu diesem Zeitpunkt schon gegen das Ende des fünften Kapitels vorgestossen, was zeigt, welch hohe Meinung Thomas Mann vom *Krull* hatte, dem er das Potential zusprach, besser noch als der *Zauberberg* zu werden. Auch im *Lebenslauf* vom November 1929 (XI, 414; vgl. XI, 122) äusserte er sich in dieser Richtung: „Der Roman ist Fragment geblieben, doch gibt es Kenner, die das daraus Veröffentlichte für das Glücklichste und Beste halten, was ich geschrieben. Es ist möglicherweise das Persönlichste [...]."

Was haben *Zauberberg* und *Krull* miteinander zu tun? Dazu lässt sich in diesem Rahmen keine auch nur annähernd vollständige Antwort geben. Es gibt

Korrespondenzen auf Schritt und Tritt. Das beginnt beim Motiv des Reisens und Abenteuerns, der Intoxikation, des Traums, der Internationalität, geht fort über jenes der Leiblichkeit, der Krankheit, der Nähe zum Leiden, geht fort über das unendlich vielschichtige Motiv der Erotik – von der „Begehrlichkeit brustschwacher Leute" ist schon im *Krull* die Rede (VII, 316), dort auch von der Bedeutung des wortlosen, von Sprache und Konvention befreiten Augenkontakts.

Das Hotel in Paris ist das Sanatorium in Davos, an beiden Orten wird „die überfütterte Luxusgesellschaft des Hauses" (VII, 473) kritisiert. Hans und Felix sind Brüder in vielem, und ihr ferner Vetter ist der Taugenichts. Beide können ohne Beschäftigung sein und bedürfen keiner Tätigkeit, um nicht der Langeweile zu verfallen. Felix Krull gibt wie Hans Castorp gleich als Eigenes wieder, was immer er aufgeschnappt hat.

Es finden sich kleine und grosse motivische Parallelen zuhauf. So will hier Bierbrauer Magnus keine Literatur und kann dort Isaak Stürzli keine Poesie vertragen. Da dilettiert Hofrat Behrens im Malen, dort tun es gleich zwei, Marquis de Venosta und der portugiesische König. Nicht zu sprechen von der Rolle der Biologie in beiden Romanen, für die Thomas Mann jeweils Paul Kammerers Lehrbuch *Allgemeine Biologie* herangezogen hat. Wenn Hans Castorp und Mme Chauchat die tote Vaterfigur Peeperkorn umstehen, erinnert das an Felix Krull und Genoveva, die Engelbert Krull betrauern, der ebenfalls so vital war und doch dem Leben nicht gewachsen.

Mme Chauchat und Mme Houpflé, auch das wäre ein Thema. Beide gehen, in Davos und Paris, zum „Shopping" (VII, 436), beide sprechen französisch. Während Mme Chauchat Hans Castorp verwehrt, sie zu duzen, bittet die Houpflé Krull darum. Auffällt auch die strukturelle Entsprechung, dass das zweite Buch des *Krull* mit der Liebesnacht (oder Liebesstunde) mit Mme Houpflé endet. So hatte das Abenteuer mit Mme Chauchat das 5. Buch des *Zauberberg* abgeschlossen. Eine andere Figurenähnlichkeit verbindet Lodovico Settembrini und Professor Kuckuck. Zwei Aufklärer; zwei höchst multiple Figuren, die vieles durchscheinen lassen.[5] Zwei Pädagogen, die die Protagonisten erziehen, führen, bilden wollen. Beide sind leicht komisch, was unter anderem vielleicht damit erklärt werden darf, dass bei Thomas Mann Aufklärung nichts rein Positives ist. Der eine Aufklärer und Fortschrittskämpfer ist mittellos und lungenkrank, der andere ein gehörnter Museumsdirektor.

Der *Zauberberg* ist ja selbst unterbrochen worden, zu Gunsten der *Betrach-*

---

[5] Vgl. Hans Wysling: Probleme der *Zauberberg*-Interpretation, sowie: Wer ist Professor Kuckuck? Zu einem der letzten «grossen Gespräche» Thomas Manns, in: Hans Wysling: Ausgewählte Aufsätze 1963–1995, hrsg. v. Thomas Sprecher und Cornelia Bernini, Frankfurt/Main: Klostermann 1996 (TMS 13), S. 231–247, 234 ff., und S. 285–309.

tungen eines Unpolitischen. Auch diese lassen die *Bekenntnisse* nicht beiseite, sondern sprechen sie vielmehr direkt an: „Zuletzt, was wäre ‚intellektueller' als die *Parodie* des Deutschtums, wenn man vor dem Krieg auf dem Punkte stand, den deutschen Bildungs- und Entwicklungsroman, die grosse deutsche Autobiographie als Memoiren eines Hochstaplers zu parodieren..." (XII, 101) Das zentral Verbindende ist die Konfession. Vermutlich hat Thomas Mann gelöster „Ich" sagen können in den *Betrachtungen*, nachdem er im *Krull* (und in *Im Spiegel* von 1907) damit begonnen und nachdem er bei den Studien für den *Krull* erkannt hatte, in welch illustre Nachfolge er sich bekennend stellte, alle die Augustinus, Rousseau, Goethe, Nietzsche, Flaubert, Tolstoi. Hier führte der Weg von der indirekten zur direkten Konfession. Das Ich-Sagen in der Maske des Hochstaplers erleichterte das Ich-Sagen in der Rolle des Unpolitischen. Eine Tagebuch-Notiz vom 29. Dezember 1918 deutet darauf hin, dass Thomas Mann die Indirektheit der Fiktion höher gewichtete:

Las in Tolstois Greisen-Tagebuch. [...] ‚Der Hauptzweck der Kunst [...] ist der, daß sie die Wahrheit über die Seele sage u. alle die Geheimnisse offenbare u. ausdrücke, die man mit einfachen Worten nicht sagen kann [...]. Die Kunst ist ein Mikroskop, das der Künstler auf die Geheimnisse seiner Seele richtet u. das den Menschen *die ihnen allen gemeinsamen Geheimnisse offenbart.*' Sehr gut. – Der 'Hochstapler' z.B. hat durchaus diesen Sinn.

Zur Parallel-Stellung der beiden Bücher passt übrigens auch das Alter der Erzähler: Krull wie der Thomas Mann der *Betrachtungen* sind beide vierzig Jahre alt. Bei Felix Krull geht dieses Alter wohl auf eine Aussage Benvenuto Cellinis in Goethes *Biographischen Einzelnheiten* und also auf seine parodistische Goethe-Nachfolge zurück.

*

1924 war der *Zauberberg* vollendet. Und nun also wieder der *Krull*? Oft hatte Thomas Mann nach Vorlesungen Schönes und Ermutigendes über ihn zu hören bekommen. Aber es war auch jetzt seine Zeit nicht, nicht wieder. Es war die Stunde des *Joseph*, der sich ja schon im zweiten Teil des *Zauberberg* angekündigt hatte. Nun, in der Tat, trat der Hochstapler-Roman ein wenig in den Hintergrund. Im *Lebensabriss* von 1930 wird er nur kurz erwähnt (XI, 122): „Es handelte sich [...] um eine neue Wendung des Kunst- und Künstlermotivs, um die Psychologie der unwirklich-illusionären Existenzform." Ebenso in *On Myself* von 1940 (DüD, 85 f.): „Es folgten die ‚*Bekenntnisse des Hochstaplers Felix Krull*', die nichts weiter waren als eine neue Abwandlung des künstlerischen Einsamkeits- und Scheinbarkeitsproblem ins *Kriminelle*."

1937 erschien eine gegenüber dem Rikola-Druck von 1922 um ein fragmentarisches zweites Buch, nämlich um das erste bis fünfte Kapitel erweiterte
Fassung bei Querido. Thomas Mann klärte einen Freund darüber auf, dass
das Hinzugekommene allerdings nicht neu war, sondern aus derselben Zeit
stammte wie das andere und dass er seitdem nicht wieder die Hand daran gelegt
hatte, und er fügte prophetisch an (20.12.1937 an Alexander Moritz Frey):
„[Ich] müsste wohl sehr alt werden, um noch wieder dazu zu kommen." Als
er für den erweiterten Druck Anfang April 1937 das Hochstapler-Manuskript
wieder hervornahm, amüsierte es ihn sehr (Tb, 2.4.1937). Im Familienkreis las
er daraus vor und erregte „[g]rosse Heiterkeit" (Tb, 5.4.1937). Diesem Notat
schliesst sich die Bemerkung an: „Beziehungen der Arbeit zu ‚K.H.' sowohl
wie ‚Joseph' und der Goethe-Novelle." (Tb, 5.4.1937)

Die Beziehungen von *Lotte in Weimar* zum *Krull* sind evident. Ein wenig
war Felix schon längst in Weimar. Der *Krull* sollte ja eine Parodie auch von
Dichtung und Wahrheit sein. Schon 1919 hatte Thomas Mann im Tagebuch
geschrieben (Tb. 26.2.1919): „Wie daheim fühle ich mich der Goethe'schen
Sphäre immer wieder, wie beglückt und stimuliert sie mich: Gelange ich zum
‚Hochstapler', werde ich ganz darin leben und weben dürfen." Goethe stellte
die Frage nach dem Leben, Felix Krull beantwortete sie: Das Leben war „etwas
Grosses, Herrliches und Wichtiges", „jedes Eifers, jeder dienenden Anstren-
gung wert" (VII, 275).

Im Frühling 1943, nach Abschluss des *Joseph* – Thomas Mann war unterdessen in die USA übersiedelt –, stand er erneut vor der Frage der Wiederaufnahme. Mehrere Tagebuch-Einträge zeugen davon, dass sich die Antwort nicht
leicht geben liess. Katia sprach von der Fortführung des *Hochstaplers*, nach
der immer viele verlangt hätten. Thomas Mann schrieb dazu in einer langen,
bewegten und bewegenden Rekapitulation (Tb, 21.3.1943; vgl. Tb 1946–48,
S. 942):

Ganz fremd war mir der Gedanke nicht, aber ich erachtete die Idee, die aus der ‚Künstler'-Zeit stammt, für überaltert und überholt durch den Joseph. Gestern Abend beim
Lesen u. Musikhören merkwürdig bewegte Annäherung an diese Vorstellung, hauptsächlich unter dem Gesichtspunkt der Einheit des Lebens und des Werks. Gefühl
der Grossartigkeit, nach 32 Jahren dort wieder anzuknüpfen, wo ich vor dem ‚Tod in
Venedig' aufgehört, zu dessen Gunsten ich den Krull unterbrach. Das Lebenswerk seit
damals, die ‚Betrachtungen', der ‚Zauberberg', ‚Unordnung', ‚Mario', der ganze Joseph
mit der grossen Einlage von ‚Lotte in Weimar' nebst allem Beiwerk, erwiese sich selbst
als ungeheure Einschaltung, ein Menschenalter beanspruchend, in das Unternehmen
des 36 jährigen. Der 68 jährige setzte es fort, einheitlich entzückt von dem Goethe-Par-
odistischen des innerlich höchst adäquaten Stoffes, der in festhaltender Geduld durch
die Jahrzehnte und so viele abweichende Anstrengungen hindurchgetragen. Ebenso das
Material, Manuskript, Notizen und tausend gesammelte Einzelheiten, das sich 1933 in

den beschlagnahmten und von der Nazi-Polizei durchstöberten Koffer befand, später, in Küsnacht, in rückwärtige Fächer des Münchener Schreibtisches wieder verstaut wurde und nun, hier, den Platz des Joseph-Materials in der rechten vorderen Schublade einnehmen würde. Vieles an Büchern, Bildern, Reise-Anschauung, Bäder-, Hôtel-, Zuchthaus-Information ist mit dem Münchener Arbeitszimmer (Züge des Truhen-Schrankes rechts) abhanden gekommen, und ich ermesse noch nicht, welches Hindernis der Verlust bereiten würde. Die Wiedervertiefung in das Vorhandene muss zeigen, ob der sachliche Reiz stark genug ist, mich zu den nötigen Studien zu bewegen. Vorläufig wird der Gedanke der Wiederaufnahme hauptsächlich durch die Idee erstaunlich geduldiger Kontinuität, der Lebenseinheit, des grossen Bogens gestützt. Das Hämmern am ‚T.i.V.', der Krieg von 1914–18, das Ringen mit den ‚Betrachtungen', dann ‚Herr u. Hund', die Wiederaufnahme und Durchführung des Zbg., unterbrochen von den grossen Essays, dann ‚Unordnung', ‚Mario', das Produkt von Rauschen, hiernach, teils in Nidden, die studierte Riesenarbeit an den ersten Joseph-Bänden; in die Anfänge von ‚J. in Aegypten' fällt 1933, die Abreise, die Nicht-Wiederkehr, Arosa, Lugano, Sanary, der Wiederbeginn der Arbeit dort u. schon in Bandol, dann die 5 Jahre Zürich, Beendigung von J.i.Aeg., die Kontaktnahme mit Amerika, der Eintritt in ‚Lotte in Weimar', die Beendigung in Princeton, nach Ausbruch des Kriegs 1939, gefolgt von den ‚Vertauschten Köpfen', die Inangriffnahme von ‚Joseph der Ernährer', seine Beendigung hier, das Nachspiel des ‚Moses': Revolution und Exil, die Erschütterungen und Geduldsproben zweier grosser Kriege, in immer neuer Arbeit durchgehalten, – und nun reizt mich der Trotz, die Unberührbarkeit, Unbeirrbarkeit, zurückzugreifen auf das, worüber soviel Sturm und Mühe, Zeit und Leben hinweggegangen, und ein Beispiel innerlich heiterer Treue zu sich selbst, spöttisch überlegener Ausdauer zu geben mit der Durchführung des vor Alters abgebrochenen epischen Capriccio. – Vorteil, auf einer alten Grundlage weiterzubauen.

Als anderes Projekt bot sich der Faust-Stoff an, auch einer mit jahrzehntealten Wurzeln. Als Thomas Mann später seine Vorarbeiten zum *Krull* wieder las, gewann er die „Einsicht in die innere (Einsamkeits-) Verwandtschaft des Faust-Stoffes damit". Gleichzeitig aber fiel die Entscheidung für den Faust: Dieser schien ihm der „heute angemessenere, zeitnähere, dringendere" (XI, 159; Tb, 10.4.1943). 1954 führte er dies in einem Brief aus (3.10.1954 an Hermann Stresau): Als *Joseph* fertig war, „war ich stark versucht, die Arbeit an den Krull-Memoiren wieder aufzunehmen. Das war aber zur Zeit einer historischen Krise, des herannahenden Unterganges der Naziherrschaft, und erfüllt von den moralischen, künstlerischen und politischen Ideen des ‚Faustus', fühlte ich mich verpflichtet, mich vorerst an diesen mir selbst und der Welt auf den Nägeln brennenden Gegenstand zu halten und stellte den Krull vorderhand zurück."

Eine analoge Situation ergab sich 1947, als auch der *Doktor Faustus* geschrieben war. Wieder wurde eine Fortsetzung des Hochstapler-Romans erwogen.[6] Erneut aber setzte sich ein anderes Unternehmen durch, dieses Mal *Der*

---

[6] Tb, 28.3.1947, 8.9.1947; 10.10.1947 an Agnes E. Meyer; 25.11.1947 an Hermann Hesse.

Erwählte. Immerhin aber scheint sich Thomas Mann nun innerlich der Idee der Wiederaufnahme der Arbeit sehr angenähert zu haben. „[W]enn Ruhe, Frieden und Heiterkeit mir vergönnt ist", schrieb er am 6. November 1948 ins Tagebuch, „will ich mit der Fortführung des ‚Felix Krull' noch eine Erfolgschance schaffen und die Vorstellung der amerikanischen Kritik von meinem prätentiös lastendem Denkertum korrigieren." Damit waren zwei benachbarte Motivationen genannt. Die erste war die Erkenntnis, dass viele Leser nach der Fortsetzung des *Krull* verlangten und diese daher mit einiger Sicherheit zum Erfolg würde. Die zweite hat er am selben Tag in einem Brief an Erika weiter ausgeführt: „Wenn ich lebe und bei Kräften bleibe, lege ich ihnen noch den Felix Krull hin, der aus nichts als Streichen besteht, damit sie endlich aufhören einen ponderous philosopher in mir zu sehen." Diese unliebsame Rezeption in Amerika hing mit der Übersetzung seiner Werke und dem damit verbundenen Verlust von Nuancen zusammen.

Eine dritte, tiefer reichende Begründung war der mehrfach und unter verschiedenen Formulierungen preisgegebene Wunsch, das Angefangene fertig zu machen und damit das Leben zu einen und zu runden. „Es wirkt da eine Art von zähem Ehrgeiz", heisst es in einem Brief von 1951 (30.3.1951 an Grete Nikisch), „mein Leben fest zusammenzuhalten, der Welt zum Trotz, die, wenn's nach ihr ginge, alles zerstückelte und auseinander risse." Das wäre ein Sich-Durchsetzen, ein Triumph des Willens. Hatte nicht Goethe schon im hohen Alter seinen *Faust* wieder aufgenommen und zu Ende geführt?

Ein vierter Grund lag in einer anderen lebensgeschichtlichen Notwendigkeit, nämlich jener nach Erheiterung. „Das Komische, das Lachen, der Humor erscheinen mir mehr und mehr als Heil der Seele; ich dürste danach, nach den nur notdürftig aufgeheiterten Schrecknissen des ‚Faustus' und mache mich anheischig, bei düsterer Weltlage das Heiterste zu erfinden." So am 10. Oktober 1947 an Agnes E. Meyer. Die Düsternis der Weltlage bildet den zeithistorischen Hintergrund des späten *Krull*. Literatur sollte heiter, sollte Trost sein, das war zugleich auch ein sittlicher Impuls. Thomas Mann findet zu Aussagen, die man sich zur Zeit des frühen *Krull* kaum denken kann (13.1.1952 an Claus Unruh): „[…] ich habe die Menschen zu trösten gesucht – und zu erheitern. Erheiterung tut ihnen gut, sie löst den Hass und die Dummheit, so bringe ich sie gern zum Lachen. Das ist kein nihilistisches Lachen, das ich bringe, kein Hohngelächter. Man braucht nicht sehr hoch von mir zu denken. Aber man darf von mir denken, dass ich es gut meinte mit dem Leben und den Menschen."

Die innere Verwandtschaft von Faust und Felix wurde schon erwähnt. Das späte Fragment nimmt Faustisches auf und sollte dies auch tun. Thomas Mann erinnerte sich an „[d]as Insistieren Schillers bei Goethe, Faust müsse in die Welt geführt werden", und erwog in Analogie dazu für den *Krull* die „Erweiterung des Schauplatzes nach Amerika" sowie die „Erweiterung von Felix' Rollenfach ins Alles-Mögliche" (Tb, 25.11.1950). Auch zum *Doktor Faustus* stellt das späte Fragment Verbindungen her. Nicht nur, dass Felix Krull ein Soldat, Moralist und „gespannter Held" ist oder doch zu sein behauptet; auch nähern sich manche Szenen, besonders der Stierkampf in seiner Kulthaftigkeit und Dämonie, der Sphäre von „Tod, Kreuz und Gruft". Krulls Beziehung zum *Erwählten* sodann ist offensichtlich: Erwählt fühlt sich auch Felix, er ist aus feinerem, aus feinstem Holz, das sieht, wer Augen hat.

∗

Ende 1950 war *Der Erwählte* abgeschlossen. Wieder die Frage nach dem *Krull*, und wieder ein langes Tagebuch-Notat (Tb, 25.11.1950):

Der Augenblick wäre wieder gekommen, wo ich, wie schon Mai 43 die Felix Krull-Papiere wieder hervorzog, nur um mich, nach flüchtiger Berührung damit, dann doch dem ‚Faustus' zuzuwenden. Der Versuch der Wiederanknüpfung muss, rein um Beschäftigung, eine vorhaltende Aufgabe zu gewinnen, gemacht werden. Ich habe sonst nichts; keine Novellen-Ideen, keinen Romangegenstand. Etwas wie der einst geplante ‚Friedrich' ist undenkbar; andere alte Pläne noch, wie ‚Maja' oder ‚Die Geliebten' sind aufgegangen und zernutzt, der Geschwister-Roman weitgehend im ‚Faustus' inkorporiert. Am möglichsten wäre die Luther-Erasmus-Novelle; aber es ist mir da von anderen essayistisch viel weggenommen worden. Dennoch habe ich immer auf alles acht gehabt, was den Gegenstand betraf. Aber es ist derzeit unerfindlich, wie er angegriffen werden und welche Neuheit ihm verliehen werden könnte. Für den ‚Hochstapler' spricht der Reiz des Ausfüllens eines weit offen Gelassen[en] im Werk; des Bogen-schlagens über 4 mit soviel anderem erfüllte Jahrzehnte hinweg. Das Jugend-Buch ist originell, komisch und mit Recht berühmt. Aber ich blieb stecken, war überdrüssig, auch wohl ratlos, als es weitergehen sollte und ich mich statt dessen zum ‚T.i.V.' wandte. Wird es möglich sein, neu anzugreifen? Ist genug Welt und Personal, sind genug Kenntnisse vorhanden. Hat meine Isoliertheit genug Menschen-Erlebnis aufgefangen, dass es zu einem gesellschaftssatirischen Schelmenroman reicht? Alles, was ich weiss, ist, dass ich unbedingt etwas tun, eine Arbeitsbindung und Lebensaufgabe haben muss. Ich kann nicht nichts tun. Doch zögere ich, das alte Material wieder vorzunehmen, aus Besorgnis, es möchte mir nach all dem inzwischen Getanen nichts oder nicht mehr genug sagen, und ich möchte gewahr werden, dass mein Werk tatsächlich getan ist. – – –

Damit war nun noch ein Grund für die Wiederaufnahme ausgesprochen: das Anschreiben gegen den Tod, das Nichtmehrschreiben, Nichts-mehr-zum-Schreiben-Haben. Gleichzeitig zeigen diese Skrupel, wie wach und scharf Thomas Manns künstlerisches Gewissen weiterhin war. Er machte sich über die Möglichkeiten und Unmöglichkeiten dieses Romans nichts vor.

Natürlich war er nun nicht mehr ganz derselbe. Auch Charlotte Kestner ist nicht mehr, die sie war als Lotte Buff. Niemand ist nach 40 Jahren noch ganz derselbe, aber wer in all dieser Zeit seine Tage damit verbracht hat, zu denken und zu schreiben, ist es erst recht nicht mehr. Vieles war dazugekommen: etwa die Beschäftigung mit Sigmund Freud und C.G. Jung, die Steigerung vom Deutschen über das Europäische zum Weltgültig-Menschheitlichen, vom Individuellen zum Mythisch-Typischen, wie es der *Joseph*-Roman ins Werk gesetzt hatte.

Das war das künstlerische Hauptproblem des Wiederbeginns. Im Rückblick bekannte Thomas Mann, der *Joseph* habe ihm den Gedanken erschwert, jemals den *Krull* fortzuführen, weil ihm „die Figur des Krull durch den Joseph überholt und übertroffen schien" (3.10.1954 an Hermann Stresau). Schon im Brief vom 23. Dezember 1926 an Erika Mann war Joseph als „eine Art von mythischem Hochstapler" bezeichnet worden. Er war „praeexistent" in Felix, und dieser war nun „Joseph redivivus" (6.11.1951 an Jonas Lesser). Wie nun also konnte der *Krull* nach dem *Joseph* bestehen? Würde Thomas Mann wieder hören müssen, was er mit der *Königlichen Hoheit* nach den *Buddenbrooks* zu hören bekommen hatte? Vor dem Vorwurf, sie sei zu leicht, versuchte er die Geschichte zu retten, indem er Umgewichtungen vornahm. Das Juristisch-Kriminalistische verliert seine Präsenz und Bedeutung fast ganz. Hoteldiebstahl und Hehlergeschäft müssen noch ausgeführt werden, dann hat Manolescu ausgespielt; die Technikalitäten des Hochstaplerhandwerks spielen keine Rolle mehr. Umgekehrt nimmt das Mythologische zu: Felix tauscht die zu kurzen Beine Goethes mit Hermes-Beinen. Dadurch kann in ihm – ansatzweise – Joseph wiederkehren. Ich bin *nicht ganz* ich, das ist die Differenz der Hochstapelei. Ich bin *nicht nur* ich, das ist die überindividuelle Vielheit des Mythischen. Neben das Doppelgänger- tritt das Vorgänger- und Nachfolgerwesen.

Am 26. Dezember 1950 schrieb Thomas Mann zum ersten Mal nach fast vier Jahrzehnten wieder am *Krull*. Es war sein Ehrgeiz, dort anzuknüpfen, wo er vor 40 Jahren aufgehört hatte – bruchlos. Diese Absicht stand im Dienste des tiefgründigen Bestrebens, ein Ganzes zu verfertigen, und gleichzeitig im Dienste der Stilisierung des Lebens zur Rundung.

Das aber war eine Illusion. Thomas Mann hat sie selbst unterlaufen, indem er Materialien hinterlassen hat, die zeigen, wie unleicht das Späte sich dem Frühen anschliessen liess. Aber selbst ohne Materialien, ohne Tagebucheinträge, die manche Schwerpunkte des Anknüpfens und Weiterschreibens belegen, sagte einem doch der Roman selbst, dass ein junger Autor begonnen und ein anderer ihn abgeschlossen hat. Thomas Mann war nicht nur im Abbau begriffen, er wusste dies auch. Seine Tagebücher halten diesen Abbau minutiös fest. Die

Lebenshöhe lag längst hinter ihm. Der späte *Krull* entsteht unter der Bedingung der Reduziertheit, der körperlichen und seelischen Mattigkeit, der Angst vor Unproduktivität, dem Tod, in der mehrfachen Melancholie des Nachspiels, das stets dem latenten Verdacht der Müssigkeit zu wehren hat, der Melancholie der vergehenden Lebenszeit, deren Verlust mit Würdenzuwachs behelfsmässig kompensiert werden müsste.

Unverändert bleiben konnte der Roman, soweit der Autor in ihm von sich erzählte, seinen Grunderfahrungen, Grundspannungen, Grundkonflikten, und soweit er derselbe geblieben war. Das führt zu schwierigen Identitäts- und Identitätskontinuitätsfragen. Inwiefern bleibt man, der man ist? Im Physischen ist die Sache einfacher: Man weiss, dass sich gewisse Körperteile periodisch erneuern, die Fingernägel tun dies zum Beispiel alle sechs Monate. Im Psychischen sind solche Zahlen und Zeiten nicht anzugeben, ja laufen solche Prozesse überhaupt nicht ab oder erfassen jedenfalls nicht alle Schichten der Seele. Es gibt wohl so etwas wie einen seelischen Stoffwechsel, aber das scheinbar Gewechselte gibt seine Existenz nicht ganz auf, es verschwindet für lange und kann nach Jahrzehnten wie ein Blitz wieder dasein, frisch und rein, als Erinnerung, Gedanke, Traum oder böses Gespenst, und man weiss dann wieder, wer man war und immer auch noch ist.

Thomas Mann beschäftigte sich zunächst nicht mit neuen Kapiteln, sondern mit dem 4. und 6. des II. Buchs, die umkomponiert werden mussten. Da war also nicht ein Maurer am Werk, der sauber Stein stellt an Stein und sie aneinandermörtelt, sondern eher ein Weber, der die unterschiedlichen Fäden aufnimmt und versucht, mit ihnen allen das Gewirk weiterzuspinnen. Erst mit dem 7. Kapitel, Krulls Fahrt nach Paris, begann nun wirklich Neuland. „Es ist eine Reise aufs Geratewohl", heisst es im Tagebuch (Tb, 20.1.1951). „Was dabei passieren wird, ziemlich unbekannt." In den folgenden Monaten und Jahren kühlte sich der Wunsch, und schwächte sich der Wille, mit dem Buch fertig zu werden, stark ab. Thomas Mann glaubte, dass er im vorhandenen Fragment bereits gegeben hatte, was er zu geben hatte. Er war skeptisch, ob ihm noch genügend Lebenszeit bliebe. Auch war die Vollendung der Weltreise episch gar nicht mehr nötig. Das Zuchthaus-Kapitel war unmöglich geworden: Ein Krull, der vom Vorgänger des Joseph auch zu dessen Nachfolger geworden war, konnte nicht mehr als gemeiner Gesetzesbrecher im Zuchthaus landen. Ähnliches gilt für das ursprünglich geplante Ehe-Kapitel.

Auch stilistisch wich der späte *Krull* vom frühen ab. Das Neue habe, bemerkte Thomas Mann, „die knappe, frische Komik der Teile von vor 40 Jahren [...] nicht mehr" (18.4.1952 an Hans Reisiger). Als angenehm empfand er das „[a]llmähliche Verlassen oder doch Abmildern des parodistischen Stils" (Tb, 2.3.1951). Er habe zwar, meinte er später, den Tonfall des frühen Fragmentes wiederaufgenommen, habe seinem Helden aber bewusst „eine zwar immer humoristisch gewählte, aber doch kurrentere Schreibweise zugestanden" (3.10.1954 an Hermann Stresau). Der frühe *Krull* ist schärfer, gespannter, lustiger, ironischer. Der späte ist versöhnend, er atmet grössere Lässlichkeit. Das Houpflé-Kapitel etwa hätte 1910 so nicht geschrieben werden können. Nicht nur, dass sein autobiographisches Substrat erst 1950 dazukam; auch wäre Thomas Mann 1910 nicht in der Lage gewesen, die verkehrte Liebe so offen darzustellen. Als Erika ihren Vater auf das „Erz-Päderastische (Schwule) der Szene" (Tb, 31.12.1951) ansprach, meinte er nur: „Soit", und ihre „Bemerkungen über den homosexuellen Untergrund des Romans" kommentierte er mit einem gelassenen „[n]un, freilich wohl" (Tb, 3.3.1951).

Im frühen *Krull* steht der Autor auf der Seite des Helden, im späten steht er ihm auch gegenüber, in den Masken von Hoteldirektor Stürzli, der in Beklemmung gerät ob des schönen Äussern Krulls; von Mme Houpflé, die ihren Liebesgesang Thomas Manns Tagebuch entnommen hat; von Lord Kilmarnock, dem der Autor seine Nase aufgesetzt hat; und von Professor Kuckuck, dem Erzieher einer führungsbedürftigen Jugend. Das hat seine lebensgeschichtliche Richtigkeit.

Der Platz auf dem Schreibtisch Thomas Manns, den der *Krull* sich zurückerobert hatte, blieb gefährdet. Er hielt ihn immer nur bis auf weiteres, und *faute de mieux*. Drohend im Hintergrund stand stets die Beschäftigung mit einer Erasmus-Novelle. Allerdings blieb deren Ausführung nebelhaft.

Thomas Manns Selbstgefühl war sehr von Zweifeln geprägt, von Unglauben und Arbeitsunsicherheit. Immer wieder fragte sich der Autor besorgt, ob diese Hochstapler-Scherze noch an der Zeit, noch seines Alters wären. Es fehlten zur Weiterarbeit „der Mut und die Laune" (Tb, 9.4.1951), „die erfinderische Heiterkeit" (9.4.1951 an Kurt Kläber). Todesgedanken beherrschten den Schriftsteller, Gedanken der Flucht aus Amerika, dessen Innen- und Aussenpolitik seine Abscheu erregten. „Die vergiftete, krankhaft gespannte, mit Unheil geladene Atmosphäre hier drückt schwer auf mich", schrieb er am 28. April 1951 an Käte Hamburger, „und meine produktive Laune, ohne die doch kein rechtes Leben, liegt danieder." (Zwischendurch meldete sich allerdings doch auch sein Selbstbewusstsein, das ihm sagte, was er tue, sei nicht Unsinn und leichte Ware, dem der geistige Hintergrund fehle, sondern der Mühe wert.)

Vom Juli bis Oktober 1951 folgte ein weiterer Unterbruch, bewirkt durch eine Europa-Reise. Er las da wiederholt aus dem *Krull* vor, in Salzburg und in Zürich, wo er grossen Erfolg hatte. Ab November schrieb er am Kapitel 5 des III. Buches, dem Kuckuckskapitel. Er hielt es gefährlich für den Roman, weil er „dadurch zu sehr in die Höhe getrieben" werde (Tb, 26.4.1952). Der Held werde ihm „unter den Händen nachgerade zu gut für seine spätere Laufbahn" (10.4.1952 an Jonas Lesser; vgl. 18.4.1952 an Hans Reisiger).

Anfang April 1952 wurde erstmals der Gedanke geäussert, es bei einem erweiterten Fragment zu belassen, wobei Thomas Mann neben den Lissabonner auch die argentinischen Abenteuer Krulls noch einbeziehen wollte. Wenige Tage danach entstand die Idee für eine andere Erzählung, nämlich für *Die Betrogene*, an der Thomas Mann dann schon Mitte Mai schrieb. Auch mit ihr hat der *Krull* Innerlichstes zu tun. Die schopenhauerische Illusionsthematik, das Motiv des Betrügens und des Betrogen-sein-Wollens – *mundus vult decipi* – gehört zentral zu beiden Werken. Betrügen meint Verführen; wer betrogen sein will, will eigentlich verführt sein. „Es ist ein erotisches Betrugsverhältnis auf Gegenseitigkeit", heisst es in einer frühen Notiz zum *Krull*.[7] Vom öffentlichen Betrug in einem ganz skandalösen Sinne hatte ja auch schon der *Tod in Venedig* und, leicht ins Ambivalente geschoben, der *Zauberberg* gehandelt.

Ende Juni 1952 verliess Thomas Mann Pacific Palisades, ohne zu wissen, dass er nicht mehr zurückkehren würde. Es war nicht eine weitere Reise nach Europa, es war die definitive Übersiedlung. Der *Krull*, in München begonnen, in Kalifornien fortgesetzt, wurde in der Schweiz abgeschlossen. Der Autor, inzwischen Tschechoslowake und dann Amerikaner geworden, reiste noch weiter als sein Held; beide verliessen Deutschland, ohne zurückzukehren.

Als *Die Betrogene* im März 1953 abgeschlossen war, wandte sich Thomas Mann nur mit Unlust wieder dem *Krull* zu. Allerdings bot der Erasmus-Stoff immer noch keinen rechten Ansatzpunkt. Katia Mann führte auch „die wirtschaftliche Ratsamkeit, den Krull fortzuführen" (Tb, 10.4.1953), ins Feld. Thomas Mann notierte im Tagebuch vom 11. April 1953 mit schwer sprechender Lakonie: „Es heisst weiterschreiben." Und nun schleppte sich die Arbeit fort, es war ein Ausharren, ein Überwinden von Unlust, Müdigkeit, Störung, ein Eigentlich-nicht-mehr-recht-Mögen, ein dauerndes Sich-zureden-Lassen.

Im November, Thomas Mann hatte nun das 10. Kapitel, Krull verteidigt die Liebe, unter der Feder, erwog er erneut die Idee der vorläufigen Herausgabe eines Bandes, so wie er einst den ersten *Joseph*-Band herausgegeben hatte. Zuerst stellte er sich vor, die argentinische Episode sollte darin noch enthalten sein; zwei Wochen später aber beschloss er, den Band schon mit der Lissabonner Etappe abzuschliessen – das Ende konnte nicht schnell genug erreicht sein. Am 26. Dezember 1953 hält das Tagebuch mit unübersehbarer Ambivalenz fest: „Schloß das III. Buch und damit den ‚Ersten Teil' der Krull-Memoiren ab. Etwas ist getan, wieviel es nun wert sei."

*

[7] Notizbl. 583, abgedruckt in Hans Wysling: Narzißmus und illusionäre Existenzform, Zu den Bekenntnissen des Hochstaplers Felix Krull, 2. Aufl., Frankfurt/Main: Klostermann 1995 (=TMS 5), S. 417.

Felix Krull im Gesamtwerk Thomas Manns: Vollständigkeit wäre im Rahmen eines Vortrags nicht einmal zu wagen. Es gibt, blickt man genauer hin, vom *Krull* zu den ihm vorgehenden Werken eine Unzahl von Verbindungen, stilistische, thematische, motivische, strukturelle, figürliche, ein unübersehbares Gewebe, ein Meer von hermetischer Intertextualität. Man bleibt, auch hier, ein hoffnungsloser Schuldner des Unendlichen.

Stefan Keppler

Literatur als Exorzismus

Angelologie und Gebet in Thomas Manns *Doktor Faustus*

> „Das religiöse Problem ist das humane Problem,
> die Frage des Menschen nach sich selbst".[1]

1. „Betet für mich!"

Daß das Gebet als fundamentale Sprachstruktur und Kulturpraktik alles andere denn harmlos, vielmehr ein Faszinosum ersten Ranges ist, stellen wenige deutschsprachige Schriftsteller des 20. Jahrhunderts so überzeugend unter Beweis wie Thomas Mann. Von der Forschung weitgehend unbemerkt, beschäftigt es seine epische Imagination doch von Beginn an: Die *Buddenbrooks* sind nicht zuletzt, sondern buchstäblich von Anfang an die Studie einer mit Katechismusübung und „hergebrachte[m] Tischgebet" in bürgerliche Formen gebannten religiösen Energie, die Hanno mit seiner Phantasie vom „bucklicht Männlein" und dessen Wunsch, „man möge es in sein Gebet einschließen", wieder entfesselt.[2] Durch „Valentins Gebet" – jener Arie von Gounod, von einer Schallplatte abgespielt – bringt Hans Castorp den Geist seines verstorbenen Vetters, des braven Soldaten Joachim, zur Erscheinung. Dahinter verbirgt sich die Reminiszenz an eine von Thomas Mann medientechnologisch modernisierte Szene, die ihm Erwin Rohdes *Psyche. Seelencult und Unsterblichkeitsglaube der Griechen* zugespielt haben dürfte: mit einem Gebet beschwört Achill die Seele des tapferen Patroklos.[3] Nachdem im *Joseph*-Roman der Dialog mit dem Numinosen, noch mehr durch Jakob als durch

---

[1] Thomas Mann: Fragment über das Religiöse, in: Thomas Mann: Gesammelte Werke in dreizehn Bänden, Frankfurt/Main: S. Fischer 1990 (künftig XI, S. 424). Zitate aus *Doktor Faustus* (VI) werden im Haupttext nachgewiesen.

[2] I, 463.

[3] Vgl. III, 944 f.; vgl. Erwin Rohde: Psyche. Seelencult und Unsterblichkeitsglaube der Griechen, 2. Aufl., Freiburg: Mohr 1898, Bd. 1, S. 17; zu Thomas Manns Rohde-Kenntnis Herbert Lehnert: Thomas Mann. Fiktion, Mythos, Religion, Stuttgart: Kohlhammer 1968, S. 109–117; ferner Charles Gounod: Margarete (Faust). Oper in fünf Akten. Text nach Goethe von Jules Barbier und Michel Carré, hrsg. von Wilhelm Zentner, Stuttgart: Reclam 1999, S. 23 f., dazu William H. Rey: „Von des Himmels Höhen ..." Gedanken zu Valentins Gebet in Thomas Manns ‚Der Zauberberg', in: William H. Rey: Essays zur deutschen Literatur, hrsg. von Ernst Behler und Gunter H. Hertling, Bristol: Mellen 1996, S. 277–286.

Joseph selber, zur stoffgegebenen Selbstverständlichkeit avanciert, rückt es in der Textorganisation des *Doktor Faustus* in einen zentralen Nervenpunkt.

„Amen hiemit und betet für mich!" (VI, 191), so schließt Leverkühns Bericht über den fatalen Bordellbesuch, die Begegnung mit dem Sexus und den eigenen Triebenergien. Serenus Zeitblom, der Erzähler des Romans, nimmt das „Wort [...], das doch hingeschrieben sein wollte", variierend auf: „Betet für mich!" (194)[4] Unter „Endes Zeichen" (599), im 43. Kapitel und damit in der katastrophischen Coda des Romans, wiederholt und verschärft der Komponist den Angstschrei einer verzweifelten Individualität: „Bete für meine arme Seele!" (603) Zu seiner Zeit als Theologiestudent sieht sich Leverkühn aus noch unklaren Beweggründen zu einer förmlichen Definition der oratorischen Praktik veranlaßt: „Was man Gebet nennt, ist eigentlich die mahnende oder beschwörende Anmeldung" des Vertrauens auf „wissende Führung" (127). Dieser Bestimmung steht mit den Facetten von ‚Vertrauen' und ‚Beschwörung' die ganze Zweideutigkeit des Gebets eingeschrieben. In wichtiger Hinsicht, nämlich in seiner Ersatzfunktion für das Schlachtopfer, ist es der Humanitätsidee verpflichtet und wird deshalb von interessierter Seite denunziert. Breisacher – Polyhistor, Kulturphilosoph und Wortführer im protofaschistischen Kridwiß-Kreis – registriert mit Verachtung, daß das „Opfer von Blut und Fett [...] für den Psalmisten nur noch ein ‚Symbol' [ist] [...]; man schlachtet nicht mehr das Tier, sondern, es ist kaum zu glauben, Dank und Demut" (375).[5] In der Gegenrichtung machen sich zwei Gefahrenmomente des Gebets geltend. Zum einen stellt es sich als derjenige Bestandteil der Liturgie dar, der sich aus der Kirche – „eine[r] Anstalt", so Leverkühn, „zur objektiven Disziplinierung, Kanalisierung, Eindämmung des religiösen Lebens" – am regelmäßigsten zur Privatfrömmigkeit befreit und unter Umständen der „subjektivistischen Verwilderung, dem numinosen Chaos" (161) verfällt. Zum anderen berührt sich das Gebet in der heikelsten Weise mit magischen Praktiken. Den Konnex von „Zauberei und Liturgie" (26) erfährt Leverkühn bereits im Elternhaus, wo der Vater über Meeresmuscheln und ihre Verwendung für Altarschreine spekuliert. Kaisersaschern, die Stadt seiner Schulzeit, behauptet „geschichtliche Eigenwürde" nicht zuletzt durch den Schatz „zwei[er] alliterierende[r] Zaubersprüche", „übrigens recht harmlos nach ihrer Bedeutung", wie Zeitblom versichert,

---

[4] „Es gab kein besseres Beispiel für das Zitat als Deckung, die Parodie als Vorwand" (194). Zitathaft sind Leverkühns Worte bezüglich einer Auswahlausgabe von Luthers Briefen, die Thomas Mann mehrfach für den Roman konsultierte: „Ich bitte Euch, laßt nicht ab, [...] für mich zu beten, denn ich bin arm und elend"; „Ihr aber betet für mich" (Martin Luther: Briefe. In Auswahl hrsg. von Reinhard Buchwald, Leipzig: Insel 1909, Bd.2, S. 41 f. u. 196).
[5] Vgl. Alfred Jeremias: Das Alte Testament im Lichte des Alten Orients, 3. Aufl., Leipzig: Hinrichs 1916, S. 578.

„nichts als ein wenig Regenzauber anstrebend" (50). Weniger harmlos muß daran erscheinen, daß sich dieses Motiv in die Auseinandersetzung des Romans mit dem Luthertum einreiht,[6] das so „aufschlußreich für das Innenleben Leverkühns" (15) sein soll: Ältere protestantische Gebetbücher führen unter dem Namen Luthers nämlich ein Gebet um Regen.[7] Diese versteckt Pointe reiht sich lückenlos in die Argumente für Zeitbloms Verdacht ein, daß die Reformation nicht allein der Neuzeit Vorschub leistet, sondern ebenso „zurück ins Mittelalter führt" (15). Breisacher schließlich gibt der schamanischen Verwurzelung des Gebets einer denunzierenden Ausdrücklichkeit preis: „Das Gebet [...] ist die vulgarisierte und rationalistisch verwässerte Spätform von etwas sehr Energischem, Aktivem und Starkem: der magischen Beschwörung, des Gotteszwanges" (377). Diese Lesart wurzelt in der babylonistischen Bibelinterpretation des frühen 20. Jahrhunderts, derzufolge den Psalmen altorientalische „Beschwörungen" zugrunde liegen, die „bei kultischen Zauberriten rezitiert" wurden.[8]

Gebet und Magie überschneiden sich maßgeblich im Wunsch nach Bewahrung. Sie stellen exorzisierende Mittel gegen den „Einfluß der unteren Gewalten" und des „Nächtig-Ungeheueren" (17) bereit. Daß diese Konfiguration den *Faustus*-Roman so nachhaltig beschäftigt, hängt nicht zuletzt, eher initial mit der tragenden Bedeutung des Gebets als diätetischer Maßregel und frommem Apotropaicum in der *Historia von D. Johann Fausten* zusammen. „[H]ette ich Gottselige Gedancken gehabt, und mich mit dem Gebet zu Gott gehalten", klagt der Doktor, „so were mir solchs Ubel an Leib und Seel nicht begegnet".[9] Auch der nachbarliche Arzt redet Faust zu, seine Zuflucht in der Ansprache an den Herrn zu suchen. Als der „böse Feind", darin eine Gefahr für seine Pläne erkennend, den Nachbarn zum Schweigen bringen will, wird ihm ein „stoß gethan". Zur Erklärung dieses Mißerfolgs räumt der Teufel persönlich die Macht des Gebets ein: „er hette jhme [dem Nachbarn] nicht beykommen können, dann er geharrnischt gewest seye, das Gebet meynende".[10] Zuletzt raten die Studenten Faust zum Gebet und sprechen, in der Orationskultur des 16. Jahrhunderts zeittypisch versiert, ein vollständi-

---

[6] Dazu Herbert Lehnert (zit. Anm. 3), bes. S. 195–202, sowie Gerhard Kluge: Luther in Thomas Manns ‚Doktor Faustus', in: Luther-Bilder im 20. Jahrhundert, hrsg. von Ferdinand von Ingen und Gerd Labroisse, Amsterdam: Rodopi 1984, S. 119–139.

[7] Vgl. Gebetbuch, enthaltend die sämtlichen Gebete und Seufzer Dr. Martin Luther's wie auch Gebete von Melanchthon, Bugenhagen, Mathesius, Habermann, Arnd und andren Gott-erleuchteten Männern, hrsg. vom Evangelischen Bücher-Verein, 3. Aufl., Berlin: Wiegandt und Grieben 1866, S. 207 f.

[8] Alfred Jeremias: Das Alte Testament (zit. Anm. 5), S. 570.

[9] Das Volksbuch vom Doctor Faust, hrsg. von Robert Petsch, 2. Aufl., Halle: Niemeyer 1911, S. 33.

[10] Ebd., S. 101 u. 103.

ges Formular vor, das mit der Anrufung Gottes ‚per Christum' protestanti-
schen Ansprüchen genügt.

> Dieweil nun nichts anders zugewarten seye, sol er Gott anruffen, jhn durch seines lie-
> ben Sohns Jesu Christi willen, umb verzeihung bitten, und sprechen: Ach Gott sey
> mir armen Sünder gnädig, unnd gehe nicht mit mir ins Gericht, dann ich vor dir nicht
> bestehen kann, Wiewohl ich dem Teuffel den Leib muß lassen, so wöllst doch die Seel
> erhalten, ob Gott etwas wircken wollte.

Faust versichert, er wünsche zu beten, es wolle „jhme aber nit eingehen".[11]
Dabei offenbart er mit der Absicht, die „Seligen Gottes [...] anzusprechen",
ein altgläubiges, die Heiligenverehrung einschließendes Gebetsverständnis,
das sich vom entschieden anti-katholischen Standpunkt der *Historia* aus als
verfehlt darstellen muß. Mithin mangelt Faust der Glaube an die dialogische
Wirksamkeit des Gebets als Interaktionsritual: „mir würde keine Antwort folgen, sondern ich muß mein Angesicht vor jnen verhüllen".[12]

Einen selbstreflexiven Hinweis auf die Quelle, aus der dem Roman das
Instruktivste und Anschlußfähigste über die exorzisierende Funktion des
Gebets zufließt, streut Thomas Mann mit der Erinnerung an die „würdigen
Autoren des Malleus" (311): des *Malleus Maleficarum* oder *Hexenhammer*.
Wie konsequent das Phänomen des Gebets auf das des Bösen bezogen ist, doku-
mentiert dort insbesondere das einläßliche Kapitel über „Heilmittel in Form
von erlaubten Exorzismen [...] und von der Art, Behexte zu exorzisieren".[13] Im
Vordergrund steht dabei „die Wirksamkeit der Gebete und der erlaubten Zeichen" entlang des Diskursstrangs, der sich im christlichen Deutungsraum an
der letzten Vaterunser-Bitte entrollt: „erlöse uns von dem Bösen".[14] Unter den
‚erlaubten Zeichen' ist vor allem das die Oration eröffnende und beendende
Kreuzzeichen zu verstehen. Leverkühn empfiehlt es Zeitblom, als jener sein
Arbeitszimmer, ein nicht geheures Laboratorium, betritt: „Das ist kein Ort für
dich. Mach wenigstens dein Kreuz, [...] wie du's als Kind zu deinem Schutze
gelernt hast!" (632) Unter die unerlaubten Exorzismen rechnen „gewisse Mar-
ken, die man Charaktere nennt, oder [...] gewisse Dinge, die man anhängt oder
zeichnet".[15] Vor diesem Hintergrund ist das magische Quadrat, die *tabula
Iovis*, zu sehen, die Leverkühn nicht allein aus musikalisch-mathematischem

---

[11] Ebd., S. 120.

[12] Ebd., S. 116.

[13] Jakob Sprenger/Heinrich Institoris: Der Hexenhammer (Malleus maleficarum), aus dem
Lateinischen übertragen und eingeleitet von J. W. R. Schmidt, 3 Bde. in einem, München: dtv 1991
(zuerst Berlin 1906), Bd. 2, S. 234–259.

[14] Ebd., S. 236.

[15] Ebd., S. 229.

Interesse,[16] sondern offenbar auch aus einem religiös-rituellen Gefährdungs-
bewußtsein heraus in seinen Studierzimmern in Halle und Leipzig anbringt.
Es verschwindet aus seinem Leben, nach dem er im 25. Kapitel den Pakt mit
dem Teufel konfirmiert hat. Was bleibt, ist der wiederholte Wunsch nach dem
Gebet, den sich Leverkühn selber nur eingeschränkt, nur im Medium der des
Diabolismus verdächtigen Musik, erfüllen kann. In der Lusthölle des Bordells,
in das er geführt wird, geht er auf das Klavier los und schlägt eine Tonfolge
an: das „Gebet des Eremiten im Freischütz-Finale" (190).[17] Wenig später studiert er „Monteverdi's Magnificat" und „die ‚Psalmen Davids' von Schütz"
(237): Vertonungen biblischer Orationen mithin. Dem Magnificat hat Luther
einen für die reformatorische Stellung zur Marienfrömmigkeit wegweisenden
Gebetstraktat gewidmet; den Psalter empfiehlt er als ‚tägliches Gebetbuch'.[18]
Mit eigenen Kompositionen nimmt sich Leverkühn Klopstocks *Frühlingsfeyer*
an, verstanden als einer „religiös-hymnische[n] Lobpreisung" (352), sowie des
„Lobgesang[s] der ‚großen Schar [...] vor dem Lamm'" (494) als einer Gebets-
szene nach der Vorlage Dürers. Und doch weiß er seinen Gebetswunsch nicht
erfüllt. Leverkühn ist nach eigenem Verständnis „ein großer Nigromant" (306)
um außerordentlicher Machtbefugnisse willen, damit aber nicht nur ein Behex-
ter, sondern ein Hexer. Im religiösen Bezugssystem des *Doktor Faustus* bedeutet das den empfindlichen Unterschied zwischen dem, der selber wirksam beten
kann, und dem, für den nur andere wirksam beten. Der „Teufelsbeschwörer"
(673) kann schwerlich noch ‚rechter Beter' sein. Der Schrei des Schuldbeladenen,
so Zeitblom über die ‚Weheklag' des kriegsverheerten Deutschlands, „kann, wie
König Claudius' Gebet, ‚nicht zum Himmel dringen'" (231). Der große Monolog von König Claudius in Shakespeares *Hamlet* ist eine Reflexion über Schuld
vermittels der Bedingungen des Gebets: „Pray can I not./ [...]/ My stronger guilt
defeats my strong intent,/ [...]/ Word without thoughts never to heaven go."
Thomas Mann betritt im weiteren einen Weg, den Shakespeare bereits eröffnet
hat: „O, what form of prayer/ Can serve my turn?/ [...]/[...] Help, angels!"[19]

---

[16] Dazu grundlegend Rosemarie Puschmann: Magisches Quadrat und Melancholie in Thomas
Manns ‚Doktor Faustus'. Von der musikalischen Struktur zum semantischen Beziehungsnetz, Bie-
lefeld: Ampla 1983, sowie Volker C. Dörr: Dürer, Nietzsche, Doktor Faustus und Thomas Manns
„Welt des Magischen Quadrats", in: Zeitschrift für deutsche Philologie 112 (1993), S. 251–270.

[17] Vgl. Carl Maria von Weber: Der Freischütz. Romantische Oper in drei Aufzügen. Dichtung
von Friedrich Kind, hrsg. von Wilhelm Zentner, Stuttgart: Reclam 2002, S. 63.

[18] Vgl. Martin Luther: Lobgesang der heiligen Jungfrau Maria, genannt das Magnifikat, ver-
deutscht und ausgelegt, in: Luthers Werke, hrsg. von Reinhard Buchwald u. a., 2. Aufl., Berlin:
Schwetschke 1898, Bd. 6, S. 161–248, sowie Martin Luther: Vorrede auf den Psalter, in: ebd., Bd. 7,
S. 5 ff.

[19] William Shakespeare: The Tragedy of Hamlet, Prince of Denmark, in: The Norton Shakespeare, hrsg. von Stephen Greenblatt, New York, London: Norton 1997, S. 1659–1760, hier S. 1718 f.
(3. Akt, 3. Szene).

2. Literarische Angelologie

Für einen Roman, von dem man in jüngster Zeit glaubte sagen zu können, daß seine einzelnen Schichten weitgehend freigelegt seien,[20] hält *Doktor Faustus* noch manche Überraschungen bereit. Viel hat man über die ästhetische Repräsentation des Teufels und des Bösen im *Doktor Faustus* geschrieben, ohne seine differenzlogische Genese aus einer Interaktion mit den nicht ganz so indiskret in Erscheinung tretenden Engeln als Repräsentanten des Guten zu profilieren.[21] Der systematische Charakter, mit dem Thomas Mann die Modi der Engelsvorstellung nachgerade durchdekliniert, erlaubt es, eine Art angelologischen Anspruch festzuhalten. Wenn man den nicht unlabyrinthischen Weg durch die Wissensordnung seiner Zeit verfolgt, auf dem die entsprechenden Kenntnisse zu ihm gelangt sind, stößt man in der frühesten Schicht auf die Quellen des *Joseph*-Romans, von denen er seinen Schreibtisch soeben erst geräumt hat.[22] Alfred Jeremias, der Altorientalist und Bibelwissenschaftler, prominenter Akteur im Bibel-Babel-Streit, berichtet im *Handbuch der altorientalischen Geisteskultur* und seinem Hauptwerk über das *Alte Testament im Lichte des Alten Orients* ebenso ausführlich wie fesselnd von einer „Engellehre", auf der – so Jeremias – „ein gutes Stück sumerisch-babylonischer Frömmigkeit" ruhte.[23] Wir lesen von Engeln als bewundernden, preissingenden Zuschauern bei der Schöpfung; als Bewegern der Gestirne; von solchen, die aus der himmlischen Welt in die Materie stürzten; von Geistwesen, die auf der Himmelsleiter die Kommunikation zwischen Diesseits und Jenseits versorgen, den Menschen schützen und aufbauen, indem sie beispielsweise Hexen bannen. Jeremias gibt ganze Gebete an Engel wieder, berichtet aber auch von Engeln, die ihrerseits

---

[20] So Hansgeorg Schmidt-Bergmann: Doktor Faustus. Über die Sprache des historisches Gedächtnisses in der späten Poetik Thomas Manns, in: „Verbergendes Enthüllen". Zu Theorie und Kunst dichterischen Verkleidens. Festschrift für Martin Stern, hrsg. von Wolfram Malte Fues und Wolfram Mauser, Würzburg 1995, S. 367–378, hier S. 367.

[21] Zum Engelsmotiv bei Thomas Mann ansatzweise Ingeborg Fiala-Fürst: Von Engeln. Über die Engel-Figur bei Gertrud Kolmar, Franz Werfel, Thomas Mann und über sonstige Engel, in: West-Östlicher Divan zum Utopischen Kakanien, hrsg. von Annette Daigger, Renate Schröder-Werle und Jürgen Thoming, Frankfurt/Main u.a.: Lang 1999, S. 255–269, hier S. 265–267 (zum Kapitel „Der Mann auf dem Felde" im *Jungen Joseph*), sowie Alan J. Swensen: Gods, angels, and narrators. A metaphysics of narrative in Thomas Mann's ,Joseph und seine Brüder', Frankfurt/Main u.a.: Lang 1994.

[22] Vgl. den Arbeitskommentar in der *Entstehung des ,Doktor Faustus'*: „Die Bücher, die ich zum Zwecke gelesen, blieben, eine kleine Bibliothek für sich, auf ihren Fächern" (XI, 155). Einen Überblick über diese Quellen gibt Herbert Lehnert: Thomas Manns Vorstudien zur Josephstetralogie, in: Jahrbuch der Schiller-Gesellschaft 7 (1963), S. 458–520, sowie Herbert Lehnert: Thomas Manns Josephstudien, in: Jahrbuch der Schiller-Gesellschaft 10 (1966), S. 378–405.

[23] Alfred Jeremias: Handbuch der altorientalischen Geisteskultur, 2. Aufl., Berlin, Leipzig: Hinrichs 1929, S. 141.

Fürbitte für den Menschen leisten.[24] Jenseits quellenpositivistischer Details protegiert die Verschaltung dieser Denkwelt mit dem *Doktor Faustus* den auch konzeptionell relevanten Gedanken, daß das Faust-Projekt gleichsam als kulturgeschichtliche Fortsetzung des *Joseph*-Romans zu verstehen ist.[25] Das „Buch vom Deutschtum"[26] enthält mit dem Grundthema der „Rückschlägigkeit" des Geschichtsverlaufs, des „Weg[s] um die Kugel" (494), in sich selbst das Prinzip der Perspektiverweiterung auf den alten Orient: Der spitze Kirchturm von Kaisersaschern gibt den Blick frei auf den Turm von Babylon.

Noch bevor das Wort ‚Engel' ein einziges Mal fällt und der damit verbundene Vorstellungskomplex aus der Latenz in die Virulenz tritt, hat Thomas Mann bereits begonnen, dem Roman eine stufenreiche Genealogie des Engelsphantasmas von stammeskulturellen Zuständen bis zur wissenschaftlich-technischen Zivilisation einzuzeichnen. Ihren Ausgang nimmt sie von der in Leverkühns Frühumwelt hermetisch-naturphilosophisch betriebenen „Schmetterlingskunde" (193). Es geht um exotische Falter von eigentümlicher Schönheit, teils giftig und obszön, teils nur beseligend träumerisch. Den „Eingeborenen" (23) – hier nimmt Thomas Mann einen ethnologischen Blickwinkel ein – gelten einige von ihnen als Dämonen. Der Bezug zur ‚Hetera esmeralda', der ins Bild des Nacktflüglers gestellten Prostituierten, bei der Leverkühn sich später infiziert, liegt auf der Hand. Bekannt ist auch die keimhafte Herkunft der Idee der Schmetterlingsdämonologie aus einem populären zoologischen Bildband über *Falterschönheit*.[27] Im Unausdrücklichen dagegen – bezeichnend für die gedecktere ästhetische Repräsentation der Ordnungen des Guten – verharrt ein weiterer intertextueller Querbezug, diesmal auf die Mythenforschungen Johann Jakob Bachofens. Thomas Mann geht es nicht um die Bekräftigung irgendeiner Position im historiographischen Meinungsstreit, sondern um literarische Synthesen, die theoretisches Wissen relativieren. Bachofen handelt zwar nicht so entschieden wie Jeremias über Engel, aber doch über die „Schmetterlingsbeflügelung menschlicher Gestalten"[28] und über die sepulkrale

---

[24] Alfred Jeremias: Das Alte Testament (zit. Anm. 5), S. 45, 111 u. 319–323, sowie Alfred Jeremias: Handbuch (zit. Anm. 23), S. 98, 141, 190, 198 f., 213, 245, 326, 383 u. 407. Die Umsetzungen in die *Joseph*-Tetralogie sind zahlreich; vgl. allein den Hinweis darauf, daß Joseph von den Engeln, den „Söhnen Gottes", „manche merkwürdige und selbst lustige Geschichte kannte" (IV, 18).

[25] Als „Buch des Anfangs" und „Buch des Endes" hat Hans Mayer (Thomas Mann, Frankfurt/Main: Suhrkamp 1980, S. 184 ff.) die beiden Romanwerke korreliert.

[26] XI, 291. Diese Qualifizierung ist freilich in dem Horizont zu sehen, den die Rede *Deutschland und die Deutschen* öffnet: „Zuletzt ist das deutsche Unglück nur das Paradigma der Tragik des Menschseins überhaupt" (XI, 1148).

[27] Falterschönheit. Exotische Schmetterlinge in farbigen Naturaufnahmen. Zwölf vielfarbige Tafeln mit Einführung von Prof. Dr. Adolf Portmann. Vorwort von Hermann Hesse, Leipzig: Weller 1920, S. 21 (über *Morpho menelaus*: die „Indianer fürchten ihn [...] als Dämon").

[28] Johann Jakob Bachofen: Die Unsterblichkeitslehre der orphischen Theologie, in: Johann

Verwendung des Schmetterlings als Bild der Wiedergeburt aus dem Tode, und zwar der Wiedergeburt als vollkommenerem Wesen.[29] Erst dadurch, daß aus der Faltermotivik neben der Dämonen- auch die Engelsmythe hervortritt, kann Leverkühn an späterer Stelle im Roman das gnadentheologische Problem des Durchbruchs, die Sehnsucht nach dem ungefallenen Leben, darauf beziehen: „Es gibt im Grunde nur ein Problem in der Welt, und es hat diesen Namen: Wie bricht man durch? Wie kommt man ins Freie? Wie sprengt man die Puppe und wird zum Schmetterling?" (410)

Die nächste Stufe der Engelsgenealogie führt aus dem Urwald in die Polis. Von den beiden Zimmern, die Leverkühn zur Zeit seiner unerhörten künstlerischen Durchbrüche bewohnt, ist eines der Nike-Saal genannt: nach „der geflügelten Nike von Samothrake in Gips oben auf dem buntbemalten Spind" (274). Thomas Mann bemüht die allfällige Allegorie des profanen Sieges dazu, hinter ihr liegende Bedeutungsschichten mit ins Spiel zu bringen. Zum einen zählt die Nike-Gestalt zu den entscheidenden ikonographischen Vorbildern der christlichen Repräsentation des Boten. Im fünften Jahrhundert adaptierten Kirchenkünstler ihre Attribute, namentlich die Flügel und die Posaune, für die Engelsdarstellung.[30] Zum anderen spielt sie eine nicht unbedeutende Rolle wiederum im Werk Bachofens, der sie unter dem Aspekt der Gräbersymbolik liest: „Jede Nike wird zum Ausdruck des Sieges, den die Seele im Tode über den Leib davonträgt".[31] Diese Art des Sieges steht anders als der des künstlerischen Ruhms für Leverkühn, der sich mit Leib und Seele dem Teufel verschrieben hat, gerade in Frage. Es ist keine andere als die Frage des Durchbruchs. Das zuvor scheinbar Unverbundene, die Motivik von Falter und Nike, erweist sich als durch die Engelsidee verknüpft und auf einen gemeinsamen Horizont bezogen. Die sich darin bewährende ungeheure Stimmigkeit dieses Romangewebes operiert damit, daß Thomas Mann es an ein enzyklopädisches Bedeutungssystem andockt, dessen weitere Verzweigungen mitgedacht werden müssen. Wir haben es mit einem Roman zu tun, der in einer und für eine

Jakob Bachofen: Gesammelte Werke, hrsg. von Karl Meuli, Bd.7, Basel, Stuttgart: Schwabe 1958, S.5–209, hier S.166f. Vgl. bereits Hermann Hesses engelsmetaphorische Anspielung, der Schmetterling sei „eigentlich überhaupt nicht ein Tier", sondern ein „zweigeteilte[s] Flügelwesen" (Falterschönheit [zit. Anm. 27], S.8 u. 12).

[29] Johann Jakob Bachofen: Urreligion und antike Symbole. Systematisch angeordnete Auswahl aus seinen Werken in drei Bänden, hrsg. von Carl Albrecht Bernoulli, Leipzig: Reclam 1926, Bd.3, S.201–241, hier S.202.

[30] Dazu Alfons Rosenberg: Engel und Dämonen. Gestaltwandel eines Urbildes. Mit einem Vorwort von Otto Betz, 3. Aufl., München: Kösel 1992, S.32–35.

[31] Johann Jakob Bachofen: Urreligion und antike Symbole (zit. Anm. 29), Bd.1, S.172, vgl. ebd., S.507, sowie Bd.3, S.517 u. Tafel 15; ferner Johann Jakob Bachofen: Unsterblichkeitslehre (zit. Anm. 28), S.205.

Bibliothek geschrieben ist. Er steht nicht in einem diskursiven Feld wie andere Texte auch, sondern seine Hiate sind auf paßgenaue Brücken im historischen Bewußtsein abgestellt.

Die folgende Generation der Engel, der gefallenen und ungefallenen, tummelt sich im zweiten der von Leverkühn bewohnten Zimmer, der spätmittelalterlich-frühneuzeitlich tingierten Abtsstube. Dort wird er von Nepomuk besucht, aber auch von anderen hübschen Kindern, aus deren Nasenlöchern sich nur zuweilen „gelbe Würmchen" (665) ringeln. Diese Luther- und Dürer-Sphäre bildet, wie wir gleich sehen werden, die Hauptdominante von Thomas Manns angelologischer Phantasie. Zeitlich darüber hinausreichende Stufen des Engelsbildes erscheinen allein noch in Abbreviatur: Die romantische Kunstreligion, soweit sie den Engel – Raffael! – als Ideal des Künstlers chiffriert,[32] verzeichnet Thomas Mann, wo er Leverkühn das „Engelhafte" (191) der Gestalt Chopins lieben läßt. Daß sich die Engelsmythologie der Romantiker inzwischen gründlich überlebt hat, bleibt freilich nicht lange zweifelhaft. Ihr archaischer Schrecken kehrt zurück.[33] Moderne Luftkriegswaffen, Flugzeuge und Raketen, beschreibt Zeitblom als „Flügelboten der Zerstörung" (448), also in der Topik der Engel des Endgerichts.

Leverkühn steht nicht, wie er sich einmal wünscht, „mit der Menschheit auf du und du" (429), sondern vielmehr mit drei Abteilungen von Engeln: versuchenden, schützenden und apokalyptischen. Wie es um den ‚Fall' der ersten Kategorie bestellt ist, erläutert außerordentlich gelehrt der intrigierend zweideutige Privatdozent Schleppfuß. Er bestimmt und rechtfertigt geradezu das Böse als den Preis der Freiheit, nämlich des freien Willens, den Gott „dem Geschöpf", „dem Menschen und den Engeln" (135) – so der ausdrückliche Zusatz –, verliehen hat. Wer wie Satanel von der Freiheit Gebrauch macht, steigert seine „Daseinsintensität" (136). Freilich glaubt man nicht leicht, im Teufel einen Engel vor sich zu haben. Leverkühn gegenüber bezeichnet er sich selber als „Sammael", als „Engel des Giftes" (304). Der Hinweis auf diese Gestalt, eine mythologische Doppelung Satanels, die im sexuellen Verkehr mit Eva den Riesen Kain zeugte, findet sich einmal mehr in Jeremias' Buch über *Das Alte Testament*.[34] Leverkühn fechtet diese Reklamation der Engelsnatur umgehend

---

[32] Vgl. die aufschlußreiche Untersuchung von Monika Schmitz-Emans: Engel in der Krise. Zum Engelmotiv in der romantischen Ästhetik und in Jean Pauls Roman ‚Der Komet', in: Jahrbuch der Jean-Paul-Gesellschaft 38 (2003), S. 111–138, S. 115 f.

[33] Dazu prägnant Friedmar Apel: Himmelssehnsucht. Die Sichtbarkeit der Engel, Frankfurt/Main: Insel 2001, bes. S. 159 (in bezug auf die *Duineser Elegien*).

[34] Alfred Jeremias: Das Alte Testament (zit. Anm. 5), S. 111. In der Terminologie von Jeremias sind „[i]nnerhalb der Welten von Geistwesen polarische und antipolarische Strömungen zu denken", letztere als „dämonische Wesen, die einesteils in Irrtum und andererseits in Sünde führen" (Alfred Jeremias: Handbuch [zit. Anm. 23], S. 141).

an, und zwar mit dem Beweismittel der höchst trivialen Erscheinungsseite des Teufels, der als „Strizzi" und „Ludewig" (298), als Zuhälter, in Erscheinung tritt: „Wie ein frecher Abschaum, [...] das ist Euer Aussehens, [...] und keines Engels!" (304) Als Kind der Jahrhundertwende erwartet der Komponist eine gleißende Ästhetik des Bösen im – mit Rilke zu sprechen – „großen Glanz des Nichts".[35] Doch zeigt sich die bildertrunkene Hingebung an das Böse im geschichtlichen Horizont Thomas Manns von der Erfahrung seiner Banalität und Miserabilität eingeholt.[36] Die Idee, als Handlungsbevollmächtigte des Satans eine dieser Trivialität entsprechende Prostituierte einzusetzen, unterhält Beziehungen zu Jeremias' Erklärung des mosaischen Verbots der Tempelprostitution: „die Hure gehört der Unterwelt".[37] Ihre Erscheinung kommt den Erwartungen physischen Glanzes nurmehr auf travestierte Weise entgegen: als eine Wüstenschönheit in „Tüll, Gaze und Glitzerwerk" (190).

Das ästhetische Interesse erhabener Schrecklichkeit kommt jedoch derjenigen Engelskategorie noch zu, die eine Fülle von Aufgaben und Ämtern im „Szenenaufbau des Jüngsten Gerichts" (476) versorgt. Ihr Aufmarsch kündigt sich leise zitternd an, wo Zeitblom den alliierten Bombenkrieg gegen Deutschland mit dem „Strafgericht" über „Sodom und Gomorra" (446) in Beziehung setzt. Es bleibt den Lesern überlassen, sich daran zu erinnern, daß die Vernichtung dieser Städte von Engeln vollzogen wird, gemäß deren Selbstaussage: „wir werden [sie] verderben, weil das Geschrei über sie groß ist vor dem Herrn; der hat uns gesandt".[38] Endlich ungedeckt dürfen diese Gesandten auftreten, indem Leverkühn ein apokalyptisches Oratorium ins Werk setzt, dem er die als deutscher Kollektivtopos geläufige Holzschnittserie Dürers anverwandelt.[39] Bald stoßen sie hier „in die Posaunen des Untergangs", bald ziehen sie die Sünderseele „noch aus dem Falle ins Heil" empor (476). Die Rede vom „greuliche[n] [...] Ruf des ‚Vogels Wehe'" (478) zitiert das eschatologische Motiv des adlergleichen oder adlerköpfigen Engels, der nach den ersten vier Posaunenengeln durch den Himmel fliegt, um mit dreifachem Wehe-Ruf die letzten drei anzu-

---

[35] So die Fassung des Lucifer-Mythos in Rainer Maria Rilke: Das Stunden-Buch, in: Rainer Maria Rilke: Sämtliche Werke, hrsg. vom Rilke-Archiv, in Verbindung mit Ruth Sieber-Rilke besorgt durch Ernst Zinn, Frankfurt/Main: Insel 1987, Bd. 1, S. 249–366, hier S. 287.

[36] Vgl. im gleichzeitig mit *Doktor Faustus* erschienenen Essay *Nietzsche's Philosophie im Lichte unserer Erfahrung*: „Wie zeitgebunden, wie theoretisch auch, wie unerfahren mutet uns Nietzsche's Romantisierung des Bösen heute an! Wir haben es in seiner ganzen Miserabilität kennengelernt und sind nicht mehr Ästheten genug, uns vor dem Bekenntnis zum Guten zu fürchten" (IX, 710).

[37] Alfred Jeremias: Das Alte Testament (zit. Anm. 5), S. 407 (zu 5. Mos. 23,18 f.).

[38] 1. Mos. 19,13. Vgl. *Vorspiel: Höllenfahrt* (IV, 16) sowie den Abschnitt des Gerichts über Sodom in Die Sagen der Juden. Die Erzväter, gesammelt von Micha Josef bin Gorion, Frankfurt/Main: Rütten und Loening 1914, S. 200 f. u. 209–237.

[39] Vgl. Bild und Text bei Thomas Mann. Eine Dokumentation, hrsg. von Hans Wysling unter Mitarbeit von Yvonne Schmidlin, Bern, München: Francke 1975, S. 358–405, hier S. 386 f., 390 f., 398 f.

kündigen.[40] Damit scheint, wie zum Zweck enzyklopädischer Vollständigkeit, nach der schmetterlingskundlichen nun auch die ornithologische Facette des Engelsphantasmas auf. Das Ende und den Höhepunkt der Dürer-Montage bildet dasjenige Arrangement, das überhaupt am machtvollsten von einer himmlischen Heerschar dominiert wird. Es handelt sich um den „Kampf der Engel". Er steht im Bann des Augenblicks, indem auf das Zeichen des sechsten Posaunenengels die „vier Würgeengel" losgelassen sind, „welche Roß und Reiter, Kaiser und Papst und ein Drittel der Menschheit mähen" (497). Posaunen-Glissandi übersetzen in der Partitur das Niederfahren der Schwerter.

Gegen die Schwerter des Zorns hilft metaphorisch präzise der Schild, als den man in christlicher Tradition das Gebet bezeichnet.[41] Da der Teufelsbündler zu dessen Aufrichtung nicht mehr selbst in der Lage ist, benötigt er Wesen, die an seiner Statt beten: Fürbitter also. Diese Funktion – und eben sie ist es, die der studierte Theologe Leverkühn mit seiner Aufforderung avisiert – kommt insbesondere der Ordnung der Schutzengel zu, die genau einmal im Roman auch beim Namen genannt wird. Schleppfuß, der akademische Advokat des Bösen, lehrt am alttestamentlichen Beispiel des Tobias und seines Schutzes durch Raphael die Institution der „Engelswacht" (141) – selbstverständlich nur, um sie umgehend zu denunzieren: es sei erstaunlich, als wie schwach sie sich allezeit habe erweisen müssen, da Erwählung gar nicht zu denken sei ohne Versuchung. Die Behauptung von der verminderten Präsenz der Schutzengel macht sich den Umstand zu nutze, daß diese um vieles gedämpfter, weil in menschlicheren Erscheinungsformen auftreten. Diese Konstellation ist vielleicht zu erklären geeignet, warum Leverkühn, der so viel Kälte ausstrahlt, doch immer Begleiter findet, die ihm Wärme und Sorge entgegenbringen.

3. Echo auf dem Zionsberg

Nepomuk „war ein Engel" (247). Die definitorische Bestimmtheit dieser Worte irritiert nicht zufällig durch den Verzicht auf jegliche Vergleichsformeln und Indikationen der Uneigentlichkeit. Gewiß ist die hochgradig artifizielle Gestalt, die sich selber den Namen Echo beilegt, sozusagen als ein Akkord gebaut: als ein

---

[40] Vgl. Apk. 8,13, sowie Michel Serres: Die Legende der Engel, Frankfurt/Main: Insel 1993, S. 184 f. Das Motiv des Adlerengels findet sich schon im *Jungen Joseph* (IV, 461).

[41] Zum metaphorologischen Paradigma der *armatura Dei* vgl. anhand eines Beispiels aus der Klosterliteratur Stefan Keppler: Unablässiges Gebet. Aspekte einer Literaturgeschichte des Klosters Bronnbach, in: Kloster Bronnbach. 1153–1803. 650 Jahre Zisterzienser im Taubertal, hrsg. von Peter Müller, Neustadt/Aisch: Schmidt 2003, S. 82–102, hier S. 94.

Zusammenklang benachbarter Vorstellungen von „Elfenprinzchen" (611), göttlichem Kind und besonders natürlich von Euphorion.[42] Vom Ende der Episode
im 45. Kapitel her gelesen, mit dem „Verschließen seiner Himmelsaugen" (630),
könnte man mit Hans Mayer glauben, Nepomuk sei „bloßes und erschütterndes
Opfer",[43] die Zurücknahme von Goethes Allegorie des poetischen Genius. Indes
hat Thomas Mann nur das 44. als „Echo-Kapitel" bezeichnet, dessen Inspiriert-
heit er ungewöhnlich hervorhebt: „Eifriger hatte ich [...] niemals gearbeitet",[44]
schreibt er in der *Entstehung des ‚Doktor Faustus'*. Der Grundton der Komposition wird dabei zweifellos durch die Angelologie angestimmt. Leverkühns
schüchtern verwunderte Kommunikation mit dem Engel bildet nichts anderes
als das Gegenstück zu seinem tabubrechenden Gespräch mit dem Teufel.

Bereits die Ankunft des Kindes löst eine Entzückung aus, die sich in oratorischen Formeln und Gesten Luft verschafft: Die Menschen „riefen Jesus, Maria
und Joseph an ob des schönen Buben" (611) und lassen eine fortgesetzte „Neigung merken, bei Nepomuk niederzuknien" (615). Man spricht von ihm als „vom
Himmel gefallen" (615). Sein „Antworten und Bedeuten" hat etwas „Botenhaf-
tes" (612).[45] Auf die Art, wie er ein Bilderbuch betrachtet, müssen „die Englein
droben die Seiten ihrer Hallelujabücher wenden" (616). Seine Physis hat „etwas
Ausgeprägt-Fertiges" (611) – eine Reminiszenz daran, daß Engel nach gängiger
Lehre weder geboren werden noch aufwachsen, sondern als fertige Geschöpfe
in die Welt gestellt sind. Die Tatsache, daß Echo letzthin das Diesseits durch
das Tor des Todes verläßt, widerspricht nicht seinem englischen Wesen, sondern
bestätigt es. Der Engel, scholastisch definiert als unkörperliche Substanz, weicht
aus dem Körper, den er zum Zweck seiner Erdenerscheinung vorübergehend
angenommen hat. Leverkühn verabschiedet ihn mit den Worten: „Be free, and
fare thou well!" (635), entläßt ihn also wie Prospero seinen hilfreichen Geist.

Daß sich Nepomuk als Echo bezeichnet, wird vom Erzähler als „wunderliche Verfehlung" (611) unserer Aufmerksamkeit empfohlen. Zwischen Leverkühns Kindheitswelt im elterlichen Haus Buchel und dem späteren Refugium
von Haus Schweigestill erkennt Zeitblom „gewisse Verhältnisse, in eine andere
Tonart transponiert" (273), wieder: sonderbare Entsprechungen zwischen
Menschen, Tieren und Landschaft. Nur Leverkühn selber, schuldig geworden,
vermag in dieser Konfiguration nicht mehr die Leerstelle eines Kindes „im Tale
der Unschuld" (37) auszufüllen. Seine Entsprechung ist Echo. Wie aber kann

---

[42] Vgl. Alfredo Dornheim: Goethes „Mignon" und Thomas Manns „Echo". Zwei Formen des
„göttlichen Kindes" im deutschen Roman, in: Euphorion 46 (1952), S. 315–347, sowie Friedhelm
Marx: „Ich aber sage Ihnen ..." Christuskonfigurationen im Werk Thomas Manns. Frankfurt/
Main: Klostermann 2002. S. 277 ff.

[43] Hans Mayer: Thomas Mann (zit. Anm. 25), S. 288.

[44] IX, 291.

[45] In der *Entstehung* spricht Thomas Mann von dem „kleinen Boten" (IX, 291).

das Geschöpf Widerhall aus Adrians eigenem Inneren und zugleich fürbittender Schutzengel sein? Leverkühn hat die Antwort darauf längst gegeben, als er im Zusammenhang seines Philosophiestudiums festhält: „Ich glaube zu verstehen, was Aristoteles mit der Entelechie meinte. Sie ist der Engel des Einzelwesens, der Genius seines Lebens, auf dessen wissende Führung es gern vertraut" (127). Die angelologische Interpretation von aristotelischer Physik, Metaphysik und Seelenlehre findet sich im Wissenshorizont Thomas Manns im *Malleus Maleficarum* wieder. Das Buch versammelt unsystematisch eine spätscholastische Engelslehre, von der die Dämonologie lediglich eine Teilmenge darstellt. Hier steht zu lesen, der menschliche Verstand werde „von Gott durch Vermittlung der Engel geordnet".[46] Der Schutzengel erscheint insoweit als externe Instanz für menschliche Seelenvermögen. Er soll Gedanken, Worte und Taten beaufsichtigen sowie die Erinnerung an das transzendente Eine wachhalten bzw. wachrufen. Letzteres bildet die Grundlage für die sogleich nach Echos Abtritt geschilderte „Symphonische Kantate ‚Dr. Fausti Weheklag'" (640), die Leverkühn in der Sphäre des Gotteingedenkens schreibt.

Aus absichtsvoll verschleierten Gründen vermeidet Leverkühn ganze Tage die Begegnung mit dem Kind. Es zu lieben, würde die Verletzung einer Klausel des Teufelspaktes bedeuten. Der Passus lautet wörtlich, Leverkühn müsse absagen „allem himmlischen Heer und allen Menschen" (331); gerade schon so, als ob er wirklich mit Engeln zu tun haben könnte. Unwiderstehlich angezogen aber wird Leverkühn von Echos Gebeten.

[A]bends, wenn man das Kind zu Bett gebracht hatte, [...] „trat er gern [...] bei ihm ein, um dem Nachtgebet beizuwohnen, das es, auf dem Rücken liegend, die flachen Händchen vor der Brust zusammengefügt [...] abhielt. Es waren absonderliche Segen, die er da [...] höchst ausdrucksvoll rezitierte, und er verfügte über eine ganze Auswahl davon (625).

Nicht weniger als fünf dieser Texte, viermal vier und einmal sechs Verse auf mittelhochdeutschem Sprachstand umfassend, werden vollständig dargeboten. Sie dienen der Memoria an „Gotes Gebote" und seine „Gnadenfüll'", an den „Tüfel" und die „Höllen" (625); alles in einem Ton, der „aus dem Kindlich-Volksklanglichen ins Geisterhafte" (246) entschwebt.[47] Mit den Reimgebeten und ihrer Kommentierung schließt das Echo-Kapitel ab.[48] Kein Mensch

---

[46] Jakob Sprenger/Heinrich Institoris: Hexenhammer (zit. Anm. 13), Bd.2, S. 17. Zur autoritativen Berufung auf Aristoteles ebd., S. 243 u. 356 f.

[47] So heißt es über die Komposition, die Leverkühn in Arbeit hat, als der „Engel" (247) erstmals Erwähnung findet.

[48] Im Notizenkonvolut zum *Doktor Faustus* handelt es sich sogar um acht Texte; einer von den dreien, die später nicht verwendet worden sind, befindet sich noch im Manuskript des Romans und in der amerikanischen Erstausgabe; dazu James F. White: Echo's Prayers in Thomas Mann's ‚Doktor Faustus', in: Monatshefte für deutschen Unterricht 42 (1950), S. 385–394.

weiß, woher Echo Kenntnis von ihnen hat. Leverkühn scheint es sicherer, die Frage „auf sich beruhen zu lassen" und nimmt an, das Kind „wüßte mir keinen Bescheid" (626). Der Theologe ist sich im Klaren darüber, daß Engel – geschichtsenthoben – ihr Wissen ebensowenig durch Lernen in der Zeit aneignen, wie sie einem Reifungsprozeß der Leibeserscheinung unterliegen. Obwohl Zeitblom die merkwürdigen Sprechakte Echos fortgesetzt als Gebete anspricht, ist die unterkommende Charakterisierung als Segen nicht unmotiviert. Die Gattungskriterien der Oration sind keineswegs streng eingehalten. Namentlich fehlt die Apostrophe, die Anrufung einer göttlichen Person. Die Gründe für diese Kontamination erhellen aus Thomas Manns Selbstkommentar: „Für Echo's Abendgebete [...] benutzte ich Sprüche aus ‚Freidanks Bescheidenheit' (13. Jahrhundert), die ich meist durch Umdichtung ihrer dritten und vierten Verse als Gebete adaptierte".[49] In Rede steht die von Samuel Singer herausgegebene Auswahl aus dem Werk des mittelhochdeutschen Spruchdichters. Bei genauerem Hinsehen motiviert sie die Gebetsadaption insofern, als sich einige andere ihrer ‚Aphorismen' auf gebetspraktische Grundfragen beziehen.[50] Die Erweiterungen, die Thomas Mann vornahm, rühren im Fall des ersten Textes von einem Abendgebet des 16. Jahrhunderts,[51] beim letzten von der Gebetsaufforderung Prosperos im Epilog des *Tempest*.[52] Demonstrativ für den intendierten Sprachgestus schließt er jedes der fünf Stücke mit ‚Amen' ab.

Die Entwicklung zur Koinzidenz von Engel und Gebet im Ende des *Doktor Faustus* ist auf frappierende Weise in seinem Anfang vorprogrammiert. Zu den Topoi von Leverkühns Kindheit gehört eine Anhöhe mit dem Namen „Zionsberg" (38). Nach verbreiteter jüdisch-christlicher Auffassung berühren sich im Heiligtum auf dem Berg Zion irdischer und himmlischer Bereich, und zwar dergestalt, daß die dort anwesenden Engelschöre auf vollendet würdige und anmutige Weise den Gottesdienst feiern. Man vergleiche nur die Anrede an die Gemeinde im Hebräerbrief: „ihr seid hinzugetreten zu dem Berg Zion [...] und

---

[49] IX, 291. Vgl. Samuel Singer: Sprichwörter des Mittelalters, Bd. 2, Bern: Lang 1946; die jeweils ersten Doppelverse von Echos Gebeten finden sich dort S. 157, 161, 165, 179 u. 180.

[50] Darunter bis heute sprichwörtlich: ‚In der Not lernt man beten' (Samuel Singer: Sprichwörter, S. 163). Davon offenbar abhängig die Stelle in der *Entstehung*: „Ein schweres Kunstwerk bringt, wie etwa Schlacht, Seenot, Lebensgefahr, Gott am nächsten, indem es den frommen Aufblick nach Segen, Hilfe, Gnade, eine religiöse Seelenstimmung erzeugt" (IX, 187).

[51] Vgl. Vierhundert Schwänke des sechzehnten Jahrhunderts, hrsg. von Felix Bobertag, Berlin, Stuttgart 1888, S. 281; dieser Fund von James F. White: Echo's Prayers (zit. Anm. 48), S. 392.

[52] „And my ending is despair,/ Unless I be relieved by prayer,/ Which pierces so, that it assaults/ Mercy itself, and frees all faults./ As you from crimes would pardoned be,/ Let your indulgence set me free" (William Shakespeare: The Tempest, in: The Norton Shakespeare, hrsg. von Stephen Greenblatt, New York, London: Norton 1997, S. 3047–3108, hier S. 3106).

zu dem festlichen Chor der Myriaden von Engeln".[53] Der den Jerusalemer Tempelkult beherrschende Gedanke der himmlischen Liturgie lag Thomas Mann besonders fein ausgeschliffen in einem Bezugstext des *Joseph*-Romans vor: den von Micha Josef bin Gorion gesammelten *Sagen der Juden*.[54] Den Engeln ist demnach von Urbeginn an der immerwährende Lobpreis der Schöpfung und des Schöpfers aufgetragen. Michael, einer der sieben Erstgeschaffenen, eröffnet das Gebet täglich bei Sonnenaufgang. Im Ringkampf mit Jakob muß er im Morgengrauen nachgeben, um die Ordnung des Sphärengesangs aufrecht zu erhalten.[55] Untrüglich geht dieser Ideenkomplex an zentraler Stelle in den Aufbau von Leverkühns geistiger Existenz ein. Sein Lehrer Wendell Kretzschmar setzt ihm die Geschichte eines skurrilen Neubeginners in der Musik auseinander, des in die USA emigrierten Sektengründers Johann Conrad Beißel, der seinen Hymnen Titel gibt wie „‚Göttliche Liebes- und Lobesgethöne‘, ‚Jacobs Kampf- und Ritterplatz‘ und ‚Zionistischer Weyhrauchhügel‘" (89). Bei Ausübung des Ritus in Beißels Gemeinde steigen die Töne von der „Decke des Betsaals" herab und schweben „engelhaft über den Köpfen der Versammlung" (92). Leverkühns Musik- und Selbstverständnis bleibt von dieser Vorstellungswelt nachhaltig durchdrungen. Zur Erklärung, warum er die Aufführung seiner Stücke für irrelevant hält, definiert er seine Lebensaufgabe folgendermaßen: „Komponieren heißt: einen Engelchor dem Zapfenstößer-Orchester zur Exekution auftragen" (349).

Beißel, der „Seelenführer" (88), nutzt die Potentiale des Gebets freilich für eine Überwältigungsästhetik, die politisch schon nicht ganz unverdächtig ist. Damit kommen wir zu dem entscheidenden zeitgeschichtlichen Zusammenhang, aus dem heraus Thomas Mann mitten in der literarischen Moderne die Poesie der Oration im Mund eines Engels rekonstruiert. Das Motiv des Gebets als Disziplinarpraktik spinnt sich fort, wo sich Baron von Riedesel, Vertreter des „monarchischen Militärstaat[s]" (452) „mit wirklichem Nachdruck" für das „Helm ab zum Gebet" (377) einsetzt. Bei dieser vergleichsweise harmlosen Äußerung handelt es sich um den scheiternden Protestversuch gegen die vollends zügellosen Vergangenheitsmythen und Zukunftsphantasien der Protofa-

---

[53] Hebr. 12,22; zum Gesamtkomplex instruktiv Otfried Hofius: Gemeinschaft mit den Engeln im Gottesdienst der Kirche. Eine traditionsgeschichtliche Skizze, in: Zeitschrift für Theologie und Kirche 89 (1992), S. 172–196, bes. S. 190 u. 192.

[54] Vgl. Sagen der Juden. Die Erzväter (zit. Anm. 38), bes. S. 402–412 („Beth-El"), sowie Die Sagen der Juden. Die zwölf Stämme, gesammelt von Micha Josef bin Gorion, Frankfurt/Main: Rütten und Loening 1919, S. 12–18 („Das Ringen Jakobs mit dem Engel"), S. 19–30 („Lobgesänge" [„Israel und die Engel"]), S. 42–44 („Die Himmelsleitern"), S. 151 f. („Die Heere der Engel") u. S. 274–280 („An den heiligen Stätten"); dazu ferner Alfred Jeremias: Das Alte Testament (zit. Anm. 8), S. 320 f.

[55] Vgl. *Die Geschichten Jaakobs* (IV, 95 f.).

schisten des Kridwiß-Kreises. Sie konzipieren eine „Glaubensdiktatur", eine „Rückversetzung der Menschheit in theokratisch-mittelalterliche Zustände" (489). Von dem Kunsthistoriker Institoris heißt es, daß er „die Kraft", die „starken, brutalen Triebe" „*anbetete*" (385, Hervorhebung im Original). Dieser Teufelsdienst sagt von einer Diktatur wahr, die sich in einzigartiger Weise auf die Vereinnahmung der christlichen Liturgie verstand. Propaganda und Herrschaftsorganisation des Nationalsozialismus bezogen ihre zeitweiligen Erfolge nicht zuletzt aus der ‚Machtergreifung' auch im religiösen Sprachbereich. Albrecht Schöne hat sie gesammelt, die Gebete und Choräle an den Führer, die politische Lyrik, die sich der Eindruckskraft liturgischer Inszenierungsstrategien zur höheren Beglaubigung bedient.[56] Außer als Textmuster von beträchtlicher Affektmacht tritt die Oration nicht minder als semantische Legitimationsquelle auf: sei es mit der Hakenkreuzfahne als „hohe Hand, mit der die Helden beten"[57] oder der Sendung des Führers als Antwort auf „Gepeinigten Volks Gebet".[58] So überrascht es denn auch nicht mehr, daß der Führer sogar als „ein Engel" erscheint, der „auf uns niedersprang/ und über unsern Schmerz die ausgespannten/ und starken Flügel hielt".[59] Es ist im Kontext von Thomas Manns literarischer Widerstandsarbeit gegen den Faschismus zu sehen, wenn er den Nazi-Dichtern das Gebet aus den Händen nimmt und durch die Engelsgestalt Echos hindurch umbesetzt: vom Hypnoticum zum Memento, von der Kollektivinszenierung zum Privatereignis, von der Pseudo-Archaik zu den Quellen.

4. Der Engel der Erzählung

Züge eines Engels, genauer eines Schutzengels, trägt noch eine ganz andere Gestalt des Romans, die man deshalb so leicht aus den Gedanken verliert, weil sie unsere Gedanken erfüllt. Serenus Zeitblom, der Erzähler, ist aufgewachsen in dem Apothekerhaus „Zu den Seligen Boten" (14). Er lebt nach eigenen Worten dem „Wunsch", Leverkühn „zu helfen, ihn zu schützen" (337). Sein „außerordentliches und rätselhaftes Leben zu bewachen", so Zeitblom, „schien immer dem meinen zur eigentlichen und dringlichen Aufgabe gesetzt" (415). Wiederholt betont er die Nachrangigkeit seiner Person gegenüber der des Komponisten. Eben an

---

[56] Vgl. Albrecht Schöne: Über politische Lyrik im 20. Jahrhundert, Göttingen: Vandenhoeck und Ruprecht ³1972, S. 16–18 u. 23 (zur Pervertierung des religiösen Sprachbereichs), S. 25 f. u. 34 (zu politischen Gebeten).

[57] Baldur von Schirach, zit. n. Schöne, S. 71.

[58] Herybert Menzel, ebd., S. 34.

[59] Bruno Brendel, ebd.

diesem Punkt greift die von Schleppfuß nur kurz beim Namen genannte, aber ausführlich denunzierte Institution der Engelswacht, über die es in den *Sagen der Juden* heißt, erstens: Den „Engeln ist es befohlen, dich auf allen deinen Wegen zu behüten", und zweitens: „Wer ist wichtiger, der zu Bewachende oder der Wächter? Ohne Zweifel ist es der, der bewacht wird".[60] Zeitblom wird ein einziges Mal sehr heftig, wo er anläßlich von Leverkühns erster Begegnung mit ‚Hetera esmeralda' (unverwirklichte) Absichten äußert, „die Hexe mit dem Knie von ihm wegzustoßen" (198). Der Gedanke, gegen die ‚Dienerin des Bösen' einen Schutzengel ins Feld zu führen, reminisziert offenbar ein Kapitel des *Hexenhammers*, das sich der entschieden bejahten Frage widmet: „Ob jemand durch die guten Engel so geschützt werden könne, daß er von den Hexen auf keine der [...] angeführten Weisen behext werden könne?"[61] Im selben Kapitel wird die Geschichte eines Abtes und Heiligen erzählt, den ein Engel von seinem als teuflisch erfahrenen Begehren befreit. Der Name dieses Erwählten lautet Serenus. Hier also des Rätsels Lösung für Zeitbloms eigentümlichen Vornamen.

Zeitblom ist es auch, dem in erster Linie Leverkühns Bitte nach Fürbitte gilt. Nachgefragt wird somit nicht die Tat, das direkte Eingreifen in die Räder des Geschehens, sondern – gleichsam mit Rücksichtsicht auf eine Engelswacht unter den Bedingungen der Moderne – das Wort. Zeitbloms Erfüllung dieses Wunsches, der unter ‚aufgeklärten' intellektuellen Bedingungen einige Verlegenheit bereitet, besteht oberflächlich betrachtet in der knappen Segensformel, die Thomas Mann in der *Entstehung des ‚Doktor Faustus'* als „Stoßgebet"[62] bezeichnet und in die äußerste Schlußspitze des Romans setzt: „Ein einsamer Mann faltet seine Hände und spricht: Gott sei euerer armen Seele gnädig, mein Freund, mein Vaterland" (676). Solchen „Segensspruch" (113) bekam Leverkühn bereits von seinem Schuldirektor mit auf den Weg. Er ist mithin ein wortgetreues Zitat aus dem Nietzsche-Buch Erich Podachs.[63] Diese Konstruktion aus Motivwiederholung und Zitatmontage bliebe sehr im Kreis der einfacheren Übungen Thomas Manns, wenn sie nicht in den echoreicheren Raum eines doppelten Bodens führen würde. Das zitierte Stoßgebet schließt nicht mit einem buchstäblichen ‚Amen' ab, vielmehr mit dem Wort „Ende", das zugleich den ganzen Roman beschließt. Die Schlußformel „Ende" tritt damit aber an die Stelle des ‚Amen'. Im Beginn des Romans steht mit den Motto-Versen, die aus dem Anfang von

---

[60] Sagen der Juden. Die Erzväter (zit. Anm. 38), S. 333; nahezu wörtlich übernommen bereits im *Jungen Joseph* (vgl. IV, 545).

[61] Jakob Sprenger/Heinrich Institoris: Hexenhammer (zit. Anm. 13), Bd. 2, S. 2.

[62] IX, 300.

[63] Erich F. Podach: Nietzsches Zusammenbruch. Beiträge zu einer Biographie auf Grund unveröffentlichter Dokumente, Heidelberg: Kampmann 1930, S. 134; dazu Gunilla Bergsten: Thomas Manns ‚Doktor Faustus'. Untersuchungen zu den Quellen und zur Struktur des Romans, Tübingen: Niemeyer 1963, S. 75.

Dantes *Inferno* stammen, eine Apostrophe an den „hohen Genius".[64] Der heidnisch-antike Musenanruf wird darin zum christlichen Heiligen Geist hin geöffnet. Zwischen der Himmelsadresse und dem ‚Amen' steht eine Romanerzählung, die sich als advokatische Memoria darstellt: als fürsprechende Rede eines Wachenden für einen Bewachten zu dessen explizit reklamiertem Gedächtnis und „Seelenheil" (581). Es ist ebenso offensichtlich wie überraschend: Der Roman ist das Gebet.[65] Er ist das Gebet, insofern er Leverkühns Bitte nach einem solchen erfüllt; deshalb also die wiederholte Beteuerung Zeitbloms, er „schreibe keinen Roman" (439); deshalb sein eigentümliches Literaturverständnis, demzufolge das Wort für „Lob und Preis" und „zu segnen" (612) geschaffen sei. Der Roman trägt Züge des Gebets, genauer des Fürbittgebets für Verstorbene, insofern er angestammte Kriterien jener Gattung zitiert: Anrufung und Schlußsegen als Klammern, dazwischen Fürsprache und Seelengedächtnis.

Die Koordinaten der Orationskultur gelangen folglich in den Status einer generativen Matrix: Sie stiften die Innovation, die über sie hinausgeht, aber ohne sie nicht möglich wäre. Das Gebet, als alltagskulturelle Praktik eher im Bereich der ‚Nicht-Kunst' angesiedelt, wird in der ‚Dicht-Kunst' des Romans im Hegelschen Sinne aufgehoben. Sein „Höchstes und Kühnstes" leistet Leverkühn, indem er der „Neigung [...] zum Oratorium" folgt (201) – dem Genre, dessen Bezeichnung an die ursprüngliche Aufführungssituation im Betsaal erinnert. In der historischen Situation des „Nichts-mehr-zu-sagen-Haben[s]", der „Ausgeschöpftheit der Kunstmittel" (181), die Thomas Mann genauso fühlt wie Adrian Leverkühn, greift der Musiker zum Oratorium und der Dichter zum Gebet. Es geschieht, wie Leverkühn gesagt hat: Eine altertümliche Form, „ein Residuum" „wird zum Mittel spontaner Neuschöpfung" (254). Es leistet, progressiv und regressiv zugleich, die „Vereinigung des Avancierten mit dem Volkstümlichen" (427).[66] Diese Lösung entspricht nicht allein dem religionsgeschichtlichen Betrachtungsstil Thomas Manns, sondern leuchtet auch für den unfreiwillig politischen Menschen ein. Der Ideen- und Symbolapparat des *Doktor Faustus* dient maßgeblich, wie Hans Wisskirchen nachgewiesen hat, der ästhetischen Bewältigung des Nationalsozialismus.[67] Wenn jedoch die Folgen

---

[64] „O Muse, o alto ingegno, or m'aiutate" (S. 7).

[65] Vgl. als Gegenstück dazu die Versuche, den Charakter des Romans als Beichte zu profilieren: Hans Mayer: Thomas Mann (zit. Anm. 25), S. 275; Eckhard Heftrich: Vom Verfall zur Apokalypse. Über Thomas Mann, Bd. 2, Frankfurt/Main: Klostermann 1982, S. 190. Erhellend zu Zeitbloms Katholizismus: Yahya Elsaghe: Thomas Mann und die kleinen Unterschiede. Löhn u.a.: Böhlau 2004. S. 121 ff.

[66] In diesem Sinn fällt auch Thomas Manns geschichtsphilosophische Einschätzung von Schönbergs *Harmonielehre* aus: „Schein-Konservatismus: die seltsamste Mischung von Traditionsfrömmigkeit und Revolution" (IX, 179).

[67] Vgl. Hans Wisskirchen: Zeitgeschichte im Roman. Zu Thomas Manns ‚Zauberberg' und ‚Doktor Faustus', Bern: Francke 1986, bes. S. 160–184.

der ‚Machtergreifung' in diesem Roman als „Schule des Bösen" (638) beschrieben werden, also mit einer religionsgeschichtlich versorgten Kategorie, so fügt sich als Bezugsmodell der entsprechenden Widerstandsarbeit weniger das Adornosche Theoriegehäuse, als vielmehr ein ebenfalls religionsgeschichtlich verankertes Gegenmittel. Ein letzter entscheidender Gebetszug des Romans besteht demnach in seiner exorzisierenden Leistung. Er wird zum Instrument einer geschichtlichen Sistierung des Bösen, auf daß – wie Thomas Mann im Offenen Brief an Walter von Molo schreibt – „Deutschland [nicht] endgültig" vom „Teufel geholt" werde.[68] *Doktor Faustus* liefert seinem Zeitalter nicht nur einen aus literarischer Beobachtungskompetenz erwachsenden Kommentar, sondern versucht sich an seiner Entgiftung mit einer das Wort als Tat schätzenden Handlungskompetenz, die durch die pragmatische Schriftlichkeit einer verschollenen Gebetskultur versprochen wird.

[68] XII, 961.

Sylvia Peuckert

Abraham Shalom Yahuda, Karl Wolfskehl, Thomas Mann und das Ägyptenbild der Zwischenkriegszeit[1]

I.

1929 erschien bei De Gruyter in Berlin eine Abhandlung des Orientalisten Abraham Shalom Yahuda mit dem Titel *Die Sprache des Pentateuch in ihren Beziehungen zum Ägyptischen*[2] – der erste Band eines geplanten zweibändigen Werkes. Als das eigentliche, wenn auch unausgesprochene Ziel dieser Untersuchung – es wird in dem vorgelegten Band tatsächlich an keiner Stelle explizit benannt – kann man mit Karl Wolfskehl die „Restitutio Moy[s]is ab integrum", also die völlige Wiederherstellung von Moses, bezeichnen.[3] Vordergründig jedoch stellt sich der erste Band, wie der Titel anzeigt, als eine Untersuchung dar, die die sprachlichen Abhängigkeiten der Thora von dem Altägyptischen aufzeigen soll. Yahudas biblische und sprachliche Theorien konnten damals vor der Fachwissenschaft nicht bestehen, seitdem ist die Forschungsgeschichte über sie hinweggegangen und sie sind im Grunde heute verschollen. Auch ist der zweite Band niemals erschienen.[4]

---

[1] Die nachfolgenden Ausführungen sind Teil eines größeren Forschungsvorhabens über *Das Bild Ägyptens in der deutschsprachigen Literatur*. – Viele Recherchen, die Karl Wolfskehl betreffen, konnte ich im Rahmen meines Marbach-Stipendiums durchführen, wofür ich der *Deutschen Schillergesellschaft* herzlich danke.

[2] Yahuda, Sprache des Pentateuch (1929).

[3] Karl Wolfskehl an A. S. Yahuda, 26. Januar 1926: „Ihre Restitutio Moydis [sic] ab integrum wird bis dahin doch wohl erstbändig vorliegen!" Und in einem nicht datierten Brief (wohl aus dem gleichen Zeitraum) an Yahudas Frau Ethel läßt Wolfskehl „dem Restitutor Moyis" Grüße ausrichten. (Jewish National and University Library Jerusalem, Ms. Var. Yah. 38, file 3034). – Wo nicht anders angegeben, stammen die im folgenden zitierten Briefe von Wolfskehl und Yahuda aus diesem Nachlaß. In dem Nachlaß Yahudas befinden sich neben den Briefen von Karl Wolfskehl auch einige Abschriften dieser Briefe und die Durchschläge von Yahudas Briefen an Wolfskehl. Diese Briefe werden im folgenden mit allen ihren sprachlichen Eigenheiten zitiert. Briefe, die bereits in den einzelnen Editionen von Wolfskehls Korrespondenz vorliegen, werden nach diesen zitiert. – Ich danke an dieser Stelle Paul Maurer für die unermüdliche Hilfe bei der Bereitstellung der Archivalien.

[4] Der Grund dafür ist nicht allein die harsche Ablehnung, die der erste Band erfuhr, sondern auch die politische Entwicklung der Folgezeit, durch die eine solche Anschlußveröffentlichung in Deutschland für Yahuda weder möglich noch wünschenswert sein konnte.

In unserem Zusammenhang soll es nun aber gar nicht darum gehen, die damals von Yahuda vorgelegten Thesen und Beispiele erneut zu diskutieren.[5] Das Anliegen der hier vorgelegten Überlegungen ist ein literaturwissenschaftliches, und es soll die Stellung untersucht werden, die Yahudas Schrift im Kontext der Ägyptenrezeption besitzt und die Bedeutung, die sie für zwei so unterschiedliche Schriftsteller wie Karl Wolfskehl und Thomas Mann gewinnen konnte. Hierbei handelt es sich also gewissermaßen um eine Rezeption von Rezeption. Es soll dabei unter Einbeziehung des Briefwechsels zwischen Karl Wolfskehl und A. S. Yahuda, welcher über Jahrzehnte hin ihr Leben begleitete, und der Beschäftigung Thomas Manns mit Yahudas Buch der Frage nachgegangen werden, was diese Männer in ihrer Zeit an der spezifischen Sicht Yahudas auf das Verhältnis von Israel und Ägypten und an dem von ihm entwickelten Ägyptenbild angezogen hat und was durch ihre Lektüre daraus entstanden ist.

Die von Wolfskehl so benannte *Restitutio Moysis* ist Teil eines großen Projekts, dessen Benennungen schwanken und dem Yahuda in einer englischen populärwissenschaftlichen Ausgabe der *Sprache des Pentateuch* etwas später den polemischen Titel *The Accuracy of the Bible*[6] geben sollte. Schon zehn Jahre früher hatte Wolfskehl nach dem großen Vorhaben gefragt: „Was macht die ‚Echtheit der Thora‘? Ich bin höchst gespannt und erwartungsvoll mit vielen andern[,] zu denen, wie Sie wissen[,] auch Gundölfe gehören."[7] Yahuda

---

[5] Es läßt sich nicht ganz der Eindruck von der Hand weisen, daß die damalige generelle Ablehnung des Buches durch die betroffenen Einzelwissenschaften, auf die im folgenden noch näher eingegangen wird, kaum das Bedürfnis aufkommen ließ, sich für einzelne philologische Beobachtungen Yahudas unabhängig von seiner problematischen Hauptthese und unabhängig von seinen oftmals wohl ebenfalls äußerst problematischen Lösungsvorschlägen zu interessieren. Vgl. Görg, Beziehungen (1997), S. 122 f., Anm. 38: „Der großangelegte Versuch von A. S. Yahuda [...] gilt zwar als allzu spekulativ, sollte aber in vielen Einzelurteilen unvoreingenommen neu bedacht werden. Eine generelle Abwertung hat die Arbeit absolut nicht verdient."

[6] Yahuda, Accuracy (1934). – Dort (S. vii) verweist Yahuda auch auf eine Artikelserie, die in den Jahren 1932 und 1933 im *Daily Telegraph* unter dem Titel *The Truth of the Bible* erschienen sei. Hier scheint er sein Anliegen ein weiteres Mal vorgetragen zu haben. (Die große Menge von Zeitungsausschnitten im Nachlaß von A. S. Yahuda konnte im Rahmen dieses Aufsatzes nicht berücksichtigt werden.)

[7] Karl Wolfskehl an A. S. Yahuda, 28. Juni 1924. – Mit „Echtheit der Thora" spielt Wolfskehl auf eine Formulierung von Wilhelm Scherer im Streit um die Edda an. Vgl. Wolfskehl, Sprache des Pentateuchs (1929). Hier erläutert er diese Anspielung und spricht seinerseits von der „Echtheit der fünf Bücher Mosis". – In dem Vorwort zu seiner *Sprache des Pentateuch* dankt Yahuda „Dr. Ernst Gundolf-Darmstadt" genauso wie Karl Wolfskehl für das Lesen der Korrekturbögen und – wohl mehr dem letzteren – für „manche wertvolle Winke". (Yahuda (1929), S. VI). Ernst Gundolf war wie sein berühmterer Bruder, der Germanist Friedrich Gundolf, Mitglied des George-Kreises und hat wie dieser den neuen Namen Gundolf an Stelle seines eigentlichen Nachnamens Gundelfinger angenommen. – Wolfskehl dankt am 27. März 1939 dafür (wie für „ein persönliches Geschenk"), daß Yahuda es Ernst Gundolf ermöglicht hat, Deutschland zu verlassen. (Wolfskehls Briefwechsel (1988), Bd. 1, S. 264). – Zu Ernst Gundolf vgl. Landmann, Figuren (1982), S. 66–79 und Thimann, Gundolf als Zeichner (2004).

lehnt ab, was die moderne historisch-kritische Bibelwissenschaft seit Julius Wellhausen voraussetzt: die Quellenscheidung und die damit verbundene Späterdatierung bereits der ältesten Quellenschriften des Pentateuchs,[8] von denen also nicht mehr angenommen wird, daß sie vorexilisch und fast unmittelbar nach der Zeit der geschilderten Ereignisse entstanden seien. Zu diesem von ihm bekämpften „Wellhausenianismus"[9] gehört für Yahuda auch die von der sogenannten panbabylonischen Schule der Bibelwissenschaft des frühen 20. Jahrhunderts[10] behauptete große Abhängigkeit des Pentateuchs von der babylonischen Überlieferung. Gegen die inzwischen selbstverständlich gewordene Quellenscheidung setzt Yahuda die Behauptung, daß mit dem Pentateuch der kompakte Bericht eines einzelnen Autors vorliege und gegen die Annahme eines vorherrschenden babylonischen Einflusses auf die Thora die eines mindestens ebenso großen, wenn nicht größeren Einflusses Ägyptens. Yahuda greift zudem mit der Gestalt des Moses ein Problem der historisch-kritischen Bibelwissenschaft auf, daß nämlich, wie Eckart Otto es formuliert, „der historische Mose hinter dem ‚Mythos' der Mose-Erzählungen im Pentateuch"[11] zu verschwinden begann und beantwortete dieses Dilemma damit, daß er in einem Akt der Rückkehr zu dem, was sowohl er als auch Wolfskehl als die „Tradition"[12] bezeichnen, nur den ersteren gelten lassen will und ihn zudem als Autor des fraglichen Berichts ansieht.[13] Durch den Nachweis eines starken Einflusses

---

[8] Vgl. Eckart Otto, Mose und das Gesetz (2000), S. 43 f.

[9] A. S. Yahuda an Karl Wolfskehl, 22. Dezember [1930].

[10] Eine öffentliche Debatte war vor allem durch die Vorträge des Orientalisten Friedrich Delitzsch und seine Vorträge (seit 1902) über „Babel und Bibel" ausgelöst worden.

[11] Otto, Mose (2000), S. 10.

[12] Vgl. Yahuda (1929), S. XXV. – A. S. Yahuda an Karl Wolfskehl, 9. Februar 1930: „Gestern habe ich Ihren Aufsatz, zusammen mit Ihrer Karte erhalten. Ich habe Ihren Aufsatz mit sehr großem Interesse gelesen. Es ist notwendig, auf den Sinn und Bedeutung der Tradition mit allem Nachdruck hinzuweisen, um dem ueberall spuckenden [sic] Geist des Skeptizismus energisch entgegenzutreten." Dies bezieht sich auf Wolfskehls Ankündigung von Yahudas Buch in der *Frankfurter Zeitung*, vgl. unten S. 218 ff. – Im gleichen Geiste schreibt Karl Wolfskehl an A. S. Yahuda am 5. September 1932, nachdem dieser ihm von seinem Kontakt zu dem Ägyptologen W. M. Flinders Petrie berichtet hat: „Und also: Jericho ist bestätigt? Es erstaunt mich gewiss nicht, denn ich habe nie einen Augenblick an der Treue der biblischen Tatsachenberichte gezweifelt. Der Schwindel fängt überhaupt immer erst an, wenn die lebendige Tradition versiegt." – Noch in seinem Aufsatz über Freud und Moses, den Yahuda während der Kriegszeit in Amerika geschrieben hat, fragt der Verfasser, warum man neuen Theorien glauben solle und nicht den Menschen, die in der entsprechenden Zeit gelebt und die Geschichten von „Generation zu Generation" erzählt hätten. Vgl. Yahuda, Sigmund Freud (1946), S. 41. Für die Übersetzung dieses Textes danke ich Dr. Schmulik Marcovitch. – Zu der Datierung des Aufsatzes vgl. den Brief von A.S. Yahuda an Karl Wolfkehl vom 25. August 1946, in: Wolfskehls Briefwechsel (1988), Bd. 1, S. 273: Hier erklärt Yahuda, daß er die meisten Aufsätze des „Hebräischen Buches" in den USA, also zwischen 1942 und 1946, verfaßt habe.

[13] Vgl. Bergsträßer, Semitistisch-hebraistische Bemerkungen (1932), S. 2.

des Ägyptischen, besonders des Neuägyptischen, auf das Hebräische des Pentateuchs soll die Entstehungszeit dieser Bücher auf die Zeit des späten Neuen Reiches in Ägypten oder kurz danach eingegrenzt und die Abkehr von den Ergebnissen der modernen Forschung nachvollziehbar gemacht werden, ohne dabei die Gestalt des Mose selbst zum Untersuchungsgegenstand zu machen.[14] Da Yahuda aber jede Einflußnahme der einen Sprache auf die andere, die deutlich früher als die Abfassung der fraglichen Texte stattgefunden haben könnte, was ja doch schließlich keine abgelegene Möglichkeit darstellt, von vornherein rigoros ausschließt, ohne dieses Axiom eigentlich zu begründen, gelingt es ihm nie wirklich überzeugend, Annahme und Beweis voneinander getrennt zu halten.[15]

Von ausschlaggebender Bedeutung für seine Theorie ist es weiterhin, daß Yahuda die Josephsgeschichte (die ihm natürlich ebenfalls historisch ist) entgegen der vorherrschenden Annahme noch *vor* der Hyksoszeit ansetzt – zu diesem Thema sollte er sich dann in der Folgezeit noch ausführlicher äußern[16] – und den Exodus, ganz orthodox, in die Zeit des späten Neuen Reiches,[17] so daß er einen mehrere Jahrhunderte dauernden Aufenthalt der kanaanäischen Einwanderer in Ägypten, dessen „Milieu" einer Hochkultur die Einwanderer geformt habe, annehmen zu können glaubt.[18] Sie hätten dabei ihren mitgebrachten kanaanäischen Dialekt „unter dem Einfluß der ägyptischen Sprache in dem Maße erweitert, bereichert und ausgestaltet [...], daß die Vorbedingungen zur Ausreifung und Herausbildung der Schriftsprache geschaffen wurden, die wir als *Sprache des Pentateuch* bezeichnen."[19] Der Einfluß, der nach seiner Auffassung statthatte, beschränkte sich dabei nicht nur auf einzelne Worte und Wortbedeutungen – diesen sucht er durch die Darstellung von phonetischen

---

[14]   A. S. Yahuda an Karl Wolfskehl, 18. April 1930: „Mein Hiobbuch wird, falls ich es schreibe, bedeutender sein als mein Buch über den Pentateuch. Allerdings würde ich wünschen, ein viel stärkeres Buch über Moses zu schreiben. Er ist mir aber zu gross und ich fürchte, dass ich mich nicht an ihn heranwagen werde. Für einen solchen Koloss sind weder die grossen Tempel von Karnak, noch von Babylon und der Akropolis zusammen gross genug. Da muss man schon ein gewaltiger Architekt sein, um ihm einen Tempel zu bauen. Wie soll ich es wagen?" – Daß die eigentliche Absicht in der *Sprache des Pentateuch* stets durchschimmert, aber zugleich unausgesprochen bleibt, macht sich bei der Lektüre höchst irritierend bemerkbar. Dies wird Yahuda besonders von den Rezensenten Joachim Begrich, Gotthelf Bergsträßer und Otto Eißfeldt zum Vorwurf gemacht. Zu den Rezensionen vgl. unten S. 222 ff.

[15]   Vgl. Yahuda (1929), S. 10. – Vgl. dazu Bergsträßer (1932), S. 4, Anm. 1 und S. 9.

[16]   A. S. Yahuda an Thomas Mann, 14. Februar 1933: „Unter besonderem Couvert schicke ich Ihnen eine Reihe von Artikeln über Israel in Ägypten, die schon im September erschienen sind, [...]. Wie Sie sehen werden, setze ich die Josephs-Geschichte vor der Hyksos-Zeit an." (Thomas Mann Archiv, ETH Zürich).

[17]   Vgl. Spiegelberg, Aufenthalt Israels (1904), S. 50.

[18]   Vgl. Yahuda (1929), S. XXVII.

[19]   Yahuda (1929), S. XXX. – Hervorhebung von Yahuda.

und semantischen Ähnlichkeiten bei Schlüsselbegriffen nachzuweisen – sondern meint durchaus eine durch das Medium der Sprache sichtbar werdende Adaption des zunächst fremden, aber zunehmend vertrauter werdenden kulturellen Ambiente[20] seitens der vormaligen Einwanderer.

Dabei entwirft Yahuda ein Bild vom pharaonischen Ägypten, das in dem Kontext einer vorausgesetzten „accuracy of the Bible" durchaus erstaunen muß. Aufschlußreich ist hierfür, wie Yahuda den alten Erklärungen zur geographischen Lage des Paradieses eine neue Deutung hinzufügt. Er setzt dabei voraus, daß sein Autor, also Mose, anders als bei den Berichten über die Zeit von Joseph bis zum Exodus, die nach Yahudas Ansicht ja historische und nicht mythologische Darstellungen sind, bei den von ihm explizit so bezeichneten „Genesissagen"[21] tatsächlich eine Aneignung mythologischer Stoffe vorgenommen habe. Es muß in unserem Zusammenhang darauf verzichtet werden, hier Yahudas Argumentation im einzelnen nachzuzeichnen. Sie läuft darauf hinaus, daß auch diejenigen Sagen, deren Abhängigkeit von akkadischen Mythen[22] sogar von ihm nicht geleugnet wird, „in der vorliegenden neu umgestalteten Form [des Pentateuch, S. P.] von ägyptischen Anschauungen durchdrungen und von der damit notwendig zusammenhängenden Ausdrucksweise beherrscht sind."[23] Also auch Mitgebrachtes sei durch das ägyptische Milieu entscheidend geprägt worden. Bei der Behandlung der Paradiessage will Yahuda nun aufzeigen, daß „dem Verfasser [...] ganz ungeachtet der Frage nach ihrem Ursprung, – Verhältnisse vorschweben, die für Ägypten charakteristisch sind."[24] Er zieht zu diesem Zweck alte Deutungen der Paradiessage heran, die versuchten, die Lage des Paradieses durch eine Identifizierung der vier Paradiesströme mit wirklichen Flüssen zu bestimmen. Tatsächlich aber müsse man zunächst von dem Wort für die „Gegend" des Paradieses עדן ('eden) ausgehen, das zwar kein Lehnwort sei, das aber einen Gegensatz zur Wüste, eine „Oase" und mit גן בעדן (gan be'eden) in Gen. 2,8 einen „Oasengarten"[25] meine. Es habe dem Verfasser also „das Bild einer wunderbaren Oase inmitten einer Wüste"[26] vorgeschwebt.

---

[20] Er beruft sich dabei ganz allgemein auf eine – nicht näher bezeichnete – Milieutheorie. Vgl. Yahuda (1929), S. XXI ff. (Einleitung) und passim. Vgl. ferner Yahuda, Erwiderung (1930), S. 2.

[21] Yahuda (1929), S. 101 ff.

[22] In einer Fußnote (ebd., S. 99, Anm. 1) weist Yahuda darauf hin, daß, „wie bereits in der Einleitung bemerkt wurde, ‚babylonisch' als geographischer, ‚akkadisch' als philologischer Begriff zu nehmen sei: Als ‚babylonisch' gelten also alle Mythen, die sowohl in assyrisch-babylonischer als auch in sumerischer Sprache vorliegen, während unter ‚akkadisch' nur die Ersteren zu verstehen sind."

[23] Ebd., S. 116.

[24] Ebd., S. 148 f.

[25] Ebd., S. 151.

[26] Ebd., S. 152.

Bedeutungsvoll sei fernerhin, daß nur von *einem* Strome gesagt werde, daß er
tatsächlich *durch* das Paradies fließe. Dieser Strom werde dann an der fraglichen Stelle (Gen. 2,10) als Quelle der vier Weltströme charakterisiert.[27] Der
Verfasser der Paradiessage habe sich *„sein Paradies in einer Oase am westlichen
Ende der Erde"*[28] vorgestellt, mit dem eigentlichen Paradies*garten* wiederum
im Osten dieser Oase. Und „[d]ie Oase war das erste und einzige Fruchtland
auf der Erde, bevor es Regen gab und einen Menschen, um die Erde zu bear-
beiten (Gen. 2,5)."[29] Die vier Weltflüsse, die vom Paradies ausgingen, umfaßten
die damals, also nach Yahuda zur Zeit des Neuen Reiches, bekannte Welt mit
Euphrat und Tigris im Osten und den beiden anderen Flüssen im Westen. Seine
entscheidende Idee ist es nun, den Nil als zwei Flüsse aufzufassen; nämlich den
einen als den Nil nördlich und den anderen als den Nil südlich des ersten Kata-
raktes. Und so ‚umfließe' (das beziehe sich auf die Windungen des Nils und
sei von ägyptisch *ph̲r* abgeleitet) Gihon eben das Land Kusch, also Nubien,
und Pison das Goldland Hawila, in dem Yahuda nun keine Mühe hat, Ägypten
respektive den „östlichen Teil von Oberägypten"zu erkennen.[30]

Dieses leuchtende Bild von Ägypten und seiner Kultur, das auch noch auf
die endlosen Reihen von Sprachbeispielen ausstrahlt, macht tatsächlich eine
Besonderheit des Buches aus. Yahuda entwirft ein Ägyptenbild, in dem dieses
Land nicht nur eine Oase in der Wüste, sondern auch eine frühe und große
Kultur vor den meisten anderen ist. Zumindest in dieser Auffassung scheint
Yahuda von James H. Breasted und anderen Ägyptologen seiner Zeit beein-
flußt worden zu sein.[31] Und tatsächlich liegt hier ja auch eine Umdeutung des
traditionellen biblischen Ägyptenbildes mit seiner Abwertung von Ägypten als
Land der Finsternis (Ex. 10, 21–23) vor. Das letztere ist für Yahuda wiederum
aus den Erfahrungen des Exodus erklärlich, die das ältere Bild von Ägypten im
nachhinein verdüstert hätten. Ägypten erscheint bei Yahuda dagegen stets als

---

[27] Vgl. ebd., S.156.

[28] Ebd., S.158. Hervorhebung von Yahuda.

[29] Ebd., S.159.

[30] Vgl. ebd., S.159–184.

[31] Tatsächlich beginnt James Henry Breasteds *A History of Egypt* (1905; die deutsche Übersetzung von Hermann Ranke erschien 1910) mit einer Beschreibung Ägyptens als einer Oase mit
„leblosen Wüsten zu beiden Seiten" und er stellt fest, klimatisch sei Ägypten „ein wahrhaftes Paradies". Breasted, Geschichte (1910), S.8f. Dagegen kann man sich einen Einfluß von Max Nordau,
den Yahuda 1914 kennengelernt hat (vgl. unten, S.206ff.), in dieser Frage weniger gut vorstellen.
Nordau spricht zwar ebenfalls von einem ägyptischen Einfluß auf die „positiven Religionen",
bezieht ihn aber explizit auf den religiösen Bereich und relativiert ihn durch den Hinweis auf
andere einflußreiche „Vorstellungen und Gebräuche". In Hinblick auf die Bibel, die Nordau als
eine Kompilation heterogener zweitrangiger Texte beschreibt, könnte der Unterschied zu Yahuda
nicht größer sein. Vgl. Nordau, Lügen [1883], S.70f. – Vgl. hierzu auch Zudrell, Nordau (2003),
S.54ff.

das Land, das seinen kanaanäischen Einwanderern zunächst nahezu alles gab, bis hin zu der Möglichkeit, eine eigene Schriftsprache auszubilden. Nur der Monotheismus gehöre den Einwanderern, er sei das Eigene, das sie mitbrachten und behielten.[32]

Yahudas Vorstellung von Ägypten als Urbild des Paradieses macht es vielleicht auch verständlich, daß er so sicher mit einer freundlichen Aufnahme seines Werkes bei den Ägyptologen rechnete, während er auf die Ablehnung durch die Bibelwissenschaft etwas besser vorbereitet war. So schreibt er im November 1928 an Karl Wolfskehl:

Uebrigens hat sich Prof. Steindorf [d.i. Georg Steindorff, S.P.] – Leipzig erboten, das Buch für die Zeitschr. der Morgenl. Gesell. zu besprechen. Ich hoffe, daß die Aegyptologen bald einsehen, daß durch das Buch die Aegyptologie zu einer Bedeutung gelangt, die sie nie zuvor gehabt hat; und mir würde es Spaß machen, wenn die Alttestamentler durch das Buch in aegyptische Gefangenschaft geraten, nachdem sie uns so lange in panbabylonistischen Ketten gehalten haben. Sollen sie nur anfangen, tüchtig Hieroglyphen zu studieren. Warum sollen es nur Moses und Yahuda getan haben?"[33]

Tatsächlich aber gelang es Yahuda, auch dort Gegnerschaft zu finden, wo außer ihm auch andere Wissenschaftler ägyptische Einflüsse beziehungsweise ägyptisch beeinflußte Namen und Titel sehen konnten. Zwei in unserem Zusammenhang zentrale und bis zum heutigen Tag viel diskutierte Beispiele sollen dies illustrieren: das eine betrifft den Namen *Mose* und das andere den Ehrentitel, den Pharao Joseph verleiht (Gen. 41.45).

Zunächst zu Mose. 1937 zitiert Sigmund Freud den amerikanischen Ägyptologen James H. Breasted, der drei Jahre zuvor in seinem Buch *The Dawn of Conscience* festgestellt hat: „Es ist einfach das ägyptische Wort ,mose', das ,Kind' bedeutet".[34] Breasted erläutert in der von Freud herangezogenen Stelle, es handele sich um die Abkürzung von Namen wie Ptahmose oder Amenmose, hinter denen sich ein ägyptischer Satzname – also ein Name, der aus einem ganzen Satz besteht – verberge. Manfred Görg, der das Namensproblem im Jahre 2000 noch einmal in seiner Vielschichtigkeit dargestellt hat,[35] unterscheidet zwei Wege der Deutung. Die „biblische Deutung"[36] knüpft an die griechi-

---

[32] Vgl. Yahuda (1929), S. XXVI ff. und S. 3 ff., S. 82, S. 115, S. 138 u. a.

[33] A. S. Yahuda an Karl Wolfskehl, 14. November 1928. – Georg Steindorff (1861–1951) Ägyptologe, vgl. Who Was Who (³1995), S. 403 f. – Bei der angesprochenen Zeitschrift handelt es sich um die 1847 gegründete *Zeitschrift der Deutschen Morgenländischen Gesellschaft*.

[34] Freud, Mann Moses (1939), S. 11. Vgl. Breasted, Conscience (1933; zitiert nach der deutschen Ausgabe von 1950), S. 350. – Die erste der drei Abhandlungen von Freud, die dieser 1939 unter den Obertitel *Der Mann Moses und die monotheistische Religion* stellte, nämlich *Moses ein Ägypter*, war zunächst 1937 eigenständig als Beitrag in der Zeitschrift *Imago* erschienen.

[35] Görg, Mose – Name und Namensträger (2000), S. 19 ff.

[36] Ebd., S. 19.

sche Form des Namens in der *Septuaginta* an und an die ätiologische Erklärung
von Pharaos Tochter: „Ich habe ihn ja aus dem Wasser gezogen." (Ex. 2, 10).
Bei dieser Deutung wird der erste Namensteil seit Philo von Alexandria übereinstimmend von ägyptisch *mw–Wasser* abgeleitet.[37] Die andere, die „ägyptologische Deutung"[38] des Namens leitet ihn, wie Breasted in der von Freud
herangezogenen Stelle, von ägyptisch *ms–Kind* respektive von *msj–gebären,
erzeugen* ab. In beiden Deutungen wird also eine ägyptische Herkunft des
Namens angenommen. Bei der „ägyptologischen Deutung" stehen wiederum
zwei Typen von ägyptischen Satznamen zur Verfügung: zum einen der von
Breasted angesprochene *Gott N (gab/hat geschenkt) ein Kind* wie in Ptahmose
und Amenmose[39] und zum anderen der des Typs *Gott N ist geboren*, wie in den
ägyptischen Königsnamen Thutmose und Ahmose.[40]

Yahuda seinerseits verweist kurz auf die vorliegenden Deutungsmöglich-
keiten und verwirft sie alle. In bezug auf eine Deutung, die von *ms* oder *msj*
ausgeht,[41] wendet er ein, daß der Name Ramses, der ja ebenfalls den Namens-
bestandteil *ms* enthält und der zweimal als Stadtname *Ramses* (Ex. 1,11 und
12,37) im Pentateuch erwähnt wird, im Hebräischen abweichend von dem
von Mose geschrieben wird, was der Ableitung von *ms* oder *msj* eine wichtige
Grundlage entziehe.[42] Yahudas Lösung, der aber sonst niemand folgen sollte,
ist es nun, den gesamten Zusammenhang von *ms* und *msj* beiseite zu schieben
und auf ganz eigene Weise an die alte Deutung in Verbindung mit *mw–Wasser*
anzuknüpfen. Er erklärt Mose als *mw-šʿ* – wobei er erläutert, daß *mw-Wasser*

---

[37]   Vgl. Thissen, Zum Namen „Moses" (2004), S. 56.

[38]   Görg (2000), S. 22.

[39]   Freud (1939), S. 12, fällt es bereits auf, daß Breasted nicht alle Namen mit –mose nennt: „Ich
verwundere mich auch ein wenig, dass *Breasted* in seiner Aufzählung grade die analogen theophoren Namen übergangen hat, die sich in der Liste der ägyptischen Könige vorfinden, wie *Ah-mose,
Thut-mose* (Tothmes) und *Ra-mose* (Ramses)."

[40]   Vgl. Krauss, Moses Rätsel (2000), S. 36 f.

[41]   Dabei wählt er als Beispiele die Königsnamen Ahmose, Thutmose und Ramses und übersetzt
sie als ‚Sohn des Gottes Nʿ. Deshalb schreibt Wilhelm Spiegelberg in seiner Rezension von Yahudas Buch im Jahr 1929: „Ganz ähnlich steht es mit Y.'s Deutung des Namens משה, den man heute
mit guten Gründen für den häufigen ägyptischen Eigennamen *Msw* (Mose) hält. Er ist ein abge-
kürzter theophorer Name, vor dem ein Gottesname ‚Gott N ist geboren' [...] zu ergänzen ist, der
etwa bedeutet, daß in dem Kinde ein Gott geboren ist, ein Name, der vielleicht ursprünglich nur
den göttlichen Königskindern, später aber jedem Ägypter gegeben wurde." (Spiegelberg, Ägyptologische Bemerkungen (1929), S. 119). Auf die von Breasted bevorzugte Version geht Spiegelberg
dabei gar nicht ein.

[42]   Vgl. Yahuda (1929), S. 251, Anm. 2, wo er darauf hinweist, daß dem Namen Ramses eher die
Form ‚Ra hat ihn gezeugt' zugrundeliege, und S. 252, wo er auf die Unterschiede der Transkription
eingeht. Diesen Einwand läßt auch Spiegelberg gelten, wenn er auch die weiteren Überlegungen
Yahudas ablehnt. So schreibt er auf S. 120: „Immerhin wird man zugeben müssen, daß ein Zweifel
berechtigt ist, und wenn sich Y. damit begnügt hätte, so würde man ihn deshalb nicht tadeln können." – Vgl. zu dem Namen ‚Ramses': Görg, Mose – Name und Namensträger (2000), S. 25 ff.

auch übertragen als Same, Kind und Sohn verstanden werden könne und *š'–See* übertragen als Nil, und so erhält er für den Namen Mose die Übersetzung *Kind des Nils*.[43] Das Schöne dieses Vorschlages liegt für ihn in dem Umstand, daß er auf diese Weise Moses zwar einen ägyptischen, aber keinen theophoren Namen gibt und damit jeder Bezug zum ägyptischen Polytheismus ausgeschlossen scheint. Wo sich dagegen für Freud über den ägyptischen Namen von Mose die Perspektive eröffnet, Mose als einen Ägypter und gerade den Monotheismus in Verbindung mit Echnaton als ursprünglich ägyptisch zu sehen,[44] hat Mose bei Yahuda zwar einen ägyptischen Namen, aber er *darf* kein Ägypter sein und der Monotheismus ist nach seiner Ansicht genuines Eigentum des jüdischen Volkes. Er vermeidet sogar in einer für die Entstehungszeit seines Buches ganz auffälligen Weise jeden Hinweis auf Echnatons religiöse Umwälzungen.

II.

Wer war nun Abraham Shalom Ezechiel Yahuda, dem Wolfskehl 1939 – aus dem Exil – schreiben sollte: „Manchmal scheint es mir, Sie seien der letzte Jude, würdig, den Adel dieses Namens noch zu tragen"?[45] Yahuda, 1877 in Jerusalem geboren, stammt aus einer angesehenen sephardischen Familie aus Bagdad. Er bringt seine Vielsprachigkeit bereits aus seinem Elternhaus mit, in dem Hebräisch, Jüdisch-Spanisch und Arabisch gesprochen wurde.[46] Er studiert orientalische Sprachen in Straßburg; unter anderem bei Theodor Nöldeke, bei dem er 1904 promoviert.[47] Von 1900 bis 1901 schreibt er sich für zwei Semester an der

[43] Yahuda (1929), S.252.

[44] Vgl. Freud, Mann Moses (1939), S.25 und S.43 ff.

[45] Karl Wolfskehl an A. S. Yahuda, 27. März 1939, in: Wolfskehls Briefwechsel (1988), Bd. 1, S.262.

[46] Vgl. Universal Jewish Encyclopedia, Vol. 10 (1948), S.583.

[47] Auf Yahudas Straßburger Zeit geht wohl die Bekanntschaft mit Wilhelm Spiegelberg zurück, der dort seit 1899 eine außerordentliche und seit 1907 eine ordentliche Professur für Ägyptologie innehatte. Aus dieser Zeit schreibt sich auch Yahudas gute Bekanntschaft mit dem Orientalisten Enno Littmann her. Littmann, der in den Jahren von 1921 bis 1928 die sechsbändige Inselausgabe der *Erzählungen aus den tausend und ein Nächten* vorgelegt hat, ist der Herausgeber der Zeitschrift für Semististik und verwandte Gebiete, die von 1922 bis 1935 als eine Publikation der Deutschen Morgenländischen Gesellschaft erscheint. Er steht mit Yahuda seit 1904 in einem losen Briefwechsel, in dem sie sich über fachliche Fragen austauschen, und trifft ihn auch wohl auch in Heidelberg, wenn er Theodor Nöldeke in Karlsruhe besucht; Littmann hat eine Enkelin des gemeinsamen Doktorvaters Nöldeke geheiratet. Vgl. den Briefwechsel zwischen A. S. Yahuda und Enno Littmann aus den Jahren 1904 bis 1930. (Jewish National and University Library, Ms. Var. Yah. 38, file 1557). Hier findet sich auch Aufschlußreiches über Yahudas Kenntnisse des Ägyptischen. Am 26. Februar 1930 schreibt er an Littmann: „[...] sowohl in Oxford als auch in Cairo hat

Universität Heidelberg ein. Hier hört er auch philosophische und germanistische Vorlesungen.[48] Von 1905 bis 1914 ist er Dozent für Bibelexegese und semitische Philologie an der 1872 in Berlin gegründeten *Hochschule für die Wissenschaft des Judentums*[49] und lehrt gleichzeitig Arabisch am Orientalischen Seminar der Berliner Universität.[50] Seine Berliner Antrittsvorlesung, für deren Übersendung sich Wolfskehls Vater stellvertretend für seinen Sohn bedankt,[51] wird 1906 gedruckt.[52] Von 1914/15 bis 1922 ist er Professor an einem eigens für ihn eingerichteten Lehrstuhl für Orientalistik (besonders für hebräische Sprache und Literatur) in Madrid. Er ist damit der erste jüdische Dozent in Spanien seit der Vertreibung der dort ansässigen Juden im Jahre 1492.[53]

Neben dem wissenschaftlichen und eng verbunden mit diesem gibt es aber auch den politischen Yahuda, der bereits 1897 als Zwanzigjähriger an dem Ersten Zionistenkongreß in Basel teilgenommen hat.[54] 1914 lernt er Max Nordau, den Zionisten und früheren Weggefährten Theodor Herzls, in Madrid kennen, wo dieser, nachdem er bei Kriegsausbruch als österreichischer Staatsbürger Frankreich hatte verlassen müssen, ein Exil gefunden hatte. Zusammen bewegen sie den spanischen König Alfons XIII. dazu, über den deutschen Kaiser bei der türkischen Regierung zu intervenieren, um dadurch zu verhindern, daß Djemal Pascha, der türkische Oberbefehlshaber im Nahen Osten, seinen Plan zur Evakuierung der jüdischen Bevölkerung in Palästina durchführen kann.[55]

mir Sp. [= Spiegelberg, S. P.] nicht nur ein Mal sein Erstaunen darüber ausgesprochen, dass ich mir ohne Lehrer so weitgehende und umfassende Kenntnisse in der ägyptischen Sprache erworben und dass ich so tief in den Geist der ägyptischen Sprache eingedrungen sei."

[48] In Heidelberg studierte er im WS 1900/01 und im SS 1901. Er wird am 7. November 1900 immatrikuliert und am 25. Oktober 1901 exmatrikuliert. Bei seiner Immatrikulation gibt er Straßburg als seinen früheren Studienort an. (Universitätsarchiv Heidelberg, Studentenakt 1900–1910; A. E. Yahuda).

[49] Vgl. Encyclopaedia Judaica Vol. 8 (1971), Sp. 799–801 und Vol. 16 (1971), Sp. 570–584. – In einem Bericht übers Yahudas Lehrtätigkeit an dieser Anstalt von einem seiner damaligen Hörer wird die Faszination spürbar, von der Yahudas Zuhörer ergriffen werden konnten. Vgl. Herlitz, Lehranstalt (1966), S. 207f.

[50] Vgl. Wininger, National-Biographie, Bd. 6 (1932), S. 334, und die Enzyclopaedia Judaica, Vol. 16 (1971), Sp. 703f.

[51] Otto Wolfskehl an A. S. Yahuda, 29. März 1906.

[52] Yahuda, Biblische Exegese (1906).

[53] Vgl. Nordau, Yahuda's Triumph (1916), S. 12. Vgl. außerdem Enzyclopaedia Judaica, Vol. 16 (1971), Sp. 703f., und The Universal Jewish Encyclopedia, Vol. 10 (1943), S. 583f. – Vgl. A. S. Yahuda an Karl Wolfskehl, 24. April 1931.

[54] Vgl. Encyclopedia of Zionism, Vol. 2 (1971), S. 1240.

[55] Vgl. ebd. – Vgl. ferner A. S. Yahuda an Karl Wolfskehl, 24. April 1931: „Irgend einmal werde ich die sehr interessanten Dokumente über meine Kampagne gegen Djemal Paschas Pläne in Palästina veröffentlichen. Ich war immer davon überzeugt, dass ohne mein Eingreifen die ganze jüdische Kolonisation in Palästina vollkommen zerstört worden und die Bevölkerung in allen [sic] Windrichtungen verjagt worden wäre." – Eine Darstellung seines Eingreifens gibt er aber erst 1942: Yahuda, Kung Alfons XIII och judarna (1942), S. 184–190; hier S. 187.

Möglicherweise erhofft sich Yahuda zu dieser Zeit – wie auch die Mehrzahl der deutschen Zionisten – eine Hilfe in der jüdischen Frage eher von den Achsenmächten. Im Gegensatz dazu steht die Entscheidung von Chaim Weizmann, dessen Bemühungen zur Belfour Declaration und damit zum Schutzmachtstatus von Großbritannien geführt haben.[56]

1922 verläßt Yahuda, der britischer Staatsbürger ist,[57] Spanien und geht nach London.[58] Seit 1942 bekleidet er in New York eine Professur für *Near and Middle Eastern Civilizations* an der *New School of Social Research*, zu der später auch die *University of Exile* gehört.[59] Er stirbt 1951 in New Haven. Für die Dauer von zwanzig Jahre wird er also keine feste Verpflichtung übernehmen, sondern nur befristet an einigen Universitäten und Colleges in England selbst, aber auch in Kairo und Jerusalem lehren. Die Zeit in London ist außerdem von langen Arbeitsaufenthalten vor allem in Heidelberg[60] und oft auch in Bern unterbrochen. In dieser Zeit wird er fernerhin in großem Umfange antiquarische Bücher kaufen, sammeln, aber später auch verkaufen; oftmals läßt er sich von Karl Wolfskehl beraten.[61] Yahuda setzt sich weiterhin für jüdische Belange

---

[56] Vgl. Schulte, Psychopathologie (1997), S. 353. – In Yahudas Darstellung von 1942 fehlt diese Überlegung verständlicherweise.

[57] Vgl. Nordau (1916) S. 12.

[58] In den dreißiger Jahren hilft Yahuda von London aus vielen deutschen Juden bei ihrer Emigration. Vgl. dazu A. S. Yahuda an Karl Wolfskehl, 6. März 1939, in: Wolfskehls Briefwechsel (1988), Bd. 1, S. 260–262; hier S. 261. – Vgl. auch Wolfskehl, Gedichte, Essays, Briefe (1999), S. 244 (Anmerkung zu: Karl Wolfskehl an A. S. Yahuda, 27. März 1939).

[59] Vgl. dazu die Anmerkungen von Cornelia Blasberg zu A. S. Yahudas Brief an Karl Wolfskehl, 17. Juni 1943, in: Wolfskehls Briefwechsel (1988), Bd. 2, S. 1078.

[60] Bereits seit 1926 bis einschließlich Februar 1929, also während der Arbeit an dem ersten Band seiner geplanten Publikation, der *Sprache des Pentateuch*, hat Yahuda, wie sich aus den Adressenangaben im Briefwechsel ersehen läßt, eine Wohnung in Heidelberg. Im März 1929 geht er dann nach Kairo, unter anderem mit dem Ziel, in Ägypten Studien für den geplanten zweiten Band zu betreiben, und spätestens ab Juli 1929 befindet er sich wieder in London, wo er im Sommer 1930 ein Haus in der Elsworthy Road bezieht. Dort sollte er die nächsten Londoner Jahre verbringen. Aber erst Ende November 1931 läßt er sich von einem Beauftragten seine Bücher (circa 10 Kisten), Bilder und Koffer aus Heidelberg senden. Auch einige der Möbel in der Heidelberger Wohnung sind seine eigenen. (F. Weiß an A. S. Yahuda, 30. November 1931; der Brief befindet sich in Yahudas Nachlaß).

[61] Vgl. Karl Wolfskehl an A.S. Yahuda, 18. November 1924, 8. Juni 1925 und 9. Oktober 1927. – 1936 bot Viscount Lymington einen Teil der Handschriften von Sir Isaac Newton (die sogenannten *Portsmouth Papers*) bei einer Auktion von Sotheby an. Einen Teil der Handschriften (den größten Teil der alchimistischen) kaufte John Maynard Keynes und vermachte sie dem King's College in Cambridge. Den größten Teil der theologischen Manuskripte kaufte Yahuda, aus dessen Nachlaß sie die Jewish National and University Library in Jerusalem erwerben konnte. Vgl. www.newton-project.ic.ac.uk und www.dibinst.mit.edu/BURNBY/Collections. – Außerdem erwarb Yahuda in London die später nach ihm benannte Yahuda Haggadah, die von seiner Witwe 1955 dem Bezalet Museum, dem heutigen Israel Museum, gestiftet wurde. Vgl. Index of Jewish Art (1981). Die dortigen Angaben zu den Besitzern der Haggada finden sich auch bei Kogman-Appel, Haggada (1999), S. 16.

ein, wodurch er zum heftigen Gegner des erfolgreichen zionistischen Flügels um Chaim Weizmann werden sollte. Dieser verzichtet gerne auf jede Mitwirkung Yahudas.[62] Man kann ihn daher wohl nicht als „Gegner der Zionisten"[63] einordnen; richtig ist eher, daß ihn seine Ablehnung der Politik Weizmanns auch für deren Probleme hat hellsichtig werden lassen.[64] So beobachtete er die Spannungen zwischen Juden und Arabern, die sich mit der steigenden jüdischen Einwanderung verschärften, voll Sorge.[65] Dies um so mehr, als er eigentlich der geborene Vermittler zwischen den Kulturen war. So veröffentlichte er bereits 1893 eine hebräisch geschriebene Abhandlung zur Kulturgeschichte der Araber und edierte 1895 – ebenfalls auf hebräisch – eine Anthologie *Jüdische[r] Dichter in arabischer Sprache in Spanien* und andere Texte.[66]

Mit den Zionisten aller Richtungen verbindet ihn die Ablehnung der Assimilation als einer jüdischen Option.[67] Man gewinnt den Eindruck, daß ein anderes Modell für ihn, wenn nicht unbedingt erstrebenswert, so doch denkbar und in einem gewissen Sinne ja auch historisch erprobt war, daß nämlich Juden, ohne volle staatliche Souveränität zu genießen, doch selbstbewußt und eigenständig in einem Staat wie zum Beispiel dem Deutschen Reich oder einem multinationalen Gebilde wie der österreichisch-ungarischen Monarchie oder dem Osmanischen Reich leben und ihren eigenen Beitrag, besonders auf kulturellem Gebiet, leisten konnten. Dieses Modell sieht er seit 1933 in Deutschland der Zerstörung anheimgegeben. Und da ihm die Palästinapolitik seiner

---

[62] In seiner Autobiographie beschreibt Weizmann sein Treffen mit Henry Morgenthau im Vorfeld der Balfour Declaration, das 1917 in Spanien stattfand. Im Einverständnis mit der britischen Regierung hat er auch ein Gespräch mit Max Nordau. Und in dem Kapitel „Opera Bouffe Intermezzo" erwähnt er noch eine weitere Begegnung: „On leaving the Embassy I ran into the one man I wanted to avoid in Madrid – Professor Yahuda. Each of us thought he was seeing ghosts. Professor Yahuda began at once! ‚What on earth are you doing here? When did you come? Where are you going?' I improvised a number of not very coherent stories and made an appointment which I did not keep." (Weizmann, Trial and Error (1949), S. 197). – Zu den Spannungen zwischen Yahuda und Weizmann vgl. außerdem A. S. Yahuda an Karl Wolfskehl, 6. März 1939, in: Wolfskehls Briefwechsel (1988), Bd. 1, S. 260–262; hier S. 261 f.

[63] Blasberg, Biographisches Register der Briefpartner, in: Wolfskehl, Briefwechsel aus Italien (1993), S. 456.

[64] Vgl. Yahuda, Dr. Weizmann's Errors (1952), S. 14 ff. – In einer kritischen Äußerung schreibt Wolfskehl, Yahuda sei doch „bei aller Eigenwilligkeit von außerordentlicher Schärfe des Blicks". Karl Wolfskehl an Marie-Luise Wolfskehl, Oktober 1945, in: Wolfskehls Briefwechsel (1988), Bd. 1, S. 509–511; hier S. 511.

[65] A. S. Yahuda an Karl Wolfskehl, 17. Juni 1943, in: Wolfskehls Briefwechsel (1988), Bd. 1, S. 266–269; hier S. 267 f.

[66] Wininger, S. 334. – Besondere Erwähnung findet stets seine Edition des Originaltextes des Philosophen Bachja ibn Josef ibn Paquda. Vgl. Feuchtwanger, Grundsätzliches (1929/30), S. 267.

[67] Vgl. Nordau, Tragödie der Assimilation (1920). – Dies wird auch bereits durch Yahudas Mitarbeit an der Berliner Hochschule für die Wissenschaft des Judentums belegt, die, wenn auch für viele Zionisten nicht überzeugend genug, die Eigenständigkeit der jüdischen Kultur betonte.

eigenen Zeit als verfehlt erscheint, sucht er nach neuen Wegen und auch nach geeigneten Führungspersönlichkeiten. Er sieht dabei die Kraft des jüdischen Volkes im Geistigen verankert und dessen Aussicht auf Überleben am ehesten durch seine Eliten gewährleistet.[68] In diesem Sinne ist Weizmann nach Yahudas Ansicht der falsche Führer; er sieht ihn als gescheiterten Moses der Ostjuden.[69] Dagegen richtet sich seine Hoffnung eine Zeitlang auf Albert Einstein:

Einstein hat auf mich einen gewaltigen Eindruck gemacht. Ich bin tief ergriffen von seinem Mitleiden fuer das juedische Volk und begeistert von seinem edlen Drang zur Mitarbeit fuer seine Errettung. [...] Er ist zum Symbol des juedischen Genius, und seine Arbeiten zum Masstab [sic] juedischer Leistungsfaehigkeit geworden. [...] Gelingt es mir ihn fuer meine Plaene zu erobern, so wird mit Einstein eine neue Aera in der juedischen Geschichte beginnen. Wir wollen sehen[,] ob die Juden dieses Mal Glueck haben werden."[70]

Das Briefdatum gibt diesem Wunsch eine tragische Dimension. Resigniert kommentiert er das Scheitern dieser exaltierten Hoffnung zwei Jahre später in einer Phase der Mutlosigkeit:

Aus meinen Plaenen mit Einstein wird anscheinend nichts werden. [...] Ich habe bis jetzt die Grossen vorschieben wollen und ihnen meine Kraft und meinen Geist [ge]geben, habe mich aber geirrt, schon zwei mal [sic]: mit Nordau ein mal [sic] und mit Einstein das zweite Mal. [...] Ein halbes Leben lang bin ich den ‚Grossen‘ nachgelaufen. Die einen haben mich ausgenutzt, die anderen im Stich gelassen.[71]

Für das, was Yahuda an den „Großen" seiner Zeit vermißt, steht für ihn Mose:

Und je mehr ich grabe, je mehr Schätze ich finde, desto mehr wächst meine Bewunderung für den Mann[,] der Alles gewonnene [sic] auf eine unvergleichlich grössere Höhe zu bringen verstand. Nur ein Mann, der den wahren Jehowah in seiner ganzen universalen Allmacht und Göttlichkeit entdeckt und in sich voll aufgenommen hat, konnte sich auf solcher Höhe bewegen und ein solches Werk schaffen.[72]

Die Arbeit an der *Sprache des Pentateuch* und den nachfolgenden kürzeren

---

[68] A. S. Yahuda an Karl Wolfskehl, 12. Oktober 1930: „Auch weiss ich aus viertausendjähriger Geschichte, dass nicht die Zahl[,] sondern die kleine Elite es war, die den Bestand des jüdischen Volkes gesichert hat".
[69] A. S. Yahuda an Karl Wolfskehl, 11. September 1933.
[70] A. S. Yahuda an Karl Wolfskehl, 19. April 1933. – In den Briefen fehlen konkrete Angaben zum Charakter dieser Pläne.
[71] A. S. Yahuda an Karl Wolfskehl, 27. Oktober 1935.
[72] A. S. Yahuda an Karl Wolfskehl, 12. Oktober 1930.

Arbeiten, die Teilnahme an wissenschaftlichen Konferenzen,[73] Vorträge zu seinem Buch[74] und die Besorgung der englischen Ausgaben[75] beanspruchen von
der Mitte der zwanziger bis zur Mitte der dreißiger Jahre einen großen Teil
seiner Zeit. Doch stand auch hinter dem geplanten wissenschaftlichen Projekt,
von dem die *Sprache des Pentateuch* lediglich der erste Band sein sollte, ein
dem politischen Engagement vergleichbares Anliegen. Denn was Yahuda hier
entwirft, ist eigentlich ein utopisches Modell – durchaus vorwärtsgewandt,
obwohl es in der Vergangenheit angesiedelt ist. Es ist das Modell eines über
Jahrhunderte hin zunächst gelingenden Zusammenlebens und Zusammen-
wachsens der vormaligen Einwanderer mit den älteren Bewohnern des Landes,
für das die Deutung des Namens Mose als *Sohn des Nils* ein Ausdruck ist. Mose
nämlich ist nach diesem Modell ein Sohn dieses neuen Landes, aber er ist kein
ägyptischer Sohn, sondern weiterhin Hebräer. Denn ‚Israel in Ägypten' habe
sich zwar in und an der ägyptischen Kultur entwickelt, aber es habe trotzdem
seine eigene Identität beibehalten und besitze im religiösen Bereich sein unver-
wechselbar Eigenes, den Monotheismus, den es sich von Joseph bis Mose habe
bewahren können. Dabei ist Mose, der sein Volk aus Ägypten herausführt zu
einem Zeitpunkt, wo das Verbleiben eine Katastrophe bedeutet hätte, gewiß der
Archetyp des „juedischen Genius". Auf diese Weise rettet dieser zugleich das,
was der eigene geistige Besitz ist, und das, was das vorherige Zusammenleben
erbracht hat. „Was die Juden fuer das geistige Deutschland getan haben[,] wird

---

[73] A. S. Yahuda an Karl Wolfskehl, 18. August 1928.

[74] Yahuda erhält von der „Vorderasiatisch-Aegyptischen Gesellschaft" in Berlin eine Einladung, am 4. Dezember 1929 seine Thesen vorzutragen. Vgl. A. S. Yahuda an Karl Wolfskehl, 25.
November 1929. Er berichtet Wolfskehl am dem Vortrag folgenden Tage: „Zu meinem grössten
Erstaunen sind abgesehen von Sethe und Erman fast alle Aegyptologen einschliesslich Grapow
und Museumsdirektor Schaefer, von denen man mir schon früher sagte, dass sie Feuer und Flamme
gegen mein Buch spieen, anwesend, ebenso auch viele Theologen und eine sehr grosse Anzahl
von Studenten." Von den Anwesenden werden in dem Brief ferner der Religionswissenschaftler
Alfred Bertholet genannt und Ernst Sellin, auf dessen Forschungen sich Freud später bei seiner
Abhandlung über Mose stützen sollte. Yahuda selbst erlebt seinen eigenen Auftritt als erfolgreich
und berichtet, daß er dazu aufgerufen habe, stärker – heute würde man sagen – *interdisziplinär* zu
arbeiten. Vgl. A. S. Yahuda an Karl Wolfskehl, 5. Dezember 1929. – Dieser Ansatz Yahudas wurde
damals eigentlich nur von dem Assyrologen Eckhard Unger begrüßt. Vgl. dessen Rezension in der
Zeitschrift für Völkerpsychologie und Soziologie, in der einleitend von der „heute meist in reiner
Spezialforschung befangenen Wissenschaft" (S. 76) die Rede ist. – Am 26. November 1930 bittet
Karl Wolfskehl seinen Freund Albert Verwey, Yahudas demnächst stattfindenden Vortrag in Ley-
den zu besuchen. Vgl. Wolfskehl und Verwey (1968), S. 246. – Einen Monat später berichtet dann
Yahuda von dem Vortrag und seinem Besuch bei Verwey. Vgl. A. S. Yahuda an Karl Wolfskehl,
22. Dezember [1930].

[75] Die englische Ausgabe erschien 1933 unter dem Titel: *The Language of the Pentateuch in its
Relation to Egyptian*, und im Jahr 1936 wurde in London erstaunlicherweise ein unveränderter
Nachdruck der deutschen Ausgabe aufgelegt. 1934 erschien – ebenfalls in London – *The Accuracy
of the Bible*.

in der Geschichte der juedischen Geistesleistungen bewahrt bleiben[,] lange nach dem [sic] das deutsche Volk aufgehoert haben wird zu existieren."[76] Dies schreibt Yahuda am 16. März 1933 an Wolfskehl. So wie das Pharaonenreich schon lange aufgehört hat zu existieren, möchte man hinzufügen.[77]

Nach Aussage von Ernst Jones besuchte Yahuda Freud am 19. Juni 1938 in dessen Londoner Wohnung; also zu der Zeit, als dieser die *Vorbemerkung II* zu *Moses, sein Volk, und die monotheistische Religion* verfaßte, die dritte der Abhandlungen mit dem Gesamttitel *Der Mann Moses und die monotheistische Religion*. Yahuda habe Freud gebeten, „das Buch über Moses nicht zu veröffentlichen".[78] Man kann sich vorstellen, daß es sich tatsächlich so abgespielt hat. Denn das, was Freud am Beginn der zweiten Abhandlung von dem „Bedürfnis eines Volkes" schreibt, das Mose „zum Juden machen wollte",[79] trifft ja in gewisser Weise auch auf Yahuda als die Einzelperson zu, die Mose als Juden nicht verlieren will. Und man kann einsehen, daß Yahuda das jüdische Recht auf Mose[80] als Tatsache konstatiert und nicht als Bedürfnis diagnostiziert sehen will. Deshalb geht Yahuda in einem langen Aufsatz[81] – programmatisch auf hebräisch geschrieben[82] – ausführlich auf Freuds Entwurf ein, wobei er seine eigenen wichtigsten Positionen

---

[76] A. S. Yahuda an Karl Wolfskehl, 16. März 1933. – Ähnliche Gedanken äußerte er auch in einem Aufsatz, der im März 1936 in *La revue juive de Genève* unter dem Titel „La contribution juive à la ‚Kultur‘ allemande" erschien und der ausgerechnet von Ludwig Klages in seinen antisemitischen Ausführungen von 1940 zitiert wird. Vgl. Klages in der *Einführung des Herausgebers* zu Schuler, Fragmente (1940), S. 77, Anm. 1. – Hier treffen sich die Überlegungen von Yahuda und Wolfskehl. Zu Wolfskehls Haltung vgl. auch Blasberg, Nachwort, in: Wolfskehl, Briefwechsel (1988), S. 433.

[77] Vielleicht gab es bei Yahuda durchaus auch eine gewisse Tendenz zur Selbstidentifikation mit Moses, wie der mit Anm. 32 zitierte Brief nahelegt. Und so mag seinem Haß auf alles Deutsche, von dem Marie-Luise Wolfskehl 1945 schreibt, nicht nur der offensichtliche Grund der deutschen Verbrechen zugrundeliegen, sondern auch die Enttäuschung über eine katastrophal gescheiterte Hoffnung. Eine Hoffnung, die sich nicht nur in der früheren Richtung seiner zionistischen Überzeugungen, sondern auch in der eigenen wissenschaftlichen Biographie widerspiegelt. Vgl. Marie-Luise Wolfskehl an Karl Wolfskehl, 27. August 1945, in: Wolfskehls Briefwechsel (1988), Bd. 1, S. 506–509; hier S. 508.

[78] Jones, Ernst: Sigmund Freud, Bd. 3 (1962), S. 277.

[79] Freud (1939), S. 29.

[80] Vgl. Yahuda (1946), S. 63.

[81] Vgl. Anm. 11.

[82] Die Tatsache, daß dieser Aufsatz auf Hebräisch geschrieben ist, erklärt sich möglicherweise nicht nur durch die Adressaten (Rabbiner, die ihn zu dieser Arbeit aufgefordert haben), sondern ist wohl auch programmatisch zu verstehen, daß nämlich Yahuda das Thema auf diese Weise als eigene jüdische Sache kennzeichnen will. – Bereits am 18. April 1930 hatte er an Wolfskehl geschrieben: „Ich las Ihre Urgeschichte der Menschenherrschaft mit immer wachsender Spannung. [...] Es liest sich wie ein Stück Genesis und wäre es noch mehr so, wenn es in der Ursprache der Genesis gedichtet worden wäre. Warum müsssen Sie, ein Nachkomme braver Juden, gerade Germanien's Muse die schönsten Lieder in starken Tönen singen lassen? Sie verlangen keinen Dank von den vergesslichen Teutonen; Sie wissen aber nicht, wie sehnsüchtig Israels's Muse nach guten Dichtern lechzt."

wiederholt und Freuds Vorgehen anklagt. Es verletzt ihn tief,[83] daß ausgerechnet Sigmund Freud – wie Einstein eine Symbolfigur jüdischer Geistigkeit – den
Gedanken ausspricht, daß Moses den Monotheismus, den er den Juden gegeben
habe, von Echnaton übernommen habe.[84] Für ihn ist es, als habe Freud das zentrale
Recht der Judenheit in Frage gestellt, das Recht, die ersten gewesen zu sein, die
an den einen Gott glaubten,[85] und als stelle – so könnte man heute sagen – Freud
seinem eigenen, zehn Jahre früher publizierten Versuch zur „Restitution" von
Mose eine radikale Dekonstruktion entgegen. Im Jahr 1939 erscheint ihm eine
solche öffentliche Feststellung besonders verhängnisvoll. Und wenn er, obstinat
und hellsichtig zugleich, in Hinblick auf die Annahme von zwei verschiedenen
Männern Mose schreibt, Freud habe alles Gute von Mose an den ägyptischen
gegeben und alles Schlechte an den hebräischen,[86] so sieht er hier eine Gefahr, die
auch in der gegenwärtigen Monotheismus-Debatte thematisiert wird.[87]

III.

Ich lebe mit einem Freund zusammen, einem geborenen Orientalen und bedeutenden
Sprachwissenschaftler, der aus sehr anderen[88] Welten kommend wie ich dennoch von
verwandten Dingen bewegt wird[,] in seinen Arbeiten und Forschungen auf Wesentliches geht, in Vielem sich mit meinem eigenen Tun berührt, meine Ausblicke erweitert
und mir vieles erschliesst. Wir kennen uns schon sehr lange, aber dies ist die erste Zeit
wirklichen Zusammenlebens voll gegenseitiger Befruchtung, eine sehr geistige Coexistenz, die grade nach den[89] zwei Florentiner Jahren mit ihren mannigfachen Entbehrun-
gen nach dieser Richtung fast kurmässig wohltut. [...] Genug gesagt: ich lebe im Hause
der Forschung, Zeiten und Völker der Vergangenheit, ihre Sprachen, ihre Geistesart
werden lebendig und das ungeheure Bild menschlichen Seelentums, menschlicher Verwirklichung erhält neue und tiefe Farben.[90]

---

[83] Und es ärgert ihn spürbar, wie geschickt Freud die *Sprache des Pentateuch* zitiert (vgl. Freud
(1939), S. 68, Anm. 1), so daß man als Leser den Eindruck gewinnen muß, Freuds Theorie über
Moses, den Ägypter, fuße auch auf Yahudas Forschungen. Vgl. Yahuda (1946), S. 73.

[84] Vgl. Freud (1939), S. 118.

[85] Vgl. Yahuda (1946), S. 63 und 69 ff.

[86] Vgl. ebd., S. 66.

[87] Assmann, Mosaische Unterscheidung (2003), S. 28 ff. – Vgl. dazu Schäfer, Das jüdische Monopol (2004), S. 12. – Interessant ist dabei, daß Yahuda ebenfalls das ethische Prinzip als die herausragende Errungenschaft des jüdischen Monotheismus wertet und den Antisemitismus dort tätig
sieht, wo dieser Umstand bestritten respektive gegen die Juden gekehrt werden soll.

[88] Im Brieftext verschrieben: anderenen

[89] verschrieben: dem

[90] Karl Wolfskehl an Franz Wohlfahrt, 1. September 1924 (aus Bern). Mit Wohlfahrt hatte Wolfskehl im gleichen Jahr an einer Übersetzung des Librettos von *Figaros Hochzeit* gearbeitet. – Vgl.
das Nachwort von Klaus Schultz zu Wolfskehl, Figaro (1978), S. 104.

In diesem Ausschnitt aus einem längeren Brief, den der Schriftsteller Karl Wolfskehl im September 1924 an den Komponisten und Musikkritiker Franz Wohlfahrt richtet, berührt er mehrere Aspekte seines Verhältnisses zu Yahuda. Er verweist auf die Länge der gegenseitigen Freundschaft und ihre Bedeutung in einer Krisen- und Umbruchssituation. Er stilisiert Yahuda als „Orientalen" und beschreibt ihr Arbeiten und Denken in Begriffen einer Verschiedenartigkeit bei gleichzeitiger großer Nähe.

Wolfskehl kannte Yahuda zu dieser Zeit seit fast fünfundzwanzig Jahren – so weit reicht ihre belegbare Bekanntschaft zurück.[91] Und obwohl sich ihre Kontakte meistens auf Briefe und kurze Besuche beschränken, haben sie sich mehrfach in Lebenskrisen und finanziellen Nöten sehr vertrauensvoll aneinander gewandt; Yahuda 1914 aus Madrid[92] und Wolfskehl 1920, als ihn Auswanderungspläne beschäftigten.[93] Dies sollte bis zu Wolfskehls Emigration nach Neuseeland so bleiben.[94] In besonderer Weise bewährte sich die Freundschaft[95] zur Zeit der Publikation von der *Sprache des Pentateuch*.

Nach dem Scheitern der später so bezeichneten „Kosmischen Runde" in den Jahren 1903/04, zu der sich in München vor allem Ludwig Klages, Alfred Schuler, Karl Wolfskehl und etwas entfernter Ludwig Derleth und Stefan George

---

[91] Im Januar 1901 erwähnt Friedrich Gundolf gegenüber Wolfskehl, daß Yahuda auf der Durchreise in Darmstadt vorbeigekommen sei: „Yahuda war zwei tage [sic] hier klug lebendig verständig und instinktiv." (Stefan George-Archiv in der Württembergischen Landesbibliothek Stuttgart, Wolfskehl III, 5102). Die Formulierung läßt auf eine zu diesem Zeitpunkt schon bestehende Bekanntschaft zwischen Yahuda, Wolfskehl und Gundolf schließen. Es ist die Zeit, zu der Yahuda in Heidelberg studiert. Und im Juni 1902 schreibt Wolfskehl an Gundolf über den „junge[n] Ost-Jude[n] Jahuda", und ganz besonders erwähnt er ein Beduinengewand, das ihm dieser aus Palästina mitbringen werde. Vgl. Wolfskehl, Briefwechsel mit Gundolf (1977), Bd. 1, S. 156–158; hier S. 157. – Tatsächlich zeigt ein Foto aus dem Jahre 1904 Wolfskehl in diesem Gewand, vgl. Wolfskehl, Leben und Werk (1969), S. 184. – Die frühesten in Yahudas Nachlaß erhaltenen Briefe aus Wolfskehls Elternhaus stammen ebenfalls aus dem Jahre 1904.

[92] 1914 akzeptiert Yahuda, der wegen der Kriegslage nicht nach Deutschland reisen kann, ein Anerbieten von Karl Wolfskehl, ihm mit einem Darlehen auszuhelfen. Vgl. A. S. Yahuda an Karl Wolfskehl, 10. November 1914, in: Wolfskehl (1969), S. 237 f. – Ende Dezember teilt er Wolfskehl allerdings mit, daß er das Geld nicht mehr benötige, da sein Wiener Bankier ihm nun eine Summe überweisen könne. (A. S. Yahuda an Karl Wolfskehl, 28. Dezember 1914, DLA Marbach).

[93] Karl Wolfskehl an A. S. Yahuda, 16. Mai 1920. Mit diesem Brief nimmt Wolfskehl den durch den Krieg abgerissenen Kontakt wieder auf. – Zu diesen Plänen vgl. Blasberg, Nachwort, in: Wolfskehl, Briefwechsel (1993), S. 421–442; hier S. 429.

[94] Zu der Hilfeleistung von A. S. Yahuda bei Wolfskehls endgültiger Emigration nach Neuseeland vgl. Wolfskehls Briefwechsel (1988), Bd. 2, S. 1076 (Kommentar zu dem Brief von Karl Wolfskehl an A. S. Yahuda, 14. März 1946) und zu der Hilfe von Thomas Mann vgl. Biographisches Register der Briefpartner, in: Wolfskehl, Briefwechsel (1993), S. 449.

[95] Yahuda bewahrte unter seinen Schriften auch das Konzept des oben zitierten Briefes, auf dem er handschriftlich vermerkte, „Karl Wolfskehl an Wohlfahrt" und das Datum „29. August" in „1. September" korrigierte.

zusammengefunden haben,[96] und den Veränderungen im George-Kreis in den
Vorkriegsjahren[97] sowie den Einbußen an seinem Privatvermögen nach dem
Kriege[98] beginnt für Karl Wolfskehl eine Zeit der Neuorientierung. 1919 verläßt er München und beginnt eine Reihe von beruflichen Tätigkeiten, zu denen
von 1922 bis 1925 auch die eines Hauslehrers in Florenz gehört hat.[99] Von dort
aus hat Wolfskehl auch im Juni des gleichen Jahres das Treffen angeregt,[100] das
dann während Yahudas Sommeraufenthalt in Bern stattfindet und von dem er
in dem oben zitierten Brief berichtet.

Angesichts dieser langen und freundschaftlichen Verbundenheit erstaunt
die Beschreibung von Yahuda als „Orientalen", die mehr als nur einen Beige-
schmack von Inszenierung und Rollenzuweisung hat. Daß diese Bemerkung
keine zufällige ist, zeigt eine Erinnerung von Frederick P. Bargebuhr, nach
der Wolfskehl zu ihm von „meinem Freunde Yahuda aus Bagdad" gesprochen
habe.[101] Und den Brief, den Yahuda im Zusammenhang mit der Auseinandersetzung um die *Sprache des Pentateuch* an Thomas Mann richtet und zuvor Wolfskehl zur Begutachtung vorlegt, kommentiert dieser mit den Worten: „Der Brief
an Thomas Mann ist ausgezeichnet, freundlich und gehalten zugleich, verehrend
und dennoch etwas von oben herab, wie es sich von seiten des riesigen Asiens
dem Gezwerg Europa gegenüber wohl ziemt."[102] Unausgesprochen, aber deutlich genug schwingt die Anspielung auf die besondere Art der Weisheit mit, die
nur den Bewohnern des alten Ostens zugänglich sei.[103] Man erkennt hier aber
auch eine absichtsvolle Zuordnung der Juden zum Orient, die in den vorangegangenen Jahren auch im zionistischen Kontext ein Thema gewesen war[104] und

---

[96] Vgl. Kluncker: Einführung, in: Wolfskehl, Briefwechsel mit Gundolf (1977), Bd. 1, S. 8–27;
hier S. 19. – Vgl. außerdem Kolk, Gruppenbildung (1998), S. 87 ff., Hoffmann, Kosmische Runde
[1982], S. 79 ff. und Koch, Der deutsch-jüdische Themenkreis (1977), S. 26 und 59 ff.

[97] Vgl. Kolk, (1998), S. 172 ff.

[98] Sogar Durchschriften von Briefen, die sich auf die Regelung von Wolfskehls Anlagen aus dem
väterlichen Erbe beziehen, finden sich in Yahudas Nachlaß, so daß man annehmen kann, daß sich
beide Männer auch über solche praktischen Fragen ausgetauscht haben.

[99] Vgl. Blasberg, Nachwort, in: Wolfskehl, Briefwechsel (1993), S. 428 und 432.

[100] Karl Wolfskehl an A. S. Yahuda, 28. Juni 1924: „Es gäbe so viel des gemeinsamen [sic]: Forschung, Gestaltung, Gesichte[,] Hoffnung bis hinab und hinaus zum persönlichen Ergehen."

[101] Vgl. F. P. Bargebuhr, Karl Wolfskehl, deutscher Dichter und Jude (1983), S. 32–44; hier
S. 42.

[102] Karl Wolfskehl an A. S. Yahuda, 23. Mai 1930.

[103] 1936 schreibt Wolfskehl über Yahuda (in einem Brief an Irene Forbes-Mosse), er vereine „in
wunderbarer Weise den Orientalen (einen Morgenländer, der manchmal fast an die Zauberer und
Weisen und Herren östlicher Märchenwelt erinnert) und den durchgebildeten Europäer". (Zit.
nach: Wolfskehls Briefwechsel (1988), Bd. 2, S. 1075).

[104] Vgl. Buber in seinem Aufsatz von 1916: *Der Geist des Orients und das Judentum*, wiederab-
gedruckt in Buber, Jude und Judentum (1963), S. 46–65, und die Aufsätze von Jakob Wassermann
und Hans Kohn in: Vom Judentum (1913).

die von vornherein einer pejorativen Verwendungen des Begriffs *Orientale*[105] oder auch einer fragwürdigen Opposition der Begriffe *Orientale* und *Jude*, wie sie Ludwig Klages vornahm,[106] entgegentritt. Zugleich erhält Yahuda mit dieser Bezeichnung seinen eigenen Platz innerhalb des Kosmos, der durch Wolfkehls Freundeskreise und Beziehungen gebildet wird.

In der zu Beginn dieses Abschnittes zitierten Briefstelle verbindet sich die Vorstellung des „Orientalen", dem besondere, anderen unbekannte Wissensquellen zugänglich sind, mit der von einem „Haus der Forschung", in dem der Briefschreiber zeitweise lebt. Solche Bilder evozieren eine Vorstellung von Wissenschaft, mit der sich Wolfskehl schon früh beschäftigt hat. Er war wohl schon während der Arbeit an seiner Dissertation auf die Werke von Johann Jakob Bachofen gestoßen,[107] und eine große Rolle spielte bei den Gesprächen, in denen die „Kosmische Runde" das eigene Selbstverständnis zu formulieren sucht neben Nietzsche auch das Bachofen'sche *Mutterrecht*.[108] Dabei erschien wohl auch zeitweise die von Bachofen beschriebene Gynaikokratie als erstrebenswertes Ziel und die spätere vaterrechtliche Entwicklung über die griechische Antike bis hin zum Christentum, mit der nach Bachofen die menschlichen Rechtsinstitute erst ihre Vollendung erreichten, wurde von einigen als Rückschritt und Dekadenz gesehen.[109] Die „Kosmische Runde" zerbrach an der Unvereinbarkeit der verschiedenen Lebensentwürfe und nach Auffassung von Kluncker besonders dadurch, daß Wolfskehl „im vaterrechtlichen Judentum dieselben heidnischen Gluten aufgespürt [hatte], die man allein den von jüdischem Geist (und Blut) freien Völkern vorbehalten glaubte."[110] Kluncker nimmt an, daß Yahuda in diesem Zusammenhang bereits eine gewisse Rolle gespielt habe. Wolfskehl schreibt 1902 an Friedrich Gundolf:

[105] So korrigiert Bergsträßer in seiner Rezension der *Sprache des Pentateuch* eine Lesung von Yahuda dahingehend, daß der fragliche Begriff „wohlschmeckende Speisen" meine und bemerkt dazu, „das ‚schwere, von Öl und Fett triefende Speisen' interpretiert Y. erst aus orientalischer Psychologie hinein." (S. 30). Dieser „Ausfall ins Persönliche" fällt auch Wolfskehl unangenehm auf. Vgl. Karl Wolfskehl an A. S. Yahuda, 11. November 1930.

[106] Nach der Erinnerung von Roderich Huch bezeichnete Ludwig Klages vor dem Bruch Wolfskehl als „glühende[n] Orientale[n]" und unterscheidet ihn damit vom ‚Juden' eigener Definition. Vgl. Huch, Schuler, Klages, George (1973), S. 11.

[107] Vgl. Hoffmann, Wolfskehls Identität (1999), S. 85.

[108] Klages räumt nur widerwillig ein, daß Wolfskehl tatsächlich vor ihm die wichtigsten Werke Bachofens bekannt waren: „Der Alleskenner Wolfskehl kannte zwar *vor* mir ‚Mutterrecht' und ‚Gräbersymbolik' [...]" (Ludwig Klages in: Schuler, Fragmente (1940), S. 58, Anm. 1) – Zur Bedeutung von Bachofen in diesen Diskussionsrunden vgl. auch Schröder, Wolfskehl in der kosmischen Runde (1983), S. 189, und Kolk, Gruppenbildung (1998), S. 88.

[109] Vgl. Kluncker, Einführung, in: Wolfskehl, Briefwechsel mit Gundolf (1977), Bd. I, S. 8–27; hier S. 19 f.

[110] Kluncker (1977) S. 21.

Über den Zionismus muss ich doch mit Ihnen längeres reden. Viel Lärm darin, Selbstgefälligkeit, Phrase und doch die Stimme der tiefe. [sic] So däucht mirs wenigstens. Ob
ich freilich dazu bin die Stimme zu reinerem Tönen zu bringen, ob ich das soll, ob ichs
kann?[111]

Unmittelbar anschließend erwähnt Wolfskehl Yahuda. Diese Briefstelle bringt
Kluncker mit einer Äußerung von Klages in Zusammenhang, daß Wolfskehl
mit einem „jüdischen Mystiker, Beauftragter offenbar eines Geheimordens"[112]
Kontakt gehabt habe, womit nach Kluncker Yahuda gemeint sei.[113] Wenn das
zutrifft, wäre die „Kosmische Runde" nicht nur zuletzt, wie Kluncker schreibt,
„an ihrem Antisemitismus (also am Terror ihrer Denkweise) zerbrochen",[114]
sondern Yahuda wäre dabei so etwas wie ein Katalysator gewesen.

Wenn Yahuda „aus sehr anderen Welten" kam als Wolfskehl, so waren
doch die Berührungspunkte vielfältig. Wolfskehl war auch ein Übersetzer und
Nachdichter von Poesie aus aller Welt, wobei er sich für die Übertragungen
aus dem Hebräischen Yahudas Rat einholte. Beide verband ihre Herkunft
aus distinguierten jüdischen Familien, die ihre Vorfahren bis ins europäische
Mittelalter zurückverfolgen konnten, und ein Brief, in dem Wolfskehl einmal
sehr ausführlich auf seine Familiengeschichte eingeht, ist bezeichnenderweise
an Yahuda gerichtet.[115] Beide besaßen auch durch ihre Familien ein gewisses
Vermögen, das sie bei der Berufswahl wirtschaftlich unabhängig machte[116] und
ihnen erlaubte, leidenschaftlich Bücher zu sammeln.[117] Doch sind sie nicht nur

---

[111] Karl Wolfskehl an Friedrich Gundolf, 14. Juni [1902], in: Wolfskehl, Briefwechsel mit
Gundolf (1977), Bd. I, S. 156–158; hier S. 157.

[112] Ludwig Klages, in: Schuler, Fragmente (1940), S. 75.

[113] Vgl. Wolfskehl, Briefwechsel mit Gundolf (1977), Bd. I, S. 290 f. (Anmerkung zum Brief vom
14. Juni 1902).

[114] Ebd., S. 21.

[115] Karl Wolfskehl an A. S. Yahuda, 1. Juni 1935, in: Wolfskehl, Briefwechsel (1993), S. 121–123;
hier S. 122 f.

[116] Das gilt bei Wolfskehl dann nur noch begrenzt nach dem Ersten Weltkrieg und gar nicht
mehr in den Jahren des Exils.

[117] Zu Yahuda vgl. S. 207 – Auch Wolfskehl hatte in seinem Haus in Kiechlinsbergen eine „riesige Bibliothek" angesammelt. Vgl. Hoffmann, Identität (1999), S. 96. Sie war vielleicht der von
ihm so bewunderten Bibliothek von Friedrich Gundolf vergleichbar, mit diesem tauschte er ebenfalls Büchernachrichten aus. Diese Bibliothek verkaufte er vom italienischen Exil aus an Salman
Schocken gegen eine jährliche Leibrente und eine weitere feste Summe, die er unter seinen beiden
Töchtern aufteilte (Notiz von Margot Ruben; DLA, Nachlaß Karl Wolfskehl). Vgl. auch Blasberg, „Sprechen die Steine?" (1995), S. 4. – Wolfskehl veröffentlichte auch laufend Notizen und
kleine Aufsätze in Periodika wie der Zeitschrift für Bücherfreunde, dem Jahrbuch deutscher Biblio-
philen und Literaturfreunde, dessen 18./19. Jahrgang von 1932/33 eine Fotografie von Wolfskehl
vorangestellt wurde, und war später Lektor der Rupprecht-Presse. Er war Mitglied der Biblio-
philen-Vereinigung. Vgl. Blasberg, Nachwort, in: Wolfskehl, Briefwechsel (1993), S. 430. – Vgl.
auch Wolfskehl, Buecher, Buecher, Buecher, Buecher (1931), wo er schreibt: „Eine alte Haggada,

Sammler, sondern es verbindet sie auch ihre außerordentliche Belesenheit. So spricht Yahudas Kritiker Wilhelm Spiegelberg über die „große Belesenheit" des „in diesem Punkte gewiß bewunderungswürdigen Verfasser[s]"[118] und Wolfskehl, der Polyhistor,[119] war ein Mann umfassender Bildung. Selbst Ludwig Klages räumt nach ihrem Bruch ein, daß Wolfskehl

im jederzeit verfügbaren Besitz eines beneidenswerten Reichtums erlesenster Kenntnisse nicht etwa nur auf dem Gebiete der Germanistik zu finden [war], sondern der Weltliteratur von den ältesten bis zum heutigen Tage, der Kulturgeschichte und Vorzeitforschung, der Religionswissenschaft und der Mythenkunde! Ich habe ihn sich unterhalten hören mit Völkerforschern über Totemismus oder ‚Trojaburgen', [...] mit Ägyptologen über die anch-Schlinge (Henkelkreuz, ‚Nilschlüssel'), [...] und gewann jedesmal den Eindruck, der Aussprache zweier Fachleute beizuwohnen.[120]

Und so findet er bei Yahuda vieles, das sich mit seinem „eigenen Tun berührt", ohne daß sie dieselben Wege gingen. Einige Jahre später beantwortet er eine Postkarte aus Ägypten, indem er ihm die Kenntnis eines Gedichtes von Conrad Ferdinand Meyer schenkt: „Über Ihre Pyramidenkarte bin ich sehr froh. Kennen Sie das schöne Gedicht von C. F. Meyer über den gefangenen Knaben Josef, der zum ersten Mal diese ‚wundersamen Berge' erblickt? Ich schicks Ihnen."[121] Es ist wohl *Der Stromgott*; die letzten beiden Strophen dieses Gedichtes lauten:

Aus der ahnungsvollen Ferne ragen Spitzen, hell besonnte,
Steigen wie beschneite Gipfel weiß am reinen Horizonte –

Joseph schaut empor zum Reiter: „Mit dir meiner Väter Frieden!
Herr, wie nennst du dort die Berge?" – „Kind, du schaust die Pyramiden!"[122]

Am Entstehungsprozeß der *Sprache des Pentateuch* nimmt Wolfskehl seit den Tagen der „geistigen Coexistenz" in Bern in besonderem Maße teil. Wie aus dem Briefwechsel hervorgeht, liest er frühe Fassungen und berät den Verfasser in methodischer Hinsicht,[123] schlägt Verleger vor,[124] streitet sich mit ihm über

---

das mystische, jüdische Osterritual, muß Weinflecken aufweisen, in deren Nachdunkeln dämmert die erwartungsvoll gedämpfte Fröhlichkeit der Vorabendfeier weiter." (S. 40) Man müßte einmal untersuchen, ob sich auf der Yahuda Haggada Weinflecken befinden. – Vgl. dazu Anm. 61.

[118] Spiegelberg (1929), S. 121.
[119] Vgl. Blasberg, Nachwort, in: Wolfskehl, Briefwechsel (1993), S. 426.
[120] Klages, Einleitung, in: Schuler (1940), S. 52.
[121] Karl Wolfskehl an A. S. Yahuda, 2. März 1929.
[122] C. F. Meyer, Der Stromgott, in: C. F. Meyer, Sämtliche Werke. Bd. 1 (1963), S. 237.
[123] Karl Wolfskehl an A. S. Yahuda, 21. Oktober 1926.
[124] Karl Wolfskehl an Ethel Yahuda, 18. November 1924. (Hier schlägt er „Mohr in Tübingen" vor, ist aber auch bereit, ein Einführungsschreiben an A. Albers bei der C. H. Beckschen Verlags-

das Vorwort[125] und schreibt eine Buchbesprechung, die als Vorankündigung konzipiert war und die er in der Frankfurter Zeitung[126] unterbringen kann, und er steht Yahuda bei, als dieser sich als Opfer seiner Rezensenten sieht.

Yahuda hat in der *Sprache des Pentateuch*, wie oben ausgeführt, die Richtigkeit der biblischen Überlieferung ausschließlich mit den Mitteln der Philologie erweisen wollen. Zu diesem Vorgehen hatte ihm Wolfskehl geraten. Im Oktober 1926 schreibt er dem Freund nach der Lektüre einer vorläufigen Fassung des Manuskriptes:

Die Wucht Ihrer Argumente ist besonders gross[,] wo Sie die Tatsachen sprechen lassen. Da ist sie oft überwältigend, sodass man sich ihr nicht entziehen kann. In dem Augenblick[,] wo Sie selber deuten oder in allgemeineren Umrissen den Tatbestand darlegen[,] erheben sich manche Einwände. Mir scheinen manchmal die Mittel, mit denen Sie Wortbedeutungen festzulegen suchen [...] nicht zwingend, denn wer wollte über diese Jahrtausende weg die Beweggründe im Einzelnen ergründen? Dies ist ein Einwand gegen Teile Ihrer Methode, nicht gegen die Entdeckung selbst in all ihren Einzelheiten, nicht gegen das Tatsachenmaterial[,] das sie, in seinem Ganzen genommen, zur Evidenz erhebt. Ich bin immer wieder aufs Neue überrascht, ja gebannt von dem neu-alten Bild, das hier wie von selber ersteht und sich durch die Klarheit [,] mit der es in Ihnen lebt und durch den Reichtum, den Sie ihm verleihen, auch sehr zweifelnden Lesern einprägen muss.[127]

Nach der Drucklegung des Werkes betont Wolfskehl noch einmal gegenüber Yahudas Frau:

Daß Yahudas Beweismittel in ihrer so völlig sachlichen, alles über das Thema des Sprachwerdens Hinausgehende außer Acht lassenden Wissenschaftlichkeit einleuchten und zwingen müßten, habe ich immer gewußt.[128]

Allerdings rät Wolfskehl damit nicht zu einem Vorgehen im Sinne der positivistischen Sprachwissenschaft und modernen Quellenkritik, von der er in polemischer zeitlicher Umkehrung von den „kritischen Methoden, der stolzesten Errungenschaft unserer Väter und nächsten Ahnen" spricht. Statt dessen soll die „Zuverlässigkeit der Traditionen" für sich selbst sprechen.

buchhandlung zu schreiben, falls Yahuda diesen Verlag weiterhin vorziehe. – Ein solches handschriftliches Einführungsschreiben (ohne Datum) befindet sich in Yahudas Nachlaß und außerdem eines an Kurt Wolff.)

[125] A. S. Yahuda an Karl Wolfskehl, 14. November 1928.
[126] Karl Wolfskehl an Ethel Yahuda, 13. Dezember 1928: Der fertige Artikel liege seit „mindestens 6 Wochen bei der Frankfurter". Nach mehrmaligen Nachfragen Wolfskehls erscheint der Artikel am 12. Januar 1929.
[127] Karl Wolfskehl an A. S. Yahuda, 21. Oktober 1926.
[128] Karl Wolfskehl an Ethel Yahuda, 3. September 1928.

Und er führt in seiner Vorankündigung in der Frankfurter Zeitung weiterhin aus:

Wie von selber ist damit der Glaube an die Zuverlässigkeit der Traditionen gewachsen. Man sieht nicht mehr ein – was freilich schon vor zwei Menschenaltern der einsiedlerische und weise Bachofen in seiner Verteidigung des Livius gegenüber Niebuhr und Mommsen nicht begriff – warum wir es so viel besser wissen können wie Epochen, die nicht nur der zeitlichen Entfernung nach, sondern auch ihrer Fühlweise nach den überlieferten Ereignissen und Zusammenhängen erheblich näher standen als wir und noch dazu durch das von wissenschaftlicher Strenge, Akribie und Hingabe nicht zu ersetzende Geheimnis der seelischen Verbundenheit in der eigenen Vorzeit wurzelten.[129]

Obwohl Yahuda in keiner Weise an Bachofen anknüpft,[130] findet Wolfskehl doch in der *Sprache des Pentateuch* dessen Prinzipien verwirklicht, wenn der modernen Quellenkritik gewissermaßen die Stimmen der frühen Zeit als letzte Entscheidungsinstanz gegenübergestellt werden. Mit Bachofen knüpft Wolfskehl dabei – wie erwähnt – an ein altes Thema wieder an, ebenso wie in dem wenig später geschriebenen Aufsatz *Lazarus Geiger zum hundertsten Geburtstag*, der ebenfalls in der Frankfurter Zeitung erscheint, und in einem ausführlichen Brief an Friedrich Gundolf anläßlich dieses Aufsatzes.[131] In der Zwischenzeit kann übrigens durchaus von einer Bachofen-Renaissance gesprochen werden, nachdem Hans Baeumler 1926 eine mit einer langen Einleitung versehene Auswahl aus dessen Schriften mit dem Titel *Der Mythus von Orient und Occident. Eine Metaphysik der Alten Welt* vorgelegt hatte. Auch Thomas Mann hat, wie man weiß, für seine Josephsromane kräftig aus Bachofens Werk geschöpft.[132] In dem *Lazarus Geiger*-Aufsatz stellt Wolfskehl – und dies hatte Gundolfs Kritik herausgefordert – Bachofen mit Goethe auf eine Stufe. In seinem Antwortbrief an Gundolf bezeichnet er Goethe und Bachofen als die „Grössten der seherischen Erkenner", und so kann er Yahuda, den er Albert Verwey gegenüber als einen „Wissenschafter mit Intuition" von „fast seherische[r] Schau"[133] bezeichnet, kein größeres Lob erteilen als in dem folgenden Brief, in dem er sich wohl auf einen Aufsatz von Ludwig Feuchtwanger in der Zeitschrift Der Morgen bezieht:

Übrigens: Stütze und Hintermann des Kläffers ist Prof. Bergsträßer, wie ich aus sicherer Quelle erfahre. B. hat erklärt, er halte das Buch ‚nicht für wissenschaftlich'. Sie wissen[,] in welche Gesellschaft Sie dieser Vorwurf bringt! Goethe, Bachofen, Burckhardt,

---

129 Wolfskehl, Sprache des Pentateuchs (1929).
130 Dies räumt Wolfskehl auch durchaus ein.
131 Vgl. Karl Wolfskehl an Friedrich Gundolf, 27. Mai 1929, in: Wolfskehl, Briefwechsel mit Gundolf (1977), Bd. II, S. 182–184; hier S. 182 f. und Anm. S. 304 f. mit Auszügen aus dem strittigen Aufsatz.
132 Vgl. Galvan, Zur Bachofen-Rezeption (1996).
133 Karl Wolfskehl an Albert Verwey, 4. Dezember 1930, in: Wolfskehl – Verwey (1968), S. 248.

Nietzsche haben den gleichen aus verwandtem Munde zu hören bekommen. Und Sie werden ebenso recht behalten wie diese.[134]

Wolfskehl unterscheidet in dem *Geiger*-Aufsatz zwischen dem Wissenschaftler, der „die Wahrheit ergreift", und dem, der „von der Wahrheit ergriffen" wird.[135] Den letzteren sieht er in Goethe, aber auch in Bachofen verkörpert. „Eine neue durchaus nicht leichtgläubige, aber mit größerer Unbefangenheit die Tatsachen zunächst hinnehmende, an ihre Stelle belassende Ehrfurcht ist erwacht."[136] Mit diesen Worten beschreibt er in der *Pentateuch*- Rezension den gemeinten Weg der Erkenntnis, durch den es dann auch dem Leser als Forscher ermöglicht wird, durch die „oft strahlende Evidenz der Beispiele" im Sinne des *Geiger*-Aufsatzes „von der Wahrheit ergriffen" zu werden, da die „unausweichlichen Resultate" ja „einleuchten und zwingen" müssen.[137]

Die von Yahuda vorgetragene These, über die nur „mit Erregung gesprochen werden" könne, faßt der Rezensent[138] folgendermaßen zusammen:

Das Hebräische ist eine in ägyptischem Milieu unter stärkster Einwirkung der hochentwickelten ägyptischen Schriftsprache [...] entstandene freie, man möchte sagen, *absichtsvolle* Bildung. Das hiernach sich jedem Leser zwingend aufdrängende weitere Resultat: diese hebräische Sprache muß also die *Schöpfung eines einzelnen* sein, des *Moses* also sein, der also, wie es die Tradition ja immer gewußt und gewollt hat, das Judentum genau so ,erschuf' wie Homer die Griechen, Zarathustra die Iranier und in gewissem Sinne noch Dante eine italische Menschheit, – dies Resultat wird, zum mindesten in vorliegendem Bande noch, unausgesprochen gelassen. Wir dürfen ihm Worte leihen, weil wir nicht nur aus der Betrachtung der Vergangenheit erfahren haben, daß Sprachbildung und Menschheitsbildung unzertrennlich zusammengehören, ja eines sind.[139]

---

[134] Karl Wolfskehl an A. S. Yahuda, 17. Februar 1930. – Ludwig Feuchtwanger, ein jüngerer Bruder von Lion Feuchtwanger, war Rechtsanwalt und Leiter des Verlages Duncker & Humblot in München. Er geht auf Yahudas Buch im Rahmen einer größeren Abhandlung in der Zeitschrift Der Morgen ein und sieht dabei – in Übereinstimmung mit Ernst Sellin, aber anders als Spiegelberg – die Herausarbeitung der „ägyptischen Elemente in den von ihm behandelten Teilen der ,Fünf Bücher'" als ein „große[s] Verdienst" von Yahuda an, bezeichnet aber dessen „Folgerungen aus dem Material", wie sie Wolfskehl in seiner von Feuchtwanger ebenfalls zitierten Rezension explizit formuliert hat, als „geradezu abenteuerlich und mit keinem Schein bewiesen". Feuchtwanger (1929/30), S. 270. – Vgl. Sellin, A. S. Yahuda, Sprache des Pentateuch (1929).

[135] Zitiert nach Wolfskehl, Briefwechsel mit Gundolf (1977), Bd. II, S. 305.

[136] Wolfskehl, Sprache des Pentateuchs (1929).

[137] Ebd.

[138] Mehrmals betont Wolfskehl, daß er stolz sei, als erster die Bedeutung von Yahudas Buch erkannt zu haben: Karl Wolfskehl an A. S. Yahuda, 17. Februar 1930: „Mehr als je freue ich mich als Erster auf den Kern Ihres Buches öffentlich gedeutet zu haben, mehr als je merke ich, wie sehr ich dazu berufen war." – Ähnlich äußert er sich auch gegenüber Friedrich Gundolf. Vgl. Karl Wolfskehl an Friedrich Gundolf, 25. Januar 1929, in: Wolfskehl, Briefwechsel mit Gundolf (1977), Bd. II, S. 175–176; hier S. 176.

[139] Wolfskehl, Sprache des Pentateuchs (1929). – Hervorhebungen von Wolfskehl.

Ähnlich, aber fast noch deutlicher, faßt er seinen eigenen Gewinn aus dem Buch in dem oben bereits angeführten Brief an Ethel Yahuda zusammen:

Das Geheimnis der ‚Überlieferung‘, auch aller außerjüdischen Alttradition, die nicht nur in diesem Falle unlösliche Einheit von Sprachs-Entstehung, Ursprung und Werden der Religion und der damit erst einsetzenden Volksindividualität – mit andern Worten die Geburt des Menschenseins aus dem Geist und zwar jeweils aus dem Geiste *eines* Gottesmannes, eines wahrhaft ‚*Begeist*erten‘: das alles ist an diesem ungeheuren, ja weltwichtigsten Beispiele für das Gesamt der Menschheitsgeschichte erwiesen.[140]

Nimmt man diese Äußerungen zusammen, so wird auch deutlich, wie Wolfskehl hier Moses in die Reihe derer stellt, die für die vaterrechtliche Weiterentwicklung im Bachofen'schen Sinne (Homer, Zarathustra) stehen. An die Stelle des Sinnlichen in der mutterrechtlichen Gesellschaftsform tritt mit mehr als nur einem Anklang an Nietzsche das Geistige als ein generierendes Prinzip.

Und was nach Wolfskehl von „aller außerjüdischen Alttradition" festgestellt werden kann, gilt eben gerade auch für die jüdische. Auch hier knüpft Wolfskehl an die alten Debatten wieder an, wenn er die Bedeutung des jüdischen Beitrags für die Menschheitsgeschichte hervorhebt. Schon in dem seiner Dissertation beigegebenen Lebenslauf vermerkt Wolfskehl: „Ich bin Jude"[141] und tritt so für Gleichberechtigung statt Assimilation ein. Das Modell eines ‚Israel in Ägypten‘, das Yahuda in seinem Buch annimmt und in seinen kulturellen Auswirkungen ausmalt, liegt dem Rezensenten, obwohl er nicht explizit darauf eingeht, näher als die Abgrenzung durch den Exodus. Und wenn für Yahuda, der kämpfen und hassen konnte,[142] der tatkräftige Mose des Exodus immer einleuchtender wurde, so schreibt Wolfskehl noch 1937 an den Freund, also bereits aus dem Exil, als das Modell eines ‚Israel in Ägypten‘ in Deutschland schon auf kriminelle Weise gescheitert ist, à propos der Lage in Palästina: „Judenpolitiker in Judensachen hat es nie gegeben: wie weise war Disraeli, seine ganze Kraft der großen Wahlheimat zu widmen und dabei von Herzen und ganzer Seele stolzester Jude zu verbleiben."[143] In dem langen Brief an Yahuda, in dem Wolfskehl die Geschichte seiner Familie schildert, findet sich auch die Feststellung: „Ein deutscher Dichter zu sein, ist für den heutigen deutschen Juden wohl die schwerste Prüfung und Erpro-

---

[140] Karl Wolfskehl an Ethel Yahuda, 3. September 1928. – Hervorhebungen von Wolfskehl.
[141] Dem Gedenken an Wolfskehl (1988), S. 4.
[142] Vgl. Yahuda (1946), S. 71.
[143] Karl Wolfskehl an A. S. Yahuda, 16. April 1937, in: Wolfskehl, Briefwechsel (1993), S. 241–242; hier S. 242.

bung [...]. Ich habe nichts als das deutsche Wort".[144] Letztlich steht ihm Hiob näher als Mose.[145]

Als Anlaß zum Kampf erlebt Yahuda bereits 1929 und 1930 den Mangel an fachwissenschaftlicher Anerkennung, auf den schon hingewiesen wurde. Wolfskehl, der an diesen Auseinandersetzungen lebhaften Anteil nimmt, schreibt an Verwey: „Die Thesen stimmen und viele Beweise, aber er hat sehr zu kämpfen, ist freilich der geborene ‚Corsaire-et-demi'-Austeiler."[146] Bei den wissenschaftlichen Beurteilern der *Sprache des Pentateuch* scheint der ambivalente Charakter des Buches, dessen streng philologische Erscheinungsform das theologische Anliegen einerseits zu verhüllen scheint, während es sich dem Leser andererseits doch wieder deutlich aufdrängt, eher Verärgerung hervorgerufen zu haben.[147] Der theologische Standpunkt des Verfassers war für die drei wichtigsten Rezensenten, den Alttestamentler Joachim Begrich,[148] den Ägytologen Wilhelm Spiegelberg[149] und den Orientalisten Gotthelf Bergsträßer,[150] inakzeptabel. Die kompromißlose Ablehnung durch die Ägyptologie, die Yahuda als besonders hart empfand, hat mit Sicherheit auch eine wissenschaftstheoretische Komponente. Was Wolfskehl als Fortschritt und Überwindung des Positivismus feiert, erscheint hier als unwissenschaftlich und als den wunderlichen Theorien zugehörig, die über Ägypten schon immer im Umlauf waren. Und wo Wolfskehl fürchtet, daß der Titel „den Nichtfachmann eher fernzuhalten als anziehen zu wollen"[151] scheint, hält Bergsträßer das Buch für unwissenschaftlich und schließt seine Besprechung mit den Worten: „Die Fortsetzung des Unternehmens müßte in völlig anderem Geist und mit disziplinierterer Methode erfolgen; sonst ist im Interesse der Wissenschaft zu wünschen, daß sie unterbleibt."[152] Spiegelberg und Bergsträßer bemühen sich vor allem, die Unhaltbarkeit der philologischen Schlüsse im einzelnen nachzuweisen. Tatsächlich ist aber, wie auch Thomas Mann erkannte und Yahuda in seinem ersten Brief an ihn

---

[144] Karl Wolfskehl an A. S. Yahuda, 1. Juni 1935, in: Wolfskehl, Briefwechsel (1993), S. 121–123; hier S. 121. – Vgl. hierzu Blasberg (1995), S. 8 f.

[145] Karl Wolfskehl an A. S. Yahuda, 27. März 1939, in: Wolfskehls Briefwechsel (1988), Bd. 1, S. 262–266; hier S. 265: „Immer mehr fühle ich die Hiobsgestalt, das Hiobserlebnis als eigentlichste Verwirklichung jüdischen Schicksals". – Vgl. auch Grimm, Die Hiob-Dichtung (1972), S. 5.

[146] Karl Wolfskehl an Albert Verwey, 18. August 1930, in: Wolfskehl – Verwey (1968), S. 243–244; hier S. 244.

[147] So bemerkt auch ein weiterer Rezensent: „Man darf [...] sagen, daß im Grunde die sprachliche Untersuchung nicht Selbstzweck ist, [...] und muß hinzufügen, daß diese sich überall aufdrängende Abzweckung der Untersuchung das Vertrauen in ihre Objektivität und Beweiskraft von vornherein stark erschüttert." (Eißfeldt, Yahuda, A. S., Die Sprache (1930), Sp. 343).

[148] Begrich, Yahuda, Sprache (1929).

[149] Spiegelberg, Ägyptologische Bemerkungen (1929).

[150] Bergsträßer, Semitistisch-hebraistische Bemerkungen (1932).

[151] Wolfskehl (1929).

[152] Bergsträßer (1932), S. 40.

schreibt,[153] die *Sprache des Pentateuch* eher ein Buch für den Nichtfachmann und deshalb hat es wohl auch Dichter eher angesprochen als Wissenschaftler.

Von allen Kritiken hat Yahuda die von Spiegelberg am meisten gekränkt, und fast ebenso tief hat es ihn verletzt, daß Martin Buber eine versprochene Rezension dann doch nicht geschrieben hat. Zu Spiegelbergs Rezension schreibt er eine Gegendarstellung,[154] die er seinerseits in der *Zeitschrift für Semitistik* unterbringen will, und es beginnt mit dem Herausgeber Enno Littmann ein zähes Ringen darum. Littmann möchte es unter allen Umständen vermeiden, daß die Zeitschrift und die Morgenländische Gesellschaft in den Streit hineingezogen werden. Im Februar 1930 hatte Littmann zugesagt, daß Yahuda eine Erwiderung auf Spiegelbergs Kritik in der Zeitschrift veröffentlichen dürfe. Er betont die Notwendigkeit, „objektiv beide Seiten zu Wort kommen zu lassen", erklärt, daß er in Spiegelbergs Rezension „einige Bemerkungen gestrichen" habe, verspricht, dies im Bedarfsfalle auch bei Bergsträßer zu tun, fordert Yahuda ebenfalls zur Mäßigung auf und erklärt, daß dieser die Mehrkosten übernehmen müsse, falls seine Erwiderung zu lang ausfalle.[155] Auch damit ist Yahuda einverstanden. Und obwohl er sich bei seiner *Erwiderung* zurückzuhalten glaubt, was ihm auch Wolfskehl mehrmals anrät, hält Littmann das Ergebnis nicht für akzeptabel.[156] Als Kompromiß schlägt Yahuda vor, daß Littmann die ihm anstößigen Stellen in blaue Klammern setzten möge; Wolfskehl rät ihm, die eingeklammerten Stellen „ganz wegzulassen".[157] Yahuda führt daraufhin einige Streichungen durch, und Littmann schlägt schließlich vor – wie dann auch verfahren wird – daß die *Erwiderung* nicht in der Zeitschrift erscheint, aber wie die Zeitschrift bei G. Kreysing im gleichen Format, mit den gleichen Typen und mit gleichem Deckblatt separat auf Yahudas Kosten gedruckt und mit dem nächsten Heft der Zeitschrift versendet wird. Schließlich geht es noch um die Frage, ob die Drucksache als „Beiheft" oder „Beilage" der Zeitschrift bezeichnet werden darf, wobei Yahuda einen kleinen Sieg davonträgt.[158] Zur gleichen Zeit läßt sich Yahuda von dem Ägyptologen

---

[153] Vgl. Anm. 178.

[154] A. S. Yahuda, Erwiderung auf Wilhelm Spiegelberg's „Ägyptologische Bemerkungen" (1930).

[155] Enno Littmann an A. S. Yahuda, 21. Februar 1930; bereits auf einer Postkarte vom 8. Februar bezieht sich Littmann auf diese Erwiderung. (Jewish National and University Library, Yahuda Ms. Var. 38, file 1557).

[156] A. S. Yahuda an Karl Wolfskehl, 9. Februar 1930; Karl Wolfskehl an A. S. Yahuda, 21. Februar 1930, in: Wolfskehl, Briefe und Aufsätze (1966), S. 62–65; Enno Littmann an A. S. Yahuda, 31. März 1930; Karl Wolfskehl an Ethel Yahuda, 7. April 1930.

[157] A. S. Yahuda an Enno Littmann, 3. April 1930; Karl Wolfskehl an A. S. Yahuda, 24. April 1930.

[158] Enno Littmann an A. S. Yahuda, 11. April 1930; A. S. Yahuda an Enno Littmann, 15. April 1930; Enno Littmann an A. S. Yahuda, 23. April 1930, 28. April 1930; A. S. Yahuda an Enno Litt-

Hans Jacob Polotsky, der sich 1925 und 1926 als Student etwas Geld verdient hat, indem er für Yahuda Belegstellen und bibliographische Angaben heraus-gesucht und hieroglyphische Abschriften angefertigt hat,[159] eine Bestätigung ausstellen, daß er Yahuda keine inhaltlichen Hilfen gegeben habe. Dadurch soll eine Bemerkung Spiegelbergs in seiner Rezension widerlegt werden. Polotsky erfüllt diesen Wunsch auf einen zweiten Brief hin.[160]

Die ungeheure Wut, mit der Yahuda gegen Spiegelbergs Rezension ange-kämpft hat, konnte ihm und seinem Buch nur schaden. Polotsky übergeht die gegen Spiegelberg gerichteten persönlichen Angriffe kommentarlos, und sowohl der Ägyptologe Kurt Sethe, an den sich Yahuda um Unterstützung gewandt hat,[161] als auch Enno Littmann und Thomas Mann weisen sie entschie-den zurück. Nur Wolfskehl hat Verständnis für Yahudas Enttäuschung, wenn ihm auch nach dem Lesen der Rezension zum ersten Mal Zweifel an Yahu-das philologischer Arbeit im einzelnen kommen, wobei ihm aber das Gesamt-ergebnis trotzdem nicht in Frage steht.[162] „Wirklich entsetzt" ist Wolfskehl allerdings von zwei Briefen, die Yahuda an Martin Buber geschrieben hat, als sich dieser schließlich doch nicht dazu entschließen kann, eine Rezension des Buches zu schreiben.[163] „Meine Freundschaft für Sie, meine Liebe und meine Verehrung sind gross und unerschütterlich", schreibt Wolfskehl, und deshalb bedrücke es ihn, daß die „Atmosphäre um Ihre Person und Ihr Werk [sich] verdüstert". Wolfskehl bestreitet Yahuda dabei das Recht, Buber „auf seine Pflichten dem Judentum gegenüber zu weisen".[164] Vielleicht gibt diese letzte Formulierung einen Schlüssel zu Yahudas Reaktion. Für ihn stand mehr auf dem Spiel. Natürlich ging es um die wissenschaftliche Anerkennung, auch um

---

mann, 30. April 1930 und A. S. Yahuda an Enno Littmann, 2. Mai 1930. Auf dem Deckblatt der *Erwiderung* wird schließlich unter dem Titel in Klammern stehen: „Zeitschrift für Semitistik und verwandte Gebiete, Band 7, Heft 2". Der Briefwechsel zwischen Yahuda und Littmann findet damit ein Ende.

[159] Hans Jacob Polotsky (1905–1991), Ägyptologe und Philologe; vgl. Who Was Who (³1995), S. 339. – Vgl. Briefe und Karten von J. Polotsky an A. S. Yahuda vom 3. und 32. September und vom 13. und 19. Oktober 1925; 11., 15. und 24. März 1926; 27. April 1926; 7. Juni und 18. Juli 1926. (Jewish National und University Library Jerusalem, Yahuda Ms. Var. 38, file 2069). – Polotsky unterschreibt stets „J. Polotsky".

[160] A. S. Yahuda an J. Polotsky, 12. März und 4. April 1930; J. Polotsky an A. S. Yahuda, 10. April 1930 und A. S. Yahuda an J. Polotsky, 19. April 1930.

[161] Kurt Sethe (1869–1934), Ägyptologe; vgl. Who Was Who (³1995), S. 385. – Kurt Sethe an A. S. Yahuda, 25. Mai 1930. (Jewish National und University Library Jerusalem, Yahuda Ms. Var. 38, file 2386).

[162] Karl Wolfskehl an A. S. Yahuda, 21. Februar 1930.

[163] Diese Briefe waren nicht auffindbar. – In seinem eigenen Moses-Buch geht Buber nur kurz und vollkommen neutral auf Yahudas Deutung von Moses Namen ein. Vgl. Buber, Moses (1948), S. 51.

[164] Karl Wolfskehl an A. S. Yahuda, 2. Juni 1930, mit Kürzungen abgedruckt in: Wolfskehl, Briefe und Aufsätze (1966), S. 81–83, hier S. 82 f.

die Autoreneitelkeit, der Ägyptologie zu neuer Bedeutung verhelfen zu wollen,[165] aber vor allem ging es um die Bedeutung des Buches für das jüdische Selbstverständnis, und wohl deshalb fühlte Yahuda sich wohl von Buber und Spiegelberg[166] ganz besonders im Stich gelassen.

IV.

Eines der Beispiele, die Spiegelberg neben dem bereits erwähnten des Namens *Mose* herausgreift, ist das des Titels, den Pharao Joseph verleiht, als er ihn in sein Amt einsetzt (Gen. 41.45). Luther hat ihn in seiner Übersetzung durch den deutschen Titel *Heimlicher Rat* substituiert; heute wird der Titel meist lautschriftlich *Zaphnath-Paneah* wiedergegeben. Diesen Titel gibt bereits Hermann Gunkel in seinem Kommentar zur Genesis nach Georg Steindorff als „wahrscheinlich = ägyptisch de-pnute-ef-ônch ‚es spricht der Gott: er lebt'" an[167] und Spiegelberg in seiner Rezension in der Form: *Ḏd p3 ntr iw=f ʿnḫ – der Gott sagte, daß er (der Neugeborene) leben solle.*[168] Yahuda wendet nun – ähnlich wie bei dem Namen *Mose* – gegen diese Deutung ein, daß bei Namen dieser Konstruktion jedesmal die (ägyptische) Gottheit genannt werde,[169] während Spiegelberg davon ausgeht, daß sie hauptsächlich deswegen von Yahuda abgelehnt werde, weil diese Namensform zeitlich zu spät für dessen Argumentation aufgetreten sei, nämlich erst von der 21. Dynastie an.[170] Auf jeden Fall bietet Yahuda statt der oben angegebenen eine andere Aufteilung des Satzes an, nämlich *df (= df3) n t3 p3 ʿnḫ* oder *p3j ʿnḫ* an, was er als *Speisung, Nahrung des Landes ist der Lebende* oder *ist der Lebende da* übersetzt. Er argumentiert zur Begründung seiner Lesart, daß der „Gedanke, daß ein Herrscher der Ernährer Ägyptens sei", durchaus „geläufig" gewesen sei und „nicht nur in Königsnamen" vorkomme. Und er wiederholt zur Bekräftigung: „Unsere Deutung würde alle Schwierigkeiten beseitigen, [...] Vor allem wird dabei der

---

[165] Vgl. S. 203.

[166] Wilhelm Spiegelberg war 1911 zum Christentum übergetreten. Als Yahuda von Spiegelbergs plötzlichen Tod am 23. Dezember 1930 erfährt, ist er nach all den Auseinandersetzungen doch „schmerzlich überrascht". Aber trotzdem war Spiegelberg nach seiner Ansicht vor allem ein „mutloser Renegat", dem die Sache des Judentums nicht genug am Herzen gelegen habe. (A. S. Yahuda an Karl Wolfskehl, 24. Januar [1931].

[167] Göttinger Handkommentar zum Alten Testament (³1910), S. 438 f.

[168] Spiegelberg (1929), S. 116.

[169] Vgl. Yahuda (1929), S. 32.

[170] Hier konzediert Spiegelberg dem Verfasser also Kenntnisse der ägyptischen Sprachgeschichte, die er ihm im übrigen abspricht.

besondere Charakter des Amtes und die Stellung Josephs, nämlich als Ernährer des ganzen Landes [...] gekennzeichnet."[171] Spiegelberg sieht hier einen weiteren Beweis dafür, „wie ahnungslos er [= Yahuda] dem Problem einer solchen Namensinterpretation" gegenüberstehe, da der Satz in der von ihm vorgeschlagenen Form weder „altägyptisch-klassisch" noch neuägyptisch möglich sei.[172] Auch in diesem Falle – wie bei dem Namen von Mose – ist in der Forschung niemand Yahudas Deutung gefolgt.[173]

In den Briefen, die Wolfskehl und Yahuda nach dem Erscheinen der Rezensionen tauschen – es ist eine Zeit, in der sich der Briefwechsel ungemein verdichtet – spielen auch die Überlegungen eine große Rolle, wie man dem Buch namhafte Unterstützung verschaffen könne. Wolfskehl geht dabei wohl im Geiste seinen Münchner Bekanntenkreis durch[174] und rät zum Beispiel, die *Erwiderung* durchaus auch Oswald Spengler zuzusenden, von dem es heiße, daß er tatsächlich alles lese.[175] Eine etwas zweischneidige Empfehlung.

Aber vor allem solle Yahuda sich an Thomas Mann wenden, der das Buch bereits unmittelbar nach dem Erscheinen gelesen hat und der auch Wolfskehls Rezension kannte. Damals hat Wolfskehl dem Autor berichtet:

> Es wird Sie interessieren, dass Thomas Mann, der Romancier, der an einem Josephroman arbeitet, Ihr Buch bereits kannte und sich zugelegt hatte, als ich ihm meinen Aufsatz schickte. Er lese es mit dem höchsten, gespanntesten und sehr Jasagenden [sic] Interesse![176]

1937 zählt Thomas Mann in einem Brief an Joseph Warner Angell in bezug auf die Josephsromane die Titel der „kleine[n] Bibliothek, die mir als Material- und Informationsquelle dient", auf. Hier nennt er Yahudas *Sprache des Pentateuch* an zweiter Stelle nach Erman-Ranke, *Ägypten*, und noch vor Blackman, *Das hundert-torige Theben*, und zwar durchaus in der Reihe der von ihm benutzten wissenschaftlichen Werke, die er von den „Quellenwerken, deren Einfluß weniger sachlich als rein geistig war, wie Bachofens ‚Urreligion und antike Symbole'" deutlich unterscheidet.[177]

---

[171] Vgl. Yahuda (1929), S. 34.

[172] Spiegelberg (1929), S. 118.

[173] Vgl. Seebass, Genesis III (2000), S. 71 f.

[174] In Wolfkehls Nachlaß hat sich eine undatierte Liste erhalten, auf der fünfundzwanzig Namen von Münchner Bekannten notiert sind; unter ihnen auch Oswald Spengler und Thomas Mann (Nachlaß Wolfskehl, DLA Marbach).

[175] Karl Wolfskehl an A. S. Yahuda, 7. Juni 1930.

[176] Karl Wolfskehl an A. S. Yahuda, 13. Februar 1929. – Herbert Lehnert vermutet, daß Thomas Mann auf Yahudas Buch durch die Erwähnung bei Ludwig Feuchtwanger gestoßen sei. Vgl. Lehnert, Josephsstudien (1966), S. 393. – Zu Feuchtwangers Artikel vgl. Anm. 134.

[177] Vgl. Thomas Mann an Joseph Warner Angell, 11. Mai 1937, in: Mann, Briefe 1937–1947 (1963), S. 22–25.

Yahuda folgt Wolfskehls Rat und schickt Thomas Mann am 19. Mai 1930 seine *Erwiderung* mit einem Begleitbrief, in dem er sich auf Wolfskehl beruft und etwas herablassend von dem „bessere[n] Verständnis für meine Forschungen" bei den „Nichtfachmännern" spricht.[178] Drei Wochen später und nicht ganz zwei Monate nach der Rückkehr von seiner zweiten Ägyptenreise – bei dieser hat er die Anreise zusammen mit Wilhelm Spiegelberg zurückgelegt und mit ihm auch insgesamt etwa zehn Tage in Kairo verbracht[179] – antwortet Thomas Mann sehr freundlich in einem handschriftlichen Brief auf die Sendung:

Allerschönsten Dank für die Übersendung Ihrer eindrucksvollen Verteidigungsschrift, die mir eine überaus willkommne Ergänzung zu Ihrem erstaunlichen Werk bedeutet! Wilhelm Spiegelberg ist ein sehr lieber Mann, das würden Sie auch finden, wenn Sie ihn kennten, und im Demotischen weiß er gewiß Bescheid. Aber ich glaube gern, daß es ihm für das Höhere und Genialere ein bischen an Sinn fehlt, – wenn es auch schwer begreiflich bleibt, warum er bekämpft, was ihm als Aegypter schmeicheln müßte. Das ist das ‚asketische Ideal‘, das, nach Nietzsche, im Gelehrten steckt. Wofür ich ihm dankbar bin, das ist, daß er erlaubt, die Josephsgeschichte im Neuen Reich anzusetzen, in dem das Asiatische Mode war, und den chabirischen Osiris mit Amunhotep IV. zusammenzubringen, was zu tun ich schlechterdings im Begriffe bin.[180]

Bereits am 20. des gleichen Monats kommentiert Wolfskehl auch diesen Brief: „Schön, wahrhaftig, verstehend und sehr persönlich ist der Thomas Mann Brief. Ich hatte übrigens vor ein paar Tagen bei einem Galsworthy-Empfang schon recht ausführlich mit ihm über Sie, das Buch und die Erwiderung gesprochen." Das anschließend referierte Gespräch scheint sich in ähnlichen Bahnen bewegt zu haben wie der bereits zitierte Brief. Besonders scheint Wolfskehl dabei das Argument des „grosse[n] Einfluss[es] des Vorderasiatisch-Semitischen"[181] für die Ansiedlung der Josephsgeschichte im Neuen Reich eingeleuchtet zu haben. Dies wiederholt Thomas Mann in einem Brief an Yahuda vom 20. Juni 1933, in dem er ihm für die Zusendung einiger Artikel „über Israel in Ägypten",[182] die

---

[178] A. S. Yahuda an Thomas Mann, 19. Mai 1930: „Sehr geehrter Herr Doktor! Ich habe von meinem Freund Dr. Wolfskehl erfahren, dass Sie sich für mein Buch, ‚Die Sprache des Pentateuch‘ interessiert haben. Dies hat mich umsomehr [sic] erfreut, als ich bei Nichtfachmännern ein besseres Verständnis für meine Forschungen und die Tragweite der daraus zu folgenden Schlüsse vorausgesetzt habe." (Thomas Mann Archiv, ETH Zürich). – Das Exemplar der *Erwiderung* befindet sich nicht mehr in der heutigen Thomas Mann-Gedenkbibliothek, stand aber auf der Liste der Bücher, die Ida Herz Thomas Mann nach Küsnacht nachschickte. Vgl. Lehnert, Josephsstudien (1966), S. 401.

[179] Vgl. Grimm, Joseph und Echnaton (1992), S. 39 ff.

[180] Thomas Mann an A. S Yahuda, 9. Juni 1930. (Jewish National and University Library Jerusalem, Ms. Var. Yah. 38, file 1682a.)

[181] Karl Wolfskehl an A. S. Yahuda, 20. Juni 1930.

[182] A. S. Yahuda an Thomas Mann, 14. Februar 1933 (Thomas Mann-Archiv, ETH Zürich).

sich mit der Datierung der Josephsgeschichte befasst, dankt, und in dem er in Hinblick auf seine Entscheidung, Echnaton zum Pharao der Josephsgeschichte zu machen, noch einmal feststellt, daß „die Konfrontierung des solaren Monotheismus des vierten Amenophis mit dem jungen durch Joseph verkörperten ebräischen Gottesglauben mich reizte".

Indem er dann aber scheinbar ein Einverständnis herstellt, das nicht nur nicht existiert, sondern Yahudas Anliegen geradezu in sein Gegenteil verkehrt, bringt er für sich die Diskussion zu einem Abschluß:

Da es sich ja nun aber bei der schönen Geschichte nicht im vollen Sinne des Wortes um Historie, sondern um einen mehr oder weniger mythischen und dichterischen Vorgang handelt, bleibt die zeitliche Lokalisierung am Ende bis zu einem gewissen Grade der Wilkür [sic] überlassen, [...].[183]

In Parenthese sei angemerkt, daß beide Briefe, sowohl der von Yahuda, der, in London geschrieben, zwar nach München adressiert war, aber Thomas Mann bereits ins Exil nachgesandt wurde, als auch der Antwortbrief Thomas Manns vom Frühjahr 1933, die politischen Verhältnisse völlig unerwähnt lassen.

Wie soll man sich nun aber Thomas Mann als Leser der *Sprache des Pentateuch* vorstellen? Darüber kann man erstaunlich genau Auskunft erhalten. Zum einen, wenn man den Annotationen in seinem eigenen Exemplar, das in der *Gedenkbibliothek* erhalten ist, nachgeht, zum anderen durch eine Einordnung des Buches, die er 1931 in dem kurzen Artikel *Ur und die Sintflut* vornimmt. Hier stellt er fest:

Es gibt einen Büchertyp heute, mit dem an Interesse zu wetteifern der Roman, die komponierte Fiktion, allergrößte Mühe hat. Es ist schwer, ihn zu kennzeichnen; um anzudeuten, welchen ich meine, nenne ich ‚Urwelt, Sage und Menschheit' von Dacqué, Yahuda's ‚Sprache des Pentateuch', ‚Die Wirklichkeit der Hebräer' von Goldberg, ‚Totem und Tabu' von Freud, Max Schelers ‚Stellung der Menschen im Kosmos', die aufregenden Essays von Gottfried Benn, betitelt ‚Fazit der Perspektiven' [...]. Ist es ein Typus? Gehört dergleichen zusammen? Äußerlich kaum, selbst dem Stoffe nach kaum. Aber es gehört psychologisch zusammen, dem Grade nach, in dem es uns heute angeht, den tiefen menschlichen Gründen nach, aus denen es das tut.[184]

Die Reihe, in die Thomas Mann das Buch hier stellt, ist aufschlußreich. Er bezeichnet es also als Vertreter eines Buchtyps, der dem „Roman, d[er]

---

[183] Thomas Mann an A. S. Yahuda, 7. März 1933. (Jewish National and University Library Jerusalem, Ms. Var. Yah. 38, file 1682a.)

[184] Mann, Gesammelte Werke, Bd. 10 (1960), S.750. – Vgl. A. S. Yahuda an Karl Wolfskehl, 27. Februar 1931. In diesem Brief erkundigt sich Yahuda bei Wolfskehl nach diesem Aufsatz in „Reklams Universum", in dem Thomas Mann „nach einer mir zugesandten Notiz aus der Vossischen Zeitung sich anerkennend über mein Buch ausspricht."

komponierte[n] Fiktion" mühelos Konkurrenz mache, und nicht unbedingt als wissenschaftliche Abhandlung von der Form, die, wie er ironisch-ambivalent an Yahuda geschrieben hat, dem „asketische[n] Ideal" verpflichtet ist. Später, in dem Brief an Angell, wird er das Buch dann wieder unter den wissenschaftlichen nennen; es scheint ihm also nicht ganz festzustehen, wie das Buch einzuordnen ist.[185]

Wenn aber Wolfskehl in seiner Rezension behauptet hat, daß das „Geheimnis der seelischen Verbundenheit in der eigenen Vorzeit", wie sie die Tradition darstelle, höher zu bewerten sei als wissenschaftliche „Akribie, Strenge und Hingabe", so wird eine solche Wertung von Thomas Mann in keiner Weise vorgenommen. Doch beide sind empfänglich für einen Reiz, der von Yahudas Person und Werk ausging. Und hatte Wolfskehl an Wohlfahrt geschrieben, „Zeiten und Völker der Vergangenheit, ihre Sprachen, ihre Geistesart werden lebendig und das ungeheure Bild menschlichen Seelentums, menschlicher Verwirklichung erhält neue Farben", so liest Thomas Mann diese Art von Büchern mit einer „leidenschaftlich-gattungs-egoistischen Sympathie und Neugier". Der „eigentümliche Reiz", der für ihn – wie für Wolfskehl – von diesen Büchern ausgeht, hat mit den Nachrichten über die Gattung Mensch, wie sie in dieser anderen Zeit lebte und dachte, zu tun und im Falle des Pentateuch-Buches für Thomas Mann mit den Nachrichten über das Leben in dem ägyptischen Milieu, das Yahuda zu zeigen versucht. So wie es Katia Mann in der oft zitierten Bemerkung sagt, gilt es offensichtlich auch *innerhalb* eines Buches: „Er nahm, was er brauchte, und mehr wollte er nicht."[186] Er selbst formuliert es in dem zweiten Brief an Yahuda folgendermaßen: „Auf jeden Fall brauche ich nicht zu versichern, dass ich [verschrieben für: mir], der ich hungrig nach allem in meinen Traum Einschlägigen bin, Ihr Aufsatz ausserordentliche Anregung gebracht hat."

Folgt man daher Thomas Manns Lesespuren in der *Sprache des Pentateuch* genauer, so kann man nicht nur sagen, daß sie sachlicher Natur sind, wie Herbert Lehnert bereits 1966 feststellt,[187] sondern sie sind aufschlußreich insofern, als Thomas Mann vorwiegend charakteristische ägyptische Begriffe, Titel, Bezeichnungen von Dingen, Bemerkungen zur Umwelt (besonders zum Beispiel zur Kerkerhaft) anstreicht und ganz offensichtlich ausschließlich an deren Übersetzung ins Deutsche interessiert ist. Man hat den Eindruck, er habe sich beim Lesen dieses Buches einen großen Vorrat an Sprachmöglichkeiten und an

---

[185] Kurzke, Mondwanderungen (2003), S. 149 ff., erwähnt Yahudas *Sprache des Pentateuch* nicht unter den von Thomas Mann benutzten Quellen. Im übrigen führt er aber die meisten der von Thomas Mann bereits im Brief an Angell erwähnten Titel an.
[186] Zitiert nach Grimm (1992), S. 58.
[187] Vgl. Lehnert, Josephsstudien (1966), S. 392 f.

Wissen um Alltägliches und Atmosphärisches anlegen wollen. „Einzelheiten," schreibt Thomas Mann, „die man für studiert halten sollte, [sind] in Wahrheit frei erfunden [...]. Sie sind Produkte dessen, was ich ‚Kontaktnahme' nenne: der eindringlichen Vertrautheit mit einer Sphäre, die einen in ihrer Sprache zu sprechen und in ihrem Geist zu erfinden lehrt."[188] Und auch Yahudas *Sprache des Pentateuch* ist für ihn ein Medium der „Kontaktnahme".

Dies läßt sich sogar an minimalen Details der Wortverwendung erkennen. So erklärt Yahuda im ersten Abschnitt des ersten Kapitels seiner *Sprache des Pentateuch*, daß bei den Ägyptern in „gewählter bildlicher Sprache" *wnm-essen* durch *sn-riechen, küssen* ersetzt werden könne. Seine Argumentation erschien dem Rezensenten Spiegelberg fragwürdig,[189] aber der Leser Thomas Mann markiert diese Stelle durch Längsstrich und Ausrufezeichen, und im Josephs-roman finden wir dann eine Beschreibung des Opferfestes in „Mempi", wo die Menge „in Erwartung des Gottes schwatzend und lachend Sykomorenfeigen und Zwiebeln ‚küßte', wie sie für ‚essen' sagten."[190] Hier folgt Thomas Mann wohl eher den zustimmenden Worten Feuchtwangers und setzt sich über Spie-gelbergs fachwissenschaftliche Autorität und dessen Einwände hinweg, die ihm aus Yahudas Erwiderung,[191] aber auch aus Gesprächen mit Spiegelberg bekannt sein mußten.

Thomas Mann ist nicht an Yahudas Anliegen interessiert – und schon gar nicht am Tageskampf um dessen Durchsetzung. Trotzdem war er nicht blind für Yahudas Ideen. Besonders wurde sein Interesse durch die Deutung von Josephs Titel geweckt. In dem annotierten Exemplar ist neben der entspre-chenden Stelle handschriftlich „Heiml. Rat" vermerkt – also Luthers Übertra-gung – und sowohl Steindorffs Übersetzung *Es spricht der Gott: er möge leben* als auch Yahudas Version *Speise, Nahrung des Landes ist der Lebende* oder *ist dieser Lebende da* sind unterstrichen. Ferner ist diese Stelle noch einmal durch einen Randstrich und ein Ausrufezeichen hervorgehoben.[192] Viel weiter unten in einem ganz anderem Zusammenhang, wo von *ḥʿpj*, der *alles ernährt*, die Rede ist, vermerkt der Leser am Rande „Joseph" und weiter unten auf der Seite steht noch einmal handschriftlich „Joseph = Hapi".[193] Zwar hat jemand, möglicherweise Thomas Mann selbst oder vielleicht auch Spiegelberg, ausge-rechnet auf dem Briefumschlag von Yahudas Begleitbrief zu seiner *Erwide-rung*, mit Rotstift und in lateinischen Buchstaben *Dje-p-nute-ef-ônch'*, also die

---

[188] Zitiert nach Grimm (1992), S. 59.
[189] Vgl. Spiegelberg (1929), S. 116.
[190] Mann (1983), Bd. III, S. 95, vgl. auch S. 151.
[191] Vgl. Yahuda, Erwiderung (1930), S. 13 f.
[192] Vgl. Thomas Manns Exemplar der *Sprache des Pentateuch*, S. 30 ff.
[193] Vgl. ebd., S. 178.

von Yahuda so leidenschaftlich bekämpfte Steindorff'sche Lesung, vermerkt;[194] doch bleibt dies nicht das letzte Wort.

Denn wir haben zwar die beiden Wesire, ich aber erschaffe für dich den noch nie gehörten Titel ‚Groß-Wesir‘. Damit noch längst nicht genug, sollst du ‚Freund der Ernte Gottes‘ und ‚Nahrung Ägyptens‘ und ‚Schattenspender des Königs‘ heißen, dazu noch ‚Vater des Pharao‘ und was mir sonst noch einfallen wird – nur diesen Augenblick fällt mir vor freudiger Erregung nichts weiter ein.[195]

Auf diese Weise erhält Joseph im Roman bei seiner ersten, gewissermaßen inoffiziellen Ernennung eine Vielzahl von Titeln, wie es dem ägyptischen Gebrauch entspricht, und unter ihnen befindet sich auch Yahudas Deutung von Josephs Ehrennamen. Zugleich klingen diese Titel aber durch die Art, wie Pharao sie aufzählt und durch die Bemerkung „und was mir sonst noch einfallen wird", gleichwertig und heben sich als Übersetzung des Ehrennamens in Gen. 41.45 eigentlich gegenseitig auf. Dadurch aber wird der Eindruck erweckt, daß es erst spätere Zeiten und spätere Forschung sind, die die Frage nach dem richtigen Titel oder nach der richtigen Bedeutung gestellt haben, und so erhält sich der Autor Thomas Mann eine ironische Distanz zu den Forschungspositionen. Auf diese Weise wird zugleich die Möglichkeit in Rechnung gestellt, daß selbst in einem vergleichsweise untergeordneten Punkt wie der Lesung eines einzelnen Namens eine eindeutige Antwort kaum möglich und vielleicht auch gar nicht erstrebenswert oder notwendig sei; eine Einstellung, die für Yahuda nicht denkbar und wohl auch nicht nachvollziehbar ist.[196] Wo Yahuda in der Josephsgeschichte den historischen Bericht sieht, dessen Behandlung Ernst und Eindeutigkeit verlangt, steht für Thomas Mann der Mythos, dessen Behandlung auch Spielraum und ironische Brechung zuläßt. Und wo es für Wolfskehl ein Anliegen ist, einem alternativen Wissenschaftsbegriff zum Siege zu verhelfen, benutzt Thomas Mann vorgeschlagene Deutungen, ohne sich, dies hat sich ja gerade auch im Falle Bachofens gezeigt, einer einzelnen vollständig verpflichtet zu fühlen. Trotzdem aber oder gerade weil Thomas Mann die Schranken, an die Erkenntnis immer wieder gelangt, in seine Darstellung der Josephsgeschichte integriert, kommt bei ihm auch Yahuda hinreichend zu Wort. Dessen eigenwillige Deu-

---

[194] Thomas Mann Archiv, ETH Zürich.

[195] Mann (1983), Bd. IV, S. 209.

[196] So schreibt A. S. Yahuda an Karl Wolfskehl am 16. Juni 1930 in bezug auf die Zeit, in der Thomas Mann die Josephsromane spielen läßt: „Ich schicke Ihnen auch eine Kopie von Thomas Manns Antwort. Für die Novelle ist es ja ganz gleichgültig, in welche Zeit er die Geschichte Josephs setzt. Hätte ich aber die Gelegenheit gehabt, so hätte ich ihm klar gemacht, dass sie in eine viel frühere Zeit als das Neue Reich hineingehört."

tung von Josephs Ehrentitel durchdringt die Darstellung. Im Anschluß an Josephs „Vergoldung" reflektiert der Erzähler auf mehr als anderthalb Seiten die Bedeutung von Josephs Titulatur und faßt seine Überlegungen schließlich dahingehend zusammen:

> Es heißt, Pharao habe Joseph den ‚Heimlichen Rat' genannt. Das ist eine unkundige Übertragung. In unserer Schrift würde der Name sich ausgenommen haben wie: Djep-nute-ef-ônch [...]. Der hervorstechende Bestandteil dieser Verbindung ist ônch oder onech, das Wort, für das im Bilde das Schleifenkreuz steht, welches ‚Leben' bedeutet [...]. Der Name, den Joseph da zu seinen vielen Titeln erhielt, war ein Name des Lebens. Er bedeutete: ‚Es spricht der Gott (Atôn, man brauchte ihn nicht zu nennen): ‚Leben sei mit dir!" Aber das war noch nicht sein voller Sinn. Er meinte [...] nicht nur: ‚Lebe du selber', sondern auch: ‚Sei ein Lebensbringer, verbreite Leben, gib Lebensnahrung den vielen!' Mit einem Worte: es war ein Sättigungsname; denn zum Herrn der Sättigung war Joseph ja vor allem erhoben worden. Alle seine Titel und Namen [...] hatten auf irgendeine Weise die Erhaltung des Lebens, die Speisung der Länder zum Inhalt, und alle, samt diesem vorzüglichen und vielumstrittenen, konnte man zusammenfassen in dem einen: ‚Der Ernährer'.[197]

Hier hat Thomas Mann bei der Verwendung des „vielumstrittenen" Ehrennamens die anerkannte Lesung mit der eigenwilligen von Yahudas fast nahtlos verbunden und doch beide Teile erkennbar gelassen. Die Einbeziehung von Yahudas Version ermöglicht es Thomas Mann, über den Begriff des „Ernährers" den „ebräischen" Joseph mit der ägyptischen Vorstellung vom Nil (als dem Gott Hapi) in eine Beziehung zu setzen, die wiederum eng ist und doch beiden zugleich ihre Eigenständigkeit beläßt.

Wenn Thomas Mann an Yahuda schreibt, daß „die Konfrontierung des solaren Monotheismus des vierten Amenophis mit dem jungen durch Joseph verkörperten ebräischen Gottesglauben" ihn gereizt habe, so folgt er in der Frage des Monotheismus weder Freud noch Yahuda. Mit letzterem stimmt er aber darin überein, daß die „Sandhasen" (Yahuda nennt sie die „Schafzüchter und ‚Asiaten', [die] nicht sehr hoch im Ansehen der Ägypter stehen konnten"[198]) und damit auch Joseph den Glauben an den einen Gott bereits nach Ägypten mitbringen, was ja auch außer Freud niemand wirklich in Frage gestellt hatte. Was dann aber das Zusammentreffen dieser Gottesvorstellung mit der von Echnaton betrifft, wodurch sie sich klärt und strukturiert, so verläßt Thomas Mann den für Yahuda denkbaren Rahmen. Und wie Thomas Mann in den Briefen an Yahuda schreibt, wird er in seinem Roman Joseph, der zugleich ein Osiris ist, da er mehrfach „in die Grube" fahren muß und in neuer Gestalt wie-

---

[197] Mann (1983), Bd. IV, S. 219 f.
[198] Yahuda (1929), S. 5.

der ersteht, und dessen „ebräischen Gottesglauben" mit Amunhotep IV. und seinen „solare[m] Monotheismus" *zusammenbringen* und *konfrontieren*. Er wird beide auch aufeinander wirken lassen, und doch bleiben sie verschiedenen Ursprungs und auch erkennbar eigenständig.

Dem vierten der Josephsromane, in dem diese Annäherungen durchgeführt werden, hat der Autor den Einzeltitel „Joseph, der Ernährer" gegeben.

Anhang

Zwei Briefe von Thomas Mann an Abraham Shalom Yahuda[199]

1) München, den 9. VI. 30.

Sehr verehrter Herr Professor,
Allerschönsten Dank für die Übersendung Ihrer eindrucksvollen Verteidigungschrift, die mir eine überaus willkommne Ergänzung zu Ihrem erstaunlichen Werk bedeutet! Wilhelm Spiegelberg ist ein sehr lieber Mann, das würden Sie auch finden, wenn Sie ihn kennten, und im Demotischen weiß er gewiß Bescheid. Aber ich glaube gern, daß es ihm für das Höhere und Genialere ein bischen an Sinn fehlt, – wenn es auch schwer begreiflich bleibt, warum er bekämpft, was ihm als Aegypter schmeicheln müßte. Das ist das „asketische Ideal", das, nach Nietzsche, im Gelehrten steckt.
Wofür ich ihm dankbar bin, das ist, daß er erlaubt, die Josephsgeschichte im Neuen Reich anzusetzen, in dem das Asiatische Mode war, und den chabirischen[200] Osiris mit Amunhotep IV. zusammenzubringen, was zu tun ich schlechterdings im Begriffe bin. Seien Sie nicht so ungehalten deswegen!

Ihr ergebener
Thomas Mann.

---

[199] Diese bislang unbekannten Briefe Thomas Manns werden hier zum erstenmal abgedruckt. Für die Druckgenehmigung danke ich den S. Fischer Verlagen. – Der erste Brief ist handschriftlich, der zweite maschinenschriftlich.

[200] Vgl. Spiegelberg (1904), S. 13 und S. 32f.: „Die Chabiri-Hebräer sind in jener Zeit die noch auf der Wanderung begriffenen Stämme, welche im Gegensatz zu den alteingesessenen Kanaanäern stehen.")

2) Neues Waldhotel Arosa, 7. III. 33.

Sehr verehrter Herr Professor:
Ich schäme mich, Ihnen so verspätet meinen Dank zu sagen für Ihr Schreiben und Ihre hochinteressante Artikel-Sendung. Ich war während der letzten Wochen auf anstrengenden Vortragsreisen und bin erst hier im Gebirge ein wenig zur Ruhe gekommen.
Ich kann mir denken, welches Aufsehen Ihre alttestamentarischen Untersuchungen in einem Lande gemacht hat,[201] wo das Interesse für bibli[sche][202] Dinge vielleicht am aller lebendigsten ist. Beim Lesen war ich stolz darauf, dass keines der Bilder, die Sie Ihren Ausführungen hinzugefügt haben, mir unbekannt geblieben war, und dass ich überhaupt dank einer gewissen, wenn auch autodidaktischen und dilettantischen, Vorbereitung, mit Freude und Verständnis zu folgen vermochte. Ihre Theorieen sind geistreich und unwiderleglich. Dass Sie Josephs Geschichte freilich sogar vor die Hyksos

---

[201] „alttestamentarische Untersuchung" ist durch hs Korrektur in den Plural gesetzt, das Verb („hat") wurde vergessen anzugleichen.
[202] Das Wort ist nach dem Trennungsstrich am Zeilenende nicht vervollständigt.

zurückverlegen, überraschte mich, denn bisher schien es, als ob die Wissenschaft nur zwischen der Zeit der Asiaten-Herrschaft und dem Neuen Reich schwanke, dessen politische und soziale Zustände ja einer Laufbahn wie derjenigen Josephs nicht ungünstig waren.

Die Figur eines Jankamu, die Sie natürlich kennen, erinnert lebhaft an diejenige Josephs. Da es sich ja nun aber bei der schönen Geschichte nicht im vollen Sinne des Wortes um Historie, sondern um einen mehr oder weniger mythischen und dichterischen Vorgang handelt, bleibt die zeitliche Lokalisierung am Ende bis zu einem gewissen Grade der Wilkür[203] überlassen, und da die Konfrontierung des solaren Monotheismus[204] des vierten Amenophis mit dem jungen durch Joseph verkörperten ebräischen Gottesglauben mich reizte, habe ich für mein Teil die Geschichte in der Zeit des dritten und vierten Amenophis angesiedelt, nicht ohne eine gewisse Autorisierung von Seiten der Aegyptologie, die auch ihrerseits diese Möglichkeit zum Mindesten schon in Betracht gezogen hat.

Auf jeden Fall brauche ich nicht zu versichern, dass ich,[205] der ich hungrig nach allem in meinen Traum Einschlägigen bin, Ihr Aufsatz ausserordentliche Anregung gebracht hat.

Mit wiederholtem Dank bin ich, sehr verehrter Herr Professor,
      Ihr sehr ergebener
            Thomas Mann.

Benutzte Literatur

J. Assmann, Die Mosaische Unterscheidung oder der Preis des Monotheismus, München: Hanser 2003.

F. P. Bargebuhr, Karl Wolfskehl, deutscher Dichter und Jude, in: Karl Wolfskehl Kolloquium. Vorträge, Berichte, Dokumente, hg. von Paul Gerhard Klussmann in Verbindung mit Jörg-Ulrich Fechner und Karlhans Kluncker, Amsterdam: Castrum-Peregrini-Presse 1983, S. 32–44 (Auch als Castrum Peregrini, Bd. 156/158).

---

[203] Nicht korrigierte Verschreibung.

[204] Vgl. Spiegelberg (1904), S. 13 und S. 47: „Die ägyptische Reform war ein solarer Monotheismus, die Lehre, daß das Gestirn der Sonne Allschöpfer und Allerhalter sei, – davon zeigt Jahve, der Gewittergott des Sinai, keine Spuren."

[205] Hier wurde der Satz wohl beim Diktieren in der Konstruktion geändert, das Pronomen aber nicht mehr angeglichen.

J. Begrich, Yahuda, A. S.: Die Sprache des Pentateuch, in: Zeitschrift für Semitistik und verwandte Gebiete, hg. im Auftrag der Deutschen Morgenländischen Gesellschaft 7, Leipzig 1929, S. 86–110.

G. Bergsträßer, Ägyptologische und semitistische Bemerkungen zu Yahuda's Buch über die Sprache des Pentateuchs. Von G. Bergsträßer und W. Spiegelberg. II. Semitistisch-hebraistische Bemerkungen, in: Zeitschrift für Semitistik und verwandte Gebiete, hg. im Auftrag der Deutschen Morgenländischen Gesellschaft 8, Leipzig 1932, S. 1–40.

C. Blasberg, „Sprechen die Steine?" Karl Wolfskehl und Kiechliesbergen, Marbach a. N.: Deutsche Schillergesellschaft 1995. (= Spuren. Bd. 30).

J. H. Breasted, The Dawn of Conscience, New York, London: Scribner 1950.

J. H. Breasted, Geschichte Ägyptens. Vom Verfasser neubearbeitete Ausgabe. Deutsch von Hermann Ranke, Berlin: Curtius 1910.

M. Buber, Der Geist des Orients und das Judentum, in: M. Buber, Der Jude und sein Judentum. Gesammelte Aufsätze und Reden. Mit einer Einleitung von Robert Weltsch, Köln: Melzer 1963, S. 46–65.

M. Buber, Moses, Heidelberg: Schneider ²1952.

O. Eißfeldt, Yahuda, A. S. Die Sprache des Pentateuch, in: Theologische Literaturzeitung 55, Leipzig 1930, Sp. 342–345.

Encyclopaedia Judaica. [Ed. in Chief Cecil Roth].Vol. 8 und 16, Jerusalem: Encyclopaedia Judaica 1971.

Encyclopedia of Zionism and Israel. Ed. by Raphael Patai, Vol. 2, New York: Herzl Press 1971.

F. Delitzsch, Zweiter Vortrag über Babel und Bibel. Mit 20 Abbildungen und einem Vorwort „Zur Klärung", Leipzig: Hinrichs 1903.

L. Feuchtwanger, Grundsätzliches zur Forschung über das Alte Testament, in: Der Morgen 5, Darmstadt 1929/30, Heft 2, 3 und 6, S. 173–193; 264–279; 600–614.

S. Freud, Der Mann Moses und die monotheistische Religion. Drei Abhandlungen, Amsterdam: De Lange 1939.

E. Galvan, Zur Bachofen-Rezeption in Thomas Manns „Joseph"-Roman, Frankfurt a. M.: Klostermann 1996 (= Thomas Mann-Studien, Bd. 12).

Dem Gedenken an Karl Wolfskehl: 1869–1948 [hg. von d. Gesellschaft zur Förderung d. Stefan–George–Gedenkstätte Bingen e. V.] Heidelberg: Stiehm 1988 (= Neue Beiträge zur George-Forschung, 13).

M. Görg, Die Beziehungen zwischen dem alten Israel und Ägypten. Von den Anfängen bis zum Exil, Darmstadt: Wissenschaftliche Buchgesellschaft 1997 (= Erträge der Forschung, Bd. 290).

M. Görg, Mose – Name und Namensträger. Versuch einer historischen Annäherung, in: Eckart Otto (Hg.), Mose. Ägypten und das Alte Testament,

Stuttgart: Verlag Katholisches Bibelwerk 2000 (= Stuttgarter Bibelstudien, Bd. 189), S. 17–42.

Göttinger Handkommentar zum Alten Testament in Verbindung mit anderen Fachgelehrten hg. von W. Nowack. I. Abt. 1. Bd: Genesis. Übersetzt und erklärt von Hermann Gunkel. Dritte neugearbeitete Auflage mit ausführlichen Registern von Paul Schorlemmer, Göttingen: Vandenhoeck und Ruprecht 1910.

A. Grimm, Joseph und Echnaton. Thomas Mann und Ägypten, Mainz: Verlag Philipp von Zabern 1992.

G. Grimm, Karl Wolfskehl. Die Hiob-Dichtung, Bonn: Bouvier 1972 (= Abhandlungen zur Kunst-, Musik- und Literaturwissenschaft, Bd. 116).

G. Herlitz, Die „Lehranstalt (Hochschule) für die Wissenschaft des Judentums" in Berlin. Erinnerungen eines Hörers aus den Jahren 1904–1910, in: Bulletin des Leo Baeck Instituts 9, Frankfurt a. M. und Tel Aviv 1966, Heft 35, S. 197–212.

H. Hoffmann, Stefan George und die kosmische Runde: 1897–1904, Ottawa: National Library of Canada [1982?].

P. Hoffmann, Karl Wolfskehls Identität, in: Karl Wolfskehl. Tübinger Symposium zum 50. Todestag, hg. von Paul Hoffmann in Zusammenarbeit mit Klaus Bruckinger, Tübingen: Stauffenburg-Verlag 1999, S. 79–108.

R. Huch, Alfred Schuler, Ludwig Klages und Stefan George. Erinnerungen an Kreise und Krisen der Jahrhundertwende in München-Schwabing, Amsterdam: Castrum-Peregrini-Presse 1973, Bd. 110.

Index of Jewish Art. Vol 2.2 and 2.3: The Yahuda Haggadah, Part 1 and 2, Jerusalem: Israel Museum, München: Saur 1981.

E. Jones, Das Leben und Werk von Sigmund Freud. Bd. 3: Die letzte Phase 1919–1939, Bern: Huber 1962.

K. Kogman-Appel, Die zweite Nürnberger und die Jehuda Haggada. Jüdische Illustratoren zwischen Tradition und Fortschritt, Frankfurt a. M. u. a.: Peter Lang Verlag 1999 (= Judentum und Umwelt, Bd. 69).

R. Kolk, Literarische Gruppenbildung. Am Beispiel des George-Kreises 1890–1945, Tübingen: Niemeyer 1998.

R. Krauss, Das Moses Rätsel. Auf den Spuren einer biblischen Erfindung, München: Ullstein 2001.

H. Kurzke, Mondwanderungen. Wegweiser durch Thomas Manns Joseph-Roman, Frankfurt a. M.: Fischer Taschenbuchverlag 2003 (= Informationen und Materialien zur Literatur).

M. Landmann, Figuren um Stefan George. Zehn Porträts, Amsterdam: Castrum-Peregrini-Presse 1982, Bd. 151/152.

H. Lehnert, Thomas Manns Josephsstudien 1927–1939, in: Jahrbuch der Deutschen Schillergesellschaft 10, Stuttgart 1966, S. 378–406.

Th. Mann, Briefe 1937–1947, hg. von Erika Mann, [Frankfurt a. M.]: S. Fischer Verlag 1963.

Th. Mann, Joseph und seine Brüder, Frankfurt a. M.: S. Fischer Verlag 1983 (= Gesammelte Werke in Einzelbänden. Frankfurter Ausgabe, hg. von Peter de Mendelssohn).

Th. Mann, [‚Ur und die Sintflut‘], in: Th. Mann, Gesammelte Werke, Bd. 10: Reden und Aufsätze, 2, [Frankfurt a. M.]: S. Fischer Verlag 1960, S. 749–751.

M. Ben Horin, Max Nordau. Philosopher of Human Solidarity. With a Foreword by Professor Salo W. Baron, New York: Conference on Jewish Social Studies, Inc. 1956 (=Jewish Social Studies. Publ. 6).

C. F. Meyer, Sämtliche Werke. Historisch kritische Ausgabe, besorgt von Hans Zeller und Alfred Zäch, Bd. 1, Bern: Benteli 1963.

M. Nordau, Die conventionellen Lügen der Kulturmenschheit, Leipzig: Schlicke [1883].

M. Nordau, Die Tragödie der Assimilation. Mit einem Vorwort des Hg. Davis Erdtracht, Wien-Döbling: Verlag „Wiedergeburt" 1920 (= An der Schwelle der Wiedergeburt. Bd. 2).

M. Nordau, Dr. Yahuda's Triumph, in: The Jewish Chronicle. The Organ of British Jewery, London January 7, 1916, p. 12–13.

E. Otto, Der historische, der biblische und der historisch-kritische Mose. Probleme ihrer Relation und Wirkungsgeschichte, in: Eckart Otto (Hg.), Mose. Ägypten und das Alte Testament, Stuttgart: Verlag Katholisches Bibelwerk 2000 (= Stuttgarter Bibelstudien, Bd. 189), S. 9–16.

E. Otto, Mose und das Gesetz. Die Mose-Figur als Gegenentwurf Politischer Theologie zur neuassyrischen Königsideologie im 7. Jh. v. Chr., in: Eckart Otto (Hg.), Mose. Ägypten und das Alte Testament, Stuttgart: Verlag Katholisches Bibelwerk 2000 (= Stuttgarter Bibelstudien, Bd. 189), S. 43–83.

P. Schäfer, Das jüdische Monopol. Jan Assmann und der Monotheismus, in: Süddeutsche Zeitung, München 11. August 2004.

H. E. Schröder, Wolfskehl in der kosmischen Runde, in: Karl Wolfskehl Kolloquium. Vorträge, Berichte, Dokumente, hg. von Paul Gerhard Klussmann in Verbindung mit Jörg-Ulrich Fechner und Karlhans Kluncker, Amsterdam: Castrum-Peregrini-Presse 1983, S. 187–206 (Auch als Castrum Peregrini, Bd. 156/158).

A. Schuler, Fragmente und Vorträge aus dem Nachlaß. Mit einer Einführung von Ludwig Klages, Leipzig: Barth 1940.

Chr. Schulte, Psychopathologie des Fin de siècle. Der Kulturkritiker, Arzt und Zionist Max Nordau, Frankfurt a. M.: Fischer Taschenbuchverlag 1997.

H. Seebass, Genesis III. Josephsgeschichte (37,1–50,26), Neukirchen-Vluyn: Neukirchner 2000.

E. Sellin, A. S. Yahuda, Die Sprache des Pentateuch, in: Deutsche Literaturzeitung N.F. 6, Berlin 1929, Heft 20, Sp. 937–941.

W. Spiegelberg: Ägyptologische und semitistische Bemerkungen zu Yahuda's Buch über die Sprache des Pentateuchs. Von G. Bergsträßer und W. Spiegelberg. I. Ägyptologische Bemerkungen, in: Zeitschrift für Semitistik und verwandte Gebiete, hg. im Auftrag der Deutschen Morgenländischen Gesellschaft 7, Leipzig 1929, S. 113–123.

W. Spiegelberg, Der Aufenthalt Israels in Ägypten im Lichte der ägyptischen Monumente, Straßburg: Schlesier und Schweikhardt 1904.

M. Thimann, Ernst Gundolf als Zeichner. Eine Spurensuche, in: Castrum Peregrini, Bd. 264/265, Amsterdam: 2004, S. 130–143.

H.-J. Thissen, Zum Namen „Moses", in: Rheinisches Museum für Philologie, Neue Folge 147, Frankfurt a. M. 2004, H. 1, S. 55–62.

E. Unger, A. S. Yahuda, Die Sprache des Pentateuch, in: Zeitschrift. für Völkerpsychologie und Soziologie 7, Stuttgart 1931, S. 76–78.

The Universal Jewish Encyclopedia. An Authoritative and Popular Presentation of Jews and Judaism since the Earliest Times. Ed. by Isaac Landman. Vol. 10, New York: Universal Jewish Encyclopedia Co. 1943.

Vom Judentum. Ein Sammelbuch, hg. vom Verein jüdischer Hochschüler Bar Kochba in Prag, Leipzig: Wolff 1913.

Ch. Weizmann, Trial and Error. The Autobiography of Chaim Weizmann, New York: Harper and Brothers 1949.

Who Was Who in Egyptology. Third Revised Edition by M. L. Bierbrier, London: The Egypt Exploration Society 1995.

S. Wininger, Grosse Jüdische National-Biographie. Mit mehr als 8000 Lebensbeschreibungen namhafter jüdischer Männer und Frauen aller Zeiten und Länder. Ein Nachschlagewerk für das jüdische Volk und seine Freunde, Bd. 6, Cernauti: Druck „Orient" [1932].

K. Wolfskehl, Briefe und Aufsätze. München 1925–1933. Mit einer Einl. und Anm. hg. von Margot Ruben, Hamburg: Claassen 1966.

K. Wolfskehl, Buecher, Buecher, Buecher, Buecher. Elemente der Bücherliebeskunst. Mit Beiträgen von Curt von Faber du Faur und Emil Preetorius, München: Rupprechts-Presse 1931 (= Schriftenreihe der Rupprechts-Presse, Bd. 51).

K. Wolfskehl, „Du bist allein, entrückt, gemieden...". Karl Wolfskehls Briefwechsel aus Neuseeland 1938–1948. Mit einem Vorwort von Paul Hoffmann, hg. von Cornelia Blasberg, 2 Bde, Darmstadt: Luchterhand Literaturverlag 1988 (= Veröffentlichung der Deutschen Akademie für Sprache und Dichtung Darmstadt, Bd. 61).

K. Wolfskehl, Die Hochzeit des Figaro. Komische Oper in vier Akten von Wolfsgang Amadeus Mozart, Text von Lorenzo da Ponte. Deutscher Text von Karl Wolfskehl. Nachwort von Klaus Schultz, Stuttgart: Klett 1978 (= Marbacher Schriften. Bd. 15).

K. Wolfskehl, Gedichte, Essays, Briefe. In Verbindung mit dem Deutschen Literaturarchiv Marbach a. Neckar hg. von Cornelia Blasberg und Paul Hoffmann, Frankfurt a. M.: Jüdischer Verlag 1999.

K. Wolfskehl, „Jüdisch, römisch, deutsch zugleich ...". Briefwechsel aus Italien 1933–1938, hg. und kommentiert von Cornelia Blasberg, Hamburg: Luchterhand Literaturverlag 1993 (=Veröffentlichung der Deutschen Akademie für Sprache und Dichtung Darmstadt, Bd.68).

K. Wolfskehl 1869–1969. Leben und Werk in Dokumenten. [Eine Ausstellung der Hessischen Landes- und Hochschulbibliothek vom 20. Oktober bis zum 14. Dezember 1969. Katalog Manfred Schlösser] Darmstadt: Agora-Verlag 1969.

K. Wolfskehl, Die Sprache des Pentateuchs, in: Frankfurter Zeitung, Frankfurt a. M. 12. Januar 1929.

K. und H. Wolfskehl, Briefwechsel mit Friedrich Gundolf 1899–1931, hg. v. Karlhans Kluncker, 2 Bde, Amsterdam: Castrum-Peregrini-Presse 1977 (= Publications of the Institute of Germanic Studies. University of London. Vol. 24).

Wolfskehl und Verwey. Die Dokumente ihrer Freundschaft 1897 – 1946, hg. von Mea Nijland-Verwey, Heidelberg: Schneider 1968 (= Veröffentlichung der Deutschen Akademie für Sprache und Dichtung Darmstadt, Bd. 40).

A. S. Yahuda, The Accuracy of the Bible. The Stories of Joseph, the Exodus and Genesis Confirmed and Illustrated by Egyptian Monuments and Language, London: Heinemann [1934].

A. S. Yahuda, Die biblische Exegese in ihren Beziehungen zur semitischen Philologie. Antrittsvorlesung, gehalten in der Lehranstalt für die Wissenschaft des Judentums in Berlin am 2. Mai 1905, in: Vierundzwanzigster Bericht der Lehranstalt f. d. Wiss. d. Judentums, Berlin 1906, S. 3–22.

A. S. Yahuda, La contribution juive à la „Kultur" allemande, in: La revue juive de Genève 4, Genève 1936, No. 36, S. 247–251.

A. S. Yahuda, Eine Erwiderung auf Wilhelm Spiegelberg's „Ägyptologische Bemerkungen" zu meinem Buche „Die Sprache des Pentateuch", Leipzig 1930 (= Zeitschrift für Semitistik und verwandte Gebiete, hg. im Auftrag der Deutschen Morgenländischen Gesellschaft 7, Leipzig 1930, H. 2).

A. S. Yahuda, Kung Alfons XIII och judarna. Hans intresse för sefardim, hans aktion för Palestinas judar, in: Judisk Tidskrift 15, Stockholm 1942, H. 7, S. 184–190.

A. S. Yahuda, Sigmund Freud 'al Moshe weTorato, in: Ders.: 'Ever wa'Arav. Osef Mechqarim uMa'amarim, Shirat ha'Arvim, Zichronot uReshamim, New York: Ogen 1946, S. 37–73.

A. S. Yahuda, Die Sprache des Pentateuch in ihren Beziehungen zum Aegyptischen. Mit einer hieroglyphischen Beilage. Erstes Buch, Berlin, Leipzig: De Gruyter 1929 (Unveränderter Nachdruck, London: Luzac and Co. 1936; Englische Ausgabe unter dem Titel: The Language of the Pentateuch in its Relation to Egyptian, London: Milford 1933).

A. S. Yahuda, Dr. Weizmann's Errors on Trial: a Refutation of his Statements in ‚Trial and Error‘ Concerning my Activity for Zionism during my Professorship at Madrid University, New York: Published Privately by Ethel R. Yahuda 1952.

P. Zudrell, Der Kulturkritiker und Schriftsteller Max Nordau. Zwischen Zionismus, Deutschtum und Judentum, Würzburg: Königshausen und Neumann 2003.

Archive

DLA Marbach (Nachlaß Karl Wolfskehl).
Stefan George-Archiv in der Württembergischen Landesbibliothek Stuttgart.
Jewish National and University Library Jerusalem (Abraham Shalom Yahuda).
Thomas Mann-Archiv der ETH Zürich.
Universitätsarchiv Heidelberg.
Bildnachweis: Thomas Mann-Archiv der ETH Zürich.

Holger Rudloff

Ocean Steamships, Hansa, Titanic

Die drei Ozeandampfer in Thomas Manns Roman *Der Zauberberg*

Auf der Reise zum Zauberberg und noch während der ersten Zeit seines Aufenthalts im Sanatorium „Berghof" liest Hans Castorp, ein angehender Schiffbauingenieur aus der Hansestadt Hamburg, „ein broschiertes Buch namens ‚Ocean steamships'" (GKFA, 12)[1]. Die Reiselektüre scheint bedacht ausgewählt zu sein, steht sie doch in einer direkten Beziehung zu seinem zukünftigen Beruf. In drei Wochen will er „in die Praxis bei Tunder & Wilms (Schiffswerft, Maschinenfabrik und Kesselschmiede)" eintreten (13). Ein paar Jahre zuvor, so erfährt der Leser retrospektiv, hatte Castorp miterlebt, „wie der neue Doppelschrauben-Postdampfer ‚Hansa' bei Blohm & Voß vom Stapel lief" (55). Später auf dem Zauberberg werden sowohl Settembrini als auch Naphta ihrem Schützling – unabhängig voneinander – von Ozeandampfern erzählen, besonders vom Untergang der *Titanic*.

Untersuchungen zu Thomas Manns *Zauberberg* haben von den Ozeandampfern bisher kaum Notiz genommen. Zwar behandelt fast jede Untersuchung zur Leitmotivstruktur auch *Ocean steamships*, um die bürgerliche Welt der Arbeit, der Form, der Technik, der Zeitökonomie oder des Fortschrittsoptimismus mit den unbürgerlichen Mächten auf dem Sanatorium zu konfrontieren, dabei spielen allerdings nautische Fragen keine wesentliche Rolle. Ebenso wenig hat man nach einer Beziehung des Dampfers *Hansa* zum literarischen Werk gefragt. Selbst den Untergang der *Titanic* erörtert man nur am Rande.

Das ist erstaunlich, denn in der literarischen Tradition fungiert das Schiff als ein Verdeutlichungsmodell. Als Vergleich, Metapher, Allegorie oder Symbol bildet es sowohl soziale Institutionen als auch menschliche Gemütsverfassungen ab. Fasst man das Schiff als eine „Bildchiffre" für die menschliche „Existenz in der Zeit", so lässt sich feststellen:

In den drei Jahrtausenden europäischer Literatur hat sich diese Selbstauslegung in verschiedenen Schiffsvergleichstypen und Übergangsformen zwischen ihnen vollzogen: im Lebensschiff, dem Schiff der politischen Gemeinschaft, der Kirche, der Mensch-

---

[1] Zitiert wird im Text oben nach: Thomas Mann. Große kommentierte Frankfurter Ausgabe (GKFA). Bd. 5.1, Der Zauberberg. Roman. Hg. und textkritisch durchges. v. Michael Neumann, Frankfurt/M. 2002.

heit, dem Schiff des Logos oder der Seele, dem Schiff als Symbol der Zivilisation oder des geistigen Unternehmens, der Fregatte als Frau, dem Narrenschiff, dem trunkenen Schiff.[2]

Die Schiffsbesatzung mit Kapitän, Steuermann, Mannschaft und Passagieren liefert zudem Material, um politische Ordnungen und Herrschaftsstrukturen zu illustrieren.[3] Das gilt von der Antike bis zum heutigen Tag sowohl für die Dichtkunst als auch für die Umgangssprache. Der Mensch versucht, wie Hans Blumenberg ausführt, sein Leben „unter der Metaphorik der gewagten Seefahrt zu begreifen":

Das Repertoire dieser nautischen Daseinsmetaphorik ist reichhaltig. Es gibt Küsten und Inseln, Hafen und hohes Meer, Riffe und Stürme, Untiefen und Windstillen, Segel und Steuerruder, Steuermänner und Ankergründe, Kompaß und astronomische Navigation, Leuchttürme und Lotsen. Oft dient die Vorstellung der Gefährdungen auf der hohen See nur dazu, die Behaglichkeit und Ruhe, die Sicherheit und Heiterkeit des Hafens vorzustellen, in dem die Seefahrt ihr Ende finden soll.[4]

Das Meer zählt zu den am wenigsten geheuren elementaren Realitäten. Es steckt den Radius menschlicher Unternehmungen ab und stiftet eine dämonische Sphäre der „Unberechenbarkeit, Gesetzlosigkeit, Orientierungswidrigkeit"[5]. Einen besonderen Ausdruck für das Ausgeliefertsein findet man in der Irrfahrt des Odysseus:

Die Irrfahrt ist in ihrer reinen Form Ausdruck für die Willkür der Gewalten, die Verweigerung der Heimkehr, wie dem Odysseus geschieht, die sinnlose Umtreibung und schließlich der Schiffbruch, in denen die Zuverlässigkeit des Kosmos fraglich und sein gnostischer Gegenwert vorweggenommen wird.[6]

Bedeutungen der Metaphorik von Seefahrt und Schiffbruch lassen sich möglicherweise in den Ozeandampfern des *Zauberberg* – Romans wiederfinden. Meine nautischen Notizen sind in drei Teile gegliedert: Der erste stellt Castorps Ausgangslage anhand der Lektüre von *Ocean steamships* dar, der zweite skizziert Fragestellungen zum Doppelschrauben-Postdampfer *Hansa*, und der dritte fragt nach der Diagnose, die der Untergang der *Titanic* der erzählten Zeit stellt.

---

[2] Eckhart Schäfer: Das Staatsschiff. Zur Präzision eines Topos. In: Peter Jehn (Hg.): Toposforschung. Eine Dokumentation, Frankfurt/Main 1972, S. 259–292; Zitat: S. 259.

[3] Ebd., S. 260 f.

[4] Hans Blumenberg: Schiffbruch mit Zuschauer. Paradigma einer Daseinsmetapher, Frankfurt/Main 1997, S. 9.

[5] Ebd., S. 10.

[6] Ebd., S. 11.

1. Ocean steamships

So wie der antike Seeheld Odysseus übers Meer in die Unterwelt segelt, reist auch „ein einfacher junger Mensch" (11) übers Meer dem Zauberberg zu. Hans Castorp fährt „von der süddeutschen Hochebene hinunter zum Gestade des Schwäbischen Meeres und zu Schiff über seine springenden Wellen hin, dahin über Schlünde, die früher für unergründlich galten" (ebd.).

Castorps Anreise direkt als Hades- und Irrfahrt zu bezeichnen und den jungen Mann zudem mit Odysseus zu vergleichen, bleibt dem italienischen Schriftsteller und Humanisten Ludovico Settembrini vorbehalten, der beim ersten Zusammentreffen zielsicher fragt:

Sie hospitieren hier nur, wie Odysseus im Schattenreich? Welche Kühnheit, hinab in die Tiefe zu steigen, wo Tote nichtig und sinnlos wohnen – (90).

Bis zu wörtlicher Übereinstimmung spielt Settembrinis Aussage auf Homers *Odyssee* an.[7] „Schatten" (91) sind die Toten des Hades und die Bewohner des Zauberbergs. Später wird Hans Castorp die Röntgenaufnahme von Clawdia Chauchats Brustkorb als „Schattenpfand" (529) verehren. Und er wird, wie ihm Settembrini prophezeit, in ihr einer Kirke begegnen, die ihn „auf allen Vieren gehen" lässt, bis er „zu grunzen" beginnt, denn ihr zu widerstehen sei Castorp „nicht Odysseus genug" (375).

Neben der Hadesfahrt und dem Aufenthalt auf der Insel der Kirke thematisieren Settembrinis Fragen an den Neuankömmling auf dem Zauberberg ein weiteres Abenteuer des legendären Seefahrers, den Besuch beim einäugigen Kyklopen Polyphemos. Als Odysseus und seine Gefährten dem Kyklopen zum ersten Mal begegnen, fragt dieser eindringlich nach Herkunft und Beruf der Reisenden:

„Fremdlinge, sagt, wer seid ihr? Von wannen trägt euch die Woge?
Habt ihr wo ein Gewerb, oder schweift ihr ohne Bestimmung
Hin und her auf der See, wie küstenumirrende Räuber,
Die ihr Leben verachten, um fremden Völkern zu schaden?"
(Odyssee 9, V. 252–255; Voss'sche Übersetzung)

Auch Settembrini will gleich bei besagtem ersten Zusammentreffen Castorps Beruf erfahren:

---

[7] Vgl. Thomas Mann. Große kommentierte Frankfurter Ausgabe, Bd. 5.2, Der Zauberberg. Roman. Kommentar von Michael Neumann, Frankfurt/M. 2002, S. 155 f. Vgl. hier die angegebene Literatur, bes.: Eckhard Heftrich: Die Welt „hier oben". Davos als mythischer Ort. In: Das „Zauberberg"-Symposium 1994 in Davos. Hg. v. Thomas Sprecher, Frankfurt/M. 1995 (TMS 11), S. 225–247.

„Darf ich fragen, welchen Beruf Sie ausüben drunten im Leben – oder wohl richtiger: auf welchen Sie sich vorbereiten?" (91).

Begeistert preist der Italiener Castorps Beruf: „Ein Schiffbaumeister! Aber das ist großartig!" (92). Er befördert ihn zugleich zum „Vertreter einer ganzen Welt der Arbeit und des praktischen Genies" (ebd.). Thomas Mann erzählt das mythologische Geschehen nicht einfach nach. Er verfährt frei mit der Textvorlage, wandelt sie um und unterwirft sie einer Metamorphose, die zwar Details beibehält und als Erkenntnissignale benutzt, dabei aber Handlungsabläufe und Rollenzuweisungen der Figuren umkehrt. Umkehrung wird zu einem signifikanten Gestaltungsprinzip. Aus dem einäugigen Menschenfresser, der in der *Odyssee* nach dem Gewerbe der Fremdlinge fragt, ist im *Zauberberg*-Roman der italienische Menschenfreund geworden, der Castorp neugierig nach Stand und Beruf aushorcht. Aus der Vermutung des Kyklopen, einen Seeräuber anzutreffen, ist Settembrinis Zuversicht geworden, einen Schiffbaumeister vor sich zu haben.[8]

Die Anknüpfung ans epische Vorbild der *Odyssee* erfolgt an dieser Stelle also in doppeldeutiger Ironie, in Scherz und in Satire. Hat sie aber auch eine (tiefere) Bedeutung? Will man Settembrinis Erkundigung nicht einfach als gelehrt-humoristischen Hinweis des Erzählers auf die Abenteuer des Odysseus betrachten, sondern nach interpretatorischen Konsequenzen fragen, dann liegt die folgende Schlussfolgerung nahe: Augenzwinkernd deutet der Erzähler an, dass der als „Drehorgelmann" karikierte Humanist in der Clownstracht, den „weiten, hellgelblich karierten Hosen", dem „zu lange[n] Rock mit zwei Reihen Knöpfen und sehr großen Aufschlägen" (88) sich von Anfang an auf verlorenem Posten befindet, wenn er Castorps Beruf erfragt und ihn dann als Ingenieur bejubelt. Es ist und bleibt sein persönliches Wunschdenken, in dem

---

[8] An weiteren Stellen spielt Settembrinis Verhalten auf das Abenteuer des Odysseus beim Kyklopen an. Odysseus schlägt alle wohlgemeinten Warnungen der Kameraden in den Wind, er möge die Höhle Polyphemos schnell wieder verlassen: „Aber ich hörete nicht (ach besser, hätt ich gehöret!); / Um ihn selber zu sehen, und seiner Bewirtung zu harren" (Odyssee 9, V. 228 f.) Im *Zauberberg* ermahnt Settembrini seinen Schützling wiederholt, so schnell wie möglich abzureisen (vgl. 375 f.). Weitere Beispiele für die Umkehrung von Handlungsabläufen erscheinen direkt bei Castorps Eintritt ins Sanatorium. Er erfährt, wie ein Zimmer „mit Formalin" „gründlich ausgeräuchert" (23) wird und wie eine junge Frau „aus Leibeskräften" „mit den Beinen strampelte" (86). Als Odysseus nach Ithaka kommt, henkt er die untreuen Mägde. Sie „zappelten noch mit den Füßen ein wenig, aber nicht lange" (Od. 23, V. 473). Danach befiehlt er der Pflegerin Eurykleia: „Alte, bringe mir Feuer und fluchabwendenden Schwefel, / Daß ich den Saal durchräuchre." (Od. 23, V. 481 f.) Während Odysseus zuerst die Mägde zappeln lässt und dann den Saal ausräuchert, erfährt Castorp es umgekehrt. Zuerst wird ausgeräuchert, dann strampelt die kleine Hujus mit den Beinen. Zudem vertauscht Thomas Mann aktive und passive Verhaltensweisen: Odysseus handelt, Castorp schaut nur zu. Und während Odysseus in die Heimat gelangt, hat Castorp seine Erlebnisse in einem Sanatorium, das er nur kurze Zeit besuchen will.

einfachen jungen Menschen einen Schiffbaumeister und damit einen Vertreter der praktischen Arbeitswelt zu sehen.

Als einen derartigen Vertreter versteht sich Hans Castorp allerdings selber beim Antritt seiner Reise. Nach frisch bestandenem Ingenieursexamen soll seine Erholung im Sanatorium „Berghof" nicht länger als drei Wochen dauern. Zwar betont er Settembrini gegenüber, dass er „eigentlich noch Student" (92) sei und mit der Arbeit erst anfange, aber bei der Schiffswerft „Tunder & Wilms" wartet bereits ein sicherer Arbeitsplatz auf ihn. Zur Vorbereitung seiner Berufslaufbahn hat er sich dienstbeflissen mit schifffahrtskundlicher Fachlektüre versorgt, einem Lehrbuch über die Konstruktion von Ozeandampfern. Auf der zweitägigen Fahrt ins Hochgebirge beschäftigt es ihn auf dem Schiff und in der Eisenbahn:

Neben ihm auf der Bank lag ein broschiertes Buch namens ‚Ocean steamships', worin er zu Anfang der Reise bisweilen studiert hatte; jetzt aber lag es vernachlässigt da, indes der hereinstreichende Atem der schwer keuchenden Lokomotive seinen Umschlag mit Kohlenpartikeln verunreinigte. (12)

Bereits die erste Nennung des Buches *Ocean steamships* verrät, was es im Laufe der weiteren Handlung mit dem Selbstverständnis des bürgerlichen Ingenieurs und seinem Schicksal auf sich hat. Mit anderen Worten, bereits der erste Satz, in dem besagtes Buch eine Rolle spielt, deutet auf der Ebene von Leitmotiven das zukünftige Geschehen an. Zu Beginn der Fahrt „studiert" Castorp noch „bisweilen" in seiner Dienstlektüre, dann liegt sie „vernachlässigt" da, um schließlich von „Kohlenpartikeln" der Dampflokomotive „verunreinigt" zu werden. Das Grundthema ist angeschlagen: Das Interesse für *Ocean steamships* und damit für den Ingenieurberuf schwächt sich sukzessive ab, bis es gänzlich versiegt. Die folgenden Liegekuren auf dem Zauberberg sollen das illustrieren; es bleibt beim Vorsatz der Lektüre, der nicht eingelöst wird. Castorp „blinzelte und ruhte, ohne ‚Ocean steamships' zu seiner Unterhaltung in Anspruch zu nehmen" (104 f.), wenig später „zitterte" ihm das Buch „in den Händen, sobald er es vor die Augen führte" (158); mit einem Rest von Diensteifer hält er es „in den arg verklammten, rot angelaufenen Händen" (251), bis es ihm schließlich „nichts mehr zu sagen hatte" (414).

Die „Kohlenpartikel" auf dem Buchumschlag weisen symbolisch geradezu überdeutlich auf jene dunklen Mächte, die Castorps Selbstverständnis als angehenden Ingenieur während seines Aufenthalts auf dem verzauberten Berg zersetzen. Sie stehen als Vorboten für die Flecken auf dem Röntgenbild seiner Lunge, und sie weisen auf all jene „Schatten", jene Bewohner des Hades, die die Welt des Sanatoriums bevölkern, und zu denen Castorp schon bald gehören wird. Mit ihnen ist Castorp durch das leitmotivische Gewebe von Anfang an verbunden.

Natürlich sind die schwarzen Partikel als Einlagerungen aus der Außenwelt zu bestimmen, sie stammen ja vom „Atem der schwer keuchenden Lokomotive". Allerdings ist der Dampf des Zuges synonym mit dem Dampf von Ozeandampfern. Beide Dampfmaschinen gelten zu Beginn des 20. Jahrhunderts als Sinnbilder technischen Fortschritts. Castorp besitzt also bereits vor seiner Hochgebirgstour die Neigung, für feuchte und dunkle Partikel empfänglich zu sein, ja, diese potentiell mit sich zu führen. Eben das wird er in der Walpurgisnacht Clawdia Chauchat eindringlich erklären, wenn er der Schönen der Nacht versichert, jene Narben, die der Hofrat Behrens in seinem Körper gefunden habe, schon von Jugend an besessen zu haben (vgl. 518).[9]

Wie eng die Dampflokomotive mit Dampfschiffen verbunden ist, zeigt die besondere Schilderung des Aufstiegs im Hochgebirge, der „eigentlich abenteuerliche Teil der Fahrt" (11). Der Erzähler scheint mit der Gebirgsreise zugleich eine Meerfahrt zu verhandeln, wenn er von Castorps „Emporgehobenwerden in Regionen" spricht, „wo er noch nie geatmet und wo, wie er wußte, völlig ungewohnte, eigentümlich dünne und spärliche Lebensbedingungen herrschten" (13). Emporgehoben wie von einer Ozeanwelle fährt der Zug über „Engpässe [...] mit Schneeresten in ihren Schründen und Spalten" (13f.). So liegen „Heimat und Ordnung" für den Reisenden „klaftertief unter ihm" und er nähert sich „schwebend" dem „Unbekannten" (13). Während die „Maschine" (vgl. die modellhafte Gleichsetzung zwischen Schiffsmaschine und Dampfmaschine = Lokomotive) „schwarze Rauchwolken" ausstößt, wird mit den Wassern der Abgründe gleich zwei Mal deren „Tiefe" beschworen:

Wasser rauschten in der Tiefe zur Rechten; links strebten dunkle Fichten zwischen Felsblöcken gegen einen steingrauen Himmel empor. Stockfinstere Tunnel kamen, und wenn es wieder Tag wurde, taten weitläufige Abgründe mit Ortschaften in der Tiefe sich auf (13).

Castorps Zug- bzw. Seefahrt zwischen den „Felsblöcken" erinnert an die Abenteuer des Odysseus in der Meerenge zwischen den Felsen[10] von Skylla und Charybdis. Der Kampf des Odysseus gegen die Ungeheuer und die Naturgewalten basiert bekanntlich auf List, Rationalität und Instrumentalisierung. Auch Hans Castorp ist auf besondere Weise damit vertraut; seine Schlauheit hat er im Studium erworben. Zweckrationale Naturbeherrschung wird hier als List

---

[9] „ [...] que ces marques me restent que Behrens a trouvées dans mon corps, et qui indiquent que jadis aussi j'étais malade ..." (518).

[10] Vgl. Odyssee 12, V. 242 f.

einer technischen Vernunft verstanden. Durch die abgeschlossene theoretische Ingenieurausbildung weiß er die Wirkungsweisen von Naturgesetzen für den industriellen Arbeitsprozess zu benennen. Dazu gehört zentral die strategische Nutzbarkeit des Stoffes Wasser, der durch Veränderung des Aggregatzustands als Dampf technische Antriebsmaschinen (Dampfmaschinen, Ozeandampfer, Lokomotiven etc.) in Schwung bringt. Bezeichnenderweise treten auf der abenteuerlichen Fahrt die Eigenschaften des Wassers in den drei Aggregatzuständen, in flüssiger, fester und gasförmiger Form in Erscheinung: In der Tiefe rauschen Wasser, in den Gebirgsspalten liegen Schneereste, in den oberen Regionen steigt Wasserdampf aus der Maschine. Dabei erfolgt die Überwindung der klaftertiefen Abgründe auf wortwörtlich schmalem Grat: „[...] der Zug wand sich gebogen auf schmalem Paß" (13). Wie buchstäblich schmal dieser Pass ist, unterstreicht der Erzähler, indem er ausgerechnet eine „Schmalspurbahn" (11) darüber hinwegschickt. Ihrem Benutzer bereitet sie „Schwindel und Übelbefinden" (14). So erweisen sich die instrumentelle Rationalität der Technik und die List der Vernunft, mit der Hans Castorp im Bunde ist, als ausgesprochen dürftig, eben „schmal". Bereits die erste Probe aufs Exempel gerät für den benommenen Fahrgast zu einer Zitterpartie.

Betrachtet man die Momentaufnahme der Schmalspurbahn über den Wassern des Abgrundes noch einmal näher und vergewissert sich, dass hier im ersten Kapitel des Romans „ein einfacher junger Mensch" vorgestellt werden soll, so scheint es, als zeichne der Erzähler gleichzeitig mit dem Bild der Natur eine Skizze der inneren seelischen Wirklichkeit seines Helden. „Stockfinstere Tunnel", „weitläufige Abgründe mit Ortschaften in der Tiefe", „Engpässe [...] mit Schneeresten in ihren Schründen und Spalten", das sind nur einige der bereits oben vorgestellten Zitate, die Castorps Schwebezustand zwischen „Heimat und Ordnung" und „dem Unbekannten" illustrieren. Die klaftertiefen Abgründe, Meer, Tiefe, Schlamm – all das erinnert an eine unzugängliche Seelenunterwelt. Freuds Bezeichnung des *Es* drängt sich auf, wenn man den folgenden Textausschnitt berücksichtigt, der streng auf das Bewusstsein der Hauptfigur bezogen ist:

[...] *es* fing an, ihn zu erregen, ihn mit einer gewissen Ängstlichkeit zu erfüllen (13, Hervorhebung, H.R.).

In zahlreichen literarischen Texten anderer Erzähler würde man derartige Formulierungen nicht gesondert beachten. Bei Thomas Manns Erzähler weiß man allerdings auf dem Hintergrund des Gesamtwerks, dass hier kein Lapsus linguae vorliegt, wenn *es* anfing und ausdrücklich von Erregung und Ängstlichkeit eines jungen Mannes die Rede ist.

Angstgefühle treten bekanntlich immer dann auf, wenn die Orientierung an tradierten Kontrollinstanzen verloren gegangen ist: „Heimat und Ordnung" lagen für Castorp „weit zurück" (13). Aber noch mehr; sie „lagen hauptsächlich klaftertief unter ihm" (ebd.). Eben „dar*über* hinaus" (ebd., Hervorhebung, H.R.) bewegt sich die Dampfmaschine. Sie wird zum Inbegriff jener theoretischen Kenntnisse, die Castorp während seiner akademisch-technischen Sozialisation erworben hat. Die Dampfmaschine überspannt die Natur- und Seelenabgründe auf besagt „schmalem Paß". So erinnert die Schmalspurbahn an die Illusion der individuellen Existenz, mit Hilfe von angelernten Fertigkeiten und Sozialisationsmustern die Erregungs- und Angstzustände der in der Tiefe brodelnden Natur (die zivilisatorisch unterdrückten Ansprüche des *Es*) zu überbrücken.

Der Eintritt in den Zauberberg, „schwebend" zwischen der „Heimat" und „dem Unbekannten", verweist also mit der wilden Gebirgs- und Wasserlandschaft zugleich auf den psychischen Zustand des Reisenden. Parallel dazu entwirft der Erzähler wenige Zeilen zuvor einen anderen Schwebezustand. Er berichtet über Castorps aktuellen Lebensabschnitt: Der Held hat sein Examen abgelegt, er ist nicht mehr Student und noch nicht praktizierender Ingenieur, sein „Eintritt in die Praxis bei Tunder & Wilms" erfolgt erst in „drei Wochen" (13). Für das Interim ohne Verbindlichkeit und Verantwortung in der Praxis steht das Buch *Ocean steamships* exemplarisch, dem sich Castorp mit wechselndem Interesse widmet. Einerseits liefert es eine intellektuelle Voraussetzung zur Naturkenntnis bzw. zur Naturbeherrschung, andererseits befindet sich diese Theorie in den Händen ihres Lesers Hans Castorp auf ungesichertem Terrain, wie die bereits oben zitierten „Kohlenpartikel" auf dem Buchumschlag veranschaulichen.

Verlässt Castorp jedoch die angelesene Bahn technischer Vernunft, so melden sich jene Gegenkräfte, die der Erzähler zunächst mit den Chiffren der klaftertiefen Gebirgsschluchten und der rauschenden Wildwasser versieht. Die von der Zivilisation erfolgreich überbrückten mythischen Urgewalten und Dämonen kehren dann in verwandelter Form zurück. Im Traum von der Schülerliebe zu Pribislav Hippe bricht die unterjochte Natur durch und die verdrängten Triebansprüche kommen wieder. Wie ist nun diese Enthemmung der inneren Natur in die leitmotivischen Anspielungen eingebunden?

Castorps Wanderung auf dem Zauberberg zu jener „Ruhebank" (182), auf der er im Traum „bis zur Aufhebung des Raumes und der Zeit" (183) Hippe wiederbegegnet, führt ihn über entscheidende Hindernisse hinweg: „Er überschritt den Wasserlauf und das Schmalspurgeleise" (180). Jenseits des Schienenstrangs der Dampfmaschine, jenseits der Erinnerungssignale von *Ocean steamships* und somit jenseits der Muster technischen Bewusstseins bzw. Wissens, erscheint die antibürgerliche Welt der Zeitlosigkeit und Pflichtvergessenheit mit den Mächten des Traums, der Triebhaftigkeit und des Rausches. Das Reich subjektiven Erinnerns beginnt mit dem Ende des Geltungsbereichs der Konstruktion von Ozeandampfern. Im symbolisch wiederholt aufgeladenen Bild des rauschenden Wassers, des „Wildbaches", des „Wassersturzes" zeigt sich noch einmal Castorps Grenzüberschreitung: „[...] denn rauschendes Wasser liebte Hans Castorp ebensosehr wie Musik, ja vielleicht noch mehr." (182)

Musikalische Lockungen lenken Castorp auch kurze Zeit später vom vorletzten Versuch ab, sich doch noch Fragen der Schiffbautechnik zuzuwenden:

Hans Castorp aber ließ ‚Ocean steamships' auf der Decke liegen und lauschte mit herzlicher Teilnahme auf die Musik. (251)

Als schließlich *Ocean steamships* „ihm nichts mehr zu sagen hatte" (414), lässt er sich aus der Heimat „einige in seinen Lebensberuf einschlagende Bücher, Ingenieur – Wissenschaftliches, Schiffsbautechnisches" (414 f.) zuschicken. Wie sehr die neuen Fachbücher das Schicksal des Buches *Ocean steamships* teilen, verdeutlicht der Erzähler durch die erneute Wahl des Verbs „vernachlässigen": „Diese Bände lagen aber vernachlässigt zugunsten anderer" (415). Über *Ocean steamships* heißt es ja bei der ersten Nennung, „jetzt aber lag es vernachlässigt da" (12). Aber nicht nur die Wiederholung des Verbs verdeutlicht, dass Castorps wirkliches Interesse an nautischen Problemen keinesfalls zugenommen hat. Schlägt man nämlich das Original des Buches *Ocean steamships* auf, so liest sich dessen Untertitel *a popular account of their construction, development, management and appliances*[11] wie ein Kommentar zu Castorps neuem Lesestoff. Denn die nachgesandten Bücher weisen keinerlei spezifische Titelangaben auf. Generell handeln sie nur über „Ingenieur-Wissenschaftliches" und über „Schiffsbautechnisches". Erweiterte Kenntnisse sind aus diesen allgemein gehaltenen Angaben kaum zu gewinnen. Mit der letzten Nennung von *Ocean steamships* und dem endgültigen Beiseitelegen der ingenieurwissenschaftlichen Bücher bricht eine der letzten Fassaden der Flachland-Identität Castorps zusammen. Sein Erkenntnisinteresse wandelt sich fortan zugunsten „einer ganz verschiedenen Sparte und Fakultät angehöriger Lehrwerke"; voller „Lust" liest er Bücher über „Anatomie, Physiologie und Lebenskunde, abgefaßt in verschiedenen Sprachen, auf deutsch, französisch und englisch" (415). Ein deutlicherer Gegensatz zur Pflichtlektüre der *Ocean steamships* scheint kaum möglich zu sein, wenn sich die Leselust an Körper-, Lebens- und Lie-

---

[11] F.E. Chadwick , J.D.J. Kelley, Ridgely Hunt, John H. Gould, William H. Rideing, A.E. Seaton: Ocean steamships; a popular account of their construction, development, management and appliances, with ninety-six illustrations, New York 1891.

beswelten orientiert. Die Mächte des Zauberbergs erobern über die Bettlektüre des Liegedienstes ihr Vorrecht.

Was hat es schließlich mit der Textvorlage, dem Original des Buches *Ocean steamships* auf sich? Philologisch ist es bisher weitgehend unbehelligt geblieben. Selbst der *Kommentar* der GKFA beschränkt sich auf eine Übersetzung des Titels aus der englischen Sprache ins Deutsche: Ozeandampfer.[12] Ein Blick ins Yale–Manuskript liefert einen weiterführenden Hinweis. Hier liegt bei der ersten Nennung des Buches *Ocean steamships* zunächst ein „englisches Buch" neben Hans Castorp auf der Bank, dabei ist allerdings das Adjektiv „englisches" sauber mit dem Lineal durchgestrichen und in ein „broschiertes" Buch umgewandelt worden.[13] Im Spielfilm *Der Zauberberg* (1981), Buch und Regie: Hans W. Geißendörfer, taucht das Buch *Ocean steamships* als Requisite in einer Originalausgabe auf. Der diesen Film begleitende Dokumentarfilm *100 Tage auf dem Zauberberg* (1982) von Gabriele Seitz stellt das Buch in einer Ausgabe mit der bibliographischen Angabe „London 1892" vor. Ein englisches Antiquariat stellte es für Geißendörfers Verfilmung zur Verfügung.[14] Es handelt sich hierbei nicht um die Erstauflage, denn die erste Auflage von *Ocean steamships* erschien im Jahr 1891 in New York. Sie ist von der Library of Congress nachgewiesen und kann über Internet eingesehen werden.[15]

Wie sehr Thomas Mann sich an Textvorlagen und historischen Ereignissen zur Schifffahrt orientiert, zeigt auch Castorps kurzes Gespräch mit seinem Vetter über „die geplante Elbregulierung" (28). Das literarisch gestaltete Gespräch findet am Abend der Ankunft auf dem Zauberberg statt, also im Juli 1907. In der Tat wird in Hamburg im Jahr 1907 in der Presse lebhaft über die Bemühungen diskutiert, das Fahrwasser der Niederelbe zu verbessern. Hierzu dienten die sog. Köhlbrandverträge von 1868, 1896 und schließlich 1908.[16] Der fiktive Dialog der Hamburger Jungens bezieht sich also auf unmittelbar bevorstehende reale Ereignisse in ihrer Vaterstadt.

---

[12] GKFA, Kommentar, S. 130.

[13] James F. White: The Yale *Zauberberg* – Manuskript. Rejected Sheets Once Part of Thomas Mann's Novel, Bern u. München 1980 (TMS 5), S. 15.

[14] Für freundliche Hinweise danke ich Gabriele Seitz und Toni Lüdi.

[15] Die Internetadresse lautet: http://lcweb.loc.gov/ – für freundliche Hinweise danke ich dem Deutschen Schifffahrtsmuseum in Bremerhaven.

[16] Für freundliche Hinweise danke ich dem Museum für Hamburgische Geschichte.

Foto: Privatsammlung

2. Doppelschrauben – Postdampfer „Hansa"

Das Leitmotiv *Ocean steamships* zeigt, dass Hans Castorps Eintritt ins Berufs-
leben eines Ingenieurs bereits während seiner Anreise auf den Zauberberg
fraglich ist. Noch ehe seine Krankheit ärztlich diagnostiziert wird, verrät das
leitmotivische Textgewebe eine entsprechende Disposition. Lässt sich ein ähn-
licher Zusammenhang für den nächsten im Text erwähnten Ozeandampfer, den
Doppelschrauben-Postdampfer *Hansa* ausmachen? Welche Rolle spielt dieses
Schiff im Roman? Das zweite Kapitel erzählt retrospektiv Szenen aus Castorps
Kindheit und Jugend. Dazu gehört jener eine Satz, der belegt, „daß er an Schiffen immer großes Vergnügen gehabt hatte":

Als kleiner Junge hatte er die Blätter seiner Notizbücher mit Bleistiftzeichnungen von
Fischkuttern, Gemüseevern und Fünfmastern gefüllt, und als er mit fünfzehn Jahren
von einem bevorzugten Platze aus hatte zusehen dürfen, wie der neue Doppelschrauben-Postdampfer ‚Hansa' bei Blohm & Voß vom Stapel lief, da hatte er in Wasserfarben ein wohlgetroffenes und bis weit ins Einzelne genaues Bildnis des schlanken
Schiffes ausgeführt, das Konsul Tienappel in sein Privatkontor gehängt hatte, und auf

dem namentlich das transparente Glasgrün der rollenden See so liebevoll und geschickt behandelt war, daß irgend jemand zu Konsul Tienappel gesagt hatte, das sei Talent und daraus könne ein guter Marinemaler werden, – eine Äußerung, die der Konsul seinem Pflegesohn ruhig wiedererzählen konnte, denn Hans Castorp lachte bloß gutmütig darüber und ließ sich auf Überspanntheiten und Hungerleiderideen auch nicht einen Augenblick ein. (55)

Castorps „großes Vergnügen" an Schiffen fängt bereits als „kleiner Junge" mit Bleistift und „Bleistiftzeichnungen" an. Noch genügt ihm offenbar das eigene Zeichengerät. Erst bei einer späteren Zeichenstunde wird er auf Hippes Crayon zurückgreifen. Besagtes „großes Vergnügen" soll sich da merklich steigern:

Aber vergnügter war Hans Castorp in seinem Leben nie gewesen, als in dieser Zeichenstunde, da er mit Pribislav Hippes Bleistift zeichnete. (188)

Damals ist er „dreizehn Jahre alt" (183). Mit „fünfzehn Jahren" wechselt er die Malutensilien, er tuscht „in Wasserfarben". Hippe hat er zwischenzeitlich, man kann es leicht nachrechnen, „vergessen" (187). Jetzt beobachtet er von einem Logenplatz aus, „wie der neue Doppelschrauben-Postdampfer ‚Hansa‘ bei Blohm & Voß vom Stapel lief". Das maritime Spektakel hat es in sich. Es lohnt sich den eingeschobenen Hauptsatz mit aquarelliertem Schiff, der Werft und dem Stapellauf näher zu analysieren. Auf den ersten Blick fällt eine Tautologie auf: Der *neue* Dampfer lief vom Stapel. Das Substantiv Stapel impliziert, dass es sich um ein neues Schiff handeln muss. Ein altes Schiff kann nicht vom Stapel laufen, vielleicht ein umgebautes bzw. modernisiertes Schiff. Sollte dem Erzähler an dieser Stelle eine unnötige Doppelbezeichnung unterlaufen sein, der bekannte „weiße Schimmel" also? Oder sollte der Gebrauch der Tautologie beabsichtigt sein, um das Merkmal *neu*, das an sich schon jedem vom Stapel laufenden Schiff begrifflich zukommt, in attributiver Form deutlich hervorzuheben? Das Attribut *neu* fügt zwar semantisch gesehen dem Dampfer, der vom Stapel lief, nichts hinzu, kann aber, pragmatisch gesehen, seine Wirksamkeit verstärken.

Zur Lösung des Problems hilft möglicherweise ein Vergleich der erzählten Zeit mit den historischen Fakten, die der Roman ggf. umgestaltet. Wie oben zitiert, ist Castorp fünfzehn Jahre alt, als er dem Stapellauf beiwohnt. Als er die Reise in den Zauberberg antritt, „stand er im dreiundzwanzigsten Lebensjahr" (59)[17]; er ist also zweiundzwanzig Jahre alt, als er im Juli 1907 im Sanatorium ankommt. Da die Differenz zwischen 22 und 15 genau 7 ergibt, läuft „der neue

---

[17] Im Text gibt Castorp zweieinhalb Wochen später an, er sei bereits vierundzwanzig (254). Die Unsicherheiten dürften in den Text geraten sein, weil Thomas Mann mehrfach schwankte, Castorp zwei Jahre älter oder jünger zu machen. Vgl. dazu: Kommentar, GKFA, S. 145.

Doppelschrauben-Dampfer ‚Hansa' bei Blohm & Voß" im Jahr 1900 vom Stapel. Zumindest in Thomas Manns Roman. In jedem Fall reiht sich dieses Ereignis aus Castorps Jugend in die Zahlensymbolik des *Zauberberg* ein, bei dem die 7 eine besondere Rolle spielt.[18] Das Jahr 1900 steht in Zusammenhang mit einem Dreischritt der Zahl 7, dem in der Handlung 1907 („Ankunft") vorausgeht und das Jahr 1914 („Der Donnerschlag") folgt. Der Stapellauf der *Hansa* ist auf diese Weise signifikant mit den historischen Eckdaten des Romans verbunden.

In der Realität läuft übereinstimmend im Jahr 1900 ein deutscher Schnelldampfer der Hamburg-Amerika-Linie vom Stapel. Dieser nennt sich allerdings nicht *Hansa*, sondern wird auf den Namen *Deutschland* getauft. 1910 wird das Schiff umgebaut und heißt ab 1911 *Victoria Luise*. 1914 rüstet man die *Victoria Luise* als Hilfskreuzer aus. Als Kriegsschiff taugt sie aber wegen der veralteten Kesselanlage nicht und kommt daher nicht zum Einsatz. 1920/21 erfolgt eine Generalüberholung und ein weiterer Umbau. Ab 1921 wird das Schiff dann als *Hansa* in Dienst gestellt.[19] Mit der dritten Namensgebung ist man bei Castorps Dampfer *Hansa* angelangt, dem besagten „Doppelschrauben-Postdampfer". In Anschluss an die magische Zahl 3 ergeben sich weitere Verwirrspiele. Denn das Schiff wurde nicht bei „Blohm & Voß" in Hamburg zu Wasser gelassen. Als *Deutschland* lief es bei der „Vulcan"-Werft in Stettin vom Stapel, hatte jedoch als Heimathafen Hamburg. Auf die Werft „Blohm & Voß" kommt die *Deutschland* 1902 zur Reparatur, nachdem im Atlantik Ruder und Hintersteuer zu Bruch gegangen sind. Die Reederei wirbt mit ihrem Schiff unter dem Namen *Doppelschrauben-Schnellpostdampfer ‚Deutschland'*.[20] Thomas Manns Erzähler stutzt diese Bezeichnung zusammen und nennt die *Hansa* einen „Doppelschrauben-Postdampfer". Der Bezug zur *Deutschland* ist evident. Aber von der *Deutschland* bis zur *Hansa* ist es ein verzweigter Weg. Bereits mit dem Umbau von 1911 zur *Victoria Luise* verfolgt die Hapag ein neues Ziel. Das Schiff sticht fortan als „Luxus-Liner für Kreuzfahrten"[21] in See. Der für 1. Klasse-Passagiere ausgelegte Spaßdampfer befördert nicht mehr die Mühsamen und Beladenen in die Neue Welt, sondern dient den Reichen und Schönen zum Zeitvertreib. Die Generalüberholung 1920/21 und der Umbau zur *Hansa* erfolgt dann in Hamburg, allerdings nicht bei Blohm & Voß sondern

---

[18] Vgl. Christiane Pritzlaff: Zahlensymbolik bei Thomas Mann, Hamburg 1972, S. 27 ff.

[19] Vgl. Arnold Kludas: Die großen Passagierschiffe der Welt. Eine Dokumentation, Bd. 1: 1858–1912, Oldenburg / Hamburg 1972, S. 58 f.; Arnold Kludas / Herbert Bischoff: Die Schiffe der Hamburg – Amerika Linie, Bd. 1: 1847–1906, Herford 1979, S. 90 f.

[20] Diese Bezeichnung steht unter dem Bild der *Deutschland* von Mühlmeister & Johler (Hamburg), das im frühen 20. Jahrhundert in den Kontoren der Hapag hing.

[21] Vgl. Kludas, 1972, S. 58.

bei der „Vulcan"-Werft. Das Schiff bedient ab 1921 wieder die Linie Hamburg-New York und befördert als Auswandererschiff auch wieder Passagiere
der 3. Klasse.[22] Durch die Änderung der Einwanderergesetze der USA wird
die *Hansa* 1922 erneut umgerüstet, da nun weniger Auswanderer erwünscht
waren, dafür mehr zahlungskräftige Touristen. Nach diesem Umbau verfügt
sie über 220 Plätze in der Kabinenklasse (Touristenklasse), und über 664 in der
3. Klasse.

Der Stapellauf der fiktiven *Hansa* in Hans Castorps Lebensgeschichte teilt
mit dem historischen deutschen Schnelldampfer *Hansa*, ex *Victoria Luise*, ex
Deutschland eine Reihe von Bezügen, andere werden umgestellt oder wegge-
lassen. Für Interpreten, die in Castorp einen Vertreter des deutschen Bürgertums und dessen Niederlage im 1. Weltkrieg sehen, wird der Hinweis auf den
versteckten Namenswechsel von der *Deutschland* zur *Hansa* ein brauchbarer
Befund sein. In dem Schiff *Deutschland* wäre so die Allegorie vom Staatsschiff
Deutschland versteckt, dessen politische Ordnung, die Monarchie, obsolet
geworden ist. Für Interpreten, die in Castorps Sozialisation nach Vorboten zur
Sanatoriumswelt fahnden und seine Veranlagung und Neigung zum Müßig-
gang schon im frühen Entwicklungsstadium betonen, wird es nicht unerheb-
lich sein, dass die *Hansa* in der Tradition der Luxus-Kreuzfahrtschiffe steht.
Denn der Zauberberg wird ja ausdrücklich als „Luxusheilstätte" (953) mit
„Luxushotelküche" (289) beschrieben, der im Dorf über „Luxusläden" verfügt, in denen sich „reiche Genießer und Tagediebe aus aller Welt, Bewohner
des Kurhauses und der anderen großen Hotels" (477) tummeln. Zudem knüpft
der Abschnitt „Humaniora" wiederholt an Castorps Illustration der *Hansa* an,
wenn Castorp sich gegenüber dem Hofrat Behrens an seine „Jugend" erinnert,
in der er „Schiffe und Wasser" (395) gemalt hat, „das eine oder andere Aqua-
rell": „Mal ein Schiff, ein Seestück, Kindereien" (387).

Castorps unbewusste Disposition für die Mächte des Zauberbergs ist noch
in einer weiteren Textstelle zu finden, in der mit dem Bild der *Hansa* auch das
Leitmotiv des „Schattens" auftaucht. Über den Zeitabschnitt „seiner soeben
auswärts begonnenen Studien" (57) liest man:

Seine technischen Zeichnungen, diese Spanten-, Wasserlinien- und Längsrisse, waren
nicht ganz so gut, wie seine malerische Darstellung der ‚Hansa' auf hoher See, aber wo
es galt, die geistige Anschaulichkeit durch die sinnliche zu unterstützen, *Schatten* zu
tuschen und Querschnitte in munteren Materialfarben anzulegen, tat Hans Castorp es
an Geschicklichkeit den meisten zuvor. (57f., Hervorhebung, H.R.)

---

[22] Vgl. Arnold Kludas: Die Geschichte der deutschen Passagierschiffahrt, Bd. 4, Hamburg 1989.
– Für freundliche Hinweise danke ich dem Deutschen Schifffahrtsmuseum in Bremerhaven und
besonders Frau Jutta Pellnitz.

Bereits als Student, als „angehender Schiffbaumeister" (ebd.) ist Castorp also mit dem Reich der Schatten eng verbunden. Seine technischen Zeichnungen und seine frühen Übungen mit dem Tuschkasten stehen im Kontext des Verhältnisses von Geist und Sinnlichkeit. Naphta und Settembrini werden einen derartigen und ähnlichen Dualismus in ihre pädagogischen Bemühungen aufnehmen, wenn sie ihrem Schützling vom Untergang der *Titanic* dozieren.

Zu fragen bleibt, ob Thomas Manns Leser zur Zeit der Erstveröffentlichung des Romans (1924) mögliche Hintergründe enträtseln konnten, die mit dem Doppelschrauben-Postdampfer *Hansa* verbunden sind. Die Frage ist nicht eindeutig zu beantworten. Dennoch spricht die Popularität des Schiffes dafür. Immerhin kann die *Deutschland*, bzw. können die Folgeschiffe, einige Superlative für sich verbuchen. Das Schiff gewinnt als einziger Dampfer der Hapag das Blaue Band (auf der Jungfernreise Hamburg-New York im Juli 1900). Mit dem Umbau zur *Victoria Luise* stellt man das damals größte Kreuzfahrtschiff der Welt in Dienst (1911). 1919 kommt eine weitere Einzigartigkeit hinzu. Nach der Niederlage im Ersten Weltkrieg muss das Deutsche Reich den Großteil seiner Handelsflotte an die Siegermächte abtreten. Die Entente verzichtet aber auf die Ablieferung der *Victoria Luise* wegen ihres schlechten Zustandes. Dadurch bleibt sie der einzige große Dampfer unter deutscher Flagge. Die Wiederaufnahme der Linie Hamburg-New York und die Beteiligung der *Hansa* ab 1921 sind Ereignisse, die in der Öffentlichkeit nachhaltig dargestellt werden und nicht zu unterschätzen sind. Auf diesem Hintergrund ist es wahrscheinlich, dass der bürgerlich gebildete Leser, der zudem das Zeitgeschehen in den Wirren der frühen Weimarer Republik verfolgt, stutzen mag. Die Indienstnahme der *Hansa* liegt bei der Erstausgabe des *Zauberberg* nur drei Jahre zurück. Im Roman wird sie in Castorps Jugend zurückverlegt. Der Stapellauf der *Hansa* ist leicht auf das Jahr 1900 zurückzurechnen.

3. Titanic

Am Ostersonntag nach Castorps Walpurgisnacht mit Clawdia Chauchat verwickelt Settembrini seinen Schüler nach mehreren Wochen gegenseitiger Funkstille in einen nautischen Dialog:

„Haben Sie je eine Schiffsreise gemacht, Tenente, oder Sie, Ingenieur?" (537)

Mit dieser Frage an den Ingenieur und seinen Vetter, den Tenente (ital. Oberleutnant) Joachim Ziemßen, eröffnet Settembrini das Gespräch. Der Hintergrund der Frage ist dem Leser jedoch in einem ungemein höheren Maße bewusst als dem Fragenden selbst. Im Gegensatz zu Settembrini weiß der Leser nämlich von den ersten und einzigen Schiffsreisen des einfachen jungen Menschen aus dem Flachland. Er weiß von einem „Ruderer", der „statt selber die Riemen zu handhaben, an Sommerabenden bei Musik und einem guten Getränk auf der Terrasse des Uhlenhorster Fährhauses saß und die beleuchteten Boote betrachtete" (50). Und er las auch von „einer einsamen Kahnfahrt im Abendzwielicht auf einem holsteinischen See" (236).

Von den lokalen Trivialitäten norddeutscher Teiche und Ruderboote wechselt das Geschehen auf die Weltmeere mit Ozeanriesen. Settembrini vergleicht das Leben in dem alpinen Lungensanatorium mit der Reise auf einem „großen Dampfer", der „bei leerem Horizont seit Wochen, in salziger Wüstenei" (537) umher fährt. Es liegt nahe, dass der Erzähler den Literaten damit auch den geistigen Horizont abstecken lässt, der die beiden Gesprächsteilnehmer trennt. Während der eine ortsgebundene Ruderpartien, zuweilen auch mit „guten Getränken", bevorzugt, argumentiert der andere mit nautischer Daseinsmetaphorik und der rhetorischen Figur der Allegorie. Zudem bringt Settembrini seinen Vergleich auf listige, ja mephistophelische Weise an den Mann, indem er vorgibt, durch die Tischdekoration mit Schokoladenhäschen an eine Schiffsreise erinnert zu sein:

,Ich bin erinnert durch diese Häschen, diese gefärbten Eier an das Leben auf so einem großen Dampfer, bei leerem Horizont seit Wochen, in salziger Wüstenei, unter Umständen, deren vollkommene Bequemlichkeit ihre Ungeheuerlichkeit nur oberflächlich vergessen läßt, während in den tieferen Gegenden des Gemütes das Bewußtsein davon als ein geheimes Grauen leise fortnagt ... Ich erkenne den Geist wieder, in dem man an Bord einer solchen Arche die Feste der terraferma pietätvoll andeutet. Es ist das Gedenken von Außerweltlichen, empfindsame Erinnerung nach dem Kalender ... Auf dem Festlande wäre heut Ostern, nicht wahr?' (537 f.)

Der neu eingeführte Gegensatz Festland – Dampfer wiederholt auf besondere Weise den herkömmlichen Gegensatz Flachland – Sanatorium. Die „salzige Wüstenei" gleicht der Schneelandschaft der Hochgebirgswelt als einer metaphysischen, gesellschaftslosen Sphäre.[23] Eine *scheinbare* Orientierung („Auf dem Festlande *wäre* heut Ostern") verleiht der Kalender. Durch seine Eckdaten und durch die „vollkommene Bequemlichkeit" an Bord sei die Waghalsigkeit des Unternehmens, „ihre Ungeheuerlichkeit" eben nur „oberflächlich"

---

[23] Wie sehr die Schneelandschaft dem Meer als metaphysischer Landschaft gleicht, wird in den Unterkapiteln *Strandspaziergang* und *Schnee* ausführlich gestaltet. An mehreren Stellen beschreibt der Erzähler Castorps Handlungen unter der Metaphorik der gewagten Seefahrt. Einmal davon taucht der Held „wie ein Schiff auf stürmischer See" (715) im Schnee ab.

zu vergessen, während in den Tiefen des Gemüts „ein geheimes Grauen leise fortnagt". Mit dieser Formulierung trifft Settembrini ins Schwarze. Er trifft auf Castorps nagenden Gewissenswurm, seine Walpurgisnacht mit Madame Chauchat. Das war sicher eine Absicht der geschickt eingefädelten nautischen Unterhaltung. Castorp, „vom schlechten Gewissen gespornt" (538), redet fortan seinem Gegenüber „aus allen Kräften nach dem Munde" (ebd.). Er wiederholt Settembrinis Ausdruck von der „vollkommene[n] Bequemlichkeit" der Schiffsreisen mehrfach, indem er den „vollendeten Komfort" und „Luxus" auf dem „Ozean-Steamer" (ebd.) preist. Als Leser von *Ocean steamships* und als Tuschzeichner der *Hansa* ist er ja mit der Ausstattung von Luxuslinern vertraut. In vorauseilendem Gehorsam zitiert er „die Alten" und verwendet Begriffe wie „Hybris" und „frevelhaft"[24]. Er kommt zu dem Schluss, der „Luxus an Bord" befördere den „Triumph des Menschengeistes", da so die „menschliche Zivilisation" über die „wilden Gewalten" (ebd.) des Meeres siege. Settembrini misstraut den vorgedachten Ansprüchen zutiefst. Seine Körpersprache, „die Füße gekreuzt und die Arme ebenfalls" (538 f.) signalisiert Abwehrhaltung. Er weiß, dass sein Eleve mit den schönen Worten erst jüngst nicht Manns genug war, wilden Gewalten zu trotzen. Genau über diesen Punkt soll noch einmal verhandelt werden. Zur Beweisführung seiner Gegenrede stützt sich Settembrini in der Folge auf weitere nautische Traditionen. Kenntnisreich differenziert er Castorp den Begriff der Hybris, spielt auf den Untergang einer „Luxusarche" an und beruft sich auf Prometheus:

Sie sprachen von ‚Hybris‘, sie bedienten sich dieses Ausdrucks. Aber die Hybris der Vernunft gegen die dunklen Gewalten ist höchste Menschlichkeit, und beschwört sie die Rache neidischer Götter herauf, per esempio, indem die Luxusarche scheitert und senkrecht in die Tiefe geht, so ist das ein Untergang in Ehren. Auch die Tat des Prometheus war Hybris, und seine Qual am skythischen Felsen gilt uns als heiligstes Martyrium. Wie steht es dagegen um jene andere Hybris, um den Untergang im buhlerischen Experiment mit den Mächten der Widervernunft und der Feindschaft gegen das Menschengeschlecht? Hat das Ehre? Kann das Ehre haben? Sì o no! (539)

Zwei Formen von Hybris stehen auf dem Prüfstand. Als „Hybris der Vernunft", als „Untergang in Ehren" gelten die Versuche des menschlichen Intellekts, gegen die von den Göttern oder von der Umwelt gesteckten Grenzen aufzubegehren. Dem steht „jene andere Hybris" gegenüber, die sich im „buhlerischen Experiment" gefällt, womit Settembrini abermals gegen Castorps Liebschaft zu Madame Chauchat stichelt, die ja aus dem Land der „Parther und Skythen" (339) stammt. Semper idem.

---

[24] Zur nautischen Tradition dieser Begriffe vgl. Titus Heydenreich: Tadel und Lob der Seefahrt. Das Nachleben eines antiken Themas in den romanischen Literaturen, Heidelberg 1970.

Als erstes Beispiel für vernünftige und ehrenvolle Hybris fungiert das Debakel der „Luxusarche", die „scheitert und senkrecht in die Tiefe geht". Der *Kommentar* sieht hier eine „Anspielung auf den Untergang der Titanic am 15.4.1912, die, obwohl aufgrund ihrer Konstruktion für unsinkbar gehalten, nach der Kollision mit einem Eisberg etwa 1500 Menschen in den Tod riss."[25] Für die Richtigkeit dieser Annahme steht, dass der Text an späterer Stelle direkt den „Untergang des Dampfers ‚Titanic'" (1047) aufgreift. Es soll Settembrinis Kontrahenten Naphta vorbehalten sein, das Schiffsunglück erneut zu bewerten. Zudem steht das „senkrecht in die Tiefe"-Gehen der „Luxusarche" in einem direkten Bezug zum historisch überlieferten Untergang der *Titanic*, der bis auf den heutigen Tag in der nautischen Fachliteratur wie folgt skizziert wird:

02.15 Uhr. Die *Titanic* steht jetzt fast senkrecht auf dem Bug und beginnt schneller zu sinken.[26]

Dennoch darf der Textzusammenhang nicht übersehen werden, in dem der nautische Dialog steht. Settembrini räsoniert über den Schiffsuntergang am Ostersonntag nach dem Faschingstreiben. Es ist das zweite Jahr von Castorps Aufenthalt auf dem Zauberberg, folglich findet das Geschehen im April 1908 statt. Die historische Kollision der *Titanic* mit dem Eisberg ereignet sich aber im April 1912, also fast auf den Tag genau vier Jahre später als es die erzählte Zeit im Roman vorsieht.

Warum hat der Erzähler in Settembrinis Monolog den Untergang des Riesenschiffes um vier Jahre vorverlegt? Spielt er mit der Zahl 4 auf deren sonstige Bedeutung im Roman (viermal am Tag wird Fieber gemessen, Castorp logiert auf Zimmer 34, etc.) an? Oder antizipiert Settembrinis Anspielung auf den Untergang der *Titanic*, der ja ein „Untergang in Ehren" ist, die Auflösung des Zauberbergs und den Untergang der Völker Europas im 1. Weltkrieg, an dem der Italiener selbst für sein Vaterland streitet und folgt „wohin der Geist und heiliger Eigennutz es weisen" (1080)?

Auffällig ist der didaktische Aspekt in Settembrinis Beschreibung. Er trägt eine Art Gleichniserzählung vor. Es handelt sich um einen Schiffbruch mit Zuschauer. Der Zuschauer befindet sich allerdings nicht an einem sicheren Ufer, sondern an Bord eines anderen Schiffes. Den Untergang der „Luxusarche" beobachtet er von seiner eigenen „Arche" aus, die „die Feste der terraferma pietätvoll andeutet" (538). Da das eigene Schiff schon auf der Namens-

---

[25] GKFA, *Kommentar*, S. 265.
[26] Kludas, 1972, S. 180.

ebene mit dem sinkenden verbunden ist, liegt es für den Zuschauer nahe, sein zukünftiges Schicksal mit dem vor Augen geführten Desaster zu verbinden. Umgeben von der „salzigen Wüstenei" bleibt das Festland nur ein trostspendender Schein. Rührselige Erinnerungen an den Kalender ersetzen das verloren gegangene Zeitgefühl. Für die Arche Settembrinis gibt es keinen Berg Ararat als Landeplatz mehr. Da Zauberberg und Arche in der nautischen Imagination eins geworden sind, hat auch der Gegensatz rettender Hafen–offenes Meer ausgespielt. Die Arche ist zu einem Teil des Ozeans geworden. Festes Land ist nicht mehr unter die Füße zu bekommen. Soll das heißen, dass bereits zur erzählten Zeit, Ostern 1908, der kommende Untergang der Zivilisation nur eine Frage der Zeit ist?

Naphtas Hinweis auf „den Untergang des Dampfers ‚Titanic'" (1047) ordnet hingegen die erzählte Zeit in einen direkten Zusammenhang mit den historischen Ereignissen. Er sieht „im Herbst" (1046) vor dem „Donnerschlag" die Schiffskatastrophe als „Menetekel" für einen möglichen Krieg. Sollten sich Naphta und Settembrini trotz ihrer sonst unüberbrückbaren Differenzen darüber einig sein, im Untergang der *Titanic* das Scheitern der Vorkriegsgesellschaft zu sehen? Nur (noch einmal), warum datiert der Erzähler Settembrinis Bericht vier Jahre vor? Antworten auf diese Fragen sind offen. Allein das Problem aufgeworfen zu haben, verweist auf eine Forschungslücke.

Als zweites Beispiel für ehrenvolle „Hybris der Vernunft" als „höchste Menschlichkeit" zählt „die Tat des Prometheus". Seine „Qual am skythischen Felsen" gilt Settembrini als „heiligstes Martyrium". Zu fragen bleibt, auf *welche* „Tat des Prometheus" der italienische Gelehrte hinweist? Immerhin hebt Settembrini Prometheus zum dritten Mal im Roman hervor. Er lässt nicht locker, Prometheus' Genialität als promethischen Wissensdrang auf den „Schiffbaumeister" aus Hamburg übergehen zu lassen. Bereits die Male zuvor wird der Titanensohn zum Kronzeugen für den Sieg des Geistes gegen die Natur, er wird gefeiert als „der erste Humanist" (242) oder als „Liebhaber der Menschheit und ihres Adels", der im „Geiste" und in der „Vernunft" beschlossen sei (379). Der Humanist und Schriftsteller hat sich sicher eingehend mit der Prometheusfigur befasst, zumal sein Lebenswerk ja darin besteht, die literarisch gestalteten Leiden der Menschheit in einer Enzyklopädie zu versammeln. Da diese „eine Zusammenstellung und kurzgefasste Analyse aller für jeden einzelnen Konflikt in Betracht kommenden Meisterwerke der Weltliteratur enthalten soll" (374), ist anzunehmen, dass er den Prometheusmythos in unterschiedlichen Überlieferungen kennt. Deshalb reicht es nicht aus, die „Tat des Prometheus" auf den Feuerraub zu begrenzen.[27] Zudem soll bei jener „Tat"

---

[27] Vgl. GKFA, *Kommentar*, S. 265 f.

gefragt werden, welchen Stellenwert sie in dem vorliegenden nautischen Dialog hat.

Der Prometheusmythos ist in der *Theogonia* und in den *Werken und Tagen*, den beiden Lehrgedichten Hesiods erzählt. Aischylos kannte Prometheus aus dem attischen Kult und aus Hesiod. Seine Tragödie *Der gefesselte Prometheus* weicht von der hesiodischen Konzeption in einigen wichtigen Punkten ab. *Der Neue Pauly* fasst dies in nuce wie folgt zusammen. Auch hier geht es um Hybris und Frevel:

Hesiod stellt den Prometheus als listigen und betrügerischen Charakter dar, der sich in seiner Hybris mehrfach mit Zeus zu messen versucht (Opferbetrug und Feuerraub), aber stets unterliegt und durch sein frevlerisches Handeln letztlich selbst verantwortlich für das durch Pandora repräsentierte Unglück der Menschen ist, als deren Fürsprecher er auftritt.[28]

Über Aischylos Tragödie heißt es:

Bei Aischylos, der im Gegensatz zu Hesiod den Opferbetrug bewusst ausläßt, wird Prometheus nicht als hybrider Frevler, sondern als Wohltäter, Menschenfreund und Kulturbringer dargestellt, der ein Opfer des willkürlich waltenden Zeus wird.[29]

Angeschmiedet „am fernsten Saum der Welt, dem skythischen / Gelände" (Aischyl. Prom. 1/2) verkündet Prometheus, den Menschen neben dem Feuer weitere Kulturgüter gestiftet zu haben: Zeitrechnung, Zahlen und Schrift, Domestizierung der Tiere und Ackerbau, Schiffahrt, Heilkunde, Weissagung, die Gewinnung von Metallen (Aischyl. Prom. 436–525). Mit dem Feuer ist den Menschen die Grundlage zur Entwicklung vieler Handwerke und der Kultur gegeben. „Dieser Deutung des Mythos begegnen wir erstmals bei Aischylos."[30] Hebt sein Drama die Erfinderrolle des Prometheus und seine Leistung für den kulturellen Fortschritt besonders hervor, so entspricht das dem Motto Settembrinis: „Technik und Sittlichkeit!" (238) Und innerhalb des angezettelten nautischen Dialogs spielen zwei Taten des Prometheus eine herausragende Rolle: Prometheus gibt sich als Erfinder der Seefahrt und der Metallverarbeitung (Schmiedekunst) aus. In der Übersetzung von Johann Gustav Droysen liest man das so:

Und auch das meerdurchfliegend lein' geflügelte
Fahrzeug des Schiffers ward von niemand ehr erbaut.
(Aischyl. Prom. 467 / 468)

---

[28] Der Neue Pauly. Enzyklopädie der Antike. Altertum, Bd. 10; hg. v. Hubert Cancik u. Helmuth Schneider, Stuttgart / Weimar 2001, Sp. 403.

[29] Ebd.

[30] Heydenreich, 1970, S. 21.

Und:

[...] die im Erdenschoß
Verborgenen Schätze, welche sein jetzt nennt der Mensch,
So Eisen, Erz, Gold, Silber, wer mag sagen, daß
Er diese vor mir aufgefunden und benutzt?
(Aischyl. Prom. 500 – 503)[31]

Berücksichtigt man, dass Prometheus nicht nur Feuerbote, sondern auch Patron des Schiffbaus, der Metallverarbeitung und der Schmiedekunst ist, so fällt von hier aus ein bezeichnendes Licht auf Castorps Berufsfeld. Die Firma „Tunder & Wilms", in die der junge Mann einzutreten einmal beabsichtigte, scheint dem Prometheus besonders verpflichtet zu sein, denn sie weist ihre Arbeitsbereiche mit „Schiffswerft, Maschinenfabrik und Kesselschmiede" (13) aus.

Die Nachnamen Tunder und Wilms tauchen das erste Mal in Thomas Manns Notizbüchern[32] aus dem Jahre 1909 auf. Sie stehen isoliert voneinander, und ein Bezug auf ein gemeinsames Geschäft lässt sich nicht erkennen. Hier erfolgen auch keinerlei Angaben über ihre Berufszweige, es ist also weder von einer Schiffswerft noch von anderen Arbeiten die Rede. Die besondere Zusammenstellung „Schiffswerft, Maschinenfabrik und Kesselschmiede" ist entweder ein fantasiereiches Produkt des Erzählers oder die fiktive Übernahme von historisch überlieferten Dienstleistungen. Geht man die Eintragungen in den Hamburger Adressbüchern dieser Zeit durch, besonders jene aus dem Jahr 1907 (Erzählbeginn), so stellt man fest, dass Firmen, die ihre Dienstleistungen in der Reihenfolge „Schiffswerft, Maschinenfabrik und Kesselschmiede" annoncieren, äußerst selten sind. Nur zwei kommen in Frage. Der Erzähler des *Zauberbergs* scheint also sein Augenmerk auf besonders prägnante Firmenbezeichnungen gelenkt zu haben, um sie für seine Zwecke zu nutzen. Allein der Name „Tunder & Wilms" ist nicht authentisch, vermerkt sind nur die entsprechenden Firmen Bauer & Beyer und J.C. & H.C. Kiehn.[33]

---

[31] Aischylos, Sämtliche Tragödien, München 1977, S. 248 f. – Prometheus rühmt sich bei Aischylos, der Erfinder des Schiffs zu sein. Die Mythologie verbindet indes vor allem Jason mit dem Bau des ersten Schiffes, Argo, das zur Eroberung des Goldenen Vlieses ins ferne Kolchos segelte. Über das erste Schiff hat es noch einen weiteren Streit der Kulturen gegeben. Sieht die Tradition des Christentums in Noah den ersten Schiffbauer, so insistiert die hellenistische Tradition auf Jason oder Prometheus. Settembrini, seinerseits Gelehrter, Humanist und Schriftsteller, bündelt die Positionen im Geist des Abendlandes zusammen. Für ihn steht die Arche Noah unterschiedslos neben dem Segelschiff des Prometheus.

[32] Thomas Mann: Notizbücher 7–14. Hg. v. Hans Wysling und Yvonne Schmidlin, Frankfurt / Main 1992, S. 177.

[33] Für freundliche Hinweise danke ich dem Museum für Hamburgische Geschichte.

Der Roman changiert zwischen Historie und Fiktion. Zur narrativen Vergegenwärtigung historischer Tatsachen gehört nicht nur der Untergang der Titanic. Andere nautische Sachverhalte wie Werften, Fachbücher, Ozeandampfer werden fiktionalisiert. Sie stiften durch die besondere Form ihrer Aneignung und Gestaltung auch eine Referenz zur Geschichte der Seefahrt.

Herbert Lehnert

Thomas Manns Modernität

Das Wort „modern" ist von dem lateinischen Adverb „modo" in der Bedeutung „jetzt" abgeleitet. Modern ist eine Denkweise, die jetzt gilt und sich von der einer früheren Zeitperiode kontrastierend absetzt. Wir Modernen sind anders als die Alten, wobei aber eine Vorstellung vom Sein der Alten immer mitwirkt. Modern war im Frühmittelalter das Christentum gegenüber der Antike, es drückte sich aber in den antiken Formen aus. Im Spätmittelalter war die „devotio moderna" eine religiöse Bewegung, die sich von erstarrten kirchlichen Riten absetzte; sie wollte den innerlich erfassten Jesus wiedergewinnen, gewann aber auch moderne individuelle Innerlichkeit. Der Begriff Renaissance erklärt die Wiedergeburt des antiken Humanismus aus dem dunklen Mittelalter, markiert aber auch den Beginn der „Neuzeit".

Das historische Bewusstsein, eine moderne Errungenschaft des 19. Jahrhunderts, zerstörte die naiven, einfachen Gegensatz-Orientierungen aller Vergangenheiten und machte so aus der „Moderne" eine komplexe, schwer bestimmbare Größe. Die Orientierungssysteme der Vergangenheit verfielen historischer Kritik. Es genügte nicht mehr, auf den Ausgang aus der Unmündigkeit des dunklen Mittelalters stolz zu sein, denn der Individualismus der „Neuzeit" zeigte sich als Erbe des christlichen Glaubens an das Mittelalter, zeigte sich der historischen Betrachtung als komplexes Gebilde. Die Reformation, die sich als Wiederherstellung der ursprünglichen Kirche verstanden hatte, leistete stattdessen der Säkularisation Vorschub, der sie hatte entgehen wollen. Die französische „Revolution", die zur altrömischen Tugend „zurückrollen" wollte, etablierte sich stattdessen als bürgerlicher Fortschritt und Kapitalismus und probte unerhörte neue Möglichkeiten von Macht-Ausübung.

Unbelehrt durch diese Beispiele vergeblicher Zukunftsorientierung an bewährten Vergangenheiten entstanden im gleichen 19. Jahrhundert, das das historische Bewusstsein entließ, neue ideologische, das ist, erfundene Orientierungen mit romantischem Rück-Orientierungscharakter: voran der Konservativismus, ursprünglich gegen die destruktiven Tendenzen der französischen Revolution gerichtet, der sich wegen der menschlichen Beharrungstendenz schnell als Machtmittel erwies, dann der Marxismus, der die Ungerechtigkeiten der bürgerlichen kapitalistischen Waren- und Geldwirtschaft durch eine mittelalterliche Utopie des gerechten Auskommens aller heilen wollte, diese aber sogleich zur Errichtung eines inhumanen Machtapparats missbrauchte, schließlich der Faschismus, der, aus dem Gefühl nationaler Schwäche im Ersten Weltkrieg den Nationalismus als Ideologie verabsolutierte, indem er ihn mit einer primitiven ethnischen Schein-Religion auflud. Der Faschismus hatte, wie der sowjetische Marxismus, auch Teil an der Moderne, weil er deren Machtmittel, Industrie und Waffentechnik missbrauchen wollte. Die faschistischen und marxistischen Ideologien haben sich als bloße Instrumente von Machtpolitik enthüllt. Aber diese Erfahrung hindert andere Fundamentalismen mit religiöser Rückneigung nicht, sich als Heilung des Amoralismus und der Orientierungslosigkeit anzubieten. Auch sie besitzen ein Machtpotential.

Thomas Mann stand den Ursprüngen der fundamentalistischen faschistischen Ideologie in Deutschland nahe. Auch er erwartete vom Ersten Weltkrieg eine Ablösung von den Zwängen der Bürgerlichkeit, auch er dachte an neue Orientierungen, die er für spezifisch deutsch hielt, auch er war vom Ausgang des Krieges enttäuscht, auch er bewunderte große Autoritäten, allerdings vornehmlich intellektuelle Größe. Er hatte nicht viel Verständnis für Demokratie als System von Interessen-Ausgleich. Sein politisches Verständnis war geprägt vom deutschen Beamten-Bildungsbürgertum, von dessen Ideal einer Regierung, die sich für die Allgemeinheit verantwortlich fühlte und guten Willens war. Dass Thomas Mann sich trotz dieser Affinitäten dem Weg des deutschen Bildungsbürgertum in die Duldung des Faschismus nicht anschloss, sich vielmehr von Anfang an als entschiedener Gegner bekannte, ist aus seinem Widerstand gegen jeden Fundamentalismus, gegen jede Festlegung der künstlerischen Imagination zu erklären. In diesem Widerstand hatte ihn die widersprüchliche Philosophie Nietzsches bestärkt.

Thomas Manns Werk stammt aus der Modernität der Jahrhundertwende um 1900, in der Künstler gegen ihre bürgerlichen und fortschrittsgläubigen Väter rebellierten, denen sie Anpassung an die kapitalistische Geldwirtschaft vorwarfen. Sie wollten aus der Enge der bürgerlichen Ordnung ausbrechen, ohne sich über das „Wohin" klar zu sein. Eine Richtung wies Nietzsche, wenn er für die Befreiung von der christlichen „Sklavenmoral" und für eine andere Vornehmheit eintrat, die durch menschliche Kreativität geschaffen werden konnte. Nietzsche war bestimmt im Negativen; seine Vision einer neuen Welt, in der vornehme Herrscher das unbestimmte „Leben" triumphieren lassen sollten, wurde kein deutliches Bild. Denn deutliche Ansichten des Ganzen der Welt, das ist Metaphysik, war nicht mehr glaubhaft, konnte mit den fortschreitenden Naturwissenschaften nicht mithalten, die ihrerseits kein einheitliches Bild lieferten. Aus Schopenhauers Metaphysik, die viel Naturwissenschaftliches aufgenommen hatte, wirkte auf Thomas Mann die Kraft des „Willens zum Leben", die Schopenhauer unter dem rationalen Erscheinungsbild der Welt suchte, aber varriiert durch Nietzsches positiv gewendeten Lebensbegriff, der die Systematik der Metaphysik beiseite schob. Nietzches „Leben" ist prinzipiell unbestimmbar, ist chaotisch. Alle Ordnung, alle Moral im Sinne von restriktiven Regeln ist ihm fragwürdig.

Ein früher künstlerischer Ausdruck für das Verschwinden einer eindeutig bestimmbaren Weltordnung war das Verschwinden fester Konturen aus der impressionistischen Malerei. Das Bild wollte nicht mehr ein Stück Welt festlegen, sondern mit bloßen Farben einen Aspekt evozieren, einen zeitlich und räumlich begrenzten Teil der Welt, dessen Abhängigkeit von Jahres- und Tageszeit. Dem entsprach Nietzsches Perspektivismus, den Thomas Mann in seinem Werk praktizierte, die Darstellung von der Bedingtheit menschlicher Reaktionen in einer sich ständig ändernden Welt.

Nietzsche schrieb 1873 den Aufsatz *Über Wahrheit und Lüge im außermoralischen Sinne*. Thomas Mann kannte ihn. Nietzsches Text argumentiert, dass die Wortbedeutungen unserer Sprache den Dingen willkürlich zugeordnet sind und schließt daraus, dass es keine absolute metaphysische Wahrheit geben kann, die sich in Sprache ausdrücken ließe. Zwar schlägt die Metaphysik in Nietzsche sozusagen zurück, indem sie ihren alten Anspruch erhebt, für alles zu gelten. Als Nietzsche versuchte, auch die mathematische Naturwissenschaft unwahrer Willkürlichkeit zu überführen, musste ihm das misslingen. Gültig blieb jedoch die Lehre der Perspektivik, die sich aus der Sprach-Skepsis ergab. Weil allgemein gültige Wahrheiten nirgends festzumachen sind, kann jede Erkenntnis nur in Relationen zu anderen Erkenntnissen gelten. Diese Erkenntnis ist zugleich konservativ und gegen-konservativ. Sie ist konservativ, weil sie die Wahrheiten der Vergangenheit bewahren muss, um die Relationen zu gewinnen, die Differenzen, zu dem was jetzt gelten soll. Sie ist gegen-konservativ, weil sie die Wahrheiten der Vergangenheit relativieren muss. Thomas Mann verstand weder Nietzsches Konservativismus noch seine Zukunftsvisionen als absolute Lehren. Dieses flexible Nietzsche-Verständnis, das den Lehren nicht glaubte, wenn sie sich als Lehren gaben, aber die Bewegung des Andersdenkens schätzte, gehört zu Thomas Manns Modernität.

Als spezifisch modern entstanden im frühen 20. Jahrhundert Kunstformen, in denen die Betrachter des Bildes oder die Leser sich konfrontiert sahen mit einer Welt aus willkürlich aufeinander bezogenen Fragmenten, Aspekten oder Perspektiven. Autoren und Leser fanden sich nicht mehr in der gewohnten mitmenschlichen Welt, deren Perspektive dem Künstler und seinem Publikum gemeinsam ist. James Joyces *Ulysses*, ein Musterwerk der Moderne, zeigt eine banale Welt aus wechselnden, sozusagen fragmentierenden Perspektiven und bezieht diese Banalität ironisch auf ein für die westliche Welt klassisches Werk der Erzählliteratur. Der Titel *Ulysses* verweist auf eine klassische Welt, in der Götter lebten, im Kontrast zu der nicht mehr aus göttlicher Ordnung bestimmbaren Welt der Moderne. Kunstwerke der Fragmentation wie *Ulysses* laden den Leser oder Betrachter nicht ein, sich in ihrer eigenen, bloß alternativ veränderten Welt zu fühlen, wie realistische Dichtung, sondern sie verlangen Entschlüsselung ihrer Sonderwelt.

Fragmentierung drückt einen Aspekt der Modernität aus, kann jedoch nicht das allein gültige Kriterium der Modernität der Kunst sein. Modernität muss auch durch Kunstwerke vermittelbar sein, die auf die Welt der Leser eingehen. Spiele mit dem Leben in der Wirklichkeit ohne gültige Metaphysik, ohne göttlich garantierte Ordnung können sich dem Leser oder Betrachter zuwenden, ohne Entschlüsselung zu verlangen. Zu dieser literarischen Modernität gehört das Werk Thomas Manns, in dem Nietzsches Perspektivismus in einer Weise angewendet ist, die den Lesern entgegenkommt. In den *Betrachtungen eines Unpolitischen* bezog Thomas Mann seine künstlerische Ironie auf Nietzsches „Leben", das heißt auf das unbestimmbar Konkrete der Welt, auf das Wandelbare im Menschenleben. Nietzsches „Auflehnung gegen die Moral" wollte er als die „eines Künstlers und Liebenden" verstehen (XII, 84),[1] als die Tonio Krögers, der sich trotz, aber auch kraft seiner Überlegenheit über die gewöhnlichen Menschen diesen zuwendet, wirken will. In Thomas Mann, dessen Kunst ihm als Kompensation für sein sexuelles Anderssein dienen musste, ist das Bedürfnis nach bestätigendem Echo auf sein Schreiben sogar besonders stark. Zu der viel diskutierten „Ironie" Thomas Manns gehört der Kontrast zwischen distanzierender Überlegenheit über die Ordnungen der Welt und liebender Zuwendung zu denen, die sich diesen Ordnungen unterwerfen müssen. Darin liegt eine sehr bestimmte Distanz von Nietzsches Grundlehre der Vornehmheit, die menschlicher Größe Verachtung von Moral und Konventionen der gewöhnlichen Menschen zuordnete.

Thomas Manns Patriotismus im Ersten Weltkrieg war eine Zuwendung zu seinem Volk, zu seinen Lesern, denen er einen Grund für die kriegerische Anstrengung zeigen wollte. Die Deutschheit, die er für verteidigenswert erklärte, war Freiheit des kreativen Menschen. Die wollte Thomas Mann keineswegs einem ersatzreligiösen Nationalismus unterwerfen. Für das „Neue", das der Erzähler des *Zauberberg* am Ende des Romans als Ausgang der kriegerischen Anstrengung anvisiert, setzte dieser eine Symbolfigur ein, die auf Nietzsche zu beziehen ist (GKFA 5.1, 990).[2] Nicht der Sozialismusfeind Nietz-

---

[1] Band (römisch) und Seite bezieht sich auf Thomas Mann, Gesammelte Werke, Frankfurt/Main: S. Fischer 1960/1974.

[2] Dass Nietzsche gemeint ist, geht aus GKFA 15.1, 791 hervor. GKFA im Text mit Band, Teil (.1 = Textband) und Seite, bezieht sich auf die seit 2002 im Entstehen begriffene Große Kommentierte Frankfurter Ausgabe der Werke Thomas Manns im S. Fischer Verlag, Frankfurt/Main.

sche ist gemeint, sondern der Denker in neuen Ordnungen, zu denen soziale Gerechtigkeit gehört, die dem unbeschränkten Kapitalismus abgewonnen werden muss.

An der einzigen Stelle, an der Thomas Mann in den *Betrachtungen* sich zur Monarchie bekennt, tut er das, weil „die Losgelöstheit der monarchischen Staatsregierung von den Geldinteressen [...] den Deutschen die Führung in der Sozialpolitik erwirkte" (XII, 261). Das ist nicht die ganze historische Wahrheit, weder war die wilhelminische Staatsordnung von den kapitalistischen Geldinteressen losgelöst, noch war die Sozialgesetzgebung ein Akt klassenloser, unpolitischer Gerechtigkeit. Aber die Äußerung lässt erkennen, dass der bildungsbürgerliche Konservativismus der *Betrachtungen* auch Widerspruch gegen die Herrschaft des Kapitalismus enthielt.

1932 ermahnte Thomas Mann seine bildungsbürgerlichen Leser in einer Goetherede zu sozialer Neuordnung (Ess III, 240–243).[3] 1933 nahm er Nietzsche für den Sozialismus in Anspruch, indem er eine anti-metaphysisch gemeinte Stelle aus *Also sprach Zarathustra* heranzog (Ess III, 354 f.). Die Deutung dieser Textstelle ist eine Fehlinterpretation. Thomas Mann hielt sie für berechtigt, weil er Nietzsches Denken als humanitär konzipierte, als ausgerichtet auf menschlich-überlegene Lenkung der widersprüchlichen Welt, eine herrschaftlich-verantwortliche Lenkung, wie sie der politischen Utopie des Bildungsbürgertums entsprach. Mit dieser sozialen Anwendung auf Nietzsches Herrschaftsvisionen wich Thomas Mann von Nietzsches Lehren ab. Dennoch ließ er seine Bewunderung für Nietzsches widersprüchliches Andersdenken niemals fallen, auch wenn er die Unverantwortlichkeit vieler ästhetischen Phantasien Nietzsches kritisieren musste und deren Affinität mit dem Immoralismus des Nationalsozialismus zugab. Gegen die lebensphilosophische Weltanschauung des Nationalsozialismus hatte der Lebensphilosoph Nietzsche ihn immunisiert und diese Immunisierung ist an seiner so entschiedenen Gegnerschaft beteiligt.

Dagegen hatte er manchmal Schwierigkeiten, den inhumanen Charakter des ideologischen Sozialismus zu sehen, denn er wollte den Sozialismus im Sinne Nietzsches als neue soziale humane Weltlenkung moralisch verstehen. Darum geriet er in Widerspruch mit der nach dem Zweiten Weltkrieg in den Vereinigten Staaten wieder auflebenden Ideologie von der Selbstregulierung der unbeschränkten Marktwirtschaft. Dieser Widerspruch begann 1945 und war so lebhaft, dass er nicht selten der amerikanischen Demokratie Unrecht tat. Obwohl Thomas Manns Opposition gegen die Vormacht des kapitalistischen Bürgertums ihn schließlich aus dem Lande trieb, ist die Intensität dieser

---

[3] Ess im Text mit Band (römisch) und Seite bezieht sich auf Thomas Mann, Essays, hg. von Hermann Kurzke und Stephan Stachorski, Frankfurt/Main: S. Fischer, 1994–1997.

Opposition in Deutschland kaum wahrgenommen worden, so sehr galt das vereinfachte Bild des bürgerlich-altmodischen Thomas Mann.

Diesen Thomas Mann gibt es auch. Auf Photographien erscheint er uns im Anzug mit Krawatte und oft sogar mit Hut und mit dem offensichtlichen Bemühen, einen repräsentativen Eindruck zu machen. Thomas Mann stammte aus einer Zeit, in der man sich bürgerlich anzog, wenn man etwas darstellen wollte. Und etwas darstellen wollte man, wenn man ein Herr war, nämlich sich von der Unterklasse absetzen. Das signifikante Merkmal des Altmodischen in Thomas Mann ist sein Klassenbewusstsein, dass sich widersprüchlich neben seinen sozialistischen Sympathien behauptet. Er war in einem großbürgerlichen Haus aufgewachsen und ließ sich nicht zur Boheme absinken, auch als er in Schwabing wohnte. Als erfolgreicher Schriftsteller stand er patriarchalisch einer bald großen Familie in einem großen Haus vor. In seinen Tagebüchern ist nicht selten peinlich zu lesen, wie er die Haushaltshilfen „Mägde" nannte und als Dienstboten behandelte. Thomas Manns Erlebnisse sind klassenbedingt und seine Texte verraten das. Aber diese Texte behandeln die Klassenbedingtheit ebenso sehr als Reiz zum Widerspruch. Thomas Manns Werk stellt seine eigenen Bedingtheiten in Frage: es spielt mit Gegensätzen, Kontrasten, Widersprüchen.

Die „Vornehmheit", über die Nietzsche reflektierte und an der sich Thomas Mann orientierte, ist die der Bildung, wie sie sich spezifisch in Deutschland vor dem Ersten Weltkrieg herausgebildet hatte. Thomas Mann fehlten die höheren Bildungszertifikate, er war Autodidakt. Aber er schrieb „höhere" Literatur für Bildungsbürger, sein Diskurs war bildungsbürgerlich. Darum legte er Wert darauf, ihnen gleich zu scheinen. Es hat etwas Komisches, dass er sich mit seinem Ehrendoktortitel nennen ließ. Weniger harmlos ist es, wenn Thomas Mann in seinen Essays umfassende Bildung vorzutäuschen sucht, indem er sich Zitate bedeutender Autoren aus Aufsätzen herausfischte und dann nachzitierte, ohne seine Quelle zu nennen. Der würdige Familienvater und Repräsentant des Bildungsbürgertums war auch der Ich-Erzähler der *Bekenntnisse des Hochstaplers Felix Krull*. So sehr Thomas Mann sich als Bildungsbürger fühlte, so sehr er das Dasein des bürgerlichen Hausbesitzers und Familienvaters wirklich brauchte, sie war für den voyeuristischen Liebhaber von Gestalten junger Männer auch eine Fassade, eine falsche Existenz.

Der Kunst als Täuschung zu misstrauen, hatte er früh aus Nietzsches Schrift *Der Fall Wagner* von 1888 gelernt. Er war zeitlebens von der Musik Wagners, der Erotik in *Tristan und Isolde*, dem kunstvollen Motivgewebe fasziniert. Aber ebenso sprach ihn die Weise an, in der Nietzsche Wagner als bloßen Schauspieler hinstellte. Der Verfasser von bedeutenden Wagner-Aufsätzen voller Bewunderung für dessen Größe liebte es, wenn der Komponist Hans Eisler über die musikalischen Tricks Wagners spottete (XI, 213). Der Anspruch der Kunst vom Typus Wagner, am Ausgang des 19. Jahrhunderts, eine „höhere Orientierung" zu geben, eine neue Religion zu stiften, koexistierte in Thomas Mann von Anfang an mit der spöttischen Widerlegung dieses Anspruchs: der Künstler ist nur Schauspieler, er kann niemand erlösen, es gibt keine Ersatzreligion.

Widerlegungen von erlösenden Religionen kann man überall in Thomas Manns Werk finden: Der kleine Herr Friedemann sucht vergeblich Schutz vor der Macht der Sexualität im Kunstgenuss, beim Hören von Wagners *Lohengrin* überfällt ihn der „Brennpunkt des Willens", die Sexualität. Lohengrin ist ein Drama, in dem ein höherer Auftrag, wie Künstler ihn damals fühlten, mit der banalen Realität in Konflikt gerät. Thomas Buddenbrook versucht es mit einer Schopenhauer-Religion, die er mit ein wenig nietzscheschen Lebensoptimismus versetzt hat, aber er fürchtet, sich damit lächerlich zu machen. Der Schwabinger Bohemien Hieronymus in *Gladius Dei* braucht Schopenhauers Argumente, um die Welt vor dem Schwert Gottes zu retten, die jedoch vor der rohen Kraft eines Münchener Packers nicht bestehen können. Der Mönch Savonarola, in dessen Spuren Hieronymus zu wandeln sucht, tritt in *Fiorenza* selbst auf, aber nur, damit seine religiöse Strenge als Machtstreben aus Ressentiment enthüllt werden kann, dessen Antrieb unterdrückte Sexualität ist, nach dem Muster von "Was bedeuten asketische Ideale" in Nietzsches *Zur Genealogie der Moral*.

Neben dem Spott auf die falsche Metaphysik und die falsche Neureligion in der Nachfolge Nietzsches steht kontrastierend die festhaltende Treue an Wagners Motivgeweben, die andere Seite von Thomas Manns Ästhetik. Er schrieb langsam und sorgfältig; seinem Bruder warf er das schnelle und sorglose Schreiben vor. Seit Heinrich die homoerotischen Jugendgedichte des jüngeren Bruders verspottet hatte,[4] bewies sich Thomas Mann mit soliden Schreib-Kompositionen seinen Wert. Weil seine Kunst ihm das Ausleben seiner dominanten Sexualität ersetzen musste, musste es exzellent sein. Das hindert den Erzähler der Novelle *Tristan* nicht, das langsame Schreiben in seiner Figur Spinell zum Gegenstand des Spottes zu machen (VIII, 251), während der Autor Adrian Leverkühns in *Doktor Faustus* diesen zweifelnd auf Gnade hoffen lässt, denn er hat sich „immerfort emsig befleißigt als ein Werker und nie geruget (wieder einmal schien er sich zu besinnen und verbesserte das Wort in ‚geruht', blieb aber dann bei ‚geruget') noch geschlafen, sondern mir's sauer werden lassen und Schweres vor mich gebracht, nach dem Wort des Apostels: ‚Wer schwere Dinge sucht, dem wird es schwer'" (VI, 664 f.). Kein Apostel hat das gesagt; Thomas Mann schrieb dem Spruch die Autorität des Paulus zu, dem Gründer des Christentums.

---

[4] Heinrich Mann, Briefe an Ludwig Ewers, Berlin: Aufbau 1960, S. 106–109.

In der Faustus-Kantate Leverkühns deuten Anspielungen auf die Passion Jesu (VI, 650) die Kunst als religiöses Opfer wie in dem Traumgespräch Goethes mit Lotte am Ende von *Lotte in Weimar*. Dort spielt der fiktive Goethe auf das Gedicht „Selige Sehnsucht" des wirklichen an: „Gleichnis alles Opfers von Leben und Leib zu geistiger Wandlung" (GKFA 9.1, 444). Wenn hier das Kreative ins Religiöse erhoben wird, so bleibt diese Erhöhung doch ein Spiel mit Gewichten und Gegengewichten. In der Faustus-Kantate steht die Verzweiflung des Außenseiter-Künstlers an der rechtfertigenden Gnade gegen deren Verheißung im Christentum. In *Lotte in Weimar* stellt die Traumszene Goethes dichterische Worte gegen dessen mangelnde Menschlichkeit. Und immer ist diese in den religiösen Bereich erhobene Kunst dieselbe, die so falsch sein kann, wie das Lebensgedicht des Dichters Martini in *Königliche Hoheit* (GKFA 4.1, 190–199).

Am Ende des Nietzsche-Essays spricht Thomas Mann von einer Religion der Menschenliebe, die er Nietzsche zuschreibt und in einer Rede von 1943, in der er Hoffnungen für die Welt nach dem Kriege ausdrückt, umschreibt er die gleiche vage Religiosität. Das soll eine Humanität sein, die schlimmen Erfahrungen gerecht wird. „Optimismus und Pessimismus sind leere Worte vor diesem Humanismus" (Ess V, 238) heißt es in *Schicksal und Aufgabe*. Das ist im Sinne der Widersprüchlichkeit zu verstehen, von der hier die Rede ist: *Doktor Faustus* erzählt von der Kunst als Schuld *und* Rechtfertigung; der Goethe von *Lotte in Weimar* ist abstoßend *und* groß.

Von Widersprüchen leben alle Texte Thomas Manns. *Buddenbrooks* klagt die erfolgsbesessene bürgerliche Familie an, die Liebe zu missachten und zwar um ihres Ansehens willen, das auf dem Reichtum beruht. Die Handlung ist gegen den Wert der Familie als alleiniger Lebensinhalt gerichtet, aber die Erzählstimme benimmt sich, als ob sie die eines Mitglieds der verlorenen, untergehenden Familie wäre. Die Erzählweise des familienfeindlichen Romans ist familienfreundlich. Die frühen Erzählungen verdanken ihren Ursprung der Funktion, die Thomas Manns seinem Schreiben zuerkannte. Seine Kunst war ein Talent, das ihm ermöglichte, Menschen von innen zu sehen, sie zu durchschauen. Diese Fähigkeit verlieh menschlichen Wert, Überlegenheit über die Banalität der Gewöhnlichen, Vornehmheit. Jedoch war die Kunst des Außenseiters auch eine Falle; das Anders-Sein, Anders-Empfinden des Außenseiters schloss ihn ab von der gesellschaftlichen Welt. Seine Kunst wurde zum Gegenleben, sie schrieb das Leben fest und ließ es erstarren. Das war besonders prekär für einen Außenseiter, dessen Erotik anders war als die der anderen. Dessen Kunst musste kompensieren für das Ausleben der Sexualität, konnte dessen Glück aber nicht ersetzen.

So erklärt sich der dauernde Wechsel in der Bewertung einer artistisch geprägten Existenz in den frühen Erzählungen. In *Der Bajazzo* bezahlt der Ich-Erzähler die Befreiung von der Banalität im Genuss von Kunst mit Selbstverachtung. Tonio Kröger findet zwar seine Mission im Schreiben über und für die Gewöhnlichen, aber bleibt von ihnen abgetrennt; er vergleicht seine Existenz mit der eines Kastraten (VIII, 297). Der Schriftsteller Spinell vereinigt sich mit seiner Geliebten im Medium von Wagners *Tristan und Isolde*. Er zieht sie in seine unwahr imaginierte Welt der Schönheit; die aber ist der Tod. In *Der Tod in Venedig* dagegen erlöst Dionysos Gustav von Aschenbach aus dem Gefängnis seiner disziplinierten Kunst und der Verlust seiner Würde erscheint als ein nicht zu hoher Preis. Kunst und vornehme Würde treten in diesem Text als Gegensätze auseinander.

Dass *Der Zauberberg* ein Spielfeld von ideologischen Gegensätzen im Großen ist, brauche ich kaum zu sagen. Der Zivilisationsliterat Settembrini ist ein freundlicher bemühter Pädagoge und hat doch die gleiche Philosophie wie der Zivilisationsliterat in den *Betrachtungen eines Unpolitischen*. *Joseph und seine Brüder* spielt mit der Vertauschbarkeit von Oben und Unten, Himmel und Erde, mit Mythos und Realität, mit Gott, der von Menschen hervorgedacht wird und von Menschen, die ihren Wert in der Relation zu ihrem Gott finden, die Religion humanisieren. Die Egozentrik des künstlerisch begabten Narziss Joseph wird durch persönliche Katastrophen zum Gemeinschafts-Sinn verwandelt. Joseph wird Volkswirt, Ernährer und Erlöser, er erfüllt die Forderung des Bruders Heinrich: der Geistige wird zum wahren Führer. Aber der verweltlichte Joseph erhält nicht den religiösen Hauptsegen. Hat er seine kreative Gabe verfälscht? In *Doktor Faustus* dagegen bleibt der große Künstler egozentrisch und löst sich von seiner Gemeinschaft. Sein Teufel verlangt den Verzicht auf Liebe. Dieser Verzicht wird mit seiner Genialität identifiziert, der Vornehmheit, die Kunst zu verleihen hat, das Entwicklungsziel des Menschen in Nietzsches Vision. Aber derselbe Text, der Leverkühns Vornehmheit aus der Achtung seines Erzählers Zeitblom entstehen lässt, bezweifelt den Wert der Genialität und damit auch den Wert der Vornehmheit einer Kunst, die aus gesteigerter Individualität entsteht. Kann ein Künstler, der auf menschliche Liebe verzichtet, legitim Kunst schaffen, oder muss Kunst für eine Gemeinschaft da sein? Ist die formstrenge atonale Musik asozial, wenn sie keine Gemeinschaft hat mit ihrem Publikum? Der Text lässt diese Fragen stehen. Der Kontrast zwischen dem geheilten und sozialisierten Egozentriker Joseph und Leverkühn, der seine Egozentrik zur amoralischen artistischen Größe steigert, ist charakteristisch für das Werk Thomas Manns, für seine Modernität, das heißt für seine Offenheit für die Frage, ob wir nach der Rettung des Individualismus vor seinen kollektivistischen Feinden noch auf dem richtigen Wege sind.

Der Erzähler der *Bekenntnisse des Hochstaplers Felix Krull* baut sich seine eigene Moral und wirkt als Parodie von Nietzsches Immoralisten. Im siebenten Kapitel des ersten Buches der *Bekenntnisse des Hochstaplers Felix Krull*, entstanden vor 1913, stiehlt Krull Schokolade aus einem Delikatessengeschäft. Für die Szene gibt es eine Eintragung in Thomas Manns Notizbuch, zwischen 1909 und 1911 zu datieren: „Hochstapler stie[h]lt als Knabe Chokolade bei Drefalt".[5] Drefalt war ein Geschäft in Lübeck. Die Szene in den *Bekenntnissen* hat also eine autobiographische Wurzel, sei es, dass Thomas Mann als Kind selber dort Schokolade entwendet hat, sei es, dass er sich an die Versuchung erinnerte. Seine Figur Krull schildert, wie er sich zufällig allein im Laden findet und wie „die liebliche Atmosphäre" der dort ausgelegten Delikatessen auf ihn wirkt. „Märchenhafte Vorstellungen" ergreifen ihn. „Ich sah die schwerfällige Ordnung und Gesetzlichkeit des Alltages aufgehoben..." (VII, 308). So greift er in eine mit Pralinen gefüllte Kristallschale und ist im nächsten Augenblick um die Ecke verschwunden. Durch die Erzählung von Krulls schneller Flucht deutet der Autor hinter dem Rücken des Ich-Erzählers an, dass so etwas wie ein moralisches Gewissen in ihm wohnt, das die folgenden Worte Krulls in Frage stellt. Diese bestehen aus seinem Argument, allgemein gültigen moralischen Gesetzen nicht unterworfen zu sein. Seine Tat dürfe nicht mit dem abgenutzten Wort Diebstahl charakterisiert werden. Wenn die bürgerliche Gerichtsbarkeit diesen Namen an seine Taten geheftet habe, so habe er sich dagegen aufgelehnt, „in dem geheimnisvollen, aber unerschütterlichen Gefühl, ein Gunstkind der schaffenden Macht und geradezu von bevorzugtem Fleisch und Blut zu sein." Das Gunstkind der schaffenden Macht betrachtet sich als gottbegnadetes Genie, das die abgenutzten Worte und Begriffe außer Kraft setzt.

Das Wort „Gunstkind" wendet Thomas Mann in genau dem gleichen Sinn in seinem Essay *Phantasie über Goethe* von 1948 auf Goethe an. Dieser, heißt es da, sei kein Vater-Mensch, sondern ein Muttersohn, „Gunstkind und Hätschelhans der großen, der Allmutter" (IX, 736). Gunstkind der Allmutter Natur und Gunstkind der schaffenden Macht läuft auf dasselbe hinaus. Das Genie, der überbürgerliche Schaffende, ist bevorzugt, ist „vornehm" wie Nietzsche wollte, eine Bevorzugung, die ans Religiöse reicht, die aber auch verlockend falsch sein kann.

Von widersprüchlichen Möglichkeiten, nicht von religiösen oder ideologischen Gewissheiten handelt Thomas Manns Werk. Es entstand gegen eine Zeit, die Gewissheit von der Literatur erwartete. Dieser Erwartung hat Walter Muschg in seiner *Tragischen Literaturgeschichte* eine Stimme gegeben, in dem er von Thomas Mann sagte: „Er ergötzt eine verlorene Welt, ohne ihr die Spur

---

[5] Thomas Mann, Notizbücher 7–14, Frankfurt/Main.: S. Fischer 1992, 184.

einer rettenden Wahrheit in die Hand zu geben." (Ess VI, 346). Dieser Vorwurf traf hart. Thomas Mann antwortete in einem seiner letzten Essays, den ich für den bedeutendsten überhaupt halte: *Versuch über Tschechow*:

Und man arbeitet dennoch, erzählt Geschichten, formt die Wahrheit und ergötzt damit eine bedürftige Welt in der dunklen Hoffnung, fast in der Zuversicht, daß Wahrheit und heitere Form wohl seelisch befreiend wirken und die Welt auf ein besseres, schöneres, dem Geiste gerechteres Leben vorbereiten können. (Ess VI, 279 f.)

Die vom Autor geformten Worte können „Wahrheit" vermitteln, sind aber doch immer erfundene. Es handelt sich nicht um eine allgemein geltende, rettende Wahrheit, sie kann und will nicht absolut sein, beansprucht keine bindende Geltung. Sie ist Kunst, Spiel mit menschlichen Möglichkeiten, das Lesern erlaubt, fiktive Personen von innen zu sehen, mit ihrem Bewusstsein zu leben und damit das eigene Bewusstsein zu vergleichen und vielleicht zu ändern.

Thomas Manns Modernität ist in seinen literarischen Spielen mit Kontrasten, mit Gegensätzen, Widersprüchen. Seine Kunst der Verwandlung erhob sich aus seinem bildungsbürgerlichen Klassenbewusstsein, von dem er sich nie ganz befreite. Aber sie erhob sich in seinen Werken, angespornt von Nietzsche, ermutigt von Goethe. Er widerstand der Ideologiesucht seiner Zeit. Nicht immer, aber er widerstand. Sein Widerstand gegen die Macht der Ideologien ist in seinem Werk, das uns hilft, uns gegen die nostalgischen Sehnsucht nach Eindeutigkeit zu wehren, gegen die Fundamentalismen, die unsere moderne Welt bestreiten und tödlich bedrohen.

Christian Benne

„An die Freude"? Miszelle zum *Felix Krull* oder Thomas Manns Schillervariationen

Die *Bekenntnisse des Hochstaplers Felix Krull* seien, so ein Topos der Forschung, Thomas Manns persönlichstes Werk geworden. Entsprechend ambitioniert präsentieren sich die Lektüren, besonders jene, die sich auf die letzten, in der spätesten Bearbeitungsphase mühsam vollendeten Kapitel beziehen, etwa auf das sogenannte Kuckuckskapitel. Neben Hans Wyslings Standardversion[1] einer mythologischen Götterdämmerung hat man sich auf eine hochgelehrte Variation der Schopenhauer-Thematik[2], mindestens aber auf Thomas Manns „letztes Wort zu Wagner"[3] geeinigt. Gelegentlich hat es Widerstand gegen mythologische Überhöhungen gegeben. Der parodistische Tenor des Romans werde für eine (Thomas Mann wenig angemessene) verklärend-utopistische Deutung preisgegeben, die in der Figur des Psychopompos einen Lebenstraum verwirklicht sieht[4].

Möglicherweise wurde bisher eine Finesse übersehen, die den späten *Krull* in neues Licht tauchen und die Debatte weiter entfachen könnte: Thomas Mann hat hier, so die These, Schillers und Beethovens Ode „An die Freude" verarbeitet und damit ein Nachspiel zum *Doktor Faustus* geschaffen, der dem *Versuch über Schiller* näher steht als man es wahrhaben mag. Die Anspielungen auf die Ode *An die Freude* bilden jedenfalls ein Pendant zu „Dr. Fausti Weheklag";

---

[1] Hans Wysling: Narzissmus und illusionäre Existenzform. Zu den Bekenntnissen des Hochstaplers Felix Krull, Bern/München: Francke 1982. Dieses Werk wird bei allen Differenzen im Einzelnen schon allein aufgrund der vortrefflichen Zusammenstellung des Quellenmaterials Standardwerk bleiben.

[2] Werner Frizen: Allsympathie. Zum Kuckuck-Gespräch in Thomas Manns *Krull*, in: Literatur in Wissenschaft und Unterricht 1981, 14 (3), S.139–155; eine konzise Version, die auch auf die Verbindung zur Thematik im *Faustus* eingeht, in Hermann Kurzke: Thomas Mann. Das Leben als Kunstwerk, Frankfurt/Main: Fischer taschenbuch ²2002, S.553–561.

[3] Werner Frizen: Die ‚Bekenntnisse des Hochstaplers Felix Krull': Thomas Manns letztes Wort zu Wagner, in: Jahrbuch der Deutschen Schillergesellschaft 1988, 32, S.291–313.

[4] Jürgen Jacobs: Der Liftboy als Psychopompos? Zur Deutung von Thomas Manns Felix Krull, in: Euphorion, 1994, 88 (2), S.236–242. Vgl. bereits Helmut Koopmanns vorsichtige Zweifel an der alleinseligmachenden Erklärungskraft des mythologischen Figurenkabinetts im TM Hb, S.531. Das Kuckuckskapitel ist aber auch als wenig geglückter, deplazierter Einschub angegriffen worden, als ästhetischer Missgriff Thomas Manns, der beim Namen genannt werden darf: z.B. Thomas G. Rosenmeyer: Das Kuckuckskapitel, in: Deutsche Vierteljahrsschrift für Literaturwissenschaft und Geistesgeschichte 1988, 62, S.540–548.

die doppelte – nämlich literarische und musikalische – Urheberschaft bringt auf beziehungsreiche Weise Schiller und Beethoven gegenüber Goethe und Wagner ins Spiel. In der folgenden Darstellung steht Thomas Manns Kompositionsweise im Mittelpunkt sowie letztlich die Frage, wie weit man sich im Nachvollzug der berühmten Montage-Technik des höheren Abschreibens von den philologisch nachweisbaren Quellen lösen darf und muss.

Schiller und Beethoven? Im Mann-Kanon scheinen sie eine untergeordnete Rolle zu spielen, in der Forschung erst recht. Beethovens Neunte gehörte für Mann eindeutig zu den weniger geschätzten Werken des Komponisten. Im Tagebuch aus der Entstehungszeit der späten Teile des *Krull*, genauer am 2. Oktober 1949 heißt es: „Schlußsatz der Neunten, der mir so wenig gefiel wie je. Was soll auch „Nicht diese Töne", da es ja längst die – mir langweiligen – Töne von Freude schöner Götterfunken sind?" (Tb, 2.10.1949) Zu diesem Zeitpunkt hatte Adrian Leverkühn schon lange mit verzweifelter Geste die Neunte Symphonie und damit das „Gute und Edle" und alles, worum „die Menschen gekämpft" haben, zurückgenommen (VI, 634)[5]. Breit war geschildert worden, wie konsequent die Faust-Kantate inhaltlich und in allen Aspekten der musikalischen Formensprache zum Gegenentwurf wird. Am Ende negiert der christushaft leidende Leverkühn den emanzipatorischen Überschwang der Ode „An die Freude" aus Einsicht in die Dialektik der Aufklärung.

Dem Interesse an Thomas Manns Verhältnis zu Schiller wiederum ist seit Hans-Joachim Sandbergs wegweisender, erstaunlich wertbeständiger Studie[6] abrupt die Grundlage entzogen worden; es wird sich wohl erst in Verbindung mit dem kurz bevorstehenden großen Schillerjubiläum wieder regen. Sandberg konnte in minutiöser Analyse des Quellenmaterials im Zürcher Archiv nachweisen, dass Schiller kaum als der substantielle Anreger des Autors gelten kann, für den ihn Teile der älteren Forschung oft gehalten hatten. Es gelang ihm zu zeigen, dass gerade der *Versuch über Schiller* aus dem Jahr 1955, der bis dato als Höhepunkt einer lebenslangen Beschäftigung Manns mit seinem Vortragsthema gegolten hatte, nur recht mangelhaft das Material verarbeitete, das er sich für die Auftragsarbeit hastig zusammengestellt hatte. Thomas Mann griff, dies zumindest soll unbestritten bleiben, zum größten Teil auf die gleichen Quellen zurück wie für seine erste bedeutende Auseinandersetzung mit Schiller, der Novelle *Schwere Stunde* von 1905. Hier, so Sandberg, seien die

---

[5] Vgl. auch Thomas Manns Brief an Emil Preetorius vom 30. Dezember 1946, also aus der Schlussphase des *Faustus*, in dem „D. Fausti Weheklag" kommentiert wird als „ein Lied an die Trauer, da die ‚Freude' der Neunten Symphonie offenbar nicht sein soll und ihre Verkündigung zurückgenommen werden muß." (zit. nach DüD III, 81).

[6] Hans-Joachim Sandberg: Thomas Manns Schiller-Studien. Eine quellenkritische Untersuchung, Oslo/Bergen/Tromsø: Universitetsforlaget 1964.

Verarbeitungsspuren bedeutend besser verdeckt gewesen. Allerdings wird der unvoreingenommene Leser einen derartigen Qualitätsabfall heute wohl nicht mehr sehen, insbesondere wenn ihm das Quellenmaterial unbekannt ist. Der *Versuch über Schiller* ist eine durchaus ernstzunehmende Auseinandersetzung Thomas Manns mit einem Lebensthema.

Wie dem auch sei: Sandbergs Buch hat, wohl unbeabsichtigt, den Blick auf die wahre Bedeutung Schillers für Thomas Mann verstellt. Es lässt sich zwar kaum bestreiten, dass Schiller jenem von Mann selbst so bezeichneten „Fixsternhimmel"[7] der vier Großen, nämlich Schopenhauer, Nietzsche, Wagner und Goethe, nicht angehörte. Doch so wie Goethe Shakespeare seinen „Stern der schönsten Höhe"[8] nannte, wissend, dass er ihm unerreichbar fern blieb, fühlte sich Thomas Mann seinem erlesenen Pantheon nicht eigentlich wesensverwandt. Die Identifikation mit Schiller dagegen spricht aus jeder Zeile von *Schwere Stunde*. Der „Moral-Trompeter von Säckingen"[9] wurde in dem Moment interessant, als Thomas Mann das Moralische selbst wieder entdeckte. Schiller spielte immer dann eine Rolle, wenn es um elementare Fragen der Künstlerproblematik und der eigenen Künstlerexistenz ging.

Die Notizbücher belegen die kontinuierliche Präsenz Schillers in Manns Gedankenwelt; und wenn bereits in den Aufzeichnungen zu *Geist und Kunst*, dem großangelegten, nie vollendeten Essay im Umfeld der frühen Phasen des *Felix Krull*, Schiller als Beispiel eines Schriftstellertypus auftaucht, dessen Ruf als „Künstler" zu retten sei, so ist Thomas Mann die Ausführung dieses theoretischen Schrittes wohl erst nach den Erfahrungen des zweiten Weltkrieges möglich (vgl. Notb. 2, 183)[10]. Der Gegenentwurf zu Schillers Abhandlung über das Naive und Sentimentalische musste abgebrochen werden, weil die Aporie zwischen den Lebensentwürfen von Literat und Dichter, Westen und Sonderweg nicht auflösbar war. Im *Versuch* verlegt Thomas Mann die Spaltung in die Figur Schillers selbst – eine Spannung, die er für sich erst im Exil auszuhalten gelernt hatte. Schiller wird durchgehend als das fehlende Element der gegenwärtigen geistigen Kultur gepriesen. Die Rede ist wohl von jener heiklen

---

[7] Zit. nach Sandberg, Anm. 6, S. 20. Vgl. auch Thomas Manns *Goethe und die Demokratie* von 1949, wo von den „deutschen Gestalten, die ich mir zu Lehrern und Führern ersah" die Rede ist, namentlich: „diese Schopenhauer, Nietzsche, Wagner und in späteren Jahren an erster Stelle Goethe" (Ess VI, 106).

[8] Im Gedicht „Zwischen beiden Welten", zit. nach Johann Wolfgang Goethe: *Werke*, hrsg. v. Erich Trunz, München: Beck 1981, Bd. 1, S. 373.

[9] Friedrich Nietzsche: Götzen-Dämmerung, in: Sämtliche Werke. Kritische Studienausgabe, hrsg. v. Giorgio Colli und Mazzino Montinari, München/Berlin/New York: Deutscher Taschenbuch Verlag/de Gruyter ²1988, Bd. 6, S. 111.

[10] Vgl. ferner schon *Der Künstler und der Literat* von 1912 (Ess I, 155–165) oder das lange 7. Kapitel von *Lotte in Weimar*.

Kombination aus ästhetischem und moralischem Anspruch, die Thomas Mann sich – durch die Not gedrungen – unter Kämpfen und Bruderfehden erarbeitet hatte.

Helmut Koopmann, als Herausgeber nicht allein des *Thomas-Mann-Handbuchs* (TM Hb), sondern auch des *Schiller-Handbuchs*[11] für das Thema prädestiniert, folgt Sandberg in den wesentlichen Punkten noch in einem Vortrag aus dem Jahr 1998[12]. Er weist ferner daraufhin, dass der hohe Feiertagston im *Versuch über Schiller* relativierend im Kontext der Zeit gelesen werden muss: im Vergleich zu vielen Zeitgenossen war Thomas Mann noch verhältnismäßig zurückhaltend. Wenn Koopmann Thomas Mann lebenslange, auf tradierten Klischees beruhende Missverständnisse Schillers bescheinigt, wirft er ihm natürlich kaum vor, nicht auf der Höhe der Schiller-Philologie zu sein. Koopmanns Verdienst besteht vielmehr darin, die gänzlich unkritische Haltung gegenüber Schiller auf die von Mann stark empfundene Wahlverwandtschaft zurückzuführen. Thomas Manns durchgehendes Interesse an Schiller lässt sich also nicht auf die Klischees reduzieren, und es wird auch verständlich, warum Thomas Mann Schiller nicht durchgehend thematisieren musste. Obwohl Koopmann die Schlussfolgerung so nicht zieht, heißt die Konsequenz nämlich, dass jede Auseinandersetzung Thomas Manns mit sich selbst – und damit im Grunde jedes seiner Werke – gleichzeitig eine Auseinandersetzung mit Schiller war.

Koopmann nennt als Beispiele der Identifikation Manns mit Schiller die Problematik der Einsamkeit, die ja schon in der *Schweren Stunde* eine zentrale Rolle spielte (und für den historischen Schiller nicht verbürgt sei), das Motiv des vom Volk falsch verstandenen Geistesaristokraten, die Selbst- und Krankheitsüberwindung als Wunsch, das Sentimentalische mit dem Naiven, Geist mit Natur zu versöhnen. Schiller, so lese ich die frühe Novelle, ist für Thomas Mann Vorbild im Verlangen, einer Wirklichkeit, die in ihrer prallen Naturfülle und Welthaltigkeit die seine nicht ist, kraft geistig-moralischer Askese Werk und Schöpfung abzuringen. Interessanterweise deutet Koopmann gerade den *Krull* als das Werk, in welchem dergleichen „Überwindungsbemühen" erst eigentlich gelungen seien, „und sei es auch nur versuchsweise im narzißtischen Großporträt jenes Lebenskünstlers, dem alles gelang." Er äußert die Vermutung, dass etwa der Aspekt des Spiels im *Krull* nicht nur im Sinne des „miesepetrigen" schopenhauerischen „mundus vult decipi" zu lesen sei, sondern auch in Anlehnung an Schillers „Freiheit des Spiels" (das den Künstler definiert).

---

[11] Schiller-Handbuch, hrsg. v. Helmut Koopmann, Stuttgart: Kröner 1998.
[12] Als Aufsatz publiziert: Helmut Koopmann: Thomas Manns Schiller-Bilder – Lebenslange Mißverständnisse?, in: TM Jb 12, 1999, 113–131.

Thomas Mann, „dem zu Schiller so lange nichts Neues mehr einfiel", sei hier
„auf etwas vertrackte Weise" doch etwas Neues eingefallen[13]. An dieser Stelle,
an der es konkret und damit interessant zu werden beginnt, bricht Koopmann
leider ab[14]. Sein Verdacht lässt sich indes erhärten: nähern wir uns dem *Krull*
vom *Versuch über Schiller* her.

Schon auf den ersten Seiten des Vortrags wird Schiller als Verkörperung
der „Künstleridee, daß das Schöne [...] menschliche Einheit stiftet zwischen
Sinnlichkeit und Sittlichkeit, Versöhnung schenkt unserer irdischen mit unserer höheren Natur, die Brücke bildet zwischen Ideal und Leben" (Ess VI,
293) gefeiert. Thomas Mann reklamiert für sich „Erfahrungsverwandtschaft,
die Brüderlichkeit, die zur Zutraulichkeit keck machende Familiarität", die
aus dem gemeinsamen Künstlertum stammt (ebd.). In diesem Zusammenhang
sowie vor dem Hintergrund der Tagebücher und der mittlerweile unumstritte-
nen Homosexualität[15] lässt die von Mann wie nebenher erwähnte geschlecht-
liche Ambivalenz Schillers aufhorchen, für den im Unterschied zu Goethe
erotische Beziehungen zu Frauen keine Rolle gespielt hätten. Die Polarität
der Geschlechter sei bei ihm, wie schlechthin alles, vergeistigt; das eigentliche
„Abenteuer" seines Lebens sei allerdings „eine Angelegenheit zwischen Mann
und Mann" gewesen. So habe er Goethe im Gegensatz zu seiner ganz männlichen Natur „weibliche Artung" zusprechen wollen (Ess VI, 353).

Die Auslegung von Schillers Gedicht *Das Glück*, die unmittelbar an dieses
Bekenntnis anschließt, kommt der Motivik des *Felix Krull* erstaunlich nahe.
Das „Liebesgedicht des Geistes", um das Thomas Mann „Anthologien erotischer Lyrik" geben würde, versteht er als „Seligpreisung dessen, den die gnädi-
gen Götter vor der Geburt schon liebten". Aus Schillers Sicht werde Goethe als
das Glückskind gefeiert, dem von Anfang an ein göttliches Los vorbestimmt
gewesen sei, dem „Phöbus die Augen, die Lippen Hermes (!) gelöset'" habe
(Ess VI, 354f).

Liegt die Faszination Schillers gegenüber dem Phänomen Goethe also in der
Anerkennung verdienstloser Schönheit, die der Sentimentaliker sich mit pro-
testantischer Disziplin erst erarbeiten musste und der Thomas Mann im *Krull*
selbst ein Denkmal gesetzt hat? Felix Krull verkörpert nicht nur die beim späten Thomas Mann so wichtige wie vielschichtige Hermes-Figur und ist nicht
allein Liebling der Götter, sondern eben auch die bewunderte und mit Nach-

---

[13] Ebd., 131.
[14] Die Ausführungen zum *Krull* stehen überdies im Widerspruch zur vorher geäußerten Lehr-
meinung über den *Versuch*, der im Vergleich zur *Schweren Stunde* nichts Neues bringe. Da dieser
unmittelbar nach dem *Krull* entstand, müssten sich hier zumindest Spuren jenes Neuen finden, die
Koopmann im *Krull* vermutet.
[15] Vgl. etwa die Biographie von Hermann Kurzke (s. Anm. 2).

sicht parodierte „naive" Künstlerfigur. Allerdings kann der Ton im *Versuch* gegenüber Schiller in distanzierende Ironie umschlagen. Es wird ferner deutlich, dass der psychologische Typus des Sentimentalikers keine hinreichende Beschreibung Schillers ist. In ihm selbst stecke das unbewusst und damit naiv schaffende Kind: „in dieser fast übermäßigen, schon fast naturfremden, dem Willen, der Freiheit, der Bewußtheit verschworenen Männlichkeit nun also steckt ein Künstlerkind, das in aller Welt nichts Höheres weiß als das Spiel, das da sagt, unter allen Geschöpfen allein der Mensch könne spielen, und er sei Mensch nur ganz, wenn er spiele. [...] Aber das Lächeln, das wir uns gelegentlich zu verbeißen haben vor Schiller'scher Grandiosität, gilt einem Ewig-Knabenhaften, das zu ihr gehört" (Ess VI, 296f).

Weder Goethe noch Schiller beschreiben einen spezifischen Künstlertypus; der Künstler ist immer ein Amalgam aus Elementen beider Idealtypen. Im „Bund wechselseitiger Bewunderung von Geist und Natur" (Ess VI, 362) hat Thomas Mann das Bild für die untrennbare Einheit des Naiven und Sentimentalischen gefunden, auf welche die germanistische Forschung erst spät stoßen sollte: aus dem „schmerzenden Gegenbild Goethes", so würde Peter Szondi formulieren, werde für Schiller „die Garantie, daß seine Theorie des *Sentimentalischen*, welches der Wiederherstellung des *Naiven* dient [...] ein leerer Wahn nicht ist."[16] Auf Thomas Manns Lebensthema bezogen heißt das: Die Figur des Felix Krull im Zentrum der märchenhaften Inszenierung der Künstlerthematik lebt davon, auf den „sentimentalischen" Schöpfer zurückzureflektieren, der gleichwohl nie völlig Herr über sein „naives" Geschöpf sein kann. Die Gestalten Schillers und Krulls sind fraglos Idealisierungen. Aber als Symbole der Spielwelt des Künstlerkindes und Hermes-Knaben, so Thomas Manns Überzeugung, weisen sie über ihre papierne Existenz hinaus. Ursprung und Bedeutung ihres Daseins bleibt damit letztlich auch dem Erschaffer verborgen – und das hat übrigens noch gar nichts mit einer Psychoanalyse zu tun, die sich zu diesem grundlegenden Prozess lediglich parasitär verhält.

Wenn Naives und Sentimentalisches dergestalt zur Natur des wahren Künstlers gehören, ja seine Doppelgesichtigkeit ausmachen, kann Thomas Mann sich vom Schuldspruch des Intellektualismus freimachen, den ja nicht nur die Nationalsozialisten erhoben hatten. Er selbst hat bekanntlich ob seiner „sentimentalischen" Anlagen und Kompositionsweise am eigenen Künstlertum gezweifelt. Es erscheint deshalb andererseits auch plausibel, dass der *Doktor Faustus* nicht das letzte Wort zur Künstlerproblematik bleiben durfte. Die

---

[16] Peter Szondi: Das Naive ist das Sentimentalische. Zur Begriffsdialektik in Schillers Abhandlung, in: Schriften II, hrsg. v. Jean Bollack u.a., Frankfurt/Main: Suhrkamp 1978, 59–105, hier: 105.

deutsche Tragödie, die Tragödie der ästhetischen Weltbetrachtung, sollte nicht allein um ein Satyrspiel ergänzt werden, sondern dieses sollte auch der Konsequenz die Spitze brechen, mit der man Adrian Leverkühn, obgleich selbst eine komplexere Gestalt, auf die Faust-Thematik und damit Thomas Mann auf ein Künstlerdrama irgendwo zwischen Goethe und Nietzsche festlegen würde. Im *Krull* ist die Faustthematik ihrer Tragik deshalb von Anfang an beraubt. Sie hat ihren Platz nur noch in der Opéra Comique, wo „des verstorbenen Gounod melodienreiches Meisterwerk" zu Felix' Lieblingsoper geworden ist (VII, 499).

Im berühmten Kuckuckskapitel von *Felix Krull* haben die meisten Leser Schwierigkeiten, den Protagonisten wiederzuerkennen. Thomas G. Rosenmeyer hat sich stellvertretend für viele und ohne befriedigende Antwort gefragt, warum Krull so überaus „gepackt" (VII, 537), ja „erregt" (VII, 546) von des Professors Exkursen sei[17]. Eine Lösung könnte in Felix Krulls Reaktion liegen. Die mächtige „Ausdehnung des Gefühls", die der Vortrag zeitigt, sei nichts anderes, so die Selbstinterpretation, „als das, was ich als Kind, oder halbes Kind, mit dem Traumwort ‚Die große Freude' bezeichnet hatte, einer Geheimformel meiner Unschuld, mit der zunächst etwas auf andere Weise nicht nennbares Spezielles bezeichnet werden sollte, der aber von früh an eine berauschende Weitdeutigkeit eigen gewesen war." Unbewusst hatte der Knabe die Allmacht des Lustprinzips empfunden. Zwischen dem Erlebnis dieser frühen Erkenntnis und dem Schluss des Romans gibt es deutlich konstruierte Parallelen.

Im ersten Teil durchlebt Felix Krull im Wiesbadener Theater seine große Desillusionierung, die ihn zum Experten für die Welt des schönen und weniger schönen Scheins machen wird. Der bewunderte und glänzende Operettensänger Müller-Rosé entpuppt sich hinter den Kulissen als die Inkarnation von „Fäulnis und Schimmel" (VII, 283), die Pater Schimmelpreester wenige Seiten zuvor zum Wesen der Natur erklärt hatte: „Dieser unappetitliche Erdenwurm ist die wahre Gestalt des seligen Falters, in welchem eben noch tausend betrogene Augen die Verwirklichung ihres heimlichen Traumes von Schönheit, Leichtigkeit und Vollkommenheit zu erblicken glaubten!" (VII, 294). Aber nicht nur des Paters barocke Predigt hatte Felix geistig auf diese Erfahrung eingestimmt, sondern schon der Gang durch dessen Kostümsammlung, die zum Gang durch die Sozialgeschichte der Menschheit gerät (VII, 284f) – und die ihn magisch anzieht.

Das Ekelgefühl, „jene unendliche Trübsal, Ernüchterung und Langeweile, die mein Gemüt nach beendeter Maskerade zu befallen pflegte" (VII, 313f),

---

[17] Vgl. Rosenmeyer, Anm. 4.

treibt ihn schließlich in die Arme des Hausmädchens, „als werde die gren-
zenlose Vertraulichkeit mit ihr eine Art Fortsetzung und Vollendung jener
bunten Abendunterhaltung und geradezu das Ziel meiner Wanderung durch
Pate Schimmelpreesters Maskengarderobe sein!" (VII, 314) Die Desillusionierung wird in der großen Freude gleichzeitig mit sozialen und geschlechtlichen
Schranken überwunden. Sie bedeutet auch die Überwindung des principium
individuationis: „Und nicht eigennütziges Wesen war meine Lust, sondern sie
entzündete sich, wie das in meiner Natur begründet ist, so recht erst an dem
Ergötzen, das Genovefa über die genaue Bekanntschaft mit mir an den Tag
legte." (VII, 314)

Am Ende des Romans wird diese erotische Überwindung der Desillusionierung von Theater und Menschenspiel auf höherer Ebene wiederholt: nur geht
es diesmal um das theatrum mundi und um die Scheinhaftigkeit als Prinzip
des Kosmos selbst. Der Gang durch Kuckucks Museum, eine Zeitreise durch
die Evolution, entspricht dem Gang hinter die Kulissen in der Theaterszene
des ersten Buches. Professor Kuckuck demystifiziert nicht allein die Welt des
Menschen, sondern die Natur des Seienden. Wenn sich der Lebenstrieb in seiner unendlichen Metamorphose als geheimes Ordnungsprinzip des Organischen zu erkennen gibt, ist freilich auch der Weg zur neuen Mystik nicht weit:
Mensch und Tier sind Bausteine derselben allumfassenden Ordnung, der „Allsympathie" (VII, 548).

Hans Wysling hat dem Kuckuckskapitel „eine Rekapitulation fast aller
Hauptthemen und –motive", aller wichtigen Vorbilder und Einflüsse Thomas
Manns bescheinigt und demonstriert, dass der Professor selbst als „vexatori-
sches Gelehrtenkonglomerat" zu lesen sei, dessen Ausführungen aber letztlich
vor allem Schopenhauer verpflichtet seien, bei dem sich Gedanke und Begriff
der (All-)Sympathie vorgeprägt finden[18]. Interessant für das Verständnis des
Krull ist freilich nicht so sehr Kuckucks Pseudonaturphilosophie, sondern
Felix' Umdeutung derselben. Felix' Auffassung der Allsympathie weicht ja
von derjenigen Kuckucks stark ab. Das Motiv der großen Freude lässt sich
jedenfalls mit Schopenhauers Hilfe allein nicht erklären. Felix ähnelt in seiner
Reaktion auf Kuckuck eher noch Nietzsche, der sich von Schopenhauer nimmt
was er braucht und das universale Mitleiden (das in der Allsympathie steckt)
zur Lebensbejahung verkehrt. Er bringt den Begriff der Allsympathie an den
unpassendsten Stellen ins Gespräch (z.B. VII, 567, 573, 586), aber eben nur,
weil er ihn zur „großen Freude" in Beziehung setzen kann (VII, 547).

---

[18] Hans Wysling: Wer ist Professor Kuckuck? Zu einem der letzten ‚großen Gespräche' Thomas Manns, in: Ausgewählte Aufsätze 1963–1995, hrsg. v. Thomas Sprecher und Cornelia Bernini,
Frankfurt/Main: Klostermann 1996, 285–309, hier: 289.

Wenn es stimmt, dass Schiller für die Herausbildung von Thomas Manns Künstlerauffassung wichtig war, dann müsste er folglich auch und gerade in einem Roman auftauchen, der das Künstlertum zum Thema hat und in der Zeit wurzelt, da die *Schwere Stunde* entstand. Es gibt deshalb gute Gründe für die Annahme, dass Thomas Mann in der Maske Felix Krulls mit Motiven eines der bekanntesten Gedichte der deutschen Literaturgeschichte arbeitet, in dem Freude und Allsymphatie auf eine Weise verknüpft werden, die zu einem Schlüssel des Romans werden könnte.

In Schillers Ode *An die Freude* wird die „Freude zur zentralen Triebkraft in Menschenleben und Natur"[19], und zwar eng verbunden mit dem Konzept der Sympathie: „Was den großen Ring bewohnet,/Huldige der Sympathie!" Sittlichkeit werde als Resultat nicht von Selbstverleugnung, sondern Selbstverwirklichung aufgefasst[20]. Wie die poetische Bilanz aus Krulls angespannter Aufnahme von Kuckucks Vorlesung heißt es schon bei Schiller: „Freude heißt die starke Feder/In der ewigen Natur./Freude, Freude treibt die Räder/In der großen Weltenuhr./Blumen lockt sie aus den Keimen,/Sonnen aus dem Firmament,/Sphären rollt sie in den Räumen" usf. (SW, 1, 61–64). Selbst Pater Schimmelpreesters „unappetitlicher Erdenwurm" (s.o.) taucht hier in ähnlich mildes Licht wie alle Kreaturen des späten Kapitels: „Wollust ward dem Wurm gegeben" – wie alle „Wesen" trinkt er Freude „an den Brüsten der Natur" (SW, 1, 61–64). Die Pointe liegt nicht in dieser möglicherweise nur zufälligen Parallelität, sondern dem gezielten Spiel, in das Thomas Mann seine Figuren treibt. Die Freude ist bei Schiller bekanntlich Überwinderin all dessen, „was die Mode streng geteilt" – sie wird es auch im *Krull*.

Den Besuch in Kuckucks Museum, die eigentliche Demaskierung der Scheinhaftigkeit aller organischen Existenz, interpretiert Felix als „Vorbereitung" zum Wiedersehen mit Senhora Maria Pia und ihrer Tochter Zouzou (VII, 581). Nach der Desilusion lässt sich die Illusion umso emphatischer annehmen. Der Schein, als solcher entlarvt, entpuppt sich als alternativloses Objekt der Freude, dessen Feier Voraussetzung und Ziel der Allsympathie ist. „Was

---

[19] S. den Kommentar zur Ode *An die Freude* in: Schillers Werke. Nationalausgabe, Weimar: Hermann Böhlau Nachf. 1991, Bd. 2.II, 146–152, hier: 147. Schillers Texte werden nicht nach der hauptsächlich benutzten Nationalausgabe zitiert (Sigle im Fließtext: SNA, Bandnr., Seitenz.), sondern nach Friedrich von Schiller: Schillers Werke, 14. Bde., hrsg. v. Ludwig Bellermann, Leipzig Bibliographisches Institut, 1895 (Sigle im Fließtext: SW, Bandnr., Seitenz.). Diese einst weit verbreitete Ausgabe bietet ein zuverlässiges Bild des Textstandes in der ersten Hälfte des 20. Jahrhunderts. Wie immer in solchen Dingen lässt sich nicht mit letzter Sicherheit feststellen, auf welche Ausgaben Thomas Mann selbst zurückgegriffen hat, obwohl zumindest durch den Nachlass die (heute seltene) sog. Tempelausgabe verbürgt ist: Friedrich von Schiller: Sämtliche Werke in 12 Bänden und 1 Ergänzungsband, Leipzig: Tempelverlag, 1910–1912.

[20] SNA, 2.II, 147.

aber den vollschlanken Frauenarm angeht," hatte Kuckuck gelehrt, „so sollte man bei dieser Gliedmaße sich gegenwärtig halten, daß sie nichts anderes ist als der Krallenflügel des Urvogels und die Brustflosse des Fisches." (VII, 541) Krull träumt angesichts Zouzous von einem Kuss „auf einen dieser köstlichen Arme (mit dem urzeitlichen Knochengerüst)" (VII, 584), dessen verborgenes Wesen der Freude daran augenscheinlich keinen Abbruch mehr tun kann.

Die Überwindung aller von der Mode getrennten Schranken hat durch die Vertauschung der Identitäten zwischen Krull und dem Marquis schon stattgefunden. Es ist kein Zufall, dass Felix gleich nach diesem Höhepunkt seiner Schein-Existenz auf einen Wissenschaftler trifft, der trotz enzyklopädischer Kenntnisse auf allen Gebieten biologischer und sozialer Genealogie den konkreten, ihm gegenüber sitzenden Trug nicht zu durchschauen vermag. In seiner Tochter Zouzou ist die dem Identitätstausch zugrundeliegende Mésalliance zwischen Loulou und Zaza namenssymbolisch nachvollzogen. Sie ist die Liebesfrucht eines Gegensatzes, der Thomas Mann sein Leben lang beschäftigt hat: zwischen der durch Askese und Herkommen gezähmten, animalisch-irrationalen und urweiblichen Erscheinung der Mutter Maria Pia und dem höchst bürgerlichen, rationalistischen Geistesaristokraten Kuckuck, zwischen Süden und Norden, Natur und Geist, Form und Inhalt, Klassik und Romantik.

Zouzou hat denn auch die äußere Schönheit von der Mutter geerbt, freilich in einer lieblicheren, noch nicht durch ihre stolze, fast grausame Strenge verfestigten Ausgabe. Ihr Innenleben dagegen scheint von der deutsch-protestantischen Herkunft des Vaters diktiert. Ihr pessimistisches Weltbild hat mit dem des Pater Schimmelpreester nicht wenig gemein. Zouzou scheint in der Liebe „etwas wie das heimliche Treiben unartiger kleiner Buben zu sehen" (VII, 369)[21] – Felix Krulls großer Freude aus dem ersten Teil des Buches. Gerade die Oberfläche und Scheinhaftigkeit des erotischen Spiels stößt sie ab: „Weil es die Haut ist, was eure Liebe im Sinn hat [...] und die Haut der Lippen ist allerdings zart dahinter ist gleich das Blut". Sie krönt ihren Ausbruch mit jenem mystischen Vers, der die Essenz deutsch-nordischer Anti-Sinnlichkeit und damit Anti-Scheinhaftigkeit und Anti-Kunst ausdrückt: „Der Mensch, wie schön er sei, wie schmuck und blank,/Ist innen doch Gekrös' nur und Gestank.'" (VII, 633) Felix Krull fühlt sich dadurch nur zu noch nachdrücklicheren Hymnen auf die Liebe, den Schein und die Freude angespornt.

Die Ode *An die Freude* folgt in den meisten Gedichtausgaben Schillers unmittelbar auf das Gedicht *Resignation* (SW, 1, 57–61), dieser bestürzenden Einsicht in die Natur der Entsagung. Die Verwesung, die jede Hoffnung Lügen

---

[21] Vgl. auch ihre „kindische Auffassung der Liebe als eines unappetitlichen Bubenlasters" (VII, 635)

straft, der Verzicht auf Freude und Schein kann auch im Jenseits nicht kompensiert werden. Schiller entfaltet einen auch für Mann so typischen Begriffsdualismus; hier sind es die zwei „Blumen" – die Pflanzenmetaphorik ein später Anklang der über den Pietismus vermittelten Mystik – nämlich „Hoffnung", d.h. Entsagung, Wahrheitsstreben und Askese bzw. „Genuss", d.h. Annahme der sinnlichen Welt. Nur eine von beiden könne man für sich brechen. In einer offen selbstidentifikatorischen Passage des *Versuchs über Schiller* beschreibt Thomas Mann den Autor des Gedichtes als zwiespältige Natur, der durchaus nicht nur Schönredner, sondern auch Entlarver des Idealismus gewesen sei. Aber, so fährt er fort, auf die „Rhapsodie der Desillusion" folge bei ihm sogleich das „»Lied an die Freude«" – und „so ist er vom melancholischen Aspekt der Wahrheit, von der Bereuung des Lebensopfers, mit der Elastizität des Schöpfers sogleich zu dessen stolzer Bejahung zurückgekehrt." (Ess VI, 305)

Thomas Mann interpretiert Schillers bewusste Gegenüberstellung von Resignation und Freude im Rahmen der Künstlerthematik. Die Verbindung zum *Krull* ist unschwer zu erkennen. Im ersten Gespräch mit dem Professor gibt sich Felix als „ein wenig Künstler" (VII, 536) zu erkennen; dem kühlsachlichen Ton des Wissenschaftlers setzt er die einfühlende Ahnung von Zusammenhängen entgegen. Im Museum interessieren ihn am meisten jener „Sonderling" (VII, 579), der urmenschliche Höhlenmaler, sowie die frühen Architekten kultischer Steinzirkel, die sich über die unmittelbaren Bedürfnisse erhoben hatte und in ihrem künstlerischem Tun „zu noblem Bedürfnis" sich aufgeschwungen hätten (VII, 580). Die Überwindung vom „Abstand" (VII, 642) zwischen den Individuen gelingt nur durch die Kunst, im konkreten Fall der Annäherung an Zouzou über seine erotischen Zeichnungen. Die südliche Sinnlichkeit der Malerei siegt über die lebensfeindliche Verskunst nordischer Innerlichkeit, Schein über Wesen[22], Spiel über Ernst, Freude – wie bei Schiller und wie im *Versuch* – über Resignation.

Das Motiv des Spiels ist im *Krull* denn auch ein zentrales. Zouzous „geistliches Verschen", so Felix, sei „sündhafter als die sündlichste Fleischeslust", weil es „spielverderberisch" sei: ohne Schein, Freude, „Sinnenweide der Oberfläche" werde dem Leben selbst „das Spiel" verdorben (VII, 633). Ironischerweise kommt Zouzou beim ersten Treffen mit Felix gerade vom Tennisspiel – beide finden sich zudem äußerlich sehr anziehend[23]. Es liegt nahe, in der Verbindung

---

[22] „Mensch, werde wesentlich!" lautet das wohl bekannteste Zitat aus dem *Cherubinischen Wandersmann*. Es ist Thomas Mann möglicherweise auch als Schlachtruf des Expressionismus begegnet. Vgl. Angelus Silesius: Cherubinischer Wandersmann oder Geistreiche Sinn- und Schlussreime, hrsg. v. Louise Gnädiger, Zürich: Manesse 1986, S. 108.

[23] Das Tennisspiel ist in der Literatur der Jahrhundertwende ein beliebtes Symbol der ästhetischen Existenzweise der oberen Gesellschaftskreise.

von Spieltrieb und Lustprinzip, künstlerischer Schöpferkraft und Freude an der Oberfläche freudianischen Einfluss zu vermuten, nicht zuletzt wegen der in jenen Jahren engen Verbindung Thomas Manns zu Karl Kerényi. Koopmanns Andeutung über eine möglicherweise tiefere, nämlich bis zu Schiller reichende Verbindung erweist sich jedoch in zeitlicher Nähe zur Schiller-Rede als ebenso sinnvoll.

Felix Krulls leidenschaftliche Ansprache, die so gar nicht zu seiner sonstigen Prosa passt, lässt sich durch Freud jedenfalls schlecht erklären. Dagegen werden wichtige Gedanken Schillers verarbeitet, wie Thomas Mann sie verstanden und seit jeher für sich genutzt hat. Felix Krull verteidigt gegenüber Zouzou die „Käuze", die es zu allen Zeiten auf der Erde gegeben habe und welche „die Wahrheit erblickten in Form und Schein und Oberfläche und sich zu deren Priester machten und auch sehr oft Professor dafür wurden." (VII, 634) Von Pater Schimmelpreester ist die Rede, der zwar Fäulnis und Schimmel predigte, aber als Maler zumindest den Schimmel verewigte und dergestalt durch „Freude am Bilde" Liebe und Freude rettete (VII, 634). Auch eine Ästhetik des Hässlichen ist eine Ästhetik – und als Rettung der Erscheinung Gegenmacht zum Nihilismus[24].

Der Spieltrieb, der sich in der Kunst nur am eindrucksvollsten manifestiert, wird deshalb auch zur bewahrenden Kraft der Humanität. Das ihm verwandte Lustprinzip sucht in den Phantasien der Kunst eben nicht nur à la Freud nach sublimierter Befriedigung, sondern nach Vermittlung mit dem Geist zum Zwecke der Vereinigung in Schönheit. Bei Schiller ist die Vermittlung von sinnlichem Trieb und Formtrieb, Natur und Geist allein durch den „Spieltrieb" möglich, der Form und Materie zur Einheit verschmilzt und damit erst im höchsten Sinne den Menschen bezeichnet. Die Domäne des Spieltriebs ist die Welt der Erscheinung, die lebendig gewordene Gestalt, wie etwa der Vierzehnte und Fünfzehnte Brief *Über die ästhetische Erziehung des Menschen* verdeutlichen (SW, 8, 217–225). Schillers Einsicht aus dem Sechsundzwanzigsten Brief, dass „die Freude am Schein, die Neigung zum Putz und zum Spiele" anthropologisches Merkmal „aller entwickelten Völker [ist]" (SW, 8, 267) klingt wie die deutlichere Formulierung von Krulls Reflexionen angesichts des urzeitlichen Protokünstlers in Kuckucks Museum (VII, 580). Krull fühlt sich ihm verwandt, weil er in ihm den Archetypus des Künstlers erkennt, dem im Weltenplan des Professors, der seinerseits als Zeusfigur und archetypischer Gottvater interpretiert worden ist, eine Sonderstellung zukommt[25].

---

[24] Vgl. die für Thomas Mann so wichtige dritte Abhandlung der *Genealogie der Moral*, in: Nietzsche: Werke, Anm. 11, Bd. 5, 339–412.

[25] In Wyslings *Narzissmus und illusionäre Existenzform* (s. Anm. 1) wird Kuckuck in Anlehnung an Manns Auseinandersetzung Karl Kerényi und der mythologischen Archetypentheorie als

Wenn *Doktor Faustus* und „Dr. Fausti Weheklag" – im realen wie im fiktiven Leben in den Jahren der Dunkelheit entstanden – der „Rhapsodie der Desillusion" (s.o.) in Manns Werkkontext entsprechen und der *Krull* anschließend
das bejahende Lied der Freude singt, dann ist auch die Ästhetik wieder der
Sackgasse eines selbstzerstörerischen Ästhetizismus entrissen und kann erneut
im Schillerschen Sinne als Reich der Freiheit gelten, das zwischen Sinnlichkeit
und Vernunft vermittelt.

Im Gespräch über die Freiheit im 22. Kapitel des *Doktor Faustus* heißt es in
wenig verhüllter Adorno-Paraphrase: „Aber Freiheit ist ja ein anderes Wort für
Subjektivität, und eines Tages hält die es nicht mehr mit sich aus, irgendwann
verzweifelt sie an der Möglichkeit, von sich aus schöpferisch zu sein, und sucht
Schutz und Sicherheit beim Objektiven. Die Freiheit neigt immer zum dialekti-
schen Umschlag." Konkret ist von Beethoven die Rede, und Leverkühn streitet
mit Zeitblom, inwieweit Regel und Gesetz mit Freiheit in Konflikt stehen. Da
er selbst Subjektives und Objektives in der Kunst unauflöslich verschmolzen
sieht, führt sein Weg folgerichtig in die Strenge der Zwölftontechnik. Fällt der
Krull musiktheoretisch und ästhetisch wieder dahinter zurück? Die Antwort
darauf ist entscheidend. Angesichts des humanistischen Pathos der fünfziger
Jahre, der allgegenwärtigen Neunten Sinfonie, die im Laufe ihrer wechselhaf-
ten Geschichte bereits für wirklich jede politische Richtung vereinnahmt worden war, wäre gerade der abgegriffene Schlusschor eine wenig überzeugende
Wahl, um Leverkühns Tragik zu kontern[26].

Zeusfigur interpretiert – und sein Anwesen, auf einem Hügel über Lissabon liegend, als Olymp.
Im *Versuch* hebt Thomas Mann interessanterweise Schillers Plan einer „olympischen Idylle" und
die Sehnsucht nach olympischen Harmonien hervor. „„Eine Szene im Olymp darzustellen, welcher
höchste der Genüsse!'" – ein Schiller-Zitat. Schiller wolle sich zudem „von allem Unrat der Wirklichkeit" reinwaschen (Ess VI, 359f): ein Hinweis auf die anti-realistische bzw. geradezu magisch-
realistische Ästhetik des *Krull*? Wyslings Quellenarbeit ließe sich jedenfalls um eine schillersche
Facette bereichern. Selbst die Ode *An die Freude* ließe sich angesichts der Bedeutung, die Wysling
dem Motiv der Verbindung Kuckucks zur Welt des Sterne zumisst, wieder anführen, denn es
geht über die Astronomie hinaus. Kuckucks *Sternenaugen* etwa beziehen sich laut Wysling u.a.
auf Goethe. In der Ode *An die Freude* spielen „Sternenrichter" ebenso wie das „Sternenzelt" eine
zentrale Rolle, wo der „Unbekannte" thront, unter dessen Blicken die Wesen der „Sympathie"
(!) huldigen sollen (SW, 1, 61–64). Methodisch gerät man freilich dabei bald in die Domäne von
Verschwörungstheoretikern, „nachweisen" lässt sich hier gar nichts mehr. Erwähnt werden soll
nur noch die begeisterte Aufnahme der Ode *An die Freude* in der Freimaurer-Bewegung, für die
sie lange ein wichtiger Text blieb (vgl. den Kommentar in SNA, 2.II, 146–152), ein Aspekt der für
den *Krull* und die Figur des Professors durchaus bedacht werden könnte. Die Verbindung zum
zeitweiligen Freimaurer Goethe spräche jedenfalls nicht dagegen.
[26] Vgl. Andreas Eichhorn: Beethovens Neunte Symphonie. Die Geschichte ihrer Aufführung
und Rezeption, Kassel u.a.: Bärenreiter 1993. Man denke auch an die Tradition der Silvesterkon-
zerte, an der Thomas Mann noch während der Arbeit am *Faustus* teilhatte (Thomas Mann, *Die
Entstehung des Doktor Faustus. Roman eines Romans*, Fischer, 1967, 831).

Am Ende von Nietzsches *Fröhlicher Wissenschaft*, einem Lieblingsbuch Thomas Manns, gibt es eine ironische Anspielung auf den Schlusschor der Neunten. Die „Geister" des Buches beschweren sich beim Autor der „rabenschwarzen Musik" der vorangehenden Aphorismen und verlangen nach einem fröhlichen, hellen Lied, das zum Tanzen einlädt: „Nein! Nicht solche Töne! Sondern lasst uns angenehmere anstimmen und freudenvollere!"[27] Es folgen die *Lieder des Prinzen Vogelfrei*, jenen wohl zweideutigen, aber gewiss glücklichsten Erträge von Nietzsches Feier der Kunst, des Eros und des Südens.

Natürlich soll hier keine direkte Übernahme durch Thomas Mann behauptet werden, auch wenn sich das Muster der Abfolge von Resignation und Freude bei ihm wiederholt. Es ist unwahrscheinlich, dass Thomas Mann am Ende seines Lebens Beethoven gegenüber Wagner aufwertet, wie dies der späte Nietzsche vollzogen hat[28]. In Thomas Manns Verarbeitung der Ode *An die Freude* werden zudem Motive aufgegriffen, die es so nur bei Schiller gibt. Die Nietzsche-Parallelen beweisen deshalb bei aller Ähnlichkeit der ironischen Behandlung des gleichen Materials vor allem die Differenzen. Thomas Manns öffentliche *und* versteckte Rückkehr zu Schiller muss geradezu als Teil jener Unabhängigkeitserklärung gegenüber Nietzsche gelesen werden, die ihn auch zum großen Essay von 1947 – *Nietzsches Philosophie im Lichte unserer Erfahrung* – inspirierte und die sich schon in der *Schweren Stunde* angebahnt hatte.

In einem Brief an Agnes E. Meyer kommentiert Thomas Mann im Umfeld des *Felix Krull* seine kleine Abhandlung „Lob der Vergänglichkeit" (Ess VI, 219–221), in der die bewussten Parallelen zum Kuckuckskapitel deutlich hervortreten:

Meine kleine Betrachtung zu Ehren der Vergänglichkeit scheint Ihnen eher missfallen zu haben. Sie zielte aber nicht auf menschliche Hybris und Selbstgefälligkeit ab. Ich meine nur, es wäre gut, wenn aus all unseren Qualen ein neues Solidaritätsgefühl der Menschheit, eine vereinigende Sympathie für ihre prekäre Stellung im All, zwischen Natur und Geist, kurz ein neues humanistisches Ethos sich herausbildete und ins allgemeine Bewusstsein – und Unterbewusstsein – einginge. Das könnte heilsam das seelische Klima auf Erden beeinflussen, das jetzt überall so unausstehlich ist. Aber das sind fromme Wünsche. Sogar christliche, wenn Sie wollen. „Christlich" ist für mich, trotz Nietzsche, noch kein Schimpfwort.[29]

---

[27] Friedrich Nietzsche, *Die fröhliche Wissenschaft* 383, in: *Werke*, Anm. 11, Bd. 3, 637 f.

[28] „[Wagner] gehört wo andershin als in die Geschichte der Musik: mit deren grossen Echten soll man ihn nicht verwechseln. Wagner u n d Beethoven – das ist eine Blasphemie" (Friedrich Nietzsche, *Der Fall Wagner* 8, in: *Werke*, Anm. 11, Bd. 6, 30.

[29] Der Brief ist auf den 8. Februar 1953 datiert. S. Thomas Mann/Agnes E. Meyer: Briefwechsel 1937–1955, hrsg. v. Hans Rudolf Vaget, Frankfurt/Main: Fischer 1992.

Man tritt Thomas Mann nicht zu nahe, wenn man in diesen Zeilen einen guten Teil Zeitgeist entdeckt. Der *Versuch über Schiller* ist in diesem Sinne einerseits ein absolut typisches Dokument jener Jahre, in dem sich Thomas Mann der Maske seiner öffentlichen persona freilich nicht begibt – was am bedeutungsschwangeren 8. Mai 1955, da er die Rede zum ersten Mal hält, sicher auch unangemessen gewesen wäre. In der Kunst dagegen behält er sich die ironische Einschränkung vor. Allsympathie und Lied an die Freude schlagen im *Krull* wieder in den dionysischen Rausch des erotischen Festes um, mit dem der Roman abbricht. Dahinter verbirgt sich die gewissermaßen parodistische Variation des Allsympathie-Motivs, das nach den politischen Erfahrungen ansonsten ja geradezu zynisch wirken musste. In einem Rundfunkbeitrag für die BBC aus dem Jahr 1952, veröffentlicht unter dem Titel *Der Künstler und die Gesellschaft,* taucht Schiller (im Gegensatz zum häufig genannten Goethe) nicht auf; man wird den Verdacht nicht los, dass es daran liegt, dass Thomas Mann aus durchaus selbstkritischer schillerscher Position heraus spricht: „unleugbar hat ja das politische Moralisieren eines Künstlers etwas Komisches, und die Propagierung humanitärer Ideale bringt ihn fast unweigerlich in die Nähe – und nicht nur in die Nähe – der Platitüde." Manchmal, so fasst Thomas Mann seine Erfahrung zusammen, komme es aber auf Moral und Güte mehr als auf künstlerische Interessantheit an (Ess VI, 234f) – nämlich genau dann, wenn der Schriftsteller als öffentlicher, d.h. politischer Repräsentant gefragt ist.

Im Reich der Freiheit, im Universum seiner Kunst und konkret im *Krull* hat Thomas Mann das eigene humanistische Pathos und, vorwegnehmend, den verbreiteten Elogenton auf Schiller konterkariert und im ästhetizistischen Blutkult wo nicht infragegestellt so doch in seiner absoluten Gültigkeit eingeschränkt. Damit wird der Umgang mit Schiller selbst zum Spiel, aber nicht als Übung im Narzissmus, sondern als Erhaltung des Möglichkeitssinnes und Weg der Erkenntnis. Erst Krulls Spiel mit dem Schein bringt ihn mit Kuckuck zusammen, erst die Ahnung und Ausübung von Kunst führt ihn selbst darüber wieder hinaus. „Nur durch das Morgenthor des Schönen/Drangst du in der Erkenntnis Land." (SW, 1, 79) heißt ein Vers in Schillers großem Gedicht *Die Künstler,* dessen Analyse im *Versuch* einen wichtigen Platz einnimmt. Es handelt sich darin vielleicht um dasjenige Versprechen der deutschen Klassik, als dessen repräsentativer Einlöser Thomas Mann sich am Ende seines Lebens sieht. Nicht auf die Erkenntnis dessen, was die Welt im Innersten zusammenhält, wird hier abgezielt, sondern auf die Erkenntnis der zugleich ästhetischen und moralischen Koordinaten der Stellung des Menschen im All. Anders gesagt: im *Krull* wird wie im *Faustus* die Ode *An die Freude* in der Variante Beethovens (bzw. ihrer Rezeptionsgeschichte) verworfen – nun aber in der Version Schillers rehabilitiert.

Bereits im Jahr 1908 stellte Rudolf Unger, Pionier der Geistesgeschichte, die programmatische Frage, wozu man denn überhaupt in einem Autor Spuren von Goethe, Schiller, Kleist oder Heine nachweisen solle. Von einem nur durchschnittlich gebildeten Verfasser könne man doch nichts anderes erwarten[30]. In der Tat gibt es in der Thomas-Mann-Forschung eine dominante Tradition, die dem von Unger kritisierten „Grundsatz des Feuerbachschen Materialismus" in der Literaturwissenschaft entspricht, nämlich jenem „der Mensch ist, was er ißt", wonach der Autor als „ein in seiner leidigen Irrationalität möglichst zu ignorierender Durchgangspunkt zwischen dem Bücherberg" erscheint, „der seinen Geist genährt hat, und dem Bändehaufen, der uns nun als das Produkt dieses geistigen Verdauungsprozesses vorliegt."[31] Ihrerseits vermochte die Geistesgeschichte trotz dieses berechtigten Einwandes nicht den hohen Wert von Quellenstudien zu erkennen, die es gleichsam nicht bei dem Nachweis der Verdauung belassen, sondern die Veränderungsprozesse beschreiben, die damit verbunden sind – der Mensch ist, *wie* er ißt. Es kommt dann auch nicht mehr auf möglichst entlegene Quellen an, sondern durchaus auch wieder auf die literarhistorischen Selbstverständlichkeiten. Einem Autor wie Thomas Mann ist nicht beizukommen ohne Rücksicht auf die ständigen Transformationen der literarischen Vorbilder, der spielerischen Umfunktionierung des Zitats, das durch die Maske direkter sprechen kann als es sonst ästhetisch vertretbar wäre.

In seinem zu Recht gerühmten Buch behandelte Michael Maar die weitreichende Bedeutung Hans Christian Andersens in Thomas Manns Werk. Er ging dabei von einer Umfrage in der Zeitschrift „Die Dame" von 1928 aus, in der Thomas Mann bekannte, dass Andersens Märchen den frühesten, tiefsten und nachhaltigsten Eindruck auf ihn gemacht hätten[32]. Das Körnchen Salz, das Thomas Mann selbst bei der Lektüre Nietzsches empfahl, ist freilich auch hier geboten. Nur ein Jahr später, in einer m.W. bisher nicht beachteten Umfrage der „Literarischen Welt" von 1929 antwortet er ganz anders auf die Frage „Welches war das Lieblingsbuch Ihrer Knabenjahre?" Zwar wird Andersen noch erwähnt. Dann aber heißt es: „Aber die Palme gehört wohl Schillers ,*Don Carlos*'. Es war meine stolzeste Liebe, meine ersten Übungen galten seiner Nachahmung, und noch heute weiß ich ihn szenenweise auswendig."[33]

Ein neuer bzw. lange vernachlässigter Blick auf Mann von Schiller her mag das Mosaik nicht zuletzt in Hinblick auf die kritische Edition und Kommen-

---

[30] Rudolf Unger: Gesammelte Studien. Bd. 1: Aufsätze zur Prinzipienlehre der Literaturgeschichte, Darmstadt: Wissenschaftliche Buchgesellschaft 1966, S 8.

[31] Ebd.

[32] Michael Maar: Geister und Kunst. Neuigkeiten aus dem Zauberberg, Frankfurt/Main: Fischer, 1997, S. 41.

[33] Literarische Welt 1929, 26, S. 3.

tierung ergänzen. Gewiss, wer nur dem exakten Wortlaut nachspürt, muss enttäuscht werden. Aber, um beim *Don Karlos* zu bleiben, die Motivik Schillers hat Thomas Mann ohne Zweifel geprägt. Man denke nur an das Masken- und Versteckspiel, die Behandlung der starren Konvention und Etikette sowie der brüderlichen Liebe zweier Männer. Zweifellos bilden Goethe *und* Schiller die Doppelherme des Mannschen Verständnis von Künstlertum; *Faustus* und *Krull* sind zwei Seiten derselben Medaille. Natürlich könnte Thomas Mann im *Versuch über Schiller* einfach Dinge aufgegriffen haben, die ihn noch vom Krull her beschäftigten. Die Verbindung zu Schiller kann dennoch nicht ganz zufällig sein. Die Frage bleibt offen, warum sich noch kein Michael Maar für Thomas Manns Verhältnis zu Schiller gefunden hat.

Siglenverzeichnis

[Band arabisch, Seite]	Thomas Mann: Grosse kommentierte Frankfurter Ausgabe. Werke – Briefe – Tagebücher, hrsg. von Heinrich Detering, Eckhard Heftrich, Hermann Kurzke, Terence J. Reed, Thomas Sprecher, Hans R. Vaget und Ruprecht Wimmer in Zusammenarbeit mit dem Thomas-Mann-Archiv der ETH Zürich, Frankfurt/Main: S. Fischer 2002 ff.
[Band römisch, Seite]	Thomas Mann: Gesammelte Werke in dreizehn Bänden, 2. Aufl., Frankfurt/Main: S. Fischer 1974.
Ess I–VI	Thomas Mann: Essays, Bd. 1–6, hrsg. von Hermann Kurzke und Stephan Stachorski, Frankfurt/Main: S. Fischer 1993–1997.
Notb I–II	Thomas Mann: Notizbücher 1–6 und 7–14, hrsg. von Hans Wysling und Yvonne Schmidlin, Frankfurt/Main: S. Fischer 1991–1992.
Tb, [Datum]	Thomas Mann: Tagebücher. 1918–1921, 1933–1934, 1935–1936, 1937–1939, 1940–1943, hrsg. von Peter de Mendelssohn, 1944–1.4.1946, 28.5.1946–31.12.1948, 1949–1950, 1951–1952, 1953–1955, hrsg. von Inge Jens, Frankfurt/Main: S. Fischer 1977–1995.
Reg I–V	Die Briefe Thomas Manns. Regesten und Register, Bd. 1–5, hrsg. von Hans Bürgin und Hans-Otto Mayer, Frankfurt/Main: S. Fischer 1976–1987.
Br I–III	Thomas Mann: Briefe 1889–1936, 1937–1947, 1948–1955 und Nachlese, hrsg. von Erika Mann, Frankfurt/Main: S. Fischer 1962–1965.
BrAu	Thomas Mann: Briefwechsel mit Autoren, hrsg. von Hans Wysling, Frankfurt/Main: S. Fischer 1988.
BrBF	Thomas Mann: Briefwechsel mit seinem Verleger Gottfried Bermann Fischer 1932–1955, hrsg. von Peter de Mendelssohn, Frankfurt/Main: S. Fischer 1973.
BrFae	Thomas Mann – Robert Faesi. Briefwechsel, hrsg. von Robert Faesi, Zürich: Atlantis 1962.
BrHM	Thomas Mann – Heinrich Mann. Briefwechsel 1900–1949, hrsg. von Hans Wysling, 3., erweiterte Ausg., Frankfurt/Main: S. Fischer 1995 (= Fischer Taschenbücher, Bd. 12297).
BrP	Dichter oder Schriftsteller? Der Briefwechsel zwischen Thomas Mann und Josef Ponten 1919–1930, hrsg. von Hans Wysling unter Mitwirkung von Werner Pfister, Bern: Francke 1988 (= Thomas-Mann-Studien, Bd. 8).
DüD I–III	Dichter über ihre Dichtungen, Bd. 14/I–III: Thomas Mann, hrsg. von Hans Wysling unter Mitwirkung von Marianne Fischer, München: Heimeran; Frankfurt/Main: S. Fischer 1975–1981.

TM Jb	Thomas Mann Jahrbuch 1 (1988) ff., begründet von Eckhard Heftrich und Hans Wysling, hrsg. von Thomas Sprecher und Ruprecht Wimmer, Frankfurt/Main: Klostermann.
TMS	Thomas-Mann-Studien 1 (1967) ff., hrsg. vom Thomas-Mann-Archiv der ETH Zürich, Bern/München: Francke, ab 9 (1991) Frankfurt/Main: Klostermann.
TMA	Thomas-Mann-Archiv der ETH Zürich.

Thomas Mann: Werkregister

Kursive Seitenzahlen verweisen auf die Anmerkungen. Die *Bekenntnisse des Hochstaplers Felix Krull* sind als durchgehender Referenztext nicht eigens im Register aufgeführt.

Personenregister

Kursive Seitenzahlen verweisen auf die Anmerkungen.

Die Autorinnen und Autoren

Dr. Christian Benne, Insitut for Literatur, Kultur og Medier, Center for Tyske Studier, Syddansk Universitet Odense, Campusvej 55, DK-5230 Odense M.

Prof. Dr. Friedrich Gaede, Ochsengasse 12, 79108 Freiburg

Prof. Dr. Horst-Jürgen Gerigk, Moltkestr. 1, 69120 Heidelberg

Prof. Dr. Eckhard Heftrich, Hürrnenweg 11, D-79429 Malsburg-Marzell

Dr. Malte Herwig, Potsdamer Straße 138, 10783 Berlin

Dr. Des. Stefan Keppler, Institut für Deutsche Philologie der Universität Würzburg, Am Hubland , 97074 Würzburg

Prof. Dr. Herbert Lehnert, 8 Harvey Court, Irvine, CA 92617-4003, USA

Prof. Dr. Michael Neumann, Katholische Universität Eichstätt, Neuere deutsche Literaturwisschenaft, Universitätsallee 1, 85072 Eichstätt

Dr. Sylvia Peuckert, Baselerplatz 1, 60329 Frankfurt

Prof. Dr. Holger Rudloff, Dannergasse 9, 79227 Schallstadt

Dr. Julia Schöll, Otto-Friedrich-Universität Bamberg, Lehrstuhl für Neuere deutsche Literaturwissenschaft, An der Universität 5, D-96045 Bamberg

Dr. Thomas Sprecher, Thomas-Mann-Archiv, Schönberggasse 15, CH-8001 Zürich

Dr. Karin Tebben, Moltkestr. 20, 26122 Oldenburg

Prof. Dr. Ruprecht Wimmer, Katholische Universität Eichstätt-Ingolstadt, Ostenstr. 26, 85072 Eichstätt

Auswahlbibliographie 2003 – 2004

zusammengestellt von Thomas Sprecher und Gabi Hollender

1. Primärliteratur

Mann, Thomas: Königliche Hoheit: Roman, hrsg. und textkritisch durchgesehen von Heinrich Detering in Zusammenarbeit mit Stephan Stachorski, Kommentar von Heinrich Detering in Zusammenarbeit mit Stephan Stachorski, Frankfurt/Main: S. Fischer 2004 (= Grosse kommentierte Frankfurter Ausgabe, Thomas Mann, Bd. 4.1 und 4.2), 402 S. und 641 S.

Mann, Thomas: Frühe Erzählungen 1893–1912, hrsg. und textkritisch durchgesehen von Terence J. Reed unter Mitarbeit von Malte Herwig, Kommentar von Terence J. Reed unter Mitarbeit von Malte Herwig, Frankfurt/Main: S. Fischer 2004 (= Grosse kommentierte Frankfurter Ausgabe, Thomas Mann, Bd. 2.1 und 2.2), 604 S. und 604 S.

Mann, Thomas: Briefe II: 1914–1923, ausgewählt und hrsg. von Thomas Sprecher, Hans Rudolf Vaget und Cornelia Bernini, Frankfurt/Main: S. Fischer 2004 (= Grosse kommentierte Frankfurter Ausgabe, Thomas Mann, Bd. 22), 1168 S.

2. Sekundärliteratur

Ackermann, Gregor: 4. Nachtrag zur Thomas-Mann-Bibliographie, in: Thomas Mann Jahrbuch 2004, S. 231–234.

Aust, Hugo: „Wat et nit all jibt!": Thomas Manns „Die Betrogene" oder: Zur Lage der Novelle in der Adenauerzeit, in: Braun, Man erzählt Geschichten, formt die Wahrheit, S. 225–240.

Baerlocher, René Jacques: Thomas Mann 1932 und 1938, in: Wahl, Volker (Hrsg.): „Das Kind im meinem Leib": Sittlichkeitsdelikte und Kindsmord in Sachsen-Weimar-Eienach unter Carl August, Weimar: Verlag Hermann Böhlaus Nachfolger 2004 (= Veröffentlichungen aus thüringischen Staatsarchiven, 10), S. 465–466.

Bäumler, Klaus: Kuno Fiedler (1895–1973): ein deutsches Schicksal, dem Vergessen entreissen, in: Heißerer, Thomas Mann in München, S. 143–173.

Bäumler, Klaus: Thomas Mann und der „Protest der Richard-Wagner-Stadt

München" (1933): mit dem unbekannten Briefwechsel zwischen Thomas Mann und Oberbürgermeister Karl Scharnagl sowie einem biographischen Anhang der Unterzeichner, in: Heißerer, Thomas Mann in München II, S. 227–297.

Bahr, Erhard: Art and Society in Thomas Mann's Early Novellas, in: Lehnert, A companion to the works of Thomas Mann, S. 53–72.

Bahr, Erhard: Thomas Manns Vortrag „Deutschland und die Deutschen": Vergangenheitsbewältigung und deutsche Einheit, in: Braun, Man erzählt Geschichten, formt die Wahrheit, S. 65–80.

Bayón, Fernando: La prohibición del amor: sujeto, cultura y forma artistica en Thomas Mann, Rubí (Barcelona): Anthropos 2004 (= Autores, textos y temas, Hermeneusis, Vol. 21), 414 S.

Benini, Arnaldo und Gschwend, Norbert: Gespräch mit Zeitzeugen, in: Sprecher, Lebenszauber und Todesmusik, S. 225–241.

Benini, Arnaldo (Hrsg.), Domini, Donatino (Hrsg.) und Schneider, Arno (Hrsg.): Thomas Mann: immagini per una biografia = Bilder für eine Biographie, Ravenna: Longo 2004 (= Classense, 3), 143 S.

Bensch, Gisela: Träumerische Ungenauigkeiten: Traum und Traumbewusstsein im Werk Thomas Manns: Buddenbrooks – Der Zauberberg – Joseph und seine Brüder, Göttingen: V&R-Unipress 2004, 194 S.

Bergdolt, Klaus: Nicht nur die Novelle – Thomas Mann und Venedig, in: Braun, Man erzählt Geschichten, formt die Wahrheit, S. 305–320.

Bergmann, Christian: „Eine Herausforderung": Hans Castorp und Felix Krull im Schnittpunkt eines lexikalischen Vergleichs, in: Muttersprache, Jg. 113, 2003, H. 4, S. 320–327.

Bergmann, Christian: „hübsch" und „schön": zum Wortgebrauch in Thomas Manns Roman „Die Bekenntnisse des Hochstaplers Felix Krull", in: Muttersprache, Jg. 113, 2003, H. 4, S. 66–76.

Bitterli, Urs: Golo Mann – Instanz und Aussenseiter: eine Biographie, Zürich: Verlag Neue Zürcher Zeitung 2004, 708 S.

Blechschmid, Hansgeorg: Thomas Mann und das Recht, München: Peniope 2004 (= Thomas-Mann-Schriftenreihe, Bd. 3), 172 S.

Blöcker, Karsten: Neues von Tony Buddenbrook: über die beiden Ehen der Elisabeth Mann, in: Thomas Mann Jahrbuch 2004, S. 9–22.

Braun, Michael (Hrsg.) und Lermen, Birgit (Hrsg.): Man erzählt Geschichten, formt die Wahrheit: Thomas Mann – Deutscher, Europäer, Weltbürger, Frankfurt/Main: Lang 2003, 335 S.

Brenner, Peter J.: Die Befreiung vom Mythos: Recht und Ordnung in Thomas Manns Erzählung „Das Gesetz", in: Braun, Man erzählt Geschichten, formt die Wahrheit, S. 187–207.

Breuer, Stefan: Das „Zwanzigste Jahrhundert" und die Brüder Mann, in: Dierks, Thomas Mann und das Judentum, S. 75–95.

Bukowski, Evelyn: Thomas Manns „Der kleine Herr Friedemann", in: Bukowski, Evelyn: Metamorphosen der Verführung in der Novelistik der Frühmoderne, Tübingen: Francke 2004, S. 217–243.

Cercignani, Fausto: Rileggendo il „Tonio Kröger", in: Studia theodisca 10, 2003, S. 51–81.

Classen, Albrecht: Der Kampf um das Mittelalter im Werk Thomas Manns: „Der Zauberberg": die menschliche Misere im Kreuzfeuer geistesgeschichtlicher Strömungen, in: Studia Neophilologica, 75, 2003, S. 32–46.

Clerico, Mona: Welt, Ich, Sprache: philosophische und psychoanalytische Motive in Thomas Manns Romantetralogie „Joseph und seine Brüder", Würzburg: Königshausen & Neumann 2004 (= Epistemata, Reihe Literaturwissenschaft, Bd. 485), 218 S.

Crawford, Karin L.: Exorcising the Devil from Thomas Mann's „Doktor Faustus", in: The German quarterly, H. 76.2, Spring 2003, S. 168–183.

Detering, Heinrich: Juden, Frauen, Literaten: Stigma und Stigma-Bearbeitung in Thomas Manns frühen Essays (1893–1914), in: Dierks, Thomas Mann und das Judentum, S. 15–34.

Dierks, Manfred: „Mit der Mutter schläft jeder": die Psychoanalyse im Joseph, in: Sprecher, Lebenszauber und Todesmusik, S. 51–65.

Dierks, Manfred: Thomas Mann's Late Politics, in: Lehnert, A companion to the works of Thomas Mann, S. 203–219.

Dierks, Manfred (Hrsg.): Thomas Mann und das Judentum: die Vorträge des Berliner Kolloquiums der Deutschen Thomas-Mann-Gesellschaft [2002], Frankfurt/Main: Klostermann 2004 (= Thomas-Mann-Studien, Bd. XXX), 221 S.

Dierks, Manfred: Thomas Mann und die „jüdische" Psychoanalyse: über Freud, C.G. Jung, das „jüdische Unbewusste" und Manns Ambivalenz, in: Dierks, Thomas Mann und das Judentum, S. 97–126.

Draesner, Ulrike: Felix oder Die goldene Zeit: Gedanken zum Altern und Lesen, in: Braun, Man erzählt Geschichten, formt die Wahrheit, S. 15–23.

Dreyfus, Laurence: Music and motive in Thomas Mann's „Wälsungenblut", in: Görner, Resounding concerns, S. 86–113.

Ehinger, Franziska: Gesang und Stimme im Erzählwerk von Gottfried Keller, Eduard von Keyserling und Thomas Mann, Würzburg: Königshausen & Neumann 2004 (= Epistemata, Reihe Literaturwissenschaft, Bd. 516), 263 S.

Eickhölter, Manfred: Thomas Mann stellt seine Familie – Buddenbrooks: Literatur als Lebenspraxis? Eine methodische Annäherung, in: Thomas Mann Jahrbuch 2004, S. 105–125.

Elsaghe, Yahya A.: „Beim Propheten": Portrait und Ideologie in Thomas Manns Frühwerk, in: Neophilologus, 88, 2004, S. 417–427.

Elsaghe, Yahya A.: Judentum und Schrift bei Thomas Mann, in: Dierks, Thomas Mann und das Judentum, S. 59–73.

Elsaghe, Yahya A.: Nostalgie und Modernitätskritik: „Die Betrogene" als Thomas Manns ideologisches Vermächtnis, in: Sprecher, Lebenszauber und Todesmusik, S. 149–170.

Elsaghe, Yahya A.: Thomas Mann und die kleinen Unterschiede: zur erzählerischen Imagination des Anderen, Köln: Böhlau 2004 (= Literatur – Kultur – Geschlecht, Grosse Reihe, Bd. 27), 407 S.

Engelhardt, Dietrich von: Die Welt der Medizin im Werk von Thomas Mann, in: Braun, Man erzählt Geschichten, formt die Wahrheit, S. 257–290.

Erhart, Walter: Thomas Manns „Buddenbrooks" und der Mythos zerfallender Familien, in: Brinker-von der Heyde, Claudia: Familienmuster – Musterfamilien, Frankfurt/Main: Lang 2004 (= MeLiS, Bd. 1), S. 161–184.

Ermisch, Maren (Red.): 50 Jahre Thomas Manns Felix Krull, Szenen einer schönen Welt: Dokumentenmappe zur Sommerausstellung vom Buddenbrookhaus, Heinrich-und-Thomas-Mann-Zentrum, Lübeck: Schmidt-Römhild [2004], 30 Bl. und 32 S.

Feinberg, Anat: Der Zauberer in der Wüste: der israelische Blick auf Thomas Mann und seine Werke, in: Dierks, Thomas Mann und das Judentum, S. 127–148.

Fischer, Ernst Peter und Genz, Henning: Was Professor Kuckuck noch nicht wusste: Naturwissenschaftliches in den Romanen Thomas Manns, Reinbek bei Hamburg: Rowohlt 2004 (= rororo science, 61580), 317 S.

Frey, Christopher (Bearb.), Peche, Martin (Bearb.) und Wetscherek, Hugo (Hrsg.): Kafkas letzter Freund: der Nachlass Robert Klopstock (1899–1972): mit kommentierter Erstveröffentlichung von 38 teils ungedruckten Briefen Franz Kafkas, Wien: Inlibris 2003 (= Katalog, Antiquariat Inlibris, 13), 312 S.

Frizen, Werner: Goethe tritt auf, in: Sprecher, Lebenszauber und Todesmusik, S. 67–88.

Frizen, Werner: „Lotte in Weimar", in: Lehnert, A companion to the works of Thomas Mann, S. 181–202.

Frühwald, Wolfgang: „Gemütlichkeit" oder „Gemütskrankheit": Thomas Manns Beitrag zur Literatur eines „leuchtenden" München, in: Heißerer, Thomas Mann in München, S. 7–26.

Geiger, Karin: Beratende Tätigkeit: Thomas Mann und „Doktor Faustus", in: Geiger, Karin: Der diagnostische Blick: Martin Gumpert als Arzt, Medizinhistoriker und ärztlicher Schriftsteller, Remscheid: Gardez! Verlag 2004

(= Studien zur Geschichte der Medizingeschichte und Medizingeschichts-schreibung, Bd. 2), S. 108–113.

Gerth, Klaus: „Das Problem des Menschen“: zu Leben und Werk Thomas Manns, Seelze: Friedrich 2004, 350 S.

Giovannini, Elena: L importanza del rito nell „Erwählten“ di Thomas Mann, in: Cultura tedesca = Deutsche Kultur, 23, 2003, S. 201–214.

Görner, Rüdiger (Ed.): Resounding concerns, München: Iudicium 2003 (= London German studies, Bd. 8 ; Publications of the Institute of Germanic Studies, University of London, Bd. 79), 202 S.

Gremler, Claudia: „Fern im dänischen Norden ein Bruder“: Thomas Mann und Herman Bang: eine literarische Spurensuche, Göttingen: Vandenhoeck & Ruprecht 2003 (= Palaestra, Bd. 320), 366 S.

Guntermann, Georg: Zur Wahrnehmung von Geschichte in Thomas Manns frühen Tagebüchern, in: Braun, Man erzählt Geschichten, formt die Wahrheit, S. 291–304.

Haack, Hans-Peter: Genialisierung durch Krankheit, in: Nervenheilkunde: Zeitschrift für interdisziplinäre Fortbildung, 10, 2003, S. 509–513.

Hamacher, Bernd: „Wie viel Brüderlichkeit bedeutet Zeitgenossenschaft ohne weiteres!“: Franz Kafka und Thomas Mann – Versuch eines „Kulturtransfers“, in: Liebrand, Claudia (Hrsg.): Textverkehr: Kafka und die Tradition, Würzburg: Könighausen & Neumann 2004, S. 361–384.

Hausmann, Frank-Rutger: Thomas Manns Kritik an der ESV und dem „armen“ Carossa, in: Hausmann, Frank-Rutger: „Dichte, Dichter, tage nicht!“: die Europäische Schriftsteller-Vereinigung in Weimar 1941–1948, Frankfurt/ Main: Klostermann 2004, S. 81–86.

Heine, Gert und Schommer, Paul: Thomas-Mann-Chronik, Frankfurt/Main: Klostermann 2004, 626 S.

Heißerer, Dirk: Das „beste Witzblatt der Welt“: Thomas Mann und der Simplicissimus, in: Heißerer, Thomas Mann in München, S. 67–103.

Heißerer, Dirk: „Nein, Tadzio stirbt nicht“: zu einem unbekannten Brief Thomas Manns, in: Heißerer, Thomas Mann in München, S. 1–6.

Heißerer, Dirk: „O über den alten Puppenspieler!“: Literaturpolitik im München der Zwanziger Jahre – mit neun unbekannten Briefen Thomas Manns an den Literaturkritiker Conrad Wandrey, in: Heißerer, Thomas Mann in München II, S. 165–226.

Heißerer, Dirk (Hrsg.): Thomas Mann in München: Vortragsreihe Sommer 2003, München: Peniope 2004 (= Thomas-Mann-Schriftenreihe, Bd. 2), 234 S.

Heißerer, Dirk (Hrsg.): Thomas Mann in München II: Vortragsreihe Sommer 2004, München: Peniope 2004 (= Thomas-Mann-Schriftenreihe, Bd. 4), 297 S.

Heißerer, Dirk: Thomas Mann und die Universität München: Auszüge aus eine Rede von Dr. Dirk Heißerer anlässlich der Einweihung der neuen Thomas-Mann-Halle in der Ludwig-Maximilians-Universität München, in: Literatur in Bayern, Nr. 71, 2003, S. 49–53.

Henne, Thomas: Klaus Manns Mephisto und die Publikationsverbote der deutschen Gerichte: zur gerichtlichen Karriere des Romans und seines Münchner Verlegers Berthold Spangenberg, in: Heißerer, Thomas Mann in München, S. 27–65.

Herwig, Malte: Bildungsbürger auf Abwegen: Naturwissenschaft im Werk Thomas Manns, Frankfurt/Main: Klostermann 2004 (= Thomas-Mann-Studien, Bd. XXXII), 394 S.

Hieber, Jochen: „Buddenbrooks" oder „Das unerklärliche Erzählwunder", in: Braun, Man erzählt Geschichten, formt die Wahrheit, S. 117–137.

Hilliard, Kevin F.: Bejahende Erkenntnis: Festschrift für T.J. Reed zu seiner Emeritierung am 30. September 2004, Tübingen: Niemeyer 2004, 236 S.

Hohoff, Ulrich: Die Sammlung Klaus W. Jonas / Ilsedore B. Jonas in der UB Augsburg, in: Thomas Mann und seine Bibliographen: Verleihung der Ehrenmedaille der Universität Augsburg an Klaus W. Jonas und Ilsedore B. Jonas am 28. Oktober 2003: Ansprachen und Reden, Augsburg: Universität 2004 (= Augsburger Universitätsreden, 52), S. 8–16.

Honold, Alexander: Taugenichts und Leistungsethiker: die frühe Unordnung Thomas Manns, neu besichtigt aus Anlass der „Grossen kommentierten Frankfurter Ausgabe", in: Zeitschrift für Germanistik, Neue Folge, 3, 2004, S. 595–607.

Huber, Marc Oliver: Heimwehlieder und Zukunftsgeist: Romantik und Nation bei Thomas Mann (1914–1925), in: Weimarer Beiträge, Jg. 49, 2003, H. 4, S. 553–569.

Hulle, Dirk van: Textual awareness: a genetic study of late manuscripts by Joyce, Proust, and Mann, Ann Arbor: University of Michigan Press 2004 (= Editorial theory and literary criticism), 219 S.

Hulle, Dirk van: Zum editorischen Umgang mit Notizbüchern: mit einem besonderen Blick auf Joyces „Finnegans Wake"-Notebooks, in: Editio, Bd. 18, 2004, S. 145–155.

Ireton, Sean: Die Aufzeichnung der Memoria in Thomas Manns „Buddenbrooks" und „Der Erwählte", in: The German quarterly, H. 76.2, Spring 2003, S. 183–194.

Jonas, Klaus W. und Stunz, Holger R.: Golo Mann: Leben und Werk: Chronik und Bibliographie (1929–2003), Wiesbaden: Harrassowitz, 2003, 343 S.

Kamp, Werner: Drei Möglichkeiten, Thomas Mann (nicht) zu verfilmen, in: Braun, Man erzählt Geschichten, formt die Wahrheit, S. 321–333.

Klüger, Ruth: Thomas Mann als Literaturkritiker, in: Braun, Man erzählt Geschichten, formt die Wahrheit, S. 25–32.

Klugkist, Thomas: Thomas Mann und das Judentum: eine Collage, in: Dierks, Thomas Mann und das Judentum, S. 163–192.

Koelb, Clayton: „Death in Venice", in: Lehnert, A companion to the works of Thomas Mann, S. 95–113.

Koopmann, Helmut: „Du weisst doch, dass mit mir nicht zu disputiren ist": Thomas Manns Kritik an Heinrich Mann – und dessen Antworten, in: Thomas Mann Jahrbuch 2004, S. 127–145.

Koopmann, Helmut: Sterben und Tod Thomas Manns, in Sprecher, Lebenszauber und Todesmusik, S. 203–223.

Koopmann, Helmut: Thomas Mann's Autobiographical Stories, in: Lehnert, A companion to the works of Thomas Mann, S. 147–158.

Koopmann, Helmut: Thomas Manns religio, in: Monatshefte für Evangelische Kirchengeschichte des Rheinlandes, 53. Jg., 2004, S. 45–62.

Koopmann, Helmut: Thomas und Heinrich Mann: München und der Renaissancekult um 1900 – Aspekte einer Brüderlichkeit, in: Heißerer, Thomas Mann in München II, S. 15–45.

Kraus Worley, Linda: Girls from Good Families: Tony Buddenbrook and Agathe Heidling, in: The German quarterly, H. 76.2, Spring 2003, S. 195–211.

Kröger, Ute: „Zürich, du mein blaues Wunder": literarische Streifzüge durch eine europäische Kulturstadt, Zürich: Limmat-Verlag 2004, 485 S.

Kühn, Johannes: Thomas Mann, in: Braun, Man erzählt Geschichten, formt die Wahrheit, S. 45–46.

Kurzke, Hermann: Selbstüberwindung: Thomas Manns Rede zu Nietzsches 80. Geburtstag und ihre Vorgeschichte, in: Hilliard, Bejahende Erkenntnis, S. 163–174.

Lange, Hartmut: Thomas Mann und das poetische Verständnis der Moderne, in: Braun, Man erzählt Geschichten, formt die Wahrheit, S. 33–43.

Lange-Krichheim, Astrid: „Gefall-Tochter"?, „Leistungs-Tochter"?, „Trotz-Tochter"?: Überlegungen zu Erika Mann, in: Thomas Mann Jahrbuch 2004, S. 45–69.

Lederer, Wolfgang: Love in Society: Thomas Mann's Early Stories, in: Lehnert, A companion to the works of Thomas Mann, S. 73–93.

Lehnert, Herbert: Betrayed or Not Betrayed: a Testament?, in: Lehnert, A companion to the works of Thomas Mann, S. 297–305.

Lehnert, Herbert (Ed.) und Wessell, Eva (Ed.): A companion to the works of Thomas Mann, Rochester, N.Y.: Camden House 2004 (= Studies in German literature, linguistics, and culture), 345 S.

Lehnert, Herbert: Thomas Mann's Beginnings and „Buddenbrooks", in: Lehnert, A companion to the works of Thomas Mann, S. 29–51.

Lehnert, Herbert: Thomas Mann's Comedies, in: Lehnert, A companion to the works of Thomas Mann, S. 307–321.

Lesniak, Slawomir: Thomas Mann als essayistischer Typus: vom Stil des Graphischen zum deutschen Kulturmythos, in: Studia Niemcoznawcze, 27, 2004, S. 443–454.

Lieb, Claudia und Meteling, Arno: E.T.A. Hoffmann und Thomas Mann: das Vermächtnis des „Don Juan", in: E.T.A. Hoffmann Jahrbuch, Bd. 11, 2003, S. 34–59.

Lilla, Joachim: Carl Jacob Burckhardt und Thomas Mann, in: Thomas Mann Jahrbuch 2004, S. 163–181.

Lochner, Eberhard von: Gemeinsam gegen die Ideologie: Thomas Mann und der Politikwissenschaftler Eric Voegelin, in: Heißerer, Thomas Mann in München, S. 105–141.

Luckscheiter, Roman: Das Mizzi-Meyer-Prinzip: zur Politik der Form bei Thomas Mann, in: Braun, Man erzählt Geschichten, formt die Wahrheit, S. 103–115.

Lühe, Irmela von der: „Opfer einer Fascination": die Frauengestalten in „Lotte von Weimar", in: Sprecher, Lebenszauber und Todesmusik, S. 89–104.

Lützeler, Paul Michael (Hrsg.): Freundschaft im Exil: Thomas Mann und Hermann Broch, Frankfurt/Main: Klostermann 2004 (Thomas-Mann-Studien, Bd. XXXI), 245 S.

Mann, Frido: Julia Mann: ein exemplarisches Leben zwischen den Kulturen, in: Heißerer, Thomas Mann in München II, S. 1–14.

Marx, Friedhelm: Literatur und Erlösung: Kunstreligion im Frühwerk Thomas Manns, in: Braun, Man erzählt Geschichten, formt die Wahrheit, S. 241–255.

Marx, Friedhelm: Väter und Söhne: literarische Familienentwürfe in Thomas Manns „Unordnung und frühes Leid" und Klaus Manns „Kindernovelle", in: Thomas Mann Jahrbuch 2004, S. 83–103.

Möller, Hildegard: Die Frauen der Familie Mann, Zürich: Piper 2004, 418 S.

Müller, Richard Matthias: Josef Ponten (1883–1940), Freund Thomas Manns, in: Thomas Mann Jahrbuch 2004, S. 147–161.

Mundt, Hannelore: Female Identities and Autobiographical Impulses in Thomas Mann's Work, in: Lehnert, A companion to the works of Thomas Mann, S. 271–295.

Nagliuviene, Juldita: Die Metamorphose einer Gottheit in der Tetralogie von Thomas Mann „Joseph und seine Brüder": die Transformation der Beziehung zwischen Gott und Mensch, Vilnius: Universität Vilnius 2004, 48 S.

Neuss, Beate: Thomas Mann: Demokrat – Europäer – Weltbürger, in: Braun, Man erzählt Geschichten, formt die Wahrheit, S. 81–101.

Neymeyr, Barbara: „Genialer Dilettantismus" und „philosophische Vereinsamung": zur Aussenseiterproblematik in Thomas Manns Erzählung „Der Bajazzo", in: Braun, Man erzählt Geschichten, formt die Wahrheit, S. 139–166.

Opitz, Wilfried: Vom „Unpolitischen" zum Verteidiger der Demokratie: Metamorphosen und Konstanten im Denken Thomas Manns, in: Zblizenia Polska-Niemcy, H. 1, Jg. 34, 2003, S. 7–12.

Pabst, Reinhard: Thomas Mann in Venedig: eine Spurensuche: mit zeitgenössischen Fotografien, Frankfurt/Main: Insel Verlag 2004 (= Insel Taschenbücher, 3097), 253 S.

Pütz, Peter: Formen der Wiederkehr in den „Buddenbrooks", in: Hilliard, Bejahende Erkenntnis, S. 117–127.

Pütz, Peter: „Joseph and His Brothers", in: Lehnert, A companion to the works of Thomas Mann, S. 159–179.

Reiber, Joachim: Hans Pfitzner, Thomas Mann und ein deutsches Problem, in: Görner, Resounding concerns, S. 114–134.

Rieckmann, Jens: The Gaze of Love, Longing and Desire in Thomas Mann's „The Transposed Heads" and „The Black Swan", in: Lehnert, A companion to the works of Thomas Mann, S. 245–256.

Rudloff, Holger: Demütige und glückliche Herzen: über Einflüsse von Bruno Franks Roman „Die Fürstin" auf Thomas Manns „Bekenntnisse des Hochstaplers Felix Krull" und „Doktor Faustus", in: Thomas Mann Jahrbuch 2004, S. 183–198.

Rudnytzky, Leonid: Caroline Newton und George W. Hallgarten: Erinnerungen an Thomas Mann zwischen Bayern und Amerika, in: Heißerer, Thomas Mann in München II, S. 107–164.

Rudnytzky, Leonid: Dymytro yževs›kyj und Thomas Mann: ein unbekannter Brief an den deutschen Schriftsteller, in: Die Welt der Slaven, 47, 2003, S. 389–394.

Rudolph, Andrea: Konfigurationen der Weiblichkeit in Thomas Manns europäischem Bilanzroman „Der Zauberberg", in: Laszczak, Wandy: Piastunki rosyiskiej Europy: w kr gu koneksji kulturowych Wschodu i Zachodu, Fichtenwalde: Verlag F.K. Göpfert 2004 (= FrauenLiteraturGeschichte, Bd. 19), S. 131–165.

Rütten, Thomas: Sterben und Tod im Werk von Thomas Mann, in: Sprecher, Lebenszauber und Todesmusik, S. 13–34.

Sandberg, Hans-Joachim: Ein Buch auf den Knien oder Leselust: zu einem Satz aus „Tonio Kröger", in: Hilliard, Bejahende Erkenntnis, S. 129–143.

Sandberg, Hans-Joachim: „Mein „Friedrich" – das ist was Anderes": Thomas Mann's Unwritten Novel about Frederick the Great, King of Prussia, in: Lehnert, A companion to the works of Thomas Mann, S. 115–127.

Schaarwächter, Jürgen: Reiche Schätze angelandet: das Brüder-Busch-Archiv im Max-Reger-Institut/Elsa-Reger-Stiftung, in: Kulturberichte, H. 1, 2004, S. 10–13.

Scherpe, Klaus R.: 100 Jahre Weltanschauung, was noch?: Thomas Manns „Buddenbrooks" noch einmal gelesen, in: Weimarer Beiträge, Jg. 49, 2003, H. 4, S. 570–584.

Schirnding, Albert von: Im Namen Nietzsches: die Beziehung von Thomas Mann und Ernst Bertram, in: Heißerer, Thomas Mann in München, S. 175–203.

Schirnding, Albert von: Die Propheten von der Martiusstrasse: ein München-Kapitel in Thomas Manns Doktor Faustus, Mainz: Akademie der Wissenschaften und der Literatur 2003 (= Abhandlungen der Klasse der Literatur, Akademie der Wissenschaften und der Literatur, Jg. 2003, Nr. 2), 19 S.

Schöll, Julia: Joseph im Exil: zur Identitätskonstruktion in Thomas Manns Exil-Tagebüchern und -Briefen sowie im Roman „Joseph und seine Brüder", Würzburg: Könighausen & Neumann 2004 (= Studien zur Literatur- und Kulturgeschichte, Bd. 18), 367 S.

Schomers, Walter L.: „Buddenbrooks" und die Krise des französischen Romans: Bourget, Thibaudet und Thomas Mann, in: Thomas Mann Jahrbuch 2004, S. 199–221.

Schubert, Bernhard: Das boshafte Lächeln: der Teufel und das Lachen in Thomas Manns „Doktor Faustus", in: Beise, Arnd (Hrsg.): LachArten: zur ästhetischen Repräsentation des Lachens vom späten 17. Jahrhundert bis zur Gegenwart, Bielefeld: Aisthesis 2003 (= Kulturen des Komischen, Bd. 1), S. 203–211.

Schwab, Hans-Rüdiger: Ein (allzu) ferner Gipfel?: Zauberberg-Anklänge in der deutschsprachigen Gegenwartsliteratur, in: Braun, Man erzählt Geschichten, formt die Wahrheit, S. 167–185.

Schwalb, Michael: Engels-Erscheinung und Teufels-Vision: zur Inspirationsästhetik bei Hans Pfitzner und Thomas Mann, in: Heißerer, Thomas Mann in München II, S. 47–78.

Schwalb, Michael: „Musik in München": Thema und Variationen zur Lebensfreundschaft von Thomas Mann und Bruno Walter, in: Heißerer, Thomas Mann in München, S. 205–234.

Schwarz, Egon: „Felix Krull", in: Lehnert, A companion to the works of Thomas Mann, S. 257–269.

Schwarzbauer, Michaela: Musiklehrer: Musikpädagogische Reflexionen zur

Gestalt des Musiklehrers in Hermann Hesses „Das Glasperlenspiel" sowie Thomas Manns „Doktor Faustus", in: Studia Niemcoznawcze, 26, 2003, S. 99–130.

Seider, Simone: Richard Wagner im Sanatorium und im alten Orient: Thomas Manns Wagner-Sicht im „Zauberberg" und in „Joseph und seine Brüder", Frankfurt/Main: Lang 2003 (= Europäische Hochschulschriften, Reihe 1, Deutsche Sprache und Literatur, Bd. 1874), 326 S.

Sprecher, Thomas (Hrsg.): Lebenszauber und Todesmusik: zum Spätwerk Thomas Manns: die Davoser Literaturtage 2002, Frankfurt/Main: Klostermann 2004 (= Thomas-Mann-Studien, Bd. XXVIIII), 271 S.

Sprecher, Thomas: Thomas Mann: Leben und Werk, in: Benini, Thomas Mann, S. 9–19.

Sprecher, Thomas: Thomas Mann: Leben und Werk, in: Campo de Criptana, Nr. 4, 4. Quartal, 2003, S. 34–37.

Sprecher, Thomas: Thomas Manns Lob der Vergänglichkeit, in: Sprecher, Lebenszauber und Todesmusik, S. 171–182.

Stammbach, Urs: „Die Mathematik ist eine gar herrliche Wissenschaft": Abschiedsvorlesung an der ETH Zürich, 27. Oktober 2004, [Zürich]: [s.n.] 2004, 29 S.

Starke, Klaus: Thomas Manns Arzneien, in: Deutsche medizinische Wochenschrift, 129, 2004, S. 2770–2776.

Stascheit, Ulrich: Charles Hallgartens Jahre in New York, in: Lustiger, Arno (Hrsg.): Charles Hallgarten: Leben und Wirken des Frankfurter Sozialreformers und Philanthropen, Frankfurt/Main: Societäts-Verlag 2003, S. 112–126.

Steinberg, Reinhard: Genie und Wahnsinn: Spuren des Kreativitätsmythos im „Doktor Faustus", in: Sprecher, Lebenszauber und Todesmusik, S. 105–131.

Stern, Guy: Die Eminenz und der Eleve: Begegnung in St. Louis, in Braun, Man erzählt Geschichten, formt die Wahrheit, S. 59–64.

Storch, Wolfgang (Hrsg.): Götterdämmerung: Luchino Viscontis deutsche Triologie: mit Fotografien von Mario Tursi, Berlin: Jovis Verlag 2003, 79 S.

Stübbe, Michael: Die Manns: Genealogie einer deutschen Schriftstellerfamilie, Neustadt/Aisch: Degner 2004 (= Deutsches Familienarchiv, Bd. 145), 112 S.

Teplitzky, Thesy: Die Geschichten Jaakobs: biblische Erzählungen in Wort und Bild: Gedanken zu Thomas Mann und Hendrick ter Brugghen, in: Kölner Museums-Bulletin, H. 4, 2004, S. 27–39.

Thomas Mann Jahrbuch 2004, hrsg. von Thomas Sprecher und Ruprecht Wimmer, in Verbindung mit der Deutschen Thomas-Mann-Gesellschaft Sitz

Lübeck e.V., Frankfurt/Main: Klostermann 2004 (= Thomas Mann Jahr-buch, Bd. 17), 266 S.

Turck, Eva-Monika: Thomas Mann: Fotografie wird Literatur, München: Pres-tel 2003, 112 S.

Turck, Eva-Monika: Das Vorbild der „Madonna mit Kind" in der Novelle „Gladius Dei" von Thomas Mann, in: Germanisch-Romanische Monats-schrift, Neue Folge, Bd. 53, H. 2, 2003, S. 241–247.

Vaget, Hans Rudolf: „Blödsinnig schön!": französische Musik in Thomas Manns „Doktor Faustus", in: Heißerer, Thomas Mann in München II, S. 79–106.

Vaget, Hans Rudolf: The discreet charm of the hanseatic bourgeoisie: geogra-phy, history, and psychology in Thomas Mann's representations of Ham-burg, in: Hohendahl, Uwe (Ed.): Patriotism, Cosmopolitanism, and National Culture: Public Culture in Hamburg 1700–1933, Amsterdam: Rodopi 2003 (= Internationale Forschungen zur allgemeinen und vergleichenden Litera-turwissenschaft, 69), S. 193–205.

Vaget, Hans Rudolf: „German" Music and German Catastrophe: a Re-Reading of „Doktor Faustus", in: Lehnert, A companion to the works of Thomas Mann, S. 221–244.

Vaget, Hans Rudolf: Opernszenen bei Thomas Mann: Tradition und Innova-tion, in: Härter, Andreas (Hrsg.): Dazwischen: zum transitorischen Denken in Literatur- und Kulturwissenschaft, Göttingen: Vandenhoeck & Ruprecht 2003, S. 249–266.

Vaget, Hans Rudolf: Thomas Mann, the „German catastrophe", and cultural memory, in: Hilliard, Bejahende Erkenntnis, S. 175–191.

Vaget, Hans Rudolf: Thomas Mann und das Hanseatentum, in: Hering, Rainer (Hrsg.): Lebendige Sozialgeschichte: Gedenkschrift für Peter Borowsky, Wiesbaden: Westdeutscher Verlag 2003, S. 735–747.

Vaget, Hans Rudolf: „Von hoffnungslos anderer Art": Thomas Manns „Wäl-sungenblut" im Lichte unserer Erfahrung, in: Dierks, Thomas Mann und das Judentum, S. 35–57.

Vogel, Bernhard: „Eine Kluft überbrücken" – Thomas Manns Reisen nach Weimar, in: Braun, Man erzählt Geschichten, formt die Wahrheit, S. 49–58.

Vormbaum, Thomas: Der „Zwippel" – Verrostet? Geröstet?, in: Thomas Mann Jahrbuch 2004, S. 223–225.

Vuong, Hoa Hoï: Musiques de roman: Proust, Mann, Joyce, Bruxelles: P.I.E.-Lang 2003 (= Nouvelle poétique comparatiste, No. 10), 427 S.

Weichmann, Martin: Der „Fall Erika Mann": das Bergwaldtheater Weissen-burg auf dem Weg ins Dritte Reich, in: Villa nostra, 2, 2004, S. 5–29.

Wessell, Eva: Magic and Reflections: Thomas Mann's „The Magic Mountain" and His War Essays, in: Lehnert, A companion to the works of Thomas Mann, S. 129–145.

Wilhelm, Friedrich: Ein Brief Thomas Manns an Walter Ruben, in: Beiträge des Südasien-Instituts, H. 13, 2004, S. 97–104.

Willems, Gottfried: Hans Castorp und Herkules am Scheideweg: das Leib-Seele-Problem und seine Wendung im Sinne aufgeklärter Humanität in Thomas Manns „Zauberberg" und Wielands „Musarion", in: Hilliard, Bejahende Erkenntnis, S. 145–162.

Wimmer, Ruprecht: Doktor Faustus: Aburteilung Deutschlands oder „Gerichtstag über das eigene Ich"?, in: Braun, Man erzählt Geschichten, formt die Wahrheit, S. 209–224.

Wimmer, Ruprecht: Doktor Faustus und die Juden, in: Dierks, Thomas Mann und das Judentum, S. 149–162.

Wimmer, Ruprecht: Form contra Tod: Thomas Manns und Adrian Leverkühns „Credo", in: Sprecher, Lebenszauber und Todesmusik, S. 133–148.

Wisskirchen, Hans: Hauptsache Unterhaltung!: Thomas Manns Joseph-Roman als „Fest der Erzählung", in Sprecher, Lebenszauber und Todesmusik, S. 35–50.

Wisskirchen, Hans: (K)ein Bruderstreit?: das Bruderthema im Werk Thomas Manns, in: Thomas Mann Jahrbuch 2004, S. 25–43.

Würffel, Stefan Bodo: Untergansvisionen, Todesrhetorik und Katastrophenmusik beim späten Thomas Mann, in: Sprecher, Lebenszauber und Todesmusik, S. 183–201.

Wunderlich, Heinke: Thomas und Katia Mann: Thomas Mann: 1875 Lübeck – 1955 Zürich [und] Katia Mann, geb. Pringsheim: 1883 München – 1980 Kilchberg bei Zürich, in: Wunderlich, Heinke (Bearb.) und Menke, Stefanie (Bearb.): Sanary-sur-Mer: deutsche Literatur im Exil, Eggingen: Edition Isele 2004, S. 169–182.

Mitteilungen der Deutschen Thomas-Mann-Gesellschaft, Sitz Lübeck e.V. und der Kulturstiftung Hansestadt Lübeck / Buddenbrookhaus – Heinrich-und-Thomas-Mann-Zentrum

Das Jahr 2005 war reich an Veranstaltungen aus Anlass des 50. Todestages von Thomas Mann am 12. August. Zentraler Ort des Gedenkens war Lübeck, im Mittelpunkt standen dabei die vom Buddenbrookhaus gestaltete Ausstellung „Das zweite Leben. Thomas Mann 1955–2005" sowie die von der Kulturstiftung Hansestadt Lübeck gemeinsam mit der Deutschen Thomas-Mann-Gesellschaft organisierte Festwoche vom 7. bis 13. August. Einen Höhepunkt fanden die Feierlichkeiten in dem mit Unterstützung des S. Fischer Verlags am 13. August in der Marienkirche ausgerichteten Festakt mit Bundespräsident Horst Köhler.

Die Eröffnung der Ausstellung „Das zweite Leben", mit der die Wirkungsgeschichte Thomas Manns dokumentiert wird, fand am 20. Mai im Audienzsaal des Lübecker Rathauses statt, in dem Thomas Mann 50 Jahre zuvor die Ehrenbürgerwürde der Hansestadt empfangen hatte. Neben Bürgermeister Bernd Saxe, Stiftungsdirektor Dr. Hans Wißkirchen und Dr. Manfred Eickhölter sprachen als Vertreter der Bundesbeauftragten für Kultur und Medien Dr. Horst Claussen und als Vertreterin des Landes Schleswig-Holstein die Kulturbeauftragte Caroline Schwarz. Die Ausstellung war bis zum 31. Oktober in der Lübecker Katharinenkirche zu sehen.

Im ganzjährigen Programm sprachen und lasen unter anderem Dr. Marianne Krüll (20. April), Prof. Dr. Riccardo Campa (12. Mai), Gisela Zoch-Westphal (20. Mai), Prof. Dr. Helmut Koopmann (25. Mai), Christian Brückner (7. Juni), Prof. Dr. Heinrich Detering (3. Juli), Hanjo Kesting (13. Oktober) und Prof. Dr. Dieter Borchmeyer (13. November).

Die Festwoche wurde am Sonntag, dem 7. August, mit der Verleihung des Thomas Mann-Preises der Hansestadt Lübeck an Walter Kempowski eröffnet, bei der Prof. Dr. Jörg Drews die Laudatio hielt. Robert Gernhardt und Barbara Hoffmeister sprachen am Abend zur Eröffnung der Ausstellung „Das Randfigurenkabinett des Doktor Thomas Mann" im Buddenbrookhaus. Am Montag stellte Karsten Blöcker gemeinsam mit Prof. Dr. Thomas Scheuffelen das Marbacher „Spuren"-Heft zu Christian Buddenbrook vor, im Anschluss referierte Eva-Monika Turck über das Thema „Thomas Mann: Fotografie wird Literatur".

Das diesjährige Kolloquium der Deutschen Thomas-Mann-Gesellschaft begann am Dienstag in den Media Docks mit dem „Tag der Jungen Thomas

Mann-Forscher". Wiebke Kohlwes und Arno Schneider berichteten über den Stand ihrer Dissertationsprojekte. Eine Podiumsdiskussion befasste sich mit der Frage nach der „Aktualität eines ‚Klassikers'. Thomas Mann heute – in Literatur, Wissenschaft und Unterricht", zu der die Jungen Thomas Mann-Forscher den Autor John von Düffel eingeladen hatten. Den zum zweiten Mal verliehenen Thomas Mann-Förderpreis erhielt am Abend Regine Zeller (Mannheim) für ihre Magisterarbeit „Gustave Le Bon, Sigmund Freud und Thomas Mann: Massenpsychologie in der Novelle ‚Mario und der Zauberer'".

Am Mittwoch fand unter der Leitung von Heide Aumann eine Exkursion auf den Spuren der Familie Mann durch Travemünde und Rostock statt, abends wurde der Buddenbrooks-Stummfilm mit musikalischer Begleitung in den Media Docks gezeigt.

Die Vorträge des Kolloquiums, das am Donnerstag fortgesetzt wurde, waren unter dem Tagungstitel „Thomas Mann Bilder 1955–2005" rezeptionsgeschichtlichen Themen gewidmet: Prof. Dr. Vladimir Avetisjan sprach über „Thomas Mann in Russland: Vielfalt der Rezeptionsvarianten". Unter dem Titel „Standbild und Spiegel" ließ Prof. Dr. Manfred Dierks „Vier Jahrzehnte mit Thomas Mann" Revue passieren. Prof. Dr. Hermann Kurzke fragte in seinem Vortrag „Thomas Mann verstehen. Zur Geschichte und Gegenwart seiner Inanspruchnahme" nach den Gründen des anhaltenden Interesses der Leser am Werk. Prof. Dr. Friedhelm Marx sprach über „Thomas Mann-Bilder in der Gegenwartsliteratur", Prof. Dr. Hans Vaget zum Thema „Thomas Mann und die Historiker". „Bemerkungen zur Popularität der Familie Mann" bot Dr. Hans Wißkirchen unter der Überschrift: „Die Windsors der Deutschen". Im Anschluss an die Vorträge fand die Jahresmitgliederversammlung der Deutschen Thomas-Mann-Gesellschaft statt.

Am Todestag Thomas Manns, dem 12. August, referierten Klaus Harpprecht („Vom Erdenwandel des Dichters. Etude der kritischen Verehrung und Variationen über die ökonomische Effizienz") und Prof. Dr. Hans Maier („Das Gelächter des Herrn Kesselmeyer. Umwege zu Thomas Mann"). Thomas Manns Enkel Prof. Dr. Frido Mann sprach über „Thomas Mann und die Frage der Religion" und stellte sich dazu anschließend den Fragen von Prof. Dr. Ruprecht Wimmer, dem Präsidenten der Deutschen Thomas-Mann-Gesellschaft.

Am Abend hielt der Ehrenpräsident der Gesellschaft Prof. Dr. Dr. hc. Eckhard Heftrich den Festvortrag „Ein halbes Jahrhundert mit und für Thomas Mann". Eine musikalische Nachtlesung mit Monica Bleibtreu, Dietmar Mues (Rezitation) und Teodoro Anezellotti (Akkordeon) brachte Stimmen von Familienmitgliedern über Thomas Mann zu Gehör.

Den Abschluss der Festwoche bildete der Festakt in der Marienkirche am

13. August. Bundespräsident Horst Köhler und der schleswig-holsteinische Ministerpräsident Peter Harry Carstensen besuchten vor Beginn gemeinsam mit Marcel Reich-Ranicki das Buddenbrookhaus. Nach der Begrüßung durch den Stiftungsvorsitzenden Bürgermeister Bernd Saxe und der Ansprache des Bundespräsidenten hielt Marcel Reich-Ranicki seinen „Deutschlands Glück in Deutschlands Unglück" überschriebenen Festvortrag vor rund 1500 Gästen.

Die Ansprachen der Festwoche sollen gemeinsam mit den Vorträgen des Kolloquiums als Sammelband in den „Thomas Mann Studien" im Vittorio Klostermann Verlag erscheinen.

Das Heinrich-und-Thomas-Mann-Zentrum im Buddenbrookhaus ist weiterhin bestrebt, sein wissenschaftliches Angebot zu erweitern. Im August wurde eine Datenbank freigeschaltet, die die Recherche von mehr als 2.000 Dokumenten zur Thomas Mann-Rezeption ermöglicht. Für Anfang 2006 ist ein Aufsatzband zur Wirkungsgeschichte in Vorbereitung.